Reihe Politik und Bildung – Band 50

Wolfgang Sander
Politik entdecken – Freiheit leben
Didaktische Grundlagen politischer Bildung

D1734130

Reihe Politik und Bildung – Band 50

Wolfgang Sander

Politik entdecken – Freiheit leben

Didaktische Grundlagen politischer Bildung

**WOCHEN
SCHAU
VERLAG**

Bibliografische Information der Deutschen Bibliothek

Die Deutsche Bibliothek verzeichnet diese Publikation in der
Deutschen Nationalbibliografie; detaillierte bibliografische Daten
sind im Internet über http://dnb.ddb.de abrufbar.

Für Christiane, Ina und Kirsten

© by WOCHENSCHAU Verlag,
Schwalbach/Ts., 3., durchgesehene Aufl. 2008

www.wochenschau-verlag.de

Umschlagentwurf: Ohl Design
Gesamtherstellung Wochenschau Verlag

Gedruckt auf chlorfreiem Papier
ISBN 978-3-89974386-9

Inhaltsverzeichnis

Exkurse

Vorbemerkung

Unser Kopf ist rund,
damit das Denken
die Richtung wechseln kann.
Francis Picabia

Politische Bildung hat es mit einer der spannendsten Fragen zu tun, mit der Menschen sich lernend auseinandersetzen können: mit der Frage, wie wir unser Zusammenleben in Gesellschaften gestalten und regeln sollen und wie wir das so tun können, dass Freiheit für alle möglich ist. In der Demokratie hat politische Bildung eben diesen Zweck: den Bürgerinnen und Bürgern der Republik – und den Kindern und Jugendlichen, die es werden sollen – die gemeinsamen Angelegenheiten als ihre eigenen zugänglich zu machen und sie darin zu unterstützen, ihre politische Freiheit zu leben und am öffentlichen Leben teilzunehmen. Hierin besteht ihre professionelle Leistung. Politische Bildung ist damit ein unverzichtbarer Bestandteil einer demokratischen politischen Kultur – aber sie ist nicht die Instanz, die den Lernenden zu sagen hätte, wie sie politisch denken und auf welche Weise sie ihre politische Freiheit leben sollen.

Dies ist nicht immer so gewesen, und es waren durchaus andere Motive, die in der Neuzeit der politischen Bildung den Weg in das moderne Bildungswesen gebahnt haben. Zwar konnte Immanuel Kant noch nicht an die institutionalisierte politische Bildung denken, als er über die Hindernisse für die Aufklärung unter anderem schrieb: „Daß der bei weitem größte Teil der Menschheit ... den Schritt zur Mündigkeit, außer dem daß er beschwerlich ist, auch für sehr gefährlich halte: dafür sorgen schon jene Vormünder, die die Oberaufsicht über sie gütigst auf sich genommen haben."[1] Aber in weiten Teilen ihrer Geschichte zählte auch die politische Bildung zu diesen Vormündern, und ihre vormundschaftliche Rolle hat sie nicht nur im Interesse von herrschenden Machteliten, sondern oft auch im Gewand der Gesellschaftskritik gespielt.

Dieses Selbstverständnis spielt in der Theorie der politischen Bildung in Deutschland seit geraumer Zeit keine nennenswerte Rolle mehr. In Etappen ist

---

1 Immanuel Kant: Beantwortung der Frage: Was ist Aufklärung? Hier zit. nach ders.: Schriften zur Anthropologie, Geschichtsphilosophie, Politik und Pädagogik. Werke Bd. VI, Frankfurt/M. 1964, S. 53

das Fachgebiet während der Jahrzehnte seit dem Zweiten Weltkrieg in der Demokratie angekommen. Am Beginn des 21. Jahrhunderts steht es nun vor neuen Herausforderungen. Am Ausgang des Industriezeitalters muss das Bildungswesen seinen Platz und seine Rolle in der Gesellschaft neu definieren. Dies betrifft seine institutionellen Strukturen, aber es betrifft auch die Bilder vom Lehren und Lernen, die im Hintergrund der pädagogischen Tätigkeit stehen, und die in der Praxis gelebten Lernkulturen. Weltverstehen durch Stoffvermittlung, Lernen durch Lehren, Erwachsenenbildung als kulturelle Selbstvergewisserung von traditionellen sozialen Milieus, seien sie kirchlich oder gewerkschaftlich geprägt – dies sind problematische Stichworte für das Selbstverständnis des Bildungssystems geworden. Dagegen lauten zentrale Stichworte für seine Modernisierung: Selbsttätigkeit und Kooperation, die Arbeit an offenen Problemen und ernsthaften Aufgaben, Kompetenzentwicklung statt Stoffvermittlung. Dies alles gilt auch für die politische Bildung. Auch dieses Fachgebiet ist mit der Notwendigkeit konfrontiert, genauer zu klären, wie sein Profil in einem Bildungswesen für die nachindustrielle Gesellschaft aussehen soll und welche Beiträge es zur Entwicklung neuer Lernkulturen leisten kann.

Dieses Buch fragt nach den wissenschaftlichen Grundlagen, den professionellen Aufgaben und den Zukunftsperspektiven der politischen Bildung angesichts dieser neuen Herausforderungen. Politische Bildung wird hierbei als Fachgebiet mit einer gemeinsamen Identität über die unterschiedlichen institutionellen Zusammenhänge hinweg verstanden: von ersten Ansätzen in den Einrichtungen der vorschulischen Erziehung und der Grundschule bis hin zu Lernangeboten für Menschen im Rentenalter in den Einrichtungen der Erwachsenenbildung. So unterschiedlich diese Kontexte im Einzelnen sind und so sehr sich auch der Arbeitsalltag von Menschen unterscheidet, die beruflich in der politischen Bildung tätig sind – von der Lehrerin für Sachunterricht in der Grundschule bis zur Lehrerin im Leistungskurs Gemeinschaftskunde in der gymnasialen Oberstufe, vom kommunalen Jugendbildungsreferenten bis zum Leiter einer politischen Akademie, von der Kursleiterin in einer Bildungsmaßnahme für arbeitslose Jugendliche bis zur pädagogischen Mitarbeiterin an einer Volkshochschule –, so gleichen sich doch die grundsätzlichen fachlichen Fragen, die wissenschaftlich zu klären und in der Praxis immer neu zu entscheiden sind. Was etwa unter „Politik" als Gegenstandsbereich politischer Bildung zu verstehen ist, mit welchen pädagogischen Perspektiven politische Bildung sich mit Politik befassen sollte, wie das Wissenspotenzial der Sozialwissenschaften hierbei einbezogen wird, was unter „Lernen" zu verstehen ist, wie Lernen in der Auseinandersetzung mit Politik optimal gefördert werden kann und welche Planungshilfen – wie etwa Methoden und Medien – für die Gestaltung von Lernumgebungen geeignet sind, solche Fragen didaktischer Theoriebildung stellen sich für alle Lernorte politischer Bildung in strukturell gleicher Weise. Die Antworten und praktischen Konsequenzen werden sich in unterschiedlichen Praxiskontexten zwar graduell, nicht aber prinzipiell voneinander unterscheiden können: Ebenso wie man in einem Englischkurs in der Erwachsenenbildung nicht etwas völlig anderes lernt als im Englischunterricht in der Schule kann politische Bildung in der Erwachsenenbildung nicht das Gegenteil dessen anstreben, was politische Bildung in der Schule erreichen will. Zudem verwischen sich die Grenzen zwischen Schule, Jugend- und Erwachsenenbildung erkennbar. Längst sind viele Abiturienten sowie viele Schülerinnen und Schüler im beruflichen Schulwesen Erwachsene. Auch gibt es Schulen, die sich nur an Erwachsene wenden – wie etwa Abendgymnasien –, wie es umgekehrt Einrichtungen der Erwachsenenbildung gibt, die schulische Lernangebote – wie z.B. Kurse zum Nachholen von Schulabschlüssen – veranstalten. Es ist zu erwarten, dass diese Grenzen noch durchlässiger werden, wenn in einer künftigen Bildungslandschaft die traditionelle Vorstellung, man lerne in der Schule auf Vorrat im Wesentlichen das, was man in seinem Erwachsenenleben benötige, nicht mehr haltbar sein wird, weil sich in der Biografie der meisten Menschen Phasen des gezielten Lernens und des Arbeitens lebenslang abwechseln und häufig auch miteinander verzahnen werden.

Weiterhin wird politische Bildung in diesem Buch nicht als disziplinärer Begriff in einem wissenschaftssystematischen Sinn verstanden. Es wäre eine problematische Verkürzung der Aufgaben politischer Bildung, wollte man das Fach alleine als Repräsentanz der Politikwissenschaft in Schule und außerschulischer Bildung sehen. Als Paul Rühlmann im Jahre 1908 ein Buch mit dem Titel „Politische Bildung" veröffentlichte und damit diesen Begriff für eine neue Bildungsaufgabe ins Gespräch brachte, die bis dahin eher unter den Begriffen der „staatsbürgerlichen Erziehung" oder der „Gesellschaftskunde" diskutiert wurde, gab es die Politikwissenschaft in Deutschland noch gar nicht. Politische Bildung wird in diesem Buch als interdisziplinäres Fachgebiet verstanden, das sich in fachwissenschaftlicher Hinsicht auf die Sozialwissenschaften insgesamt, also neben der Politikwissenschaft auch auf die Soziologie und die Wirtschaftswissenschaften sowie auf Aspekte der Rechtswissenschaften bezieht. Weil aber das Wissen aus diesen Disziplinen im allgemeinen Bildungswesen nicht der Ausbildung von Soziologen, Ökonomen, Juristen oder Politikwissenschaftlern dient, sondern Bürgerinnen und Bürger zur Beurteilung der öffentlichen Angelegenheiten und zur Teilnahme am öffentlichen Leben befähigen soll, bezeichnet der Begriff der „politischen Bildung" treffend den Bildungssinn sozialwissenschaftlichen Wissens in der Schule und der außerschulischen Bildung.

Im Mittelpunkt dieses Buches stehen die konzeptionellen Fragen des profes-

sionellen Selbstverständnisses und des Lehrens und Lernens in der politischen
Bildung und ihre theoretischen Hintergründe. Nun sind dies recht komplexe
Fragen, und in der Planung von konkreten Lernangeboten hängt ebenso wie in
der didaktischen Theorie alles mit allem zusammen. Die Wahl des Gegenstandes
und die Beziehungen der Lernenden zu ihm, die Intentionen, mit denen sich die
Beteiligten ihm nähern, die Methoden und Medien, die als geeignet erscheinen,
die spezifischen Bedingungen von Lernorten – dies alles prägt Lernumgebungen
gleichzeitig und in wechselseitiger Abhängigkeit voneinander. Unglücklicherweise
zwingt uns die Schriftsprache im Medium Buch dazu, Zusammengehöriges zunächst zu trennen und es *nacheinander* zu erörtern. Daher finden sich an zahlreichen Stellen des Buches Verweise in Form von ➤ auf andere Kapitel, die in einer
direkten Beziehung zum jeweils Diskutierten stehen.

In den laufenden Argumentationszusammenhang sind an mehreren Stellen
Exkurse eingefügt. Sie dienen dazu, bestimmte Fragen vertiefend zu erörtern, die
für den wissenschaftlichen Hintergrund der Argumentation bedeutsam sind, die
sich aber zugleich auch ein Stück weit von der Entwicklung des Gedankengangs
im jeweiligen Kapitel entfernen.

Für die 2007 erschienene zweite Auflage wurde das Buch in weiten Teilen überar-
beitet und durchweg aktualisiert. Sechs Jahre nach Abschluss des Manuskripts für
die erste Auflage hatte sich die Bildungsdiskussion in Deutschland grundlegend
verändert. Die 2001 veröffentlichten Resultate der ersten PISA-Studie haben eine
breite Debatte um grundlegende Reformen der Schule ausgelöst, die die Praxis der
Bildungspolitik, die Lehrerbildung und zunehmend auch der Schulen selbst erreicht
hat. Wenn auch zum jetzigen Zeitpunkt noch nicht klar erkennbar ist, wie sich das
deutsche Schulwesen letztendlich weiter entwickeln wird, ist doch deutlich, dass
Begriffe wie Bildungsstandards, Kompetenzorientierung, Schulautonomie und
neues Lernverständnis die Diskussion beherrschen. Diese Diskussion hat auch die
politische Bildung erreicht. Vieles von dem, was mit der Erstauflage dieses Buches
im Fach angeregt werden sollte und mit dem Stichwort „neue Lernkulturen" im
Untertitel pointiert wurde, hat inzwischen weite Verbreitung gefunden. Diese veränderte Situation hat mich veranlasst, im Untertitel wie auch bei der Überarbeitung
des Manuskripts den Charakter des Buches als fachdidaktisches Grundlagenwerk
gegenüber dem Charakter als Anstoß für eine Modernisierungsdiskussion in der
politischen Bildung stärker zu akzentuieren.

An mehreren Stellen des Buches wird explizit auch auf Reaktionen auf die
Erstauflage und die Debatten, die sie im Fach ausgelöst hat, eingegangen; hierzu
bediene ich mich der klassischen Form des Hypertextes, der Fußnote. Ansonsten

sind viele Passagen auch mit Blick auf Missverständnisse und weiteren Erläuterungsbedarf, die in den Reaktionen auf das Buch für mich zu erkennen waren, weiter präzisiert und vielfach auch ergänzt worden. Um die Konsequenzen, die sich aus dem theoretischen Ansatz dieses Buches für die Praxis der politischen Bildung ergeben, stärker zu verdeutlichen, wurde diese Auflage um ein Kapitel erweitert, in dem Schlussfolgerungen für die Planung von Lernangeboten zusammengefasst werden.

Die vorliegende dritte Auflage wurde durchgesehen und ist bis auf kleine Fehlerkorrekturen unverändert.

Gießen, im Februar 2008   *Wolfgang Sander*

I. Politische Bildung als Gegenstand der Wissenschaft

Nichts gegen die geistige Auseinandersetzung,
alles gegen einen faulen Frieden.
Aber vor allem alles gegen die für jeden denkenden Menschen
beleidigende Einteilung in rechts und links,
in marxistisch und faschistisch, in progressiv und reaktionär,
in diesen dem Fortschritt des Geistes
hohnsprechenden mittelalterlichen Kategorien des Entweder-Oder.
Friedrich Dürrenmatt

1. Ansätze politischer Bildung: von der Ideologie zur Wissenschaft

Menschen leben in Gesellschaften, und Gesellschaften müssen ihre gemeinsamen Angelegenheiten regeln. Sie müssen auf die eine oder andere Weise festlegen, wie sie miteinander leben wollen. Dies betrifft die innerhalb einer Gesellschaft zu treffenden Entscheidungen ebenso wie die Fragen, Probleme und Konflikte, die beim Kontakt verschiedener Gesellschaften miteinander auftreten können. Seit jeher begleitet deshalb *Politik* die Geschichte und das Leben der Menschen – der Mensch ist ein *zoon politikon* (Aristoteles).[1] Weil diese politische Seite des

---

1 Hannah Arendt hat darauf hingewiesen, dass dieses gängige Verständnis des Terminus „zoon politikon" auf einem Missverständnis des Aristoteles beruhe. Dieser habe diese Bezeichnung für den Menschen nicht in einem anthropologischen Sinne gemeint, sondern den politischen Menschen nur in einer auf Freiheit beruhenden Ordnung – der griechischen Polis – als möglich angesehen (vgl. Hannah Arendt: Der Sinn von Politik. In: dies.: Denken ohne Geländer. Texte und Briefe. Lizenzausgabe, Bonn 2006, S. 75 f.). Arendts Lesart von Aristoteles mag zutreffen, und die normative Orientierung von Politik an Freiheit wird in diesem Buch, wie schon sein Titel erkennen lässt, ausdrücklich geteilt. Dennoch hat ein

Menschen nicht nur temporär, bei bestimmten Problemen oder für begrenzte Zeiträume auftritt, sondern ein dauerhaftes Merkmal und eine dauerhafte Aufgabe des gesellschaftlichen Zusammenlebens darstellt, haben sich in allen bekannten Gesellschaften Strukturen gebildet, mit denen und innerhalb derer politische Fragen entschieden werden. Eine politische Ordnung ist untrennbarer Bestandteil jeder Gesellschaftsordnung, und immer steht sie auch in einem Zusammenhang mit der jeweiligen Wirtschaftsordnung. Immer geht es dabei auch um Macht und Herrschaft. Nicht notwendigerweise aber findet Politik in eigenen Institutionen statt. Die Ausdifferenzierung von eigenständigen, in ihren Aufgaben von anderen Einrichtungen abgegrenzten politischen Institutionen ist – bezogen auf die gesamte Zeit der Existenz menschlicher Gesellschaften – eine relativ junge Erfindung. Erst recht gilt dies für den modernen Territorialstaat, der sich erst im Lauf des letzten Jahrtausends langsam herausgebildet hat, und noch mehr gilt es für den bis in die Gegenwart die Politik prägenden Nationalstaat, der sich in Europa erst im 19. und in vielen anderen Teilen der Welt erst im 20. Jahrhundert durchgesetzt hat.[2]

Weil jede Gesellschaft eine politische Ordnung herausbildet, gehört es seit jeher zu den Aufgaben der Erziehung, die nachwachsenden Generationen in diese Ordnung einzuführen und sie auf den für angemessen gehaltenen Umgang mit ihr und den sie repräsentierenden Personen und Institutionen vorzubereiten. In diesem weit gefassten Sinn ist „Politische Bildung ... so alt wie das Menschengeschlecht".[3] Über diese Seite der Erziehung in früheren, vorstaatlichen Gesellschaften wissen wir wenig. Es ist aber anzunehmen, dass diese Einführung in die jeweilige politische Ordnung der Gesellschaften für die meisten Menschen im allergrößten Teil der menschlichen Kulturgeschichte als integraler Bestandteil des allgemeinen Sozialisationsprozesses stattfand und sich nicht in absichtsvollen und reflektierten Bildungsanstrengungen oder gar in eigenen Bildungsangeboten oder Institutionen

---

solches engeres, normatives Verständnis des „zoon politikon" den gravierenden Nachteil, dass es für „Politik" in unfreien Gesellschaften und für die Notwendigkeit für Menschen, in Gesellschaften zu leben und gemeinsame Angelegenheiten auf die eine oder andere Weise zu regeln, keinen Begriff mehr hat. Insofern ist der Bedeutungswandel des „zoon politikon" von einem normativen zu einem anthropologischen Begriff durchaus sinnvoll und angemessen, auch wenn er sich damit von der Intention seines Erfinders entfernt hat.

2 Vgl. Hagen Schulze: Staat und Nation in der europäischen Geschichte. München 1994; Franz Ansprenger: Wie unsere Zukunft entstand. Ein kritischer Leitfaden zur internationalen Politik. 3., vollständig überarb. und erg. Aufl., Schwalbach/Ts. 2005

3 Kurt Gerhard Fischer: Einführung in die Politische Bildung. Ein Studienbuch über den Diskussions- und Problemstand der Politischen Bildung in der Gegenwart. 3., durchgesehene Aufl., Stuttgart 1973, S. 9

für politisches Lernen niedergeschlagen hat. Politische Sozialisation hat es, so
dürfen wir vermuten, in allen Gesellschaften als selbstverständlichen Bestandteil
des allgemeinen Sozialisationsprozesses gegeben. Dies ist auch heute noch der
Fall, trotz der über einen längeren Zeitraum gewachsenen und ausdifferenzierten
Infrastruktur für politische Bildung; auch in der modernen Gesellschaft geschieht
die Einführung der nachwachsenden Generation in die politischen Verhältnisse
ihrer Gesellschaft an vielen Orten auch außerhalb des Bildungssystems, angefangen
von der Familie über die Gleichaltrigengruppen, die Medien, die Vereine bis zur
allgemeinen Konsum- und Freizeitsphäre.[4]

Exkurs: Formen politischen Lernens

Der Begriff der „politischen Bildung" wird in der Literatur uneinheitlich gebraucht.
Einem formalen Begriffsverständnis als Sammelbegriff für alle Formen politischen
Lernens stehen normative Begriffsdefinitionen gegenüber, die als politische Bildung
nur solche Lernprozesse gelten lassen, die im Sinne der Tradition der deutschen
Bildungstheorie die Subjektentwicklung der Lernenden fördern wollen. Daneben ist
– dann meist in Großschreibung als „Politische Bildung" – auch die Gleichsetzung
des Begriffs mit einem Unterrichtsfach in der Schule oder einem eigenen Fachbe-
reich in der Erwachsenenbildung gebräuchlich.

In diesem Band werden unter „politischer Bildung" die intentionalen Angebote für
politisches Lernen verstanden. Dabei wird von einem weiten Verständnis von Politik
ausgegangen, das auch wirtschaftliche, gesellschaftliche und rechtliche Fragen und
Probleme einschließt (➤ Kapitel II.2). Damit ist zunächst nur das pädagogische
Handlungsfeld in der gesellschaftlichen Praxis genauer bestimmt, mit dem die
wissenschaftliche Theoriebildung in der Politikdidaktik sich befasst. Ein solches
formales Verständnis von „politischer Bildung" mag angesichts der angedeuteten
normativen Implikationen des Begriffs der „Bildung" zwar etwas unbefriedigend
sein. In der sozialen Praxis finden sich aber nicht nur solche intentionalen Angebote politischen Lernens, die dem Anspruch genügen, die Subjektentwicklung
der Adressaten fördern zu wollen. Erst recht gilt das mit Blick auf die Geschichte
des politischen Lernens.[5] Die Forschung zur politischen Bildung käme daher in
erhebliche Probleme bei der konkreten Abgrenzung ihrer Gegenstände, wollte sie
als „politische Bildung" nur solche Lehr- und Lernformen in den Blick nehmen, die
bestimmten normativen Ansprüchen genügen.

Nach der hier vertretenen formalen Begriffsdefinition ist politische Bildung ein

---

4 Vgl. Bernhard Claußen/Rainer Geißler (Hrsg.): Die Politisierung des Menschen. Instanzen
   der politischen Sozialisation. Opladen 1996
5 Vgl. zur Geschichte der politischen Bildung an deutschen Schulen einführend Wolfgang
   Sander: Politik in der Schule. Kleine Geschichte der politischen Bildung in Deutschland.
   Marburg 2004

Teilbereich der politischen Sozialisation, auf die intentionale Lernangebote unweigerlich Einfluss nehmen. Sie unterscheidet sich von solchen Einflüssen auf die Entwicklung von politischen Weltbildern der Individuen, die auf nicht absichtsvolle Einwirkungen des gesellschaftlichen Umfeldes (z.B. in Familien, durch Medien oder Peer-groups, aber auch durch nicht intendierte Nebenwirkungen von Institutionen wie der Schule) zurückgehen (funktionale politische Sozialisation). Die Größenverhältnisse dieser beiden Bereiche zueinander in der unten stehenden Grafik sollen nicht die Wirkungsverhältnisse abbilden; es ist anzunehmen, dass die funktionale politische Sozialisation empirisch erheblich größere Wirkungen entfaltet als die intentionale.

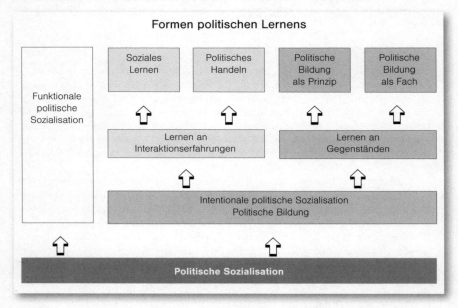

Nicht behandelt werden in diesem Buch Prozesse und Probleme einer absichtsvollen, aber informellen politischen Selbstbildung der Individuen, die ohne einen direkten Bezug zum Bildungssystem stattfindet, so etwa im politischen Gespräch und in der gezielten Nutzung von Medien für die politische Information und Reflexion. Über diese Formen politischer Bildung wissen wir wissenschaftlich noch wenig; sie sind aber für die institutionalisierte politische Bildung insofern von erheblicher Bedeutung, als schulische und außerschulische Lernangebote am Ende nur Vorbereitung, Förderung und Begleitung des eigenständigen Nachdenkens über Politik sein können.

Innerhalb der intentionalen Formen politischen Lernens werden hier – in Anlehnung an Kurt Gerhard Fischer[6] und bezogen auf die heute üblichen institutionellen

---

6 Vgl. Fischer, Einführung in die Politische Bildung, a.a.O., S. 93 ff.

Strukturen des Bildungswesens, insbesondere der Schule – vier „Bausteine" politischer Bildung unterschieden:

- *Politische Bildung als eigenes Fach (in der Schule) oder eigenes Fachgebiet (in der außerschulischen Bildung).* Da die westdeutsche Kultusministerkonferenz (KMK) in ihrem ersten Beschluss zur politischen Bildung im Jahr 1950 die Einrichtung eines solches Faches in den Schulen – in sehr zurückhaltender Form – den Ländern zwar empfahl, die Fachbezeichnung aber freistellte, haben sich bis heute in Deutschland in verschiedenen Bundesländern und Schulformen unterschiedliche Bezeichnungen für dieses Fach gehalten (u.a. Sozialkunde, Politik, Politische Bildung, Gemeinschaftskunde, Politische Weltkunde) – ein Kuriosum, das für die Profilierung des Faches alles andere als förderlich gewesen ist. In der fachdidaktischen Literatur ist als Sammelbezeichnung für das Schulfach der politischen Bildung der Begriff „Politikunterricht" verbreitet. Zudem hat die wissenschaftliche Fachgesellschaft in der Politikdidaktik, die Gesellschaft für Politikdidaktik und politische Jugend- und Erwachsenenbildung (GPJE), in einem Entwurf für nationale Bildungsstandards für den Unterricht in diesem Fach in der Schule vorgeschlagen, die Heterogenität der Fachbezeichnungen endlich zu bereinigen und das Fach in der Schule einheitlich „Politische Bildung" zu nennen.[7]
- *Politische Bildung als Prinzip.* Dieser Aspekt bezeichnet die Mitreflexion der von der Sache her gegebenen politischen Aspekte eines Sach- oder Problemzusammenhangs in einem anderen Fach, also z.B. im Deutsch-, Geschichts- oder Biologieunterricht.[8]
- *Politische Bildung durch politisches Handeln.* Eigene politische Praxis und deren Reflexion kann ohne Zweifel politische Lernprozesse auslösen. Allerdings ist politische Praxis im Zusammenhang mit politischen Lernangeboten in Bildungsinstitutionen nur in Ausnahmefällen möglich, zumal im Zwangsverband Schule, in dem in der Regel Schülerinnen und Schüler mit heterogenen politischen Auffassungen gemeinsam lernen. In gewissem Maße kann jedoch die Schule selbst Ort politischen Handelns sein, das dann in der politischen Bildung reflektiert wird, so etwa im Zusammenhang mit dem Engagement in schulischen Partizipationsstrukturen (➤ Kapitel III.2). In der außerschulischen Bildung ist es dagegen sehr viel leichter möglich, dass Menschen, die sich gemeinsam in der politischen Praxis engagieren, diese Erfahrungen in Situationen politischer Bildung kritisch und selbstkritisch reflektieren.

---

7 Vgl. GPJE: Nationale Bildungsstandards für den Fachunterricht in der Politischen Bildung an Schulen. Ein Entwurf. Schwalbach/Ts. 2004, S. 12. Die Empfehlung soll für die Sekundarstufen gelten, für die Grundschule wird vorgeschlagen, die in den meisten Bundesländern gebräuchliche Integration fachlicher Fragen politischer Bildung in das Fach „Sachunterricht" beizubehalten.

8 Vgl. u.a. Wolfgang Sander (Hrsg.): Politische Bildung in den Fächern der Schule. Beiträge zur politischen Bildung als Unterrichtsprinzip. Stuttgart 1985; Frank Nonnenmacher (Hrsg.): Das Ganze sehen. Schule als Ort politischen und sozialen Lernens. Schwalbach/Ts. 1996

- *Politische Bildung durch soziales Lernen.* Hier geht es um die Bedeutung von Erfahrungen in der unmittelbaren sozialen Interaktion für politische Bildung. Dies kann sowohl soziale Interaktionserfahrungen außerhalb von Lernangeboten politischer Bildung betreffen, die dann in der politischen Bildung reflektiert werden können, als auch Strukturen der Interaktion im Lernprozess selbst und die kommunikativen Botschaften, die von ihnen ausgehen. Allerdings umfasst soziales Lernen sehr viel mehr als politisches Lernen, nicht jede soziale Interaktionserfahrung ist deshalb für politische Bildung von Interesse. Für politische Bildung bedeutsam sind solche Interaktionssituationen, in denen in einer sozialen Mikrosituation in exemplarischer Weise gesamtgesellschaftliche Probleme, Strukturen oder Entwicklungen zum Ausdruck kommen. Beispielsweise können sich interkulturelle Konflikte oder politisch bedeutsame Unterschiede in Wertvorstellungen zwischen sozialen Milieus durchaus in konkreten Interaktionssituationen im sozialen Alltag ausdrücken, nicht zuletzt auch in der Schule oder im Alltag einer außerschulischen Bildungseinrichtung. Soziales Lernen ist also dann – aber auch *nur* dann – ein Baustein politischer Bildung, wenn die Sozialerfahrungen, die Lernende hierbei machen, in sozialwissenschaftlich vertretbarer Weise unter dem Aspekt ihrer politischen Implikationen reflektiert werden. Dies setzt aber nicht nur die sehr sorgfältige Auswahl sozialer Lernsituationen für politische Bildung, sondern immer auch Schritte der Abstraktion im Lernprozess voraus, denn das Politische einer Situation ist nicht unmittelbar sichtbar, sondern stellt eine Perspektive der Interpretation durch die Beteiligten und/oder die Beobachter dar (➤ Kapitel II.2). Keinesfalls kann in einem Analogieschluss vom Handeln im sozialen Alltag auf die Logik politischen Handelns geschlossen werden. Beispielsweise vermag gewaltfreies Verhalten im Alltag noch lange keine Kriege zu verhindern und von der schulischen Partizipation durch Mitgestaltung des Unterrichts lässt sich nicht auf die Funktionslogik des demokratischen politischen Systems schließen.

Diese Bausteine politischer Bildung lassen sich auch, in unterschiedlicher Gewichtung und unter unterschiedlichen Bezeichnungen, in der internationalen Fachdiskussion finden.[9] In der englischsprachigen Diskussion ist der Begriff der „political education" weniger gebräuchlich, da er oftmals (nicht anders als zu früheren Zeiten auch in Deutschland) mit einer einseitigen politischen Beeinflussung assoziiert wird; häufiger finden sich die Begriffe „civic education", „citizenship education" und „social studies", die der Sache nach dem deutschen Begriff der politischen Bildung korrespondieren.

---

9 Vgl. zur internationalen Diskussion zur politischen Bildung einführend Wolfgang Sander (Hrsg.): Handbuch politische Bildung. 3., völlig überarb. Aufl., Schwalbach/Ts. 2005, Kapitel VI (Beiträge zu Europäische Union, USA und Japan); kursiv – Journal für politische Bildung 4/2004 (Beiträge zu Österreich, Schweiz, England, USA und Südosteuropa); W.O. Lee/David L./Grossman/Kerry J. Kennedy/Gregory O. Fairbrother (ed.): Citizenship Education in Asia and the Pacific. Concepts and Issues. Hongkong 2004 (Beiträge zu zahlreichen asiatischen Staaten)

Die moderne politische Bildung ist, jedenfalls im Sinne eines Lernens an politischen Gegenständen, das innerhalb des Bildungssystems von anderen Gegenstandsbereichen abgegrenzt ist, eine Erfindung des 19. und 20. Jahrhunderts. Zwar gibt es ältere Ansätze der Reflexion wie der Praxis eines absichtsvollen politischen Lernens, die sich bis in die Antike zurückverfolgen lassen. Auch im 17. und 18. Jahrhundert wurde das Problem, dass der Territorialstaat als moderne Form der Organisation des Politischen ohne ein Mindestmaß an Akzeptanz der breiten Bevölkerung nicht existieren kann und dass diese Akzeptanz nicht ohne irgendeine Form des geplanten politischen Lernens erreichbar sein würde, von Anfang an gesehen und bildungspraktisch angegangen. In der Aufklärungspädagogik gab es theoretische Ansätze und schulische Experimente mit einer politischen Bildung, die auf den vernünftigen Staatsbürger zielte und zugleich einen Beitrag zu einer vernunftgemäßen politischen Ordnung leisten wollte; für die Praxis der meisten der wenigen frühen Schulen, besonders der Elementarschulen, war aber das Interesse der Fürsten an Sicherung von Massenloyalität prägend, das sich in der religiösen Legitimation fürstlicher Herrschaft im Religionsunterricht sowie in einer rigorosen, auf Unterwerfung ausgerichteten Schuldisziplin ausdrückte.[10]

Erst das landesweit etablierte allgemeinbildende Schulwesen bildete einen geeigneten institutionellen Rahmen für die moderne politische Bildung – und dieser Rahmen ist historisch jünger als in der Öffentlichkeit weithin bewusst ist. Zwar wurde die allgemeine Schulpflicht in Preußen schon 1717 proklamiert, aber es sollte bis zur zweiten Hälfte des 19. Jahrhunderts dauern, bis sie, parallel zur Industrialisierung, tatsächlich durchgesetzt wurde. Erst jetzt, vor gut 100 Jahren, entstanden die uns heute vertrauten Grundstrukturen eines öffentlichen Schulwesens (➤ Exkurs: Schule im Übergang).

Ähnliches gilt für außerschulische Bildung. Auch hier gibt es ältere Vorformen, aber erst im 19. Jahrhundert entstand eine Vereins- und Verbändelandschaft, aus der sich das pluralistische System der Träger der (politischen) Jugend- und Erwachsenenbildung entwickelt und im 20. Jahrhundert institutionell verfestigt hat.[11] Neben den öffentlichen Anbietern – hier sind in erster Linie die Volkshoch-

---

10 Vgl. zur Frühgeschichte der modernen politischen Erziehung in Deutschland Andreas Flitner: Die politische Erziehung in Deutschland. Geschichte und Probleme 1750-1880. Tübingen 1957; August Messer: Das Problem der staatsbürgerlichen Erziehung – historisch und systematisch behandelt. Leipzig 1912, S. 1-19; Sander, Politik in der Schule, a.a.O.

11 Vgl. u.a. einführend Paul Ciupke: Historische Entwicklungslinien: Politische Erwachsenenbildung von der Aufklärung bis zum Ende des Nationalsozialismus. In: Wolfgang Beer/Will Cremer/Peter Massing (Hrsg.): Handbuch politische Erwachsenenbildung. Schwalbach/Ts.

schulen zu nennen, deren Gewicht im gesamten Feld der Erwachsenenbildung zwar bedeutend, im spezielleren Bereich der politischen Bildung aber im Vergleich zu anderen Trägern eher gering ist – spiegelt das System der Träger außerschulischer politischer Bildung im Wesentlichen Milieu- und Organisationsstrukturen der Industriegesellschaft: Neben zahlreichen kleinen Trägern und Trägerverbänden sind es vor allem kirchliche Träger, Gewerkschaften, Arbeitgeber und parteinahe Stiftungen, die bis heute eine herausragende Rolle als Anbieter politischer Bildung spielen.

Der tief greifende ökonomische, gesellschaftliche, politische und kulturelle Umbruch von der Feudalgesellschaft zur Industriegesellschaft schuf – ähnlich wie in Deutschland auch in anderen westlichen Staaten – die Voraussetzungen für die moderne politische Bildung; im Koordinatensystem und in den Konflikten dieses Umbruchs entwickelten sich Aufgabenzuweisungen und Selbstbilder, erste Theorieansätze und in der Praxis gelebte Lernkulturen.

Von Anfang an geriet die politische Bildung in die Interessenkonflikte des heraufziehenden industriellen Zeitalters, war sie nicht nur Spiegel, sondern auch Instrument und Kampfmittel in den inner- und zwischengesellschaftlichen Auseinandersetzungen dieser Epoche, die in unseren Tagen zu Ende geht. Die politische Bildung betrat die pädagogische Bühne als ein ideologisches Fach. Die ihr zugewiesenen Ziele und Aufgaben waren nicht nur kontrovers – dies wäre für sich genommen wenig überraschend, gilt es doch für andere Bereiche des Bildungswesens nicht minder. Politische Bildung wurde aber von vielen Seiten als „Transportmittel" für die Kommunikation von interessengeleiteten politischen Botschaften in die Gesellschaft hinein betrachtet und konzipiert, von Regierenden ebenso wie von oppositionellen Bewegungen. In der Schule spiegelt sich dieser Zusammenhang in der über lange Zeit nahezu selbstverständlichen Instrumentalisierung politischer Bildung für die Interessen der Regierenden, aber auch als Feld des politischen Kampfes der innergesellschaftlichen Opposition. Beides kann von eher subtilen Formen der Einflussnahme auf das politische Denken der jungen Generation bis zur offenen inner- und zwischengesellschaftlichen Feinderklärung reichen. In der außerschulischen Bildung findet sich die politische Bildung von Anfang an an politische Interessen von Trägern gekoppelt; hier kommt die politische Bildung als ideologischer Kitt für die politisch-kulturelle Identität der sozialen Milieus der Trägerorganisationen und als Werbemittel in die breitere gesellschaftliche Öffentlichkeit hinein ins Spiel.

1999; Horst Dräger: Volksbildung in Deutschland im 19. Jahrhundert. 2 Bde., Bd. 1 Braunschweig 1979, Bd. 2 Bad Heilbrunn 1984

Zwar wird ein solches ideologisches Grundverständnis heute kaum mehr offen und offensiv vertreten. In der wissenschaftlichen Publizistik der Politikdidaktik spielt es praktisch keine Rolle mehr, aber in schattenhaften Restbeständen lässt es sich in der Praxis durchaus noch dokumentieren.[12] Auch in der politischen Öffentlichkeit ist die Neigung noch keineswegs verschwunden, in Krisensituation nach der politischen Bildung als Interventionsinstrument zu rufen. Aufgabenverständnisse, die von *politischen Botschaften* her gedacht sind, die es mit Hilfe politischer Bildung zu verbreiten gelte, haben es dem Fach bis in die jüngste Vergangenheit schwer gemacht, seine fachliche Professionalität tatsächlich nach Professionalitätsgesichtspunkten und nicht nach solchen der politischen Korrektheit zu definieren.

Exkurs: Historische Erblasten: Traditionen einer Belehrungskultur

Ein weiter Bogen von ideologisch geprägten Aufgabenzuweisungen an die politische Bildung spannt sich über die 200 Jahre von der Französischen Revolution bis zum Untergang der staatssozialistischen Systeme Osteuropas 1989. Im Jahr 1793 veranstaltete die „Erfurter Gesellschaft oder Akademie gemeinnütziger Wissenschaften" ein öffentliches Preisausschreiben mit vier Fragen, deren erste lautete: „Auf wievielerlei Arten kann man die Untertanen eines deutschen Staates überzeugen, daß sie unter einer weisen, gerechten und milden Regierung leben?"[13] Es ist leicht zu erkennen, dass es der Akademie darum ging, den von Frankreich herüberwehenden freiheitlichen Geist zu bekämpfen und die alte Ordnung mit pädagogischen Mitteln zu stabilisieren. In den weiteren Fragen des Preisausschreibens wird denn auch ausdrücklich danach gefragt, wie zu diesem Zweck die Bildungseinrichtungen einzurichten seien. Wie ein Motto steht die Frage dieses Preisausschreibens über einem breiten Mainstream in der Geschichte politischer Bildung in Deutschland.

Knapp 100 Jahre später, am 1. Mai 1889, erließ Kaiser Wilhelm II. eine „Allerhöchste Ordre", die als ein wichtiger Meilenstein in der Geschichte politischen Lernens in der Schule gilt, weil dieser Erlass einen entscheidenden politischen Anstoß für die Debatte um eigene Unterrichtsstunden bzw. ein eigenes Fach für die

---

12 Beispielsweise findet Henkenborg bei einer Typisierung von beruflichen Selbstverständnissen von Politiklehrern neben vielen anderen auch heute noch den Typ „Mission", der – in einem Lehrerzitat – seine Schüler „auf den richtigen Weg" führen will (vgl. Peter Henkenborg: Alltägliche Philosophien der politischen Bildung. Ergebnisse einer empirischen Untersuchung. In: kursiv – Journal für politische Bildung 2/2006). Sehr deutlich zeigen sich solche Nachwirkungen auch in den Images und Stereotypen von Politikunterricht und Politiklehrern, die Anja Besand unter anderem im Spiegel von Abiturzeitungen untersucht hat; vgl. Anja Besand: Angst vor der Oberfläche. Zum Verhältnis ästhetischen und politischen Lernens im Zeitalter Neuer Medien. Schwalbach/Ts. 2004, S. 170 ff.

13 Hier zit. nach Sander, Politik in der Schule, a.a.O., S. 22

staatsbürgerliche Erziehung gab. Die Frage nach den Aufgaben politischer Bildung beantwortete der Kaiser wie folgt:

„Schon längere Zeit hat Mich der Gedanke beschäftigt, die Schule in ihren einzelnen Abstufungen nutzbar zu machen, um der Ausbreitung sozialistischer und kommunistischer Ideen entgegenzutreten. ... Sie muß bestrebt sein, schon der Jugend die Überzeugung zu verschaffen, daß die Lehren der Sozialdemokratie nicht nur den göttlichen Geboten und der christlichen Sittenlehre widersprechen, sondern in Wirklichkeit unausführbar und in ihren Konsequenzen dem Einzelnen und dem Ganzen gleich verderblich sind." Sodann forderte der Kaiser, „die neue und die neueste Zeitgeschichte mehr als bisher in den Kreis der Unterrichtsgegenstände zu ziehen", mit anderen Worten politische Gegenwartsfragen in der Schule zu behandeln. Hierbei sollte die Schule „nachweisen, daß die Staatsgewalt allein dem Einzelnen seine Familie, seine Freiheit, seine Rechte schützen kann, und der Jugend zum Bewußtsein bringen, wie Preußens Könige bemüht gewesen sind, in fortschreitender Entwicklung die Lebensbedingungen der Arbeiter zu heben..."[14]

Wiederum 100 Jahre später, im Oktober 1989, hieß es in einer „Konsultation" zum Parteilehrjahr der SED für Lehrer unter anderem:

„...die gesamte Tätigkeit der Partei (wird) von dem Grundsatz bestimmt: Die Partei ist für das Volk da, sie dient dem Volk. Deshalb geschieht nichts im Wirken der Partei um seiner selbst willen, sondern alles ist auf das Wohl und Glück des Volkes gerichtet. ... Die politische Führungstätigkeit der SED zeichnet sich durch feinfühliges Verhalten zu den Werktätigen, durch eine sorgfältige Beachtung ihrer Vorschläge, Hinweise und Kritiken sowie durch den Grundsatz aus, dem Arbeiterwort größte Geltung zu verschaffen. So erleben die Werktätigen, ja alle Bürger unseres Landes, daß in der Politik ihre Interessen zum Ausdruck kommen und ihre Überlegungen und ihre Tat gefragt sind."[15]

Über beiden Texten – wie über vielen anderen Dokumenten aus diesen beiden Jahrhunderten[16] – steht unausgesprochen die Vorstellung der Erfurter Akademie: Die Schule soll die Schüler davon überzeugen, dass sie unter weisen, gerechten und milden Regierung leben. Das Grundmuster dieser Zweckbestimmung für politisches Lernen, das in diesen Zitaten zum Ausdruck kommt, ließe sich abkürzend als „Herrschaftslegitimation" bezeichnen: Ein bestehender gesellschaftlich-politischer Zustand soll im Interesse der von ihm profitierenden Machtgruppen mit pädagogischen Mitteln legitimiert und vor Kritik geschützt werden. Politische Bildung soll die gesellschaftliche Integration sichern helfen – aber nicht auf der Basis der Rechte der Bürger, sondern durch deren Unterordnung unter die Machtansprüche von Regierenden und/oder von gesellschaftlichen Herrschaftsgruppen. Die Stilmittel,

---

14 Zit. nach ebd., S. 39 f.

15 Rolf Schönefeld: Die wachsende Führungskraft der SED bei der weiteren Gestaltung der entwickelten sozialistischen Gesellschaft in der DDR. DLZ-Konsultation 38/89, S. 4 ff.

16 Eine Dokumentation repräsentativer Texte vom Ende des 19. Jhds. bis zur deutschen Vereinigung 1990 findet sich bei Hans-Werner Kuhn/Peter Massing/Werner Skuhr (Hrsg.): Politische Bildung in Deutschland. Entwicklung – Stand – Perspektiven. 2. Aufl., Opladen 1993

mit denen die politische Bildung diese Unterordnung mental vorbereiten und ideolo-gisch absichern soll, können unter anderem sein: Verzerrungen und Verfälschungen historischer Entwicklungen, Monopolisierung und bewusst selektive Auswahl von Informationen, Entwicklung von innergesellschaftlichen oder zwischenstaatlichen Feindbildern und Diffamierung oppositioneller Gruppen, gezielte Emotionalisierung des Unterrichts mit dem Ziel blinder Identifikation, aber auch, wenn dies alles nichts hilft, der Einsatz staatlicher Machtmittel gegen unbequeme Schüler, von der politischen Selektion bei der Zulassung für weiterführende Schulen oder für ein Studium über den Schulverweis bis zur Inhaftierung. In Deutschland war eine solche Verbindung von Ideologie und Repression in der Schule in der DDR bis zu deren Untergang lebendige Gegenwart.

Aber auch eine zweite Form der Aufgabenzuweisung an die politische Bildung lässt sich als Erblast werten. Als ein Beispiel hierfür sei aus den Königsberger Vorlesungen Johann Wilhelm Süverns im Winter 1807/1808 zitiert. Süvern spielte später als Staatsrat in der Sektion des Kultus und Unterrichts im preußischen Innenministerium unter Wilhelm von Humboldt und auch noch nach Humboldts Ausscheiden eine wichtige Rolle in den preußischen Bildungsreformen. In seinen Königsberger Vorlesungen hat er das politisch-pädagogische Programm dieser Reformen besonders prägnant formuliert:

„Eine bedächtige und planmäßige Befreiung der Menschheit von den morali-schen und politischen Übeln, die sie so sehr drücken, beruht aber auf einer totalen Reformation zweyer Künste, in welcher die Widergeburt der Volcksmassen ganz enthalten ist, der *Politik* und der *Pädagogik*, der Staats- und der Erziehungskunst. ... Sie haben beide denselben erhabenen Gegenstand, den Menschen. Ihn wollen sie bilden, die Erziehungskunst den Einzelnen zu einer sich selbst immer vollkommener entwickelnden lebendigen Darstellung der Idee des Menschen, die Staatskunst Vereine von Menschen zu einer Darstellung der Vernunftidee von einer vollkommen organisierten Gesellschaft."[17]

Politische Bildung soll hier der *Besserung* der Gesellschaft dienen; ein solches Aufgabenverständnis soll deshalb abkürzend als *Mission* bezeichnet werden. Dies ist hier nicht in einem theologisch reflektierten, sondern in einem alltagssprachlichen Sinn zu verstehen: als Bezeichnung für die Instrumentalisierung politischen Lernens zum Zweck der Verbreitung von (politischen) Weltsichten, die von den Veranstaltern (Pädagogen, Trägern, politischen oder gesellschaftlichen Gruppen) als gültige Wahrheiten betrachtet werden und deren Durchsetzung mittels politischer Bildung die gesellschaftlich-politischen Verhältnisse verändern helfen soll.

Dieses Denkmuster ist in der politischen Bildung nicht minder traditionsreich als das der Herrschaftslegitimation. Es prägte den Geist des SPD-Parteitags von 1906, der „das Proletariat als Träger einer in sich geschlossenen Weltanschauung" sah und sich politische Bildung als „Erziehung im Geiste der sozialistischen Weltan-schauung" vorstellte, die der Vorbereitung auf „die aktive, zielbewußte Teilnahme

---

17 Hier zit. nach Sander, Politik in der Schule, a.a.O., S. 24

am proletarischen Emanzipationskampfe" dienen sollte.[18] Es lässt sich auch in den schulpolitischen Konzepten der westlichen Besatzungsmächte nach 1945 zu einer Re-education nachweisen, zu einer demokratischen Um- oder Neuerziehung der deutschen Bevölkerung. Präsent ist es ferner u.a. in neomarxistischen Vorstellungen zu einer sozialrevolutionären politischen Erziehung im Umfeld der 1968er Bewegung,[19] in manchen Konzepten politischer Bildung im Umfeld der Friedens-, Umwelt- und Frauenbewegung der 1980er-Jahre, aber auch in periodisch wiederkehrenden Forderungen nach einer moralischen Erneuerung der Gesellschaft durch eine intensivere moralische Erziehung der Jugend.

Gemeinsam ist beiden Denkmustern die Überzeugung, dass die politische Bildung im Besitz von sicheren Wahrheiten ist. Die Lernenden haben diese Wahrheiten lediglich nachzuvollziehen. Sie erscheinen in diesen Denkwelten als *Objekte der Belehrung* und gewissermaßen eine Art von Material, das mit pädagogischen Mitteln geformt wird, um politisch vorgegebene Zwecke zu erreichen. So besteht die gemeinsame Erblast aus beiden historischen Denkmustern in einem Verständnis von politischem Lernen, das die Lernenden als Mittel, nicht als Zweck sieht.

Die *Verwissenschaftlichung* der Theorie politischer Bildung hat wesentlich dazu beigetragen, Traditionen eines ideologisch geprägten Selbstverständnisses zu überwinden. Theorien im Sinne von Aussagesystemen, die sich mit einem gewissen Anspruch auf Verallgemeinerbarkeit mit Problemen politischer Bildung auseinandersetzen, begleiten die Geschichte des Fachgebietes zwar von Anfang an. Sie lassen sich bis in die antike Philosophie (etwa bei Plato und Aristoteles) und in der Neuzeit bis in die Aufklärungspädagogik (etwa bei Comenius oder Rousseau) zurückverfolgen. Aber diese frühen Konzepte, mit denen Ziele, Aufgaben und didaktische oder methodische Überlegungen für die politische Bildung formuliert wurden, waren von heutigen Ansprüchen an wissenschaftliche Theoriebildung noch weit entfernt. Sie lassen sich auch bis zu den 60er- und 70er-Jahren des 20. Jahrhunderts noch nicht in dem Sinne als „fachdidaktische Konzeptionen" verstehen, in dem Wolfgang Hilligen diesen Begriff versteht: als „plausibler Gesamtzusammenhang von hypothetischen oder mehr oder weniger gesicherten Aussagen über Ziele, Inhalte, Unterrichtsorganisation und Bedingungen der politischen Bildung bzw. des politischen Unterrichts".[20]

---

18 Leitsätze „Volkserziehung und Sozialdemokratie" des Mannheimer Parteitags der SPD von 1906, hier zit. nach ebd., S.52

19 Vgl. zur Kritik Fischer, Einführung in die Politische Bildung, a.a.O., S. 82-91; Hermann Giesecke: „Erziehung gegen den Kapitalismus" – Neomarxistische Pädagogik in der Bundesrepublik Deutschland. In: Neue Sammlung 1973, S. 42 ff.

20 Wolfgang Hilligen: Didaktische Zugänge in der politischen Bildung. Schwalbach/Ts. 1991, S. 15

Die frühen konzeptionellen Ansätze, die in pädagogischen Schriften, politisch-programmatischen Texten und amtlichen Dokumenten wie Erlassen oder Lehrplänen ihren Niederschlag gefunden haben, waren in aller Regel weniger komplex als es diese Definition erwarten lässt. Auch wenn eine Geschichte der Theorie politischer Bildung hier nicht geschrieben werden kann[21], sollen einige der Autoren, die in Deutschland früh als Theoretiker der politischen Bildung öffentlich hervorgetreten sind, wenigstens genannt werden: Friedrich Wilhelm Dörpfeld und August Messer, die sich bereits vor der und um die Wende vom 19. zum 20. Jahrhundert um theoretische Begründungen für die Notwendigkeit eines eigenständigen politischen Unterrichts und die historische Rekonstruktion seiner Vorgeschichte bemüht haben; Georg Kerschensteiner, Paul Rühlmann, Friedrich Wilhelm Foerster, Theodor Litt und Eduard Spranger, die im ersten Drittel des 20. Jahrhunderts und zum Teil wieder in den 1950er-Jahren einflussreich waren; Theodor Wilhelm, der Anfang der 1950er-Jahre ein breitenwirksames Konzept politischer Erziehung entwickelte. In den USA, wo sich ebenfalls im späten 19. und frühen 20. Jahrhundert die politische Bildung als eigener Teilbereich des Schulwesens ausdifferenziert hat – ab 1916 unter der Bezeichnung „Social Studies" –, hat John Dewey um die Jahrhundertwende ein theoretisch anspruchsvolles Konzept politischer Erziehung mit einer bis in die Gegenwart nachwirkenden internationalen Resonanz ausgearbeitet.[22]

Es wäre eine unangemessene Vereinfachung, wollte man die frühen Theorieansätze zur politischen Bildung in Deutschland allein unter dem Aspekt von ideologischen Implikationen betrachten. Dennoch war auch die Theoriediskussion lange in der einen oder anderen Form von den Denkmustern einer Gesinnungserziehung geprägt. Erst die Etablierung der Politikdidaktik als wissenschaftliche Disziplin an den Hochschulen, die in den 1960er-Jahren in der Bundesrepublik begann, schuf die Voraussetzungen dafür, dass in der Debatte um das Selbstverständnis der politischen Bildung Qualitäts- und Rationalitätskriterien an Bedeutung gewannen, die von den persönlichen Positionen der Autoren in der politischen Rechts-Links-Geographie unabhängig sind. Zwar geriet die politische Bildung in dem von der Studentenbewegung der späten 1960er-Jahre ausgelösten

---

21 Vgl. zur Theoriegeschichte der politischen Bildung in Deutschland neben Kuhn/Massing/ Skuhr, Politische Bildung in Deutschland, a.a.O., und Sander, Politik in der Schule, a.a.O., vor allem Dietrich Hoffmann: Politische Bildung 1890-1933. Ein Beitrag zur Geschichte der pädagogischen Theorie. Hannover 1970, sowie Walter Gagel: Geschichte der politischen Bildung in der Bundesrepublik Deutschland 1945-1989/90. 3., überarb. und erweit. Aufl., Wiesbaden 2005
22 Vgl. insbesondere John Dewey: Democracy and Education. New York 1916

Kulturkampf noch einmal mit aller Macht in die politischen Auseinandersetzungen, wurde sie zum Kampfplatz eines gesellschaftlichen Großkonflikts, in dem von verschiedenen Seiten versucht wurde, die jeweiligen Positionen mit Hilfe der schulischen und außerschulischen politischen Bildung zu verbreiten. Aber schon 1976 wurde mit dem Beutelsbacher Konsens die Trennung der professionellen Aufgaben politischer Bildung von den persönlichen politischen Überzeugen der Akteure deutlich formuliert:

„1. Überwältigungsverbot. Es ist nicht erlaubt, den Schüler – mit welchen Mitteln auch immer – im Sinne erwünschter Meinungen zu überrumpeln und damit an der „Gewinnung eines selbständigen Urteils" (Minssen) zu hindern. Hier genau verläuft nämlich die Grenze zwischen Politischer Bildung und Indoktrination. Indoktrination aber ist unvereinbar mit der Rolle des Lehrers in einer demokratischen Gesellschaft und der – rundum akzeptierten – Zielvorstellung von der Mündigkeit des Schülers.

2. Was in Wissenschaft und Politik kontrovers ist, muss auch im Unterricht kontrovers erscheinen. ..."[23]

Der Beutelsbacher Konsens, benannt nach dem Tagungsort, in den die Landeszentrale für politische Bildung Baden-Württemberg die damals führenden Politikdidaktiker zu einer Grundsatztagung eingeladen hatte, war nicht Gegenstand oder Beschluss dieser Tagung, sondern wurde rückblickend als Tagungseindruck von Hans-Georg Wehling, einem der Tagungsteilnehmer formuliert. Dennoch hat er sofort eine allgemeine und bis heute wirkende Akzeptanz in der Politikdidaktik gefunden; dies deutet darauf hin, dass sich trotz der politischen Polarisierung in der öffentlichen Debatte um die politische Bildung in diesen Jahren in der Wissenschaft schon vor der Beutelsbacher Tagung eine Distanz zur politischen Instrumentalisierung des Faches entwickelt hatte.

2. Politikdidaktik – die Bezugswissenschaft politischer Bildung

Die Politikdidaktik ist eine junge Wissenschaft. Erst in den 1960er- und 1970er-Jahren wurden in der Bundesrepublik Deutschland die ersten Professuren für die Fachdidaktik der politischen Bildung an Universitäten eingerichtet, und zumeist geschah dies – wie in anderen Fachdidaktiken auch – im Zuge und als Folge der In-

---

23 Hans-Georg Wehling: Konsens à la Beutelsbach? In: Siegfried Schiele/Herbert Schneider (Hrsg.): Das Konsensproblem in der politischen Bildung. Stuttgart 1977, S. 179; vgl. zur Diskussion um den Beutelsbacher Konsens Siegfried Schiele/Herbert Schneider (Hrsg.): Reicht der Beutelsbacher Konsens? Schwalbach/Ts. 1996

tegration der Lehrerausbildung in die Universitäten in den meisten Bundesländern. In Ostdeutschland kam es erst nach der Wende in der DDR und der deutschen Vereinigung in den 1990er-Jahren zu einer westlichen Standards entsprechenden politischen Bildung und einer Integration in den wissenschaftlichen Diskurs der Politikdidaktik.[24] Mit der Einrichtung der ersten politikdidaktischen Professuren entwickelte sich zunächst schnell eine wissenschaftliche Infrastruktur für die neue Wissenschaftsdisziplin: Wissenschaftliche Zeitschriften und Buchreihen wurden gegründet, eine Tagungskultur etablierte sich, es gab die ersten politikdidaktischen Promotionen und Habilitationen. Das mit zeitweise bis zu fünf Professuren ausgestattete Institut für Didaktik der Gesellschaftswissenschaften an der Justus-Liebig-Universität Gießen spielte in dieser Zeit im Prozess der Verwissenschaftlichung der Politikdidaktik eine besonders wichtige Rolle.

Bereits in den 1980er-Jahren kam es aber zu dramatischen Einbrüchen in die Infrastruktur der Politikdidaktik: Als Folge der damaligen Lehrerarbeitslosigkeit wurden vielerorts frei gewordene Professuren gestrichen, mit der Folge, dass über einen Zeitraum von etwa 15 Jahren in der gesamten Bundesrepublik keine Neuberufung auf eine politikdidaktische Professur erfolgte; symptomatisch für diese Situation ist, dass an dem erwähnten Gießener Institut von fünf Professuren nur eine übrig blieb. Die Folgen konnten nicht ausbleiben: Rückgang der Forschungsaktivitäten, Verfall der Publikations- und Tagungskultur, Attraktivitätsverlust des Faches für den wissenschaftlichen Nachwuchs wegen schlechter Karrierechancen drohten eine Abwärtsspirale in Gang zu setzen. Die 1980er-Jahre waren für das Fach eine „bleierne Zeit", in der mit guten Gründen gefragt werden konnte: „Stirbt die politische Didaktik aus?"[25] Dazu ist es glücklicherweise nicht gekommen, im Gegenteil hat die Politikdidaktik seit der zweiten Hälfte der 1990er-Jahre eine bemerkenswerte Renaissance erfahren: Zahlreiche Neuberufungen an Universitäten haben das Fach stabilisiert (wenn es auch immer noch viele Hochschulen und mehrere Bundesländer ohne eine entsprechende Professur gibt), gleich mehrere Fachzeitschriften wurden neu gegründet, die Forschungslandschaft hat sich neu belebt und die Politikdidaktik hat sich mit der Gründung der „Gesellschaft für Politikdidaktik und politische Jugend- und Erwachsenenbildung" (GPJE) im Jahr 1999 auch wissenschaftspolitisch neu organisiert.

---

24 Vgl. Sigrid Biskupek: Transformationsprozesse in der politischen Bildung. Von der Staatsbürgerkunde in der DDR zum Politikunterricht in den neuen Ländern. Schwalbach/Ts. 2002

25 Walter Gagel: Politische Didaktik: Selbstaufgabe oder Neubesinnung? In: Gegenwartskunde 3/1986

In gewisser Weise knüpft diese Renaissance der Politikdidaktik in der jüngsten Zeit auch in einer anderen Hinsicht an die Gründungsphase der Disziplin an. In den 1960er-Jahren gab es in der Gründergeneration des Faches neben Wissenschaftlern, die aus der Schule kamen (wie Wolfgang Hilligen oder Bernhard Sutor) auch einflussreiche Politikdidaktiker, deren wissenschaftliche Perspektiven von biografischen Erfahrungen in der außerschulischen politischen Bildung mit geprägt waren (wie Kurt Gerhard Fischer, Hermann Giesecke oder Rolf Schmiederer) und die Politikdidaktik nicht alleine als schulbezogene Fachdidaktik verstanden. Diese breitere Perspektive auf die politische Bildung drohte später verloren zu gehen, was wohl in erster Linie organisationssoziologisch durch die Einbindung der Politikdidaktik in der Lehrerausbildung und durch das Fehlen eines dem Lehramtsstudium auch nur entfernt vergleichbaren klaren beruflichen Qualifikationsweges für die außerschulische politische Bildung zu erklären ist. In dem Maße, in dem sich die Politikdidaktik in den 1970er- und 1980er-Jahren zunehmend nur noch als schulbezogene Fachdidaktik verstand, entwickelten sich die wissenschaftlichen Diskurse zur schulbezogenen und zur außerschulischen politischen Bildung auseinander. Dies hat beiden Seiten geschadet: der Politikdidaktik, weil sie lange das Innovationspotenzial im Bereich der Lernmethoden, das die außerschulische Bildung – die Teilnehmer auf der Basis der Freiwilligkeit gewinnen muss – fast zwangsläufig entwickelt, zu wenig wahrgenommen hat, und der außerschulischen politischen Bildung, weil ohne einschlägige Professuren und Studiengänge sich eine auf ihr Praxisfeld bezogene wissenschaftliche Infrastruktur nicht entwickeln konnte. So ist die außerschulische politische Bildung im lernmethodischen Bereich vielfach innovativer, zugleich aber wissenschaftlich weniger professionalisiert als die schulische und in Forschung und Theoriebildung davon abhängig, dass einzelne Wissenschaftlerinnen und Wissenschaftler aus den Sozial- oder Erziehungswissenschaften sich aus einem persönlichen Interesse mit diesem Praxisfeld beschäftigen. Immerhin ist es – nach ersten Anstößen in den 1980er- und frühen 1990er-Jahren[26] – in der zweiten Hälfte der 1990er-Jahre wieder zu

---

26 Vgl. u.a. Wolfgang Sander: Die Einheit der politischen Bildung. Zusammenhang und Unterscheidung von Politischer Bildung in Schule und Erwachsenenbildung. In: Siegfried George/Wolfgang Sander (Hrsg.): Demokratie-Lernen als politische und pädagogische Aufgabe. Für Kurt Gerhard Fischer zum 60. Geburtstag. Stuttgart 1988. Die Bundeskongresse der Deutschen Vereinigung für politische Bildung (DVPB) haben seit 1982, wenn auch in unterschiedlicher Intensität, immer wieder auch Fragen der außerschulischen politischen Bildung thematisiert. Zu einem ersten intensiven fachlichen Diskurs zwischen Praktikern und Wissenschaftlern aus verschiedenen Bereichen der politischen Bildung kam es 1993 in Hessen auf einem gemeinsamen Kongress der Landeszentrale für politische Bildung,

Verbindungen zwischen den Fachdiskursen zur politischen Bildung in Schule und außerschulischer Bildung gekommen.[27] Allerdings muss einschränkend hinzugefügt werden, dass bis heute die Theoriediskussion zur außerschulischen politischen Bildung im Ganzen nur schwach entwickelt sowie inhaltlich recht disparat ist und dass in der außerschulischen Bildung die wissenschaftliche Entwicklung der Politikdidaktik bislang nur sehr unzureichend rezipiert worden ist.[28]

Auch in diesem Buch wird Politikdidaktik als Wissenschaft vom politischen Lernen[29] in allen Praxisfeldern verstanden. Die wissenschaftliche Auseinandersetzung

der DVPB, des Landeskuratoriums für Jugendbildung und des Landesjugendrings (vgl. Politische Bildung in den 90er Jahren – Sündenbock oder Feuerwehr? Materialien aus dem Hessischen Jugendring, Wiesbaden 1993).

27 Hierzu haben u.a. die 1997 gegründete Zeitschrift kursiv – Journal für politische Bildung, die sich dezidiert als Fachzeitschrift für alle Praxisfelder des Fachs versteht, und die Gründung der GPJE beigetragen. Auch neuere Handbücher und Lexika zur Politikdidaktik berücksichtigen sowohl die schulische als auch die außerschulische politische Bildung; vgl. Wolfgang W. Mickel (Hrsg.): Handbuch zur politischen Bildung. Schwalbach/Ts. 1999; Sander, Handbuch politische Bildung, a.a.O.; Georg Weißeno (Hrsg.): Lexikon der politischen Bildung. 3 Bde., Schwalbach/Ts. 1999/2000

28 Dies zeigt sich recht deutlich in den Beiträgen bei Klaus-Peter Hufer/Kerstin Pohl/Imke Scheurich (Hrsg.): Positionen der politischen Bildung 2. Ein Interviewbuch zur außerschulischen Jugend- und Erwachsenenbildung. Schwalbach/Ts. 2004

29 Georg Weißeno hat dieser Definition in einer Rezension der ersten Auflage dieses Buches entgegen gehalten, sie sei einseitig, denn die Politikdidaktik müsse „neben dem Lernen auch das Lehren theoretisch und empirisch begründen" (in: Politische Bildung 3/2002, S. 137). Diese Forderung steht aber nur auf den ersten Blick im Gegensatz zur Definition der Politikdidaktik als „Wissenschaft vom politischen Lernen". Sinn und Zweck des professionellen Handelns von Lehrenden ist es ja letztlich, bei den Adressaten Lernen zu ermöglichen. Entsprechend heißt es im Lehrerleitbild des Dachverbandes Schweizer Lehrer treffend: „Lehrpersonen sind Fachleute für das Lernen." (zit. nach Christoph Burkard/Gerhard Eikenbusch/Mats Ekholm: Starke Schüler – gute Schulen. Wege zu einer neuen Arbeitskultur im Unterricht. Berlin 2003, S. 22) Allerdings ist die Beziehung zwischen Lehren und Lernen keinesfalls linear oder kausal: „Man kann unterrichten, ohne dass Lernen stattfindet, und man kann lernen, ohne unterrichtet zu werden. Das Ziel des Unterrichtens ist es, ein bestimmtes Lernen zu ermöglichen. Aber die Aktivitäten des Unterrichtens sind mit diesem Ziel situativ wie prozessual nur kontingent verbunden." (Jürgen Oelkers: Erziehen und Unterrichten. Grundbegriffe der Pädagogik in analytischer Sicht. Darmstadt 1985, S. 231) Obwohl somit Lernen durch Lehrende nicht unmittelbar steuerbar ist, bleibt es der Kern der Lehrerprofessionalität, wie Oelkers sagt, „ein bestimmtes Lernen zu ermöglichen". Aufgabe der Politikdidaktik als Wissenschaft ist es dann zu klären, was das Wörtchen „bestimmtes" bezogen auf Politik bedeuten kann sowie die Bedingungen der Möglichkeit solchen Lernens zu untersuchen, und zwar unter Einschluss des Handelns von Lehrenden als einer dieser Bedingungen.

mit politischen Lernprozessen muss zwar unterschiedliche institutionelle Kontexte politischer Bildung im Sinne von zu erforschenden Rahmenbedingungen beachten, diese Rahmenbedingungen können aber schwerlich wissenschaftliche Disziplinen konstituieren, allenfalls können sie unterschiedliche Forschungsschwerpunkte *innerhalb* einer Disziplin begründen – es sei denn, es ließe sich nachweisen, dass verschiedene Lernorte Lernprozesse so fundamental unterschiedlich prägen, dass ein gemeinsamer Begriff von politischem Lernen oder politischer Bildung nicht mehr zu entwickeln wäre. Dann aber wären die Unterschiede zwischen dem politischen Lernen innerhalb des Schulsystems – beispielsweise zwischen einer Grundschule in einem sozialen Brennpunkt und einer gymnasialen Oberstufe in einem bürgerlichen Stadtteil – vermutlich als gravierender einzuschätzen als die zwischen dem, was und wie eine 15-jährige Jugendliche im schulischen Politikunterricht einerseits und in einem Seminar der außerschulischen Jugendbildung andererseits politisch lernen kann. Sehr viel mehr spricht für die Annahme, dass die politischen Lerninteressen dieser 15-Jährigen zunächst vom Lernort unabhängig sind, aber an verschiedenen Lernorten sehr unterschiedliche Entfaltungsmöglichkeiten erhalten – dies wäre dann aber schon ein interessanter Forschungsgegenstand für die Politikdidaktik, den sie aber nur untersuchen kann, wenn sie sich nicht nur auf ein Praxisfeld bezieht.

Ausgangspunkt der Verwissenschaftlichung der Politikdidaktik war – ähnlich wie auch in anderen Fachdidaktiken und in der Allgemeinen Didaktik – gegen Ende der 1950er-Jahre die Erkenntnis des „Kanonverlusts": In modernen Gesellschaften kann die Frage, welches Wissen das Bildungssystems anbieten und (in der Schule) an die nächste Generation weitergeben soll, nicht mehr mit als selbstverständlich geltenden kulturellen Traditionen beantwortet werden – oder jedenfalls nicht so weit, dass sich daraus ein schulisches Curriculum gewissermaßen von selbst ergeben würde. Es ist nicht mehr unbestritten klar, welches die „Bildungsgüter" sind, die den Kern des kulturellen Erbes und der Identität einer Gesellschaft repräsentieren und die von Generation zu Generation tradiert werden sollen. Ebenso wenig können allein aus Qualifikationsanforderungen, die in Beruf und gesellschaftlichem Leben auf Absolventen des Bildungswesens zukommen, dessen Inhalte bestimmt werden. Es sind in erster Linie drei Gründe, die diesen Kanonverlust verursachen: erstens der rapide Zuwachs des insgesamt zur Verfügung stehenden Wissens durch die Expansion der Wissenschaften sowie die zunehmende Differenzierung und Spezialisierung innerhalb der Wissenschaften, die es als nicht mehr selbstverständlich erscheinen lassen, was als „das Wichtigste" eines Wissensgebietes gelten kann; zweitens der schnelle soziale und ökonomische Wandel in modernern Gesellschaften, der schon innerhalb einer Generation Lebensverhältnisse verändern kann, so dass die Gegenstände des Lernens in Bildungsinstitutionen sich schwerlich aus der Kontinuität von zu bewältigenden Lebensaufgaben begründen lassen; drittens schließlich die – im weitesten Sinne – kulturelle Pluralität innerhalb moderner Gesellschaften, die weder die religiöse Legitimation eines Curriculums noch die Begründung von Lerngegenständen aus der kulturellen Tradition einer sozialen Klasse oder Schicht zulassen.

Am Anfang der Verwissenschaftlichung der Didaktik stand daher die Frage, wie in dieser Lage die Auswahl von Lerngegenständen begründet werden kann, also nach welchen Kriterien entschieden werden soll, welches – in quantitativer Hinsicht – minimale Segment aus der unüberschaubaren Menge des verfügbaren Wissens zum Lerngegenstand in Schule und außerschulischer Bildung werden soll. Diese Frage sollte Didaktik mit Hilfe wissenschaftlich begründeter Theorien klären helfen; damit wurde die Didaktik von einer Art Hilfsdisziplin zur „Umsetzung" vorgegebener Lehrgegenstände zu einer „Theorie der Bildungsinhalte".[30] Die Frage nach der Auswahl dieser Bildungsinhalte rückte denn auch ganz ins Zentrum der Theoriediskussion in der Gründungsphase der wissenschaftlichen Politikdidaktik.

In dieser Zeit war die Theoriediskussion in starkem Maße von ersten *fachdidaktischen Konzeptionen* geprägt. Mit fachdidaktischen Konzeptionen versuchten eine Reihe von Autoren – hingewiesen sei vor allem auf die Arbeiten von Kurt Gerhard Fischer, Wolfgang Hilligen, Hermann Giesecke, Rolf Schmiederer, Bernhard Sutor, Ernst-August Roloff und Bernhard Claußen[31]–, diese Frage nach Kriterien der Inhaltsauswahl in einem systematischen Theoriezusammenhang mit den Fragen nach den Zielen und den Methoden politischer Bildung zu klären. Die fachdidaktischen Konzeptionen aus dieser Zeit waren in Theorie und Praxis politischer Bildung über lange Zeit wirksam, zum Teil sind sie es noch bis heute. Ausgehend von den zentralen Fragen – konventioneller – Unterrichtsplanung versuchte jede dieser Konzeptionen, auf eine je spezifische,

---

30 Gagel, Geschichte der politischen Bildung in der Bundesrepublik Deutschland 1945 – 1989/90, a.a.O, S. 133

31 Auf eine Bibliographie soll hier verzichtet werden. Repräsentative Texte dieser und anderer Autoren finden sich in den folgenden, einander ergänzenden Sammelbänden: Kurt Gerhard Fischer (Hrsg.): Zum aktuellen Stand der Theorie und Didaktik der Politischen Bildung. 5. Aufl., Stuttgart 1986; Wolfgang Sander (Hrsg.): Konzepte der Politikdidaktik. Aktueller Stand, neue Ansätze und Perspektiven. Stuttgart 1993. Einen Überblick zu den politikdidaktischen Konzeptionen der genannten Autoren in ihrem historischen Kontext gibt Gagel, Geschichte der politischen Bildung in der Bundesrepublik Deutschland 1945-1989/90, a.a.O.

von den Sichtweisen der jeweiligen Autoren geprägten Weise das Profil und die Identität der politischen Bildung (zumeist verstanden als fachlicher Unterricht an Schulen) in einer in sich geschlossenen Theorie zu definieren und zu begründen. Aus damaliger Sicht war der wissenschaftliche Diskurs durch Konkurrenz dieser Konzeptionen gekennzeichnet; rückblickend ist aber auch erkennbar, dass sich in dieser Gründungsphase die Kernelemente eines gemeinsamen wissenschaftlichen Selbstverständnisses der Politikdidaktik herausgebildet haben. Die 1960er- und 1970er-Jahre lassen sich aus heutiger Sicht als Phase der *Paradigmabildung* in der Politikdidaktik verstehen.

Exkurs: Paradigmabildung und normale Wissenschaft

Thomas S. Kuhn hat in einer Studie zur Geschichte der Naturwissenschaften den Begriff des „Paradigmas" eingeführt und in der Wissenschaftsgeschichte zwischen Phasen der Paradigmabildung und Phasen „normaler Wissenschaft" unterschieden.[32] Diese Unterscheidung ist auch für das Verständnis der noch jungen Geschichte der Politikdidaktik hilfreich. In Phasen der Paradigmabildung kommt es nach Kuhn zu einer ausdrücklichen oder auch nur stillschweigenden Übereinkunft über selbstverständliche Basisannahmen und über relevante Fragehorizonte einer Wissenschaft; in Phasen normaler Wissenschaft konzentriert sich die wissenschaftliche Arbeit auf die Beantwortung der Fragen und das Lösen der Probleme, die die paradigmatische Grundlage als bedeutsam definiert. Phasen normaler Wissenschaft dauern hiernach an, bis sie an die Grenzen des Paradigmas stoßen; dann kommt es nach Kuhn zu einer „wissenschaftlichen Revolution", in der die grundlegenden Selbstverständlichkeiten – das Paradigma –, einer Wissenschaft umgestürzt und neu definiert werden. Diese Deutung der Wissenschaftsgeschichte wendet sich vor allem gegen die Vorstellung eines linearen Fortschritts in der Wissenschaft, sie macht darauf aufmerksam, dass sich das Bild der Wissenschaften von der Welt nicht nach und nach aufbaut, sondern häufig von Grund auf neu konstruiert wird. (Allerdings geschieht dies nicht alle paar Jahre und nicht jede neue Idee begründet gleich ein neues Paradigma, wie die in Mode gekommene oberflächliche Rede von angeblich ständigen Paradigmawechseln in den Sozial- und Geisteswissenschaften nahe legt.)

Ein Paradigma umfasst also gewissermaßen das Selbstverständliche, Unstrittige einer Forschungsrichtung oder einer Wissenschaft. Dies bedeutet nach Kuhn keineswegs, dass ein solches Paradigma in einer konsistenten Theorie explizit formuliert und von allen Forschenden im gleichen Sinne interpretiert werden muss: Die Wissenschaftler „können in der Identifizierung eines Paradigmas übereinstimmen, ohne sich über seine vollständige Interpretation oder abstrakte Formulierung einig zu sein oder auch nur zu versuchen, eine solche anzugeben."[33] Paradigmata

---

32 Vgl. Thomas S. Kuhn: Die Struktur wissenschaftlicher Revolutionen. Frankfurt/M. 1967
33 Ebd., S. 58

stellen eine jeweils bestimmte Art und Weise dar, „die Welt zu sehen und Wissenschaft in ihr auszuüben".[34] Dies schließt auch den Einfluss außerwissenschaftlicher Umstände auf die Paradigmabildung ein: „Ein offenbar willkürliches Element, das sich aus zufälligen persönlichen und historischen Umständen zusammensetzt, ist immer ein formgebender Bestandteil der Überzeugungen, die von einer bestimmten wissenschaftlichen Gemeinschaft in einer bestimmten Zeit angenommen werden."[35] Damit ist indirekt auch die Werturteilsproblematik berührt.

Der Wirksamkeit eines Paradigmas tut es also keinen Abbruch, wenn es nicht auf eine theoretisch konsistente Weise durchgearbeitet ist, es muss nicht einmal in einem bestimmten Text ausdrücklich formuliert sein. Paradigmata benötigen keine Gründungsdokumente. Man kann dem geltenden Paradigma einer Wissenschaft unter Umständen gerade dadurch auf die Spur kommen, dass man nach den nicht mehr diskutierten Selbstverständlichkeiten fragt, auf denen Forschung und Theoriebildung basieren. Tatsächlich hat sich in den Kontroversen der 1960er- und 1970er-Jahre in der Scientific Community der Politikdidaktik ein solcher „set of believes", eine Plattform gemeinsam geteilter Selbstverständlichkeiten herausgebildet, die, mit im Einzelnen unterschiedlichen Akzentuierungen bei verschiedenen Autoren, die wissenschaftliche Arbeit im Fach trägt. Hierzu gehören insbesondere

- der Bezug auf politisches Lernen[36] als Gegenstandsbereich der Politikdidaktik als Wissenschaft;
- ein Verständnis von politischer Bildung in der Tradition der Aufklärung als eine vom Leitmodus der Rationalität geprägte Auseinandersetzung mit Politik;
- die Orientierung an einem Verständnis des Menschen als Subjekt, dessen Mündigkeit im Sinne selbstständigen Urteilens und Handelns politische Bildung fördern will;
- der Bezug auf die Demokratie als wünschenswerte politische Ordnung;
- schließlich die wissenschaftssystematische Verortung der Politikdidaktik als interdisziplinäre Sozialwissenschaft im Überschneidungsfeld zur Erziehungswissenschaft.[37]

Auf eine Kurzformel gebracht, ließe sich dieses Paradigma vielleicht so formulieren: Politikdidaktik als interdisziplinäre Sozialwissenschaft untersucht politisches Lernen empirisch und theoretisch mit dem Erkenntnisinteresse, die Bedingungen für die Möglichkeit von Lernprozessen aufzuklären, die die politische Mündigkeit der Lernenden fördern. Es sei nochmals erwähnt, dass es der Geltung dieses Paradigmas keinen Abbruch tut, wenn seine Elemente im Einzelnen in der Scientific

---

34 Ebd., S. 18
35 Ebd., S. 19
36 Vgl. auch oben Fußnote 29
37 Kerstin Pohl kommt in einer Gesamtauswertung schriftlicher Interviews mit 17 führenden Wissenschaftlerinnen und Wissenschaftlern in der Politikdidaktik unter anderem zu dem Ergebnis, dass sich alle diese hier genannten Gemeinsamkeiten in den Interviewantworten finden lassen; vgl. Kerstin Pohl (Hrsg.): Positionen der politischen Bildung 1. Ein Interviewbuch zur Politikdidaktik. Schwalbach/Ts. 2004, S. 336

Community unterschiedlich interpretiert und gewichtet werden. Dennoch ermöglicht es erst ein gemeinsames Paradigma, dass die Politikdidaktik sich über ihren Forschungsgegenstand überhaupt in einer gemeinsamen wissenschaftlichen Sprache verständigen kann.

Eines „der Dinge, die eine wissenschaftliche Gemeinschaft mit einem Paradigma erwirbt, (ist) ein Kriterium für die Wahl von Problemen, von welchen – solange das Paradigma nicht in Frage gestellt wird – vermutet werden kann, daß sie eine Lösung haben."[38] Diese Probleme – oder „Rätsel", wie Kuhn auch sagt – zu lösen, ist Aufgabe „normaler Wissenschaft". Tatsächlich lässt sich in diesem Sinn die Gründungsphase der Politikdidaktik in den 1960er- und 1970er-Jahren aus heutiger Sicht als Eröffnung eines Problemhorizonts für die weitere Forschung verstehen. „Normale Wissenschaft" im Sinne Kuhns ist die Politikdidaktik seitdem insofern, als sie sich auf die Lösung dieser Probleme konzentriert. Ein Beispiel: Es gehört zu den paradigmatischen Grundannahmen der Politikdidaktik seit ihrer Gründungszeit, dass politische Bildung die Aufgabe hat, das selbstständige politische Urteilen der Adressaten durch geeignete Lernangebote zu fördern. Damit werden eine Vielzahl von Fragen und Problemen aufgeworfen, die Gegenstand normaler Wissenschaft werden können und in den letzten Jahrzehnten auch geworden sind. Hierzu gehören beispielsweise die Fragen, was politische von nicht-politischen Urteilen unterscheidet, ob und wie sich beim politischen Urteilen eine Lernentwicklung beschreiben lässt, wie politisches Urteilen in Lern- bzw. Unterrichtssituationen empirisch erfasst werden kann, in welchem Zusammenhang politische und moralische Urteile miteinander stehen, wie das Verhältnis von Rationalität und Emotionalität bei politischen Urteilen zu bestimmen ist und anderes mehr.

Es ist deshalb nicht sinnvoll und entspricht auch nicht der wissenschaftlichen Praxis, sich den Verlauf der politikdidaktischen Forschung und Theoriebildung als endlose Reihe von einander ablösenden, immer neuen fachdidaktischen Konzeptionen zu denken. Zwar bleibt es eine Aufgabe der didaktischen Theoriebildung, den jeweiligen Stand von Forschung und theoretischer Reflexion so aufzuarbeiten und zu systematisieren, dass im Sinne von fachdidaktischen Konzeptionen gut begründete Kriterien für die Beantwortung der wesentlichen Entscheidungsfragen bei der Planung von Lernangeboten in einem konsistenten Argumentationszusammenhang entwickelt werden. Gleichwohl stellt sich aber Politikdidaktik als Wissenschaft heute als ein offeneres Feld dar, in dem – auf der Basis eines geltenden Paradigmas – eine Vielzahl unterschiedlicher, zum Teil auch auf sehr viel speziellere Fragestellungen gerichteter wissenschaftlicher Arbeitsschwerpunkte möglich und notwendig ist. In einer idealtypischen Unterscheidung formuliert, kann Politikdidaktik als Wissenschaft dreierlei leisten (s. auch Grafik):

---

38 Kuhn, Die Struktur wissenschaftlicher Revolutionen, a.a.O., S. 51

Politikdidaktik als „normale Wissenschaft"

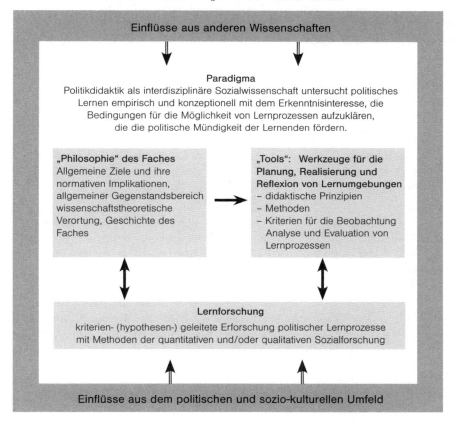

Einflüsse aus anderen Wissenschaften

Paradigma
Politikdidaktik als interdisziplinäre Sozialwissenschaft untersucht politisches Lernen empirisch und konzeptionell mit dem Erkenntnisinteresse, die Bedingungen für die Möglichkeit von Lernprozessen aufzuklären, die die politische Mündigkeit der Lernenden fördern.

„Philosophie" des Faches
Allgemeine Ziele und ihre normativen Implikationen, allgemeiner Gegenstandsbereich wissenschaftstheoretische Verortung, Geschichte des Faches

„Tools": Werkzeuge für die Planung, Realisierung und Reflexion von Lernumgebungen
– didaktische Prinzipien
– Methoden
– Kriterien für die Beobachtung Analyse und Evaluation von Lernprozessen

Lernforschung
kriterien- (hypothesen-) geleitete Erforschung politischer Lernprozesse mit Methoden der quantitativen und/oder qualitativen Sozialforschung

Einflüsse aus dem politischen und sozio-kulturellen Umfeld

- Sie befasst sich in theoretischer Reflexion mit den grundlegenden Fragen des Selbstverständnisses und der fachlichen Identität politischer Bildung („Philosophie" des Faches);
- sie entwickelt vor diesem Hintergrund und von ihm aus begründbar begriffliche und handlungsbezogene Werkzeuge, mit deren Hilfe sich Lernumgebungen für die politische Bildung planen und gestalten lassen („Tools");
- sie erforscht politisches Lernen empirisch entlang von Fragestellungen, die sich aus Problemen der Philosophie des Faches oder bei der Entwicklung von Tools ergeben und deren Ergebnisse auf diese beiden Bereiche politikdidaktischer Wissenschaft zurückwirken („Lernforschung").

3. Wissenschaft und Praxis: was die Politikdidaktik leisten kann und was nicht

Die Politikdidaktik ist eine Wissenschaftsdisziplin, und als Wissenschaft ist sie in ihrer Arbeit allein dem Kriterium der Wahrheit verpflichtet. Dem steht nicht entgegen, dass es innerhalb der Wissenschaften strittig sein kann, in welchem Sinne und nach welchen Regeln (Methoden) wissenschaftliche Aussagen als „wahr" gelten können und dass die Vorläufigkeit und Relativität wissenschaftlichen Wissens selbst schon eine Erkenntnis der Wissenschaften ist. Dennoch ist „Wahrheit" als regulative Idee für die Wissenschaft ein wichtiges Leitmotiv – und sei es nur in dem Sinne, dass zum Ethos der Wissenschaft das Verbot von Denkverboten und der Geltungs-anspruch von guten Gründen und besseren Argumenten gehört. Beispielsweise kann sich Politikdidaktik als Wissenschaft ihre Forschungsfragen nicht von bil-dungspolitischen Rahmenbedingungen wie Stundentafeln, Arbeitsbedingungen von Lehrern oder Finanzierungsbedingungen der außerschulischen Bildung diktieren oder limitieren lassen. Als Wissenschaft wird von der Politikdidaktik erwartet, dass das Wissen, das sie über politisches Lernen erarbeitet, sich an wissenschaftlichen Geltungskriterien – und nicht beispielsweise an Kriterien von Praktikabilität in bestimmten pädagogischen Handlungssituationen – orientiert.

Gleichzeitig ist die Politikdidaktik – wie andere didaktische Disziplinen, aber auch wie andere Wissenschaften wie z.B. die Medizin oder die Rechtswissen-schaft – handlungsbezogene Wissenschaft in dem Sinn, dass es zu ihren Aufgaben gehört, zur Professionalisierung des Handelns in bestimmten sozialen Feldern beizutragen. So sind die Fachdidaktiken mit der Erwartung konfrontiert, einen Beitrag zur beruflichen Qualifikation von Pädagoginnen und Pädagogen zu leisten. Dies legitimiert beispielsweise auch die Stellung der Fachdidaktiken im System der Lehrerausbildung. Von der Auseinandersetzung mit einer wissenschaftlichen Didaktik wird eine bessere Berufsqualifikation und damit am Ende eine bessere Qualität des Lehrens und Lernens in der pädagogischen Praxis erwartet.

Mit diesen beiden – gleichermaßen begründeten und berechtigten – Er-wartungen ist ein Spannungsfeld umrissen, das immer wieder zu erheblichen Missverständnissen zwischen Wissenschaft und Praxis führt, in der politischen Bildung nicht anders als in anderen Fachgebieten. Zu diesen Missverständnissen gehört eine Entgegensetzung von Theorie und Praxis. Tatsächlich ist das Wissen, mit dem Pädagoginnen und Pädagogen ihre berufliche Praxis planen, begründen, interpretieren, alles andere als theorielos: „Jede Praxis, verstanden als spezifisch menschliches Handeln, enthält Elemente von Theorie. Sie ist von Intentionen geleitet und von Elementen der Reflexion durchdrungen."[39] Jedes pädagogische

Handeln in der politischen Bildung ist geprägt von mehr oder weniger reflektierten Annahmen über Ziele, Sinn und Zweck politischer Bildung, über Politik, geeignete Lernmethoden (und Maßstäbe für diese Eignung), das politische Denken der Lernenden und seine Hintergründe, über „gutes" und „schlechtes" Lernmaterial, Ursachen für Gelingen und Misslingen von Unterricht (und über Kriterien dafür, was als Gelingen und Misslingen gelten soll) und vieles andere mehr. Ohne solche Alltagstheorien können Pädagoginnen und Pädagogen keine Entscheidungen treffen. Von ihnen aus konstruieren und deuten sie ihre Praxis. Eine theorielose Praxis gibt es daher nicht, aber es ist durchaus möglich, dass den pädagogisch Handelnden ihre didaktischen Alltagstheorien nur teilweise bewusst und dass sie nur wenig begründet sind.

Ein zweites, gewissermaßen entgegengesetztes Missverständnis ist die Erwartung, Didaktik als Wissenschaft könne die pädagogische Praxis bruchlos anleiten und eine Art Drehbuch liefern, dessen Ausführung gelingendes Lernen garantiert. Zwar wird diese Erwartung selten so zugespitzt formuliert, aber gar nicht selten steht sie im Hintergrund einer Enttäuschung, die Pädagoginnen und Pädagogen zum Ausdruck bringen, wenn sie den Eindruck haben, die Wissenschaft könne ihnen keine anwendbaren Lösungen für die Bewältigung von konkreten Handlungsproblemen in ihrer Praxis bieten. Hier wird übersehen, dass es tatsächlich eine prinzipielle Differenz zwischen Wissenschaft und Praxis gibt.[40] Handlungsprobleme in der pädagogischen Praxis sind immer konkrete, ja singuläre Probleme: Jede Unterrichtsstunde, jedes Seminar ist eine nicht wiederholbare Singularität, jeder Schüler und jede Seminarteilnehmerin ist anders, jeder Kollegenkreis hat seine Spezifika, jede Bildungsinstitution ihre eigene – geschriebene oder ungeschriebene – Corporate Identity mit je spezifischen Regeln, Gewohnheiten, Möglichkeiten und

---

39 Bernhard Sutor: Fachdidaktische Theorie und Unterrichtspraxis. In: Bundeszentrale für politische Bildung (Hrsg.): Zur Theorie und Praxis der politischen Bildung. Bonn 1990, S. 312.

40 Georg Weißeno und Tilman Grammes haben versucht, die Aufgaben der Didaktik angesichts dieser Differenz in einem Modell von Wissensformen zu beschreiben (vgl. Georg Weißeno: Forschungsfelder einer empirisch arbeitenden Politikdidaktik. In: Sander (Hrsg.), Konzepte der Politikdidaktik, a.a.O., S. 242 ff.; Tilman Grammes: Kommunikative Fachdidaktik. Politik – Geschichte „ Recht – Wirtschaft. Opladen 1998, S. 57 ff.) Sie unterscheiden zwischen Alltagswissen, wissenschaftlichem Wissen, Institutionen- bzw. Berufswissen (bei Weißeno getrennt, bei Grammes als eine Wissensform) und Schulwissen und sehen die Aufgaben der Didaktik in der „Vermittlung" bzw. „Transformation" dieser Wissensformen, wobei jedoch weitgehend offen bleibt, in welchem Sinn und mit welchen Perspektiven Didaktik eine solche Vermittlung bzw. Transformation leisten soll.

Tabus. In diesen Situationen müssen Pädagoginnen und Pädagogen handeln, und gar nicht selten können das gleiche Verhalten, die gleiche didaktische Entscheidung in der einen Situation richtig und in der anderen falsch sein. In ihrer beruflichen Sozialisation erwerben Pädagoginnen und Pädagogen Wissen, das es ihnen erlaubt, sich in solchen wechselnden Situationen Erfolg versprechend zu verhalten (wobei, wie erwähnt, dieses Wissen Alltagstheorien enthält, z.B. über Kriterien für erfolgreiches Verhalten). Didaktik als Wissenschaft dagegen interessiert sich gerade nicht in erster Linie für das *Besondere* der einzelnen Lernsituation, sondern für das, was an ihr und in ihr *typisch* ist, denn eines der Kriterien für den Geltungsanspruch wissenschaftlichen Wissens ist seine *Verallgemeinerbarkeit.* Wissenschaftliche didaktische Theorien müssen deshalb prinzipiell von einer Vielzahl von Merkmalen der je konkreten pädagogischen Situationen abstrahieren. Diese strukturelle Distanz zwischen Didaktik als Wissenschaft und pädagogischem Handeln in konkreten Entscheidungen ist unvermeidbar.

Auf der anderen Seite ist diese Distanz eine Bedingung dafür, dass Didaktik als Wissenschaft ein Innovationspotenzial für Veränderungen in der Praxis entfalten kann. Erst die reflektierende Distanz erlaubt es der Didaktik, Lernsituationen anders zu sehen, als es die Bedingungen alltäglichen pädagogischen Handeln vielleicht nahe legen, Blockierungen aufzudecken und Wege für alternative Handlungsmöglichkeiten zu eröffnen. Die Praxisrelevanz der Didaktik besteht zunächst einmal in der Einladung an Pädagoginnen und Pädagogen, ihre Praxis mit anderen Augen zu sehen, sich auf eine reflexive Distanz zu ihrem beruflichen Alltag einzulassen und gerade daraus neue Perspektiven für eine neue Konstruktion dieses Alltags zu gewinnen, eine Neukonstruktion, die sie wiederum nur selbst vornehmen können, unter Beachtung der je konkreten Handlungsbedingungen.

Die Praxiswirksamkeit von Politikdidaktik als Wissenschaft besteht also nicht in Rezepten, die abgerufen und angewendet werden können. Sie besteht vielmehr zunächst in Angeboten, Alltagstheorien über politisches Lernen neu zu denken und sie reflektierter und begründeter zu gestalten. Politikdidaktik leistet einen Beitrag zur qualitativen Verbesserung des Berufswissens von Pädagoginnen und Pädagogen durch die Integration von wissenschaftlichem Wissen über Lehren und Lernen von Politik. Da wissenschaftliches Wissen einen intersubjektiven Geltungsanspruch hat, stellt die Politikdidaktik einen wesentlichen Faktor für die Professionalisierung der politischen Bildung dar.

Nun gewinnt nicht jede wissenschaftliche Arbeit innerhalb der Politikdidaktik ihre Legitimität durch ihren möglichen Beitrag zur Neukonzeption von Alltagstheorien. Es gibt auch Gegenstände und Aufgaben politikdidaktischer Forschung, die allenfalls auf sehr weiten Umwegen in diesem Sinn eine praxiswirksame Dimension entfalten können, gleichwohl aber für eine Wissenschaft vom politischen Lernen von Bedeutung sind. Hierzu gehören beispielsweise historische Forschungen zur politischen Bildung, wissenschaftstheoretische Arbeiten oder international vergleichende Studien. Dennoch kann die Politikdidaktik Angebote zur Überprüfung und zum Neudenken von Alltagstheorien in allen drei Bereichen ihrer wissenschaftlichen Arbeit machen:

- in *theoretischen Reflexionen* zur Philosophie des Faches beispielsweise in der genaueren Klärung des Gegenstandsfelds und von Intentionen politischer Bildung;
- in *empirischen Arbeiten* durch das Angebot, subjektive Wahrnehmungen von Lernsituationen mit intersubjektiv abgesicherten wissenschaftlichen Interpretationen zum politischen Lernen zu konfrontieren;
- in der *Entwicklung von Tools* für die Gestaltung von Lernumgebungen schließlich durch das Angebot von begrifflichen und handlungsbezogenen Instrumenten für die Planung von Lernangeboten. In diesem Bereich wird in aller Regel der Bezug der Wissenschaft vom politischen Lernen zur pädagogischen Praxis besonders deutlich erkennbar sein, hier stellt sich auch am deutlichsten wissenschaftliches Arbeiten in der Fachdidaktik als Verbindung von Forschung und Entwicklung dar.

In allen drei Bereichen bleibt die Politikdidaktik allein den Standards einer wissenschaftlichen Disziplin verantwortlich, trotz ihrer – indirekten – Praxiswirksamkeit ergeben sich die Gütekriterien für die wissenschaftliche Arbeit aus der Suche nach „Wahrheit" und nicht aus der „Praktikabilität" der Ergebnisse.

Etwas anderes ist es, wenn Wissenschaftlerinnen und Wissenschaftler aus der Politikdidaktik selbst in Praxisfeldern tätig sind, in denen sie zwecks *Anwendung* wissenschaftlichen Wissens gefragt sind. Hierzu gehört beispielsweise die Politikberatung (etwa in der Lehrplanentwicklung oder der Definition von Bildungsstandards), die Erarbeitung von Lernmaterialien (z.B. Schulbücher) für ein konkretes bildungspolitisches Umfeld etwa in einem Bundesland, die Mitarbeit in handlungsbezogenen Designs der Fortbildung für Praktiker oder das öffentliche Engagement für die politische Bildung. Es gehört zur gesellschaftlichen Verantwortung von Wissenschaftlerinnen und Wissenschaftlern, solche Aufgaben wahrzunehmen. Diese Tätigkeiten sind jedoch im strengen Sinn selbst keine wissenschaftlichen (auch wenn sie die wissenschaftliche Arbeit vielfach anregen können), sondern ihrerseits Formen von Praxis, in denen wissenschaftliches Wissen unter konkreten Bedingungen als ein Faktor neben anderen zur Geltung kommt – selbst ein aus wissenschaftlicher Sicht ausgezeichnetes Schulbuch muss immer noch anderen Kriterien als denen der wissenschaftlichen Vertretbarkeit genügen. Hier ist dann

– strukturell der Praxissituation von Pädagoginnen und Pädagogen vergleichbar – die Fähigkeit gefragt, wissenschaftliches Wissen in ein Erfolg versprechendes,
auf die konkrete Situation zugeschnittenes Handlungskonzept zu integrieren und dabei auch verantwortbare Kompromisse mit anderen Anforderungen einzugehen.

II. Freiheit leben –
vom Sinn politischer Bildung

Aufklärung ist der Ausgang des Menschen
aus seiner selbst verschuldeten Unmündigkeit. ...
Zu dieser Aufklärung aber ist nichts erfordert als Freiheit;
und zwar die unschädlichste unter allem,
was nur Freiheit heißen mag: die von seiner Vernunft
in allen Stücken öffentlichen Gebrauch zu machen.
Immanuel Kant

1. Politische Bildung in der Demokratie:
Anstiftung zur Freiheit

Als „Herrschaftslegitimation" und „Mission" wurden oben (➤ Exkurs: Historische
Erblasten) idealtypisch jene grundlegenden Aufgabenzuweisungen bezeichnet, mit
denen die politische Bildung die Bühne des neuzeitlichen Bildungswesens betrat:
Das intentionale politische Lernen wurde im Bildungswesen institutionalisiert,
um vorgegebene politische Weltsichten zu verbreiten, sei es zur Sicherung von
Massenloyalität im Interesse von Regierenden, sei es zur Verbreitung von politischen Botschaften, die auf die Veränderung bestehender gesellschaftlicher oder
politischer Verhältnisse abzielen. Die Lernenden erscheinen hierbei als Objekte
der Belehrung, mehr oder weniger offen und in mehr oder weniger drastischer
Form als eine Art von Material, das mit pädagogischen Mitteln im erwünschten
Sinn zu formen ist.

Beide Denkmuster sind mit den Aufgaben politischer Bildung in der Demokratie
strukturell unverträglich. Gewiss ist auch die Demokratie auf die Unterstützung
der Bürgerinnen und Bürger angewiesen, kann sie ohne Demokraten schwerlich
auf Dauer bestehen – wenngleich einschränkend hinzugefügt werden muss, dass
für die Stabilität einer Demokratie durchaus nicht *alleine* die politischen Einstel-

lungen ihrer Bürger, sondern auch die Klugheit und Weitsicht ausschlaggebend sind, mit denen ihre politischen Institutionen verfasst wurden. Dass die erste deutsche Demokratie, die Weimarer Republik, die ökonomische Krise Ende der 1920er-Jahre nicht überstand, hatte seinen Grund nicht nur im Mangel an Demokraten, sondern neben einer Reihe von weiteren Faktoren auch in strukturellen Schwächen der Weimarer Reichsverfassung.

Dennoch ist die Erwartung an die politische Bildung nahe liegend, sie möge mit ihren pädagogischen Möglichkeiten einen Beitrag zur Sicherung und Weiterentwicklung einer demokratischen politischen Ordnung leisten. Diese Erwartung ist im Kern der demokratischen Ordnung selbst, dem Prinzip der Volkssouveränität, begründet: Politische Bildung als ein Angebot für *alle* Bürger ist notwendig, weil jeder Einzelne als Teil des Souveräns politische Entscheidungen treffen und damit Politik beurteilen muss.[1] Es ist unausweichlich, dass in der Demokratie jede Bürgerin und jeder Bürger politische Entscheidungen trifft, denn selbst die Entscheidung, nicht zu einer Wahl zu gehen, ist ein politisches Verhalten, da es politische Wirkungen hat. „Demokratie begründet", so formuliert Jedediah Purdy treffend, „die Pflicht für ganz gewöhnliche Menschen, politische Urteile zu treffen".[2] Damit ist der Kern der Demokratie ebenso umschrieben wie die Kernaufgabe politischer Bildung. Politische Bildung in der Demokratie ist nicht eine neue Form der Gesinnungsbildung unter nunmehr demokratischem Vorzeichen. Ihre Aufgabe in der Demokratie ist es vielmehr, die Politik, die in nicht-demokratischen Gesellschaften alleinige Angelegenheit von Macht- und Herrschaftseliten ist, allen Bürgerinnen und Bürgern als Feld für eigenständiges und kompetentes Urteilen und Handeln zu erschließen. Genau darin besteht denn auch der Beitrag der politischen Bildung zur Sicherung und Weiterentwicklung der Demokratie – dass sie Menschen dazu befähigt, ihre politische Verantwortung als Teil des Souveräns wahrzunehmen, mit anderen Worten: ihre politische Freiheit zu leben (➤ Exkurs: Freiheit und Demokratie).

---

1 Diesen Zusammenhang hat vor rund 100 Jahren schon Paul Rühlmann deutlich gesehen. Rühlmann schreibt, die Forderung nach politischer Bildung sei unstreitig „letzten Endes geboren aus dem demokratischen Gedanken", ihren ersten und wichtigsten Grund sieht er in „der fortschreitenden Demokratisierung unseres Staates". Politische Unterweisung für alle Bürger sei „notwendige Voraussetzung des allgemeinen Wahlrechts" und „dessen selbstverständliches Gegengewicht ... Wahlrecht und politische Unterweisung gehören zusammen und sind gegenseitig bedingend; eins ohne das andere ist politischer Widersinn." (Paul Rühlmann: Politische Bildung. Ihr Wesen und ihre Bedeutung – eine Grundfrage unseres öffentlichen Lebens. Leipzig 1908, S. 52)

2 Jedediah Purdy: Jeder ein König. In: DIE ZEIT vom 21.10.2004, S. 14

Damit ist für die politische Bildung und für die Politikdidaktik die Problematik ihrer normativen Orientierung berührt. Illusionär wäre die Vorstellung, die politische Bildung könnte dieser Problematik entgehen, indem sie sich auf „objektive" Wissensvermittlung beschränkt. Weder gibt es einen „objektiven", in seiner Faktizität unbestreitbaren Bestand an Wissen über Gesellschaft und Politik (es sei denn, es handele sich um Trivialitäten), noch lassen sich Entscheidungen über die Auswahl von Lerngegenständen und über Ziele, an denen sich Lernangebote orientieren, wertfrei formulieren – jedes Gespräch etwa über die Qualität von Lernangeboten wäre sonst von vorneherein unmöglich, weil sich ohne normative Implikationen letztlich gar nicht diskutieren lässt, woran sich diese Qualität denn bemessen soll. Weil eben diese Fragen zugleich Gegenstand fachdidaktischer Theoriebildung sind, „kann kein Theorem Politischer Bildung auf Werturteile verzichten".[3] Damit ist weder einem blinden Dezisionismus das Wort geredet, noch soll behauptet werden, dass Wertfragen einer wissenschaftlichen Reflexion gänzlich unzugänglich wären. Werturteile im Zusammenhang mit didaktischen Theorien lassen sich unter anderem mit historischen, philosophischen oder bildungstheoretischen Argumenten stützen oder kritisieren, sie lassen sich auf ihre logischen Implikationen – beispielsweise auf Widerspruchsfreiheit – in rationaler Argumentation befragen, mit empirischer Forschung können, wenn auch wegen der Komplexität des Gegenstands nur unter Schwierigkeiten und in gewissen Grenzen, die Konsequenzen von Wertentscheidungen für Lernsituationen untersucht werden. Dennoch bleiben Wertentscheidungen letztlich eben *Entscheidungen,* für die mit Gründen geworben, deren Geltungsanspruch aber mit einer wissenschaftlichen Argumentation nicht zwingend erwiesen werden kann. Der Wissenschaftlichkeit der Didaktik tut dies – unter der Voraussetzung eines reflexiven Umgangs mit der Problematik – ebenso keinen Abbruch wie es dem Status der Medizin als Wissenschaft nicht widerspricht, dass sie ohne normative Implikationen nicht sagen kann, an welchen Kriterien – etwa an welchem Begriff von „Gesundheit" – sich die ärztliche Praxis sinnvollerweise orientieren soll. Dies heißt freilich nicht, dass Didaktik eine normative Wissenschaft wäre. Wenngleich didaktische Theorie am Ende nicht ohne normative Bezüge möglich ist, lassen sich wissenschaftliche Aussagen weder aus diesen normativen Bezügen deduzieren noch bemessen sich die wissenschaftliche Qualität und der wissenschaftliche

---

3 Kurt Gerhard Fischer: Wie ist Theorienbildung für politische Bildung möglich? In: ders. (Hrsg.): Zum aktuellen Stand der Theorie und Didaktik der Politischen Bildung. 4., überarbeitete und erweiterte Aufl., Stuttgart 1980, S. 243

Geltungsanspruch von empirischen oder theoretischen Aussagen in der Didaktik an deren normativer Korrektheit.[4]

Gleichzeitig ist bei Wertentscheidungen als Orientierungsmaßstäbe für politische Bildung in der Demokratie äußerste Zurückhaltung geboten. Jede Wertentscheidung schließt andere Optionen aus, und je konkreter und inhaltlich genauer normative Leitbilder festgelegt werden, desto mehr an Alternativen wird ausgeblendet. Die Demokratie zeichnet sich nun aber gerade dadurch aus, dass sie den Menschen nicht vorschreibt, wie sie leben sollen, solange sie die Rechte anderer respektieren und sich an die Gesetze halten – an deren Zustandekommen sie im Übrigen dank ihrer politischen Rechte auf vielfältige Weise beteiligt sind oder beteiligt sein können, so über Wahlen, u.U. über Volksabstimmungen, über das ganze Spektrum zivilgesellschaftlichen Engagements und über die Mitwirkung am öffentlichen Meinungsklima.

Inwieweit es darüber hinaus für den Bestand einer Demokratie des bewusst gemeinwohlorientierten und von bestimmten Tugenden geleiteten politischen Engagements der Bürger bedarf, ist in der Demokratietheorie immer schon umstritten.[5] Die *republikanische Tradition* betont den hohen Stellenwert des tugendhaften politischen Verhaltens der Bürger, das unter Zurückstellung privater Interessen für den Erhalt des Gemeinwesens notwendig sei. Um dieses zu erreichen, wird einer gemeinsinnorientierten Erziehung ein besonderes Gewicht zugemessen. Es kann

---

4 Vgl. zur wissenschaftstheoretischen Kritik an älteren Ansätzen einer normativen Didaktik in der Erziehungswissenschaft bereits Herwig Blankertz: Theorien und Modelle der Didaktik. 14. Aufl., München 2000 (1. Aufl. 1969), Abschnitt „Überholt, aber nicht verschwunden: normative Didaktik"; ähnlich Dieter Lenzen: Orientierung Erziehungswissenschaft. Was sie kann, was sie will. Reinbek 1999 (Abschnitt „Was ist normative Pädagogik, und warum ist sie unmöglich?") Vor diesem Hintergrund ist es verwunderlich, wenn in jüngster Zeit hier und da von „normativer" oder „normativ-empirischer" Politikdidaktik die Rede ist (vgl. z.B. Georg Weißeno: Demokratie besser verstehen – Politisches Lernen im Politikunterricht. In: Gotthard Breit/Siegfried Schiele (Hrsg.): Demokratie-Lernen als Aufgabe politischer Bildung. Schwalbach/Ts. 2002, S. 105 ff.; Ingo Juchler: Demokratie und politische Urteilskraft. Überlegungen zu einer normativen Grundlegung der Politikdidaktik. Schwalbach/Ts. 2005). Möglicherweise handelt es sich hier auch nur um missverständliche Formulierungen; sofern aber ernsthaft daran gedacht sein sollte, Politikdidaktik als „normative Wissenschaft" zu begründen, bedürfte es einer sehr sorgfältigen wissenschaftstheoretischen Argumentation, die die Widerlegungen der logischen Möglichkeit normativer Didaktik in der Erziehungswissenschaft widerlegt. Das ist aber bisher nicht zu erkennen.

5 Vgl. die knappe Übersicht zu diesem Thema bei Herfried Münkler/Skadi Krause: Soziomoralische Grundlagen der Demokratie. In: Breit/Schiele (Hrsg.), Demokratie-Lernen als Aufgabe politischer Bildung, a.a.O.

nicht überraschen, dass diese Denktradition in der Fachkultur der politischen Bildung traditionell viel Sympathie genießt, lässt sich von ihr aus doch die Relevanz von politischen Erziehungsanstrengungen besonders gut begründen. Allerdings hat dies einen Preis: Da die empirische Praxis auch in Demokratien eher selten den Ansprüchen eines gemeinsinnorientierten und politisch tugendhaften Verhalten aller oder auch nur der meisten Bürger entspricht, sind die „republikanischen" Schriften häufig durch eine Dekadenzstimmung geprägt. In ihnen neigt der republikanische Politikdiskurs dazu, Verfallsprozesse zu skizzieren, die die Gegenwart in einem krisenhaften Zustand erscheinen lassen, zu dessen Überwindung es einer nachhaltigen Wiederbelebung der sozio-moralischen Ressourcen der Bürger bedarf. Die Dekadenzkritik, die sich dabei bisweilen mit dem Republikanismus verbindet, lässt diesen mitunter als eine politisch hilflose, eher zivilisationskritisch als praktisch ausgerichtete Theorie erscheinen."[6] Man wird konstatieren müssen, dass die Fachkultur der politischen Bildung von solcher Dekadenzstimmung nicht immer frei gewesen ist.

Dagegen sieht die *liberale Tradition* der Demokratietheorie den Bestand der Demokratie in erster Linie von klug konstruierten Verfassungen, gesicherten Rechtsverhältnissen, stabilen Institutionen und dem verlässlichen Schutz der Freiheitsrechte der Bürger abhängig. Besonders treffend für diese Sichtweise ist eine viel zitierte Bemerkung Immanuel Kants. Kritikern einer republikanischen Verfassung, die behaupten, eine solche Ordnung könne angesichts der selbstsüchtigen Neigungen von Menschen allenfalls in einem Staat von Engeln funktionieren, hält Kant entgegen, dieses Problem sei „selbst für ein Volk von Teufeln (wenn sie nur Verstand haben) auflösbar", indem die Verfassung und die Gesetze gerade mit dem Eigennutz aller rechnen und die Verfassung so einrichten, dass dessen destruktiven Effekte sich im Handeln aller neutralisieren. Daher ist es für Kant „nicht die moralische Besserung der Menschen, sondern nur der Mechanism der Natur, von dem die Aufgabe zu wissen verlangt".[7] Moralische Fragen sind in dieser Sicht Privatsache, politisch hingegen ist das Recht. Mit anderen Worten: Nach dieser Denktradition muss eine Republik so konstruiert werden, dass sie trotz der moralischen Unzulänglichkeiten der Individuen funktionsfähig ist.

Es kann nicht Aufgabe der Politikdidaktik als Wissenschaft oder der Praxis der politischen Bildung sein, diese alte Streitfrage entscheiden zu wollen. Man kann auch darüber diskutieren, ob angesichts der Vervielfältigung von Möglichkeiten

---

6 Ebd., S. 227
7 Alle Zitate aus Immanuel Kant: Zum ewigen Frieden. Ein philosophischer Entwurf. Mit Texten zur Rezeption 1796-1800, Leipzig 1984, S. 33

öffentlichen Engagements auch im vorstaatlichen, so genannten zivilgesellschaftlichen Raum die Entgegensetzung dieser beiden Traditionen noch zeitgemäß ist
oder ob sie nicht durch viele Formen öffentlichen Engagements jenseits des bloß
privaten, aber diesseits der klassischen Politikformen längst an Schärfe verloren
hat.[8] Es ließe sich zudem die These vertreten, dass öffentliches Engagement,
einschließlich des politischen Engagements im engeren Sinn, zumindest *auch*
unter dem Aspekt des privaten Nutzen gesehen werden kann, womit hier keineswegs Vetternwirtschaft oder gar Korruption gemeint sind, sondern schlicht
die persönliche Befriedigung, die öffentliche Anerkennung und öffentlicher Einfluss verschaffen können. Jedenfalls ist es offensichtlich, dass es sich bei diesem
Problemfeld um eines handelt, das auch in der politischen Theorie kontrovers
diskutiert wird und dass daher gemäß dem Beutelsbacher Konsens die Frage, wie
viele und welche Tugenden die Bürger benötigen, eine Frage darstellt, die nicht
der politischen Bildung zur vorgängigen Entscheidung, sondern ihren Adressaten,
den Teilnehmerinnen und Teilnehmern bzw. den Schülerinnen und Schülern, zur
eigenständigen Urteilsbildung aufgegeben ist.

Dies gilt im Übrigen für alle demokratietheoretischen Kontroversen. Der
Bezug politischer Bildung auf Demokratietheorien und auf praktisch-politische
Demokratiekonzepte muss ein pluralistischer sein, bei dem die Kontroversen,
Widersprüche und Spannungen, die mit der Frage verbunden sind, welche Formen der Regelung des gesellschaftlichen Zusammenlebens über die allgemeine
Definition von Demokratie als Volksherrschaft hinaus in modernen Gesellschaften
konkret als „demokratisch" gelten können, in ihrer Kontroversität aufgenommen
und in Lernangeboten repräsentiert werden. Vor diesem Hintergrund ist es äußerst problematisch, „Demokratie" mit „Partizipation" in allen Lebensbereichen
gleichzusetzen und auf eine solche Gleichsetzung Konzepte schulischer Demokratieerziehung zu gründen.[9]

---

8 Diese Sicht vertreten Münkler/Krause, a.a.O.

9 Dieses Verständnis von Demokratie fand sich oftmals im Umfeld des Programms „Demokratie lernen und leben", das die Bund-Länder-Kommission von 2001 bis 2007 aufgelegt
   hatte, sowie in Konzepten einer „Demokratiepädagogik" (vgl. hierzu u.a. Wolfgang Edel-
   stein/Peter Fauser: Demokratie lernen und leben. Gutachten zum BLK-Programm, Bonn
   2001; Peter Fauser: Demokratie lernen und Schulentwicklung. In: POLIS 3/2003; ders.:
   Demokratiepädagogik oder politische Bildung? In: kursiv – Journal für politische Bildung
   1/2004; Gerhard Himmelmann: Demokratie Lernen als Lebens-, Gesellschafts- und Herrschaftsform. 2. Aufl., Schwalbach/Ts. 2005. Zur Kritik an der „Demokratiepädagogik"
   vgl. u.a. Breit/Schiele (Hrsg.), Demokratie-Lernen als Aufgabe politischer Bildung, a.a.O.;
   Wolfgang Sander: Politische Bildung als „Demokratie-Lernen"? In: POLIS 2/2003; Werner

Eher fragwürdig sind auch vorab definierte Bürgerrollen, auf die politische Bildung vorbereiten soll. In der Demokratie gibt es eine Vielzahl legitimer Bürgerrollen, die von der Politik als Beruf bis zur Wahlenthaltung aus Protest reichen können und die im Lauf des Lebens eines Erwachsenen auch wechseln können. Politische Bildung hat hier die Aufgabe, Menschen darin zu unterstützen, je für sich ihre eigene Bürgerrolle zu finden. Dabei ist für die Demokratie durchaus tragbar, wenn Menschen sich dafür entscheiden, sich bewusst politisch *nicht* zu engagieren, solange diese politische Abstinenz nicht Ausdruck der Ablehnung einer demokratischen politischen Ordnung ist und sie die Gesetze und die demokratischen Institutionen respektieren. Eine ganz andere Sache ist es, wenn

---

J. Patzelt: Demokratieerziehung oder politische Bildung? Eine Auseinandersetzung mit Peter Fauser. In: kursiv – Journal für politische Bildung 4/2004). Mit dieser vordergründigen Gleichsetzung von Demokratie und Partizipation werden substanzielle demokratietheoretische Fragen und Kontroversen ausgeblendet. Hierzu gehören beispielsweise die Fragen nach einer angemessenen Balance zwischen Repräsentation und Partizipation, nach unterschiedlichen Handlungslogiken in verschiedenen sozialen Teilsystemen (z.B. haben Schulen einen anderen Organisationszweck und funktionieren nach anderen Regeln als ein Parlament) oder nach den notwendigen Grenzen des Demokratieprinzips gerade um der Erhaltung der Demokratie willen. So begrenzen das Prinzip der Gewaltenteilung und die unbedingte Geltung von Grund- und Menschenrechten die Macht des Souveräns, weil sie wesentliche Gestaltungsprinzipien des Zusammenlebens dem Mehrheitswillen von vorneherein entziehen; es gibt daher gute, theoretisch wie historisch begründete Argumente für die These, dass moderne Demokratien nur dann bestehen können, wenn sie eben nicht *nur* demokratisch strukturiert sind. Problematisch ist in diesem Zusammenhang auch die Vorstellung, Demokratie sei im Verhältnis zu Politik der umfassendere und zudem normativ positiver besetzte Begriff, weshalb (so bei Fauser) politische Bildung nur ein Teilbereich einer umfassender zu verstehenden Demokratieerziehung sei oder (so bei Himmelmann) politische Bildung sich in ihrer fachlichen Identität nicht mehr auf den Politik-, sondern auf den Demokratiebegriff stützen müsse. Bei allen unterschiedlichen demokratietheoretischen Ansätzen ist aber Demokratie immer per definitionem als Volksherrschaft eine Form politischer Ordnung, oder anders: eine Gestalt des Politischen. Es macht schon begriffslogisch keinen Sinn, Demokratie außerhalb von Politik zu suchen – was selbstverständlich nicht heißt, dass Politik sich auf den Bereich des politischen Systems im engeren Sinne oder gar nur des Staates begrenzen ließe (➤ Abschnitt 2). Im Verhältnis zu Demokratie ist Politik der umfassendere Begriff; Demokratie ist in menschlichen Gesellschaften eine Möglichkeit, Politik aber ist unausweichlich. Schon ein oberflächlicher Blick in die internationale Politik zeigt, dass dieser Zusammenhang auch in der Gegenwart mit Händen zu greifen ist und dass es wenig sinnvoll wäre, alle wesentlichen Probleme von Politik in der Gegenwart unter den Begriff der Demokratie oder, bezogen auf Schule, den der Demokratieerziehung zu subsumieren.

politisches Desinteresse aus Gefühlen der Ohnmacht und Orientierungslosigkeit, aus Ressentiments oder der mangelnden Fähigkeit erwächst, die eigenen Interessen und Positionen auch öffentlich zur Geltung zu bringen – hier ist die politische Bildung gefordert, mit ihren Lernangeboten Menschen Politik als Raum für reflektierte Urteilsbildung und eigenes Handeln zugänglich zu machen. Politische Bildung schreibt also den Lernenden nicht vor, aus welchen Anlässen und in welchem Umfang sie sich politisch engagieren sollen, aber sie *befähigt* Menschen zur politischen Partizipation.

Mit dem Begriff der (politischen) *Mündigkeit*, der als eine allgemeine Formel für die normative Orientierung politischer Bildung in der Politikdidaktik heute breite Zustimmung findet (➤ Exkurs: Paradigmabildung und normale Wissenschaft), darf sich daher für die politische Bildung kein fest umrissenes Leitbild des mündigen Bürgers oder der mündigen Bürgerin verbinden. Es gehört zur *Freiheit* der Bürgerinnen und Bürger in der Demokratie, selbst zu bestimmen, wie sie als Bürgerinnen und Bürger leben wollen. Am Ende ist es die Unterscheidung von Freiheit und Unfreiheit, die die eigentliche Trennungslinie zwischen demokratischen und nicht-demokratischen Gesellschaften markiert. In der Freiheit besteht – auf einer normativen Ebene – der kleinste gemeinsame Nenner demokratischer Gesellschaften.

Exkurs: Freiheit und Demokratie

Der moderne politische Freiheitsbegriff ist – nicht anders als andere Wertvorstellungen auch – eine historisch und kulturell gebundene Konstruktion unseres Bewusstseins. Zwar verstehen wir seit der naturrechtlichen Philosophie der Aufklärung Freiheit universalistisch, sie soll für alle Menschen gelten, unabhängig von ethnischen Zugehörigkeiten, Geschlecht, sozialer Herkunft oder anderen biologischen oder kulturell geprägten Merkmalen – Rousseaus berühmter Satz „Der Mensch ist frei geboren und überall liegt er in Ketten" bringt diese Vorstellung einer kontrafaktischen, dem Menschen „von Natur aus" zustehenden und deshalb gegen jede politische Unterdrückung legitimerweise einzuklagende und durchzusetzende Freiheit auf den viel zitierten Punkt. Aber Universalisierbarkeit als Kriterium für die Legitimität von Wertorientierungen ist trotz seiner Erfolgsgeschichte in der Moderne, die sich beispielsweise im weltweiten Geltungsanspruch der Allgemeinen Erklärung der Menschenrechte von 1948 niedergeschlagen hat, ein kulturell geprägter Maßstab, der seine Wurzeln in der europäischen Geistesgeschichte hat. Insofern bleibt die Entscheidung für die Freiheit im oben beschriebenen Sinn eine *Entscheidung*, für die gute Gründe sprechen, deren Geltungsanspruch aber nicht zwingend wissenschaftlich erwiesen werden kann.

Am Anfang der modernen Geschichte der Freiheit steht der Kampf um Schutz vor Willkür durch die Obrigkeit, der in der Magna Charta Liberatum von 1215 einen ersten bedeutenden Ausdruck gefunden hat. Erst später, in der Aufklärung und in den Sozialvertragstheorien im Vor- und Umfeld der Gründung der Vereinigten Staaten von Amerika und der Französischen Revolution, also bei den bedeutenden „Klassikern" der Politik- und Demokratietheorie wie John Locke, Jean Jacques Rousseau, Denis Diderot, Alexis de Tocqueville, Charles de Montesquieu und Immanuel Kant[10], entwickelte sich jenes republikanische Verständnis einer politischen Ordnung, das für die moderne Demokratie konstitutiv ist: Die politische Organisation der Gesellschaft wird gedacht als freiwilliger Zusammenschluss freier Bürger, die die gemeinsamen Angelegenheiten selbst in die Hand nehmen. Der demokratische Verfassungsstaat lässt sich als der Versuch verstehen, diese beiden Dimensionen der Freiheit – die Freiheit als in den Grundrechten kodifizierter Schutz vor staatlicher Willkür und die Freiheit als Recht zur Mitgestaltung von Politik auf der Basis des Mehrheitsprinzips – in eine Balance zu bringen.[11] Eine ganze Reihe von politischen Erfindungen – wie der Rechtsstaat, die Gewaltenteilung, die Verfassungsgerichtsbarkeit, das allgemeine Wahlrecht, der Parlamentarismus – lassen sich als Instrumente der Operationalisierung dieser beiden Dimensionen politischer Freiheit verstehen. Die politische Freiheit ihrer Bürger ist die Integrationsidee der Demokratie.[12] Sie lässt sich darüber hinaus als „Sinnquelle der Moderne"[13] verstehen, in der eine Orientierung an Traditionen im Sinne von gemeinsam geteilten religiösen oder weltanschaulichen Überzeugungen nicht mehr möglich ist. Oder anders: „Das moderne Denken und das westliche Wertesystem finden ihren letzten Grund im Paradigma individueller Freiheit."[14] Die Grenze der individuellen Freiheit besteht hiernach zunächst nur in der Freiheit aller anderen. In *dieser* Hinsicht, in der Anerkennung der gleichen po-

---

10 Eine brauchbare Übersicht zur Geschichte des und zu Kontroversen um den Freiheitsbegriff gibt noch immer die Quellensammlung von Franz Neumann: Freiheit. Baden-Baden 1978; hilfreich zur ersten Orientierung ist auch Antonia Grunenberg: Der Schlaf der Freiheit. Politik und Gemeinsinn im 21. Jahrhundert. Reinbek 1997, S. 39-118

11 Vgl. Peter Graf Kielmansegg: Das Experiment der Freiheit. Zur gegenwärtigen Lage des demokratischen Verfassungsstaats. Stuttgart 1988, S. 78

12 Hannah Arendt geht noch weiter und versteht Freiheit als Kern des Politischen überhaupt, weil die kulturelle Erfindung der Freiheit erst im Handeln jenseits des bloßen Vollzugs von Lebensnotwendigkeiten realisiert werde. Hierfür bedarf es nach Arendt eines öffentlichen Raumes, in dem solches Handeln möglich ist: „Ohne einen politisch garantierten öffentlichen Bereich hat Freiheit in der Welt keinen Ort, an dem sie erscheinen könnte... Im Sinne einer nachweisbaren Realität fallen Politik und Freiheit zusammen, sie verhalten sich zueinander wie die beiden Seiten der nämlichen Sache." (Hannah Arendt: Freiheit und Politik. In: dies.: Zwischen Vergangenheit und Zukunft. Übungen im politischen Denken I, 2., durchgesehene Aufl. Zürich 2000, S. 201 f.) Als Integrationsidee der Demokratie kann Freiheit im Anschluss an diese Sicht dadurch gesehen werden, dass die Demokratie den politischen Raum für alle Bürger zugänglich macht.

13 Ulrich Beck: Ursprung als Utopie: Politische Freiheit als Sinnquelle der Moderne. In: ders. (Hrsg.): Kinder der Freiheit. Frankfurt/M. 1997

14 Udo di Fabio: Die Kultur der Freiheit. München 2005, S. 79

litischen Freiheit für alle und somit der *politischen* Gleichheit aller Bürger (mit der praktischen Konsequenz ihrer Rechtsgleichheit), ist auch das Gleichheitsprinzip für die Demokratie konstitutiv.

Dem steht nicht entgegen, dass Freiheit in der praktischen Politik und auch in der Geschichte der modernen Demokratien niemals der *einzige* für bedeutsam gehaltene Wertbezug gewesen ist. Bekanntlich war „Freiheit – Gleichheit – Brüderlichkeit" das Motto der Französischen Revolution, und bis heute gelten Solidarität und soziale Gerechtigkeit als starke Leitmotive und Beurteilungsmaßstäbe für politisches Handeln. Weitere Grundwerte wie Menschenwürde[15], Frieden und Sicherheit, die als normative Leitideen für Politik auf eine breite Akzeptanz stoßen, lassen sich zwanglos ergänzen. Auch in politikdidaktischen Theorien haben breiter angelegte Grundwertkataloge ihren Niederschlag gefunden, so u.a. in Wolfgang Hilligens „Optionen"[16] und in Bernhard Sutors „Zielwerten" Freiheit, Gerechtigkeit und Friede.[17] In der Tat lassen sich Entscheidungen *der praktischen Politik* auch in der Demokratie in normativer Hinsicht nicht alleine aus der Freiheit begründen. Die historischen Erfahrungen des 19. und 20. Jahrhunderts sprechen für die Vermutung, dass am Ende die demokratische Ordnung und damit die Freiheit gefährdet wird, wenn die praktische Politik auf jede Sozialpolitik, die von den Leitideen der Gerechtigkeit und der Solidarität getragen wird, verzichten würde. Diese Erfahrung hat sich in der Bundesrepublik im Sozialstaatsgebot in Art. 20 des Grundgesetzes, also in jenem Kernbereich der Verfassung niedergeschlagen, der dem Gesetzgeber nicht zur Disposition steht. Überdies ist die unausweichliche Spannung zwischen Grundwertprioritäten ein Dauerthema alltäglicher Politik – schon jede Steuerpflicht schränkt die Freiheit ein, und doch wäre ohne Staatseinnahmen auch die Freiheit nicht zu sichern.[18]

---

15 Allerdings lässt sich die für das deutsche Grundgesetz besonders bedeutsame Wertvorstellung der Menschenwürde auch von der Freiheit her verstehen: „Wir stellen uns den Menschen, dem seine Würde nicht genommen wird, als einen Citoyen vor: mit aufrechtem Gang, selbstbewusst, frei, für sich verantwortlich." (ebd., S. 70)

16 Vgl. zuletzt Hilligen, Didaktische Zugänge in der politischen Bildung, a.a.O., S. 16 ff.

17 Vgl. zuletzt Bernhard Sutor: Politische Bildung als Praxis. Grundzüge eines didaktischen Konzepts. Schwalbach/Ts. 1992, S. 41

18 Weil dies so auch in der ersten Auflage dieses Buches stand, ist es schwer nachzuvollziehen, warum manche Kritiker dem Buch Einseitigkeit in der normativen Orientierung vorgehalten haben. So schreibt etwa Weißeno in der bereits zitierten Rezension in Politische Bildung 3/2002, eine Gründung der Politikdidaktik einzig auf den Wert der Freiheit sei äußerst problematisch, denn: „Freiheit ohne Gleichheit und Solidarität – das lehrt die Geschichte – führt zur Ellbogengesellschaft und reduziert die Optionen und Begründungen für politisches Handeln unverhältnismäßig." (a.a.O., S. 137) Hier geht es aber gar nicht um die Optionen und Begründungen für konkretes politisches Handeln, bei denen selbstverständlich vielfältige und gegensätzliche Wertvorstellungen ins Spiel kommen, sondern um den in normativer Hinsicht kleinsten gemeinsamen Nenner einer demokratischen Gesellschaft, also um die normative differencia specifica von Demokratien im Unterschied zu nicht-demokratischen

Aber andere Grundwerte als die Freiheit sind keine Spezifika der Demokratie. Eine an Gleichheit oder sozialer Gerechtigkeit orientierte Politik ist auch in nicht-demokratischen Gesellschaften denkbar – die DDR wäre hierfür ein Beispiel –, und kluge Friedenspolitik hat es auch in vordemokratischen politischen Ordnungen gegeben. Die Frage der normativen Orientierungen für politisches Handeln und die nach den Interessen und Konflikten, die damit verbunden sind, ist daher für die politische Bildung ohne Zweifel ein wichtige, immer wieder zu reflektierende Perspektive in der Auseinandersetzung mit politischen Lerngegenständen. Aber diese Frage ist keine, die von der politischen Bildung inhaltlich zu entscheiden wäre. Sie ist den Bürgerinnen und Bürgern selbst zur Beurteilung und – direkt in plebiszitärer Demokratie oder indirekt in Wahlen – Entscheidung aufgegeben. Politische Bildung kann Lernende auf solche Entscheidungssituationen vorbereiten, aber sie darf um deren Freiheit willen ihnen diese Entscheidungen nicht abnehmen. In der Demokratie gewinnt politische Bildung ihren institutionellen Sinn aus der Idee der politischen Freiheit. Politische Bildung ist nötig, damit freie Bürgerinnen und Bürger ihre politische Freiheit leben können.[19] Sie ist aber – als ein Lernangebot für *alle* Menschen und nicht nur für politische Eliten – nicht zwingend nötig, um eine an anderen Grundwerten wie soziale Gleichheit, Solidarität oder Friede orientierte Politik zu verwirklichen.

Politische Bildung in der Demokratie ist *Anstiftung zur Freiheit.* Sie vermittelt jenes Wissen und jene Kompetenzen, die es Menschen ermöglichen, ihre politischen Rechte selbstbewusst und mit der Chance auf Erfolg wahrzunehmen (➤ Abschnitt 3). Ihren Beitrag zur Stabilität und Weiterentwicklung der Demokratie leistet politische Bildung damit auf eine indirekte, aber gleichwohl wichtige Weise: nicht durch Belehrung und Indoktrination, sondern durch die Befähigung der Bürgerinnen und Bürger, Mitverantwortung für die gemeinsamen Angelegenheiten zu übernehmen, die politische Kultur der Freiheit mit Leben zu erfüllen und diese dadurch auch zu bewahren. Aber eine solche politische Bildung ist umgekehrt auf eine demokratische politische Ordnung angewiesen, denn nur die Demokratie kann politische mündige Bürgerinnen und Bürger wünschen und ertragen.

---

politischen Ordnungen, sowie um die Frage, aus welchen normativen Gründen die Institution der politischen Bildung in der Demokratie notwendig ist.

19 Vgl. zu dieser These auch das aus einer republikanischen demokratietheoretischen Tradition argumentierende Buch von Karl-Heinz Breier: Leitbilder der Freiheit. Politische Bildung als Bürgerbildung. Schwalbach/Ts. 2003; ferner neuerdings Michael May: Zielbegriff Freiheit. Negative, positive und deliberative Freiheit. Schwalbach/Ts. 2005 (wobei dem Autor offenbar erst beim Verfassen der Vorbemerkung aufgefallen ist, dass seine Kernthese von der zentralen Bedeutung des Freiheitsbegriffs für die Bestimmung der Aufgaben politischer Bildung so neu nicht war, was ja nicht gegen diese These spricht).

Anstiftung zur Freiheit ist politische Bildung, weil Freiheit Mut und Ermutigung erfordert.[20] Politische Freiheit zu leben, erfordert von den Menschen auch Anstrengung und Unbequemlichkeiten: das Anderssein der anderen auszuhalten etwa, im Dissens und in einer Minderheitenposition leben zu können, Kompromisse schließen zu können, Geduld und Ausdauer zu entwickeln, um andere von der eigenen Position zu überzeugen, die Souveränität, sich unter Umständen von anderen überzeugen zu lassen. Für die Aufklärung über Politik gilt allemal, was Immanuel Kant über Aufklärung allgemein schrieb: Sie erfordert den *Mut,* sich seines eigenen Verstandes zu bedienen.[21] Dieser Mut muss freilich *erworben* werden. Soll er sich in den Menschen ausbilden, bedarf es eines Sozialisationsumfeldes, das Menschen sich selbst als Subjekte erfahren lässt, und es bedarf an den institutionalisierten Lernorten einer Lernkultur, die diesem Mut förderlich ist, ja ihn anregt und die Lernenden immer wieder neu dazu anstiftet, sich auf das Risiko des eigenen Denkens einzulassen. Wo dies nicht gelingt, besteht potenziell immer die Gefahr, dass sich eine „Furcht vor der Freiheit"[22] entwickelt, die in Krisensituationen schnell in die Bereitschaft umschlägt, sich autoritären Strukturen zu unterwerfen und als fremd oder feindlich definierte Individuen und Gruppen aggressiv auszugrenzen.

Politische Bildung ist ein Gegengift gegen die Furcht vor der Freiheit. Weil

---

20 Damit ist zunächst eine psychische Disposition des Individuums gemeint, aber man kann auch in einem politiktheoretischen Sinn einen fundamentalen Zusammenhang zwischen der öffentlichen Natur der Politischen und dem Mut des Einzelnen sehen. Hannah Arendt spricht von der „uralte(n) Überzeugung, daß die Kardinaltugend des Politischen der Mut" sei, worunter sie aber keineswegs die Suche nach Gefahr versteht: „Der Mut, von dem auch wir noch glauben, daß er für politisches Handeln unerläßlich sei, entspringt nicht dem Lebensgefühl des einzelnen, sondern der Natur des Öffentlichen. Denn im Gegensatz zu dem Privaten, wo in der Behütetheit der Familie und der Geborgenheit der eigenen vier Wände alles dazu dient und dienen muß, das Leben von Individuen zu schützen, steht die öffentliche, uns allen gemeinsame Welt – die schon darum, weil sie vor uns da war und nach uns weiterbestehen soll, sich um das schiere Lebendigbleiben und die elementaren Daseinsinteressen der einzelnen niemals primär bekümmern darf. Des Mutes in einem politischen Sinn bedarf es, um diese uns überdauernde Welt des Öffentlichen überhaupt zu betreten, nicht weil in ihr besondere Gefahren lauerten, sondern weil in ihr die Sorge um das Leben seine Gültigkeit verloren hat. Der Mut befreit von der Sorge um das Leben für die Freiheit der Welt. Des Mutes bedarf es, weil es in der Politik niemals primär um das Leben, sondern immer um die Welt geht, die so oder anders aussehen, so oder anders uns überdauern soll." (H. Arendt, Freiheit und Politik, a.a.O., S. 208)

21 Vgl. Kant, Beantwortung der Frage: Was ist Aufklärung? a.a.O.

22 Vgl. Erich Fromm: Die Furcht vor der Freiheit. Frankfurt/M. 1966

sie sich normativ an Freiheit orientiert, überlässt sie den Lernenden einen weiten Horizont an unterschiedlichen Wertvorstellungen zur eigenen Urteilsbildung. Jedoch ist dies alles andere als eine relativistische Position: Ein Gegengift ist kein Neutrum. Indem politische Bildung die subjektiven Bedingungen für die politische Freiheit befördern will, ist sie ein Widerpart gegen alle Formen der Regression in freiheitsfeindliche politische Ideologien und Fundamentalismen. In Konflikten mit solchen Ideologien und Fundamentalismen kann daher politische Bildung sich nicht (kultur-)relativistisch, sondern nur universalistisch orientieren: Nicht *jede* politische, kulturelle oder religiöse Position ist akzeptabel und tolerabel, sondern nur solche sind es, die ihrerseits das Recht aller anderen auf freie Entfaltung akzeptieren. Damit ist selbstverständlich nur etwas über die *Zielrichtung* politischer Bildung in der Auseinandersetzung mit freiheitsfeindlichen Positionen, aber noch nichts darüber gesagt, wie mit Menschen – insbesondere mit Schülerinnen und Schülern –, die solche Positionen vertreten, in konkreten Lernsituationen umgegangen werden sollte. Schüler und andere Teilnehmer in pädagogischen Situationen sind ja Adressaten von Lernangeboten und keine politischen Gegner. Für den Umgang mit diesem Problem in der Praxis politischer Bildung ist noch immer eine Maxime von Wolfgang Hilligen hilfreich: „Der Lehrer muß die Intoleranz gegenüber jeder Intoleranz mit Toleranz gegenüber den noch Intoleranten verbinden."[23] Auch in diesem Sinn ist sie *Anstiftung* zur Freiheit.

Politische Bildung, die Menschen befähigen will, ihre politische Freiheit zu leben, ist auf die Bürgerinnen und Bürger als Individuen, nicht auf Kollektive bezogen. Dieser Satz mag zunächst überraschen, hat es doch politische Bildung per definitionem mit Politik zu tun, mit überindividuellen Fragestellungen also. Wie selbstverständlich setzen vor- und nicht-demokratische Denkmuster politischer Erziehung voraus, dass sie der Vermittlung einer kollektiven Identität zu dienen hat – nicht, wer *ich* bin, ist in diesen Denkmustern Thema von Lernprozessen, sondern wer *wir* sind. Aber in einer freien Gesellschaft ist die gemeinsame Basis schmal. Das „Wir" besteht im Kern gerade darin, dass sich die Bürgerinnen und Bürger das „Ich" wechselseitig zugestehen. Die staatliche Ordnung findet ihre Legitimität in dem Zweck, die Rechte der Bürgerinnen und Bürger zu schützen.

Ein solches Staatsverständnis schließt Einschränkungen der Freiheit der Individuen keineswegs aus; aber solche Einschränkungen müssen ihre Legitimität im Schutz der Freiheit aller finden. Ob diese Legitimation bei einem konkreten Gesetzentwurf, bei einer konkreten Verordnung tatsächlich gegeben ist, ist ein weites Feld für politische Konflikte. In diesen Konflikten kommen auch unter-

---

23 Hilligen, Didaktische Zugänge in der politischen Bildung, a.a.O., S. 36

schiedliche Freiheitsbegriffe zum Tragen. Ob beispielsweise bestimmte sozial-staatliche Regelungen Freiheit einschränken oder gerade erst ermöglichen, ist ein Feld für solche Kontroversen. Für die politische Bildung sind diese Kontroversen interessante Lerngegenstände, sie kann aber nicht autoritativ und stellvertretend für die Lernenden entscheiden, welches die richtigen Lösungen sind. Am Ende bleibt es auch der Freiheit der Lernenden überlassen, ihr Bild von Freiheit zu ent-wickeln. Dem steht nicht entgegen, dass politische Bildung den Lernenden den Zusammenhang zwischen der politischen Freiheit und der Notwendigkeit, diese Freiheit durch Grund- und Menschenrechte sowie durch politische Institutionen gemäß einer demokratischen Verfassung zu sichern, erschließen muss.

Die Vermittlung einer weltanschaulich überformten kollektiven Identität ist also nicht die Sache einer politischen Bildung, die sich der Freiheit der Lernenden verpflichtet sieht. Begriffe wie Gemeinschaft, Heimat, Volk, Nation, aber auch Klasse oder Geschlecht können Reflexionsgegenstand in politischen Lernprozessen sein, aber als normative Bezugsgrößen taugen sie nicht.[24] Gerade die politischen Erfahrungen des 20. Jahrhunderts geben allen Anlass, auf die möglichen Folgen blinder Identifikation hinzuweisen. Theodor W. Adornos Warnung, geschrieben in einem Aufsatz mit dem Titel „Erziehung nach Auschwitz", bleibt aktuell: „Für das Allerwichtigste gegenüber der Gefahr der Wiederholung halte ich, der blinden Vormacht aller Kollektive entgegenzuarbeiten, den Widerstand gegen sie dadurch zu steigern, daß man das Problem der Kollektivierung ins Licht rückt. ... Menschen, die blind in Kollektive sich einordnen, machen sich selbst schon zu etwas wie Material, löschen sich als selbstbestimmte Wesen aus. Dazu paßt die Bereitschaft, andere als amorphe Masse zu behandeln. .. indem man das Recht des Staates über das seiner Angehörigen setzt, ist das Grauen potentiell schon gesetzt."[25]

Dem steht nicht entgegen, dass ein dergestalt freiheitliches Politikverständnis selbst Ergebnis einer spezifischen kulturellen Tradition ist, genauer gesagt: ein Produkt der europäisch-westlichen Kultur.[26] Die Vorstellung von der Freiheit des Individuums und der politischen Freiheit als Integrationsidee der Republik ist Konsequenz einer langen Leidensgeschichte, deren Tiefpunkte mit dem Drei-

---

24 Vgl. hierzu auch Manfred Hättich: Kann Verfassungspatriotismus Gemeinschaft stiften? In: Günter C. Behrmann/Siegfried Schiele (Hrsg.): Verfassungspatriotismus als Ziel politischer Bildung? Schwalbach/Ts. 1993

25 Theodor W. Adorno: Erziehung nach Auschwitz. In: ders.: Erziehung zur Mündigkeit. 20. Aufl., Frankfurt/M. 2006, S. 95 ff.

26 Vgl. ausführlicher Wolfgang Sander: Europa denken lernen. Die „neue Renaissance" und die Aufgaben der politischen Bildung. In: Georg Weißeno (Hrsg.): Europa verstehen lernen. Eine Aufgabe des Politikunterrichts. Schwalbach/Ts. 2004

ßigjährigen Krieg im 17. Jahrhundert und mit Nationalsozialismus, Holocaust, Stalinismus und Zweitem Weltkrieg im 20. Jahrhundert lagen. Eine freiheitliche politische Bildung ist somit Teil des geistigen Erbes Europas. Freilich ist dieses Erbe nicht mehr an den geografischen Ort „Europa" allein gebunden, sondern hat spätestens mit der Gründung der Vereinigten Staaten von Amerika begonnen sich zu globalisieren. Aber heute repräsentiert dieses geistige Erbe Europas, das also, was „europäisches Denken" als kulturelles Konstrukt ausmacht, kein geschlossenes weltanschauliches Konzept, sondern besteht gerade, wie Edgar Morin treffend schreibt, in einer in ungezählten Konflikten gewachsenen Kultur der „Dialogik", eines vernünftigen Umgangs mit Widersprüchen.[27] Ganz ähnlich sehen Jacques Derrida und Jürgen Habermas die Anerkennung von Differenz als das entscheidende Merkmal einer gemeinsamen Identität der Europäer.[28] Oder anders: Das kollektiv Verbindende in der europäisch-westlichen Kultur besteht gerade in der Anerkennung der Freiheit jedes Individuums.[29]

Damit wird keineswegs übersehen, dass Menschen als soziale Lebewesen in aller Regel Gemeinwesen nicht nur angehören, sondern auch Gemeinschaftsbedürfnisse und Identifikationsbedürfnisse entwickeln. Aber welcher Gruppe der Einzelne mit welcher Intensität angehören möchte und welche soziale Bindung welche Bedeutung für ihn hat, gehört zu seiner Entscheidungsfreiheit. In einer freien Gesellschaft gibt es sehr vielfältige Formen kollektiver Identitäten. Für die populäre kulturpessimistische Befürchtung, eine Gesellschaft freier Menschen könne im Egoismus voneinander isolierter Individuen untergehen, gibt es keine seriöse empirische Basis. Eher führt der Individualisierungsschub in der modernen Gesellschaft gewissermaßen komplementär zu neuen Formen sozialer Ligaturen, die auf Freiwilligkeit statt auf sozialem Druck basieren.[30] Freiheit und soziale Bindung sind keine Gegensätze, wohl aber Freiheit und *verordnete* Gemeinschaft.

---

27 Vgl. Edgar Morin: Europa denken. Frankfurt/M./New York 1988
28 Vgl. Jürgen Habermas/Jacques Derrida: Unsere Erneuerung. Nach dem Krieg: Die Wiedergeburt Europas. In: Frankfurter Allgemeine Zeitung vom 31.5.2003. Mit Recht weisen die beiden Autoren auch darauf hin, dass dieser „geistige Habitus" die Europäer mit den Vereinigten Staaten, Kanada und Australien verbindet, weshalb es nicht schlüssig ist, dass sie (aus Anlass des Irak-Krieges von 2003) gleichzeitig meinen, eine europäische Identität in Abgrenzung zu den USA begründen zu können.
29 Weshalb es auch legitim, ja notwendig ist, die Anerkennung dieser Freiheit für alle einschließlich der grundlegenden Strukturmerkmale demokratischer Verfassung, die dem Schutz der Freiheit dienen, von Zuwanderern, die Bürger einer demokratischen Republik werden wollen, zu verlangen.
30 Vgl. hierzu u.a. Heiner Keupp: Zerstört Individualisierung die Solidarität? Für eine kommu-

Politische Bildung arbeitet also nicht an der Vereinheitlichung, sondern fördert eine Vervielfältigung von Identitäten, die freilich durch ihre wechselseitige Anerkennung in einer freiheitlichen politischen Ordnung miteinander verbunden sind. Mit Recht weist der amerikanische Sozialphilosoph Michael Walzer darauf hin, dass diese Vervielfältigung der Identitäten eine optimistische Perspektive enthält: „Wenn ich mich sicher fühlen kann, werde ich eine komplexere Identität erwerben. ... Ich werde mich selbst mit mehr als einer Gruppe identifizieren; ich werde Amerikaner, Jude, Ostküstenbewohner, Intellektueller und Professor sein. Man stelle sich eine ähnliche Vervielfältigung der Identitäten überall auf der Welt vor, und die Erde beginnt, wie ein weniger gefährlicher Ort auszusehen. Wenn sich die Identitäten vervielfältigen, teilen sich die Leidenschaften."[31]

2. Politik als Gegenstandsfeld und das sozialwissenschaftliche Profil politischer Bildung

Schon die Bezeichnung „politische Bildung" sagt, dass man hier etwas über „Politik" lernen kann. Das klingt trivial, stellt aber die Theorie politischer Bildung jedenfalls dann vor nicht geringe Schwierigkeiten, wenn sie sich an der normativen Leitperspektive der Freiheit orientiert, gehört es doch dann zu den Intentionen politischer Bildung, mit ihren Angeboten Menschen dabei zu unterstützen, sich ihr eigenes, reflektiertes Bild von Politik zu machen. Politische Bildung leistet diese Unterstützung durch das Angebot von Gelegenheiten zu einer ernsthaften und von professionellem Personal begleiteten Auseinandersetzung mit Themen aus dem Bereich der Politik; Lernangebote politischer Bildung sind also etwas durchaus anderes als Gelegenheiten zum unverbindlichen Meinungsaustausch. Wie aber lässt sich „Politik" definieren und abgrenzen, wo also beginnt und wo endet der Gegenstandsbereich, auf den sich politische Bildung inhaltlich sinnvollerweise beziehen kann?

Die Schwierigkeiten für die politische Bildung bei der Beantwortung dieser Frage erwachsen aus der Situation, dass es weder in der Alltagssprache noch in der Wissenschaft einen hinreichend klaren und allgemein akzeptierten Begriff der

---

nitäre Individualität. In: ders. (Hrsg.): Der Mensch als soziales Wesen. Sozialpsychologisches Denken im 20. Jahrhundert. München 1995; Stefan Hradil: Eine Gesellschaft der Egoisten? Gesellschaftliche Zukunftsprobleme, moderne Lebensweisen und soziales Mitwirken. In: Gegenwartskunde 2/1996; Ulrich Beck (Hrsg.): Kinder der Freiheit, a.a.O.

31 Zit. nach Keupp, Zerstört Individualisierung die Solidarität? A.a.O., S. 342

„Politik" gibt. Schon die Politikwissenschaft, die sich als Wissenschaftsdisziplin per definitionem mit Politik beschäftigt, kann eine solche, allgemein als „gültig" anerkannte Definition nicht anbieten;[32] es mag trösten, dass sie dieses Dilemma, über ihren Gegenstandsbereich keine allgemein anerkannte Begriffsdefinition geben zu können, mit anderen Wissenschaften teilt, man denke etwa an wissenschaftliche Kontroversen um den Begriff der Kunst, den der Religion oder auch den der Natur. Die Frage, was der Gegenstand einer Wissenschaft sei, ist eben selbst schon ein Gegenstand der wissenschaftlichen Diskussion. Dies ist schon deshalb auch nicht anders zu erwarten, weil Wissenschaften – wie andere kulturelle Leistungen – Konstrukte des menschlichen Verstandes und keine Objekte außerhalb der menschlichen Welterfahrung und ihrer Deutung sind. Bei der Frage nach einem wissenschaftlichen Politikbegriff werden die Dinge noch dadurch komplizierter, dass sich nicht nur *eine* Wissenschaft – die Politikwissenschaft – mit Politik befasst, sondern dass auch eine ganze Reihe anderer Wissenschaften sich mit Aspekten von Politik auseinander setzen.

Es ist daher nicht sinnvoll, politische Bildung als Fach (in der Schule) bzw. als Fachgebiet (in der außerschulischen Bildung) mit Blick auf das wissenschaftliche Wissen, das den Adressaten angeboten wird, *alleine* auf die Politikwissenschaft zu beziehen. Es ist im Übrigen auch im Fächersystem der Schule keineswegs durchgängig der Fall, dass Schulfächer eindeutig wissenschaftlichen Disziplinen zugeordnet sind und diese gewissermaßen in der Schule repräsentieren. Am ehesten trifft dies noch für Mathematik und die Naturwissenschaften zu, bei denen immerhin Schulfach- und Wissenschaftsbezeichnungen identisch sind. Aber schon das Schulfach „Englisch" heißt aus guten Gründen nicht „Anglistik" und die Bezugswissenschaft des Faches Deutsch, die Germanistik, ist im Grunde längst ein Konglomerat höchst unterschiedlicher wissenschaftlicher Disziplinen (mindestens Sprachwissenschaft, Literaturwissenschaft und Mediävistik). Für das Fach Geschichte schreibt Hans-Jürgen Pandel treffend: „Es gibt heute nicht mehr ‚das' Fach Geschichte, das es zu Beginn des 19. Jahrhunderts gegeben hat. An seine Stelle sind heute Altertumswissenschaft, Mediävistik, Wirtschaftsgeschichte, Zeitgeschichte (etc.) ... getreten. Eigentlich müsste ich, allein bezogen auf das Fach Geschichte an meinem historischen Institut, von zehn Fächern sprechen, die sich in unterschiedlichen Anteilen und wechselnden Gewichtungen im Schulfach

---

32 Vgl. den Problemaufriss von Karl Rohe, dessen Auseinandersetzung mit der Problematik des Politikbegriffs für die politische Bildung äußerst hilfreich ist und der auch in diesem Abschnitt über weite Strecken gefolgt wird: Karl Rohe: Politik. Begriffe und Wirklichkeiten. Eine Einführung in das politische Denken, 2., völlig überarb. und erweit. Aufl., Stuttgart 1994

Geschichte wiederfinden. ... die Geschichtsdidaktik hat es mit dem Problem der fachübergreifenden Sichtweise im eigenen Fach zu tun."[33]

Mit eben diesem Problem, der „fächerübergreifenden Sichtweise im eigenen Fach", hat es auch die politische Bildung zu tun, und dies in noch ausgeprägterem Maße als die Geschichte deshalb, weil die fachbezogenen Sichtweisen, die es zu beachten gilt, im Wissenschaftssystem getrennt institutionalisiert sind. Neben der Politikwissenschaft sind es in erster Linie die Soziologie, die Wirtschaftswissenschaften (bzw. die Ökonomik, wie sich die Disziplin häufig auch nennt) und die Rechtswissenschaften, deren disziplinäre Perspektiven für die politische Bildung bedeutsam sind. Weitere Aspekte aus anderen Disziplinen wie der Geschichtswissenschaft, der Psychologie, die Philosophie und den Religionswissenschaften können von Fall zu Fall hinzukommen. Die Schwierigkeiten, die damit verbunden sind, lassen sich schon aus institutionell-pragmatischen Gründen nicht so lösen, dass nun in der Schule jeder dieser Disziplinen ein eigenes Fach zugeordnet wird (in der außerschulischen Bildung lassen sich die *institutionellen* Aspekte dieses Problems insoweit leichter lösen, als die Schwerpunkte von Lernangeboten je nach Adressaten und Teilnehmerinteressen wechseln können, ohne sich dabei an Fächergrenzen halten zu müssen). In der Schule müsste eine solche Lösung konsequenterweise bedeuten, dass an die Stelle eines Unterrichtsfaches für die politische Bildung mindestens vier Fächer – Politik, Wirtschaft, Gesellschaft, Recht – zu treten hätten.[34] Dies wäre nicht nur bildungspolitisch eine unrealistische Vorstellung, sondern es würde am Ende in inhaltlicher Hinsicht mehr Probleme aufwerfen als lösen, weil sich bei jeder curricularen Konkretisierung eines solchen Modells sofort weitestgehende inhaltliche Überschneidungen zwischen diesen vier Fächern zeigen würden. Die meisten Themen- und Problemfelder, auf die Lerngegenstände politischer Bildung sich beziehen – wie z.B. Sozialstruktur und Sozialpolitik, Familie und Familienpolitik, Arbeit und Arbeitslosigkeit, Finanz- und Wirtschaftspolitik, Grund- und Menschenrechte, Globalisierung, Friedenspolitik – ließen sich überhaupt nicht *einem* dieser vier Fächer eindeutig zuordnen, weil sie sachgerecht nur dann Gegenstand von Lernangeboten sein können, wenn dabei

---

33 Hans-Jürgen Pandel: Fachübergreifendes Lernen – Artefakt oder Notwendigkeit? In: sowi-onlinejournal 1/2001 (www.sowi-onlinejournal.de), S. 7 f.

34 Dies wird von den Verfechtern eines eigenen Faches „Wirtschaft" in der Schule gerne übersehen; aber das Argument der Eigenlogik ökonomischen Denkens, mit dem diese Forderung meist vertreten wird, könnte mit gleichem Recht auch von den anderen genannten Disziplinen für sich in Anspruch genommen werden. (Vgl. zum Stand der Diskussion um das Verhältnis politischer und ökonomischer Bildung Georg Weißeno (Hrsg.): Politik und Wirtschaft unterrichten. Bonn 2006)

Perspektiven aus mehr als einer dieser Disziplinen zur Geltung kommen. Aus dem gleichen Grund stellt auch ein Verständnis politischer Bildung als einer bloß formalen Klammer, innerhalb derer verschiedene Teilgebiete additiv nebeneinander stehen, dieses „innere Integrationsproblem" nicht, das die politische Bildung wie erwähnt mit Fächern wie Deutsch oder Geschichte und erst recht mit Ethik und mit dem Sachunterricht in der Grundschule, der sogar sozialwissenschaftliche und naturwissenschaftliche Perspektiven integrieren muss, gemeinsam hat.[35] Der fachliche Kern politischer Bildung lässt sich nur mit Konzepten beschreiben, die Perspektiven mehrerer Sozialwissenschaften so repräsentieren, dass sie als zwar unterschiedlich, aber zugleich miteinander vernetzt verstanden werden können (➛ Abschnitt 3.4, Wissen).

Gleichzeitig aber bedarf die politische Bildung wie jedes anderes Fach und Fachgebiet einer konzeptuellen Basis, die die Spezifik des Faches im Unterschied zu anderen definiert. Nun lässt sich die Spezifik von Fächern nicht als Abbild einer vorgefundenen Ordnung der Wirklichkeit begründen. Unterschiedliche Fächer und Wissenschaften entsprechen nicht unterschiedlichen Klassen von Phänomenen in der Welt. Pandel hat dies sehr schön am Beispiel eines einsamen Baumes auf einem freien Feld gezeigt: Was für den Biologen ein Gegenstand botanischer Betrachtung ist, kann für Politikwissenschaftler unter Umständen interessant werden, wenn sich um die Schutzwürdigkeit des Baumes ein politischer Konflikt entwickelt, während der Historiker wiederum in ihm möglicherweise eine alte Femelinde sieht, vor der einmal Recht gesprochen wurde.[36] Fächer konstruieren ihren Gegenstand vielmehr durch die Art der Fragen, die sie an die Welt stellen, und durch die Konzepte, mit denen sie Antworten suchen. Naturgemäß ist die Frage der politischen Bildung, mit der sie ihren Gegenstand konstruiert, die nach dem Politischen. Wie aber lässt sich Politik als Gegenstandsbereich politischer Bildung sinnvoll definieren?

Diese Frage führt sofort zu der schon zu Beginn dieses Abschnitts genannten Schwierigkeit, dass es in den Wissenschaften eine Pluralität von Politikbegriffen gibt. So wird Politik unter anderem bezeichnet als „Kunst, die Führung menschlicher Gruppen zu ordnen und zu vollziehen" (Bergsträsser), als „Kampf um die rechte Ordnung" (Suhr), als „gesellschaftliches Handeln, welches darauf gerichtet

---

35 Deshalb stellen auch schulische Fachbezeichnungen wie „Politik und Wirtschaft" eher hilflose Scheinlösungen dar. Mit gutem Grund hat die GPJE in ihrem Entwurf für nationale Bildungsstandards für den Fachunterricht in der politischen Bildung vorgeschlagen, das Fach in den Sekundarstufen einheitlich „Politische Bildung" zu nennen (GPJE 2004, 12).

36 Pandel, Fächerübergreifendes Lernen ..., a.a.O., S. 2

ist, gesellschaftliche Konflikte über Werte verbindlich zu regeln" (Lehmbruch)[37], als „Kunst, die Leute zu veranlassen, sich um das zu kümmern, was sie angeht" (Noack), als „Kunst des Machterwerbs und des Machterhalts" (Machiavelli) oder als „Gesamtheit der sozialen Interaktionsformen, die allgemein-verbindliche Entscheidungen zum Thema haben" (Hättich)[38]. Zahlreiche weitere Definitionsversuche ließen sich anfügen. Sie unterscheiden sich nach gesellschaftstheoretischen, wissenschaftstheoretischen und anthropologischen Grundannahmen der Autoren, nach normativen oder empirisch-analytischen Zugängen zur Politik, nach dem disziplinären Kontext und nach divergierenden Forschungsinteressen, aber auch nach dem zeitgeschichtlichen Hintergrund, vor dem sie formuliert wurden. Was in der Wissenschaft unter Politik verstanden wird, hängt in hohem Maße davon ab, was Wissenschaftlerinnen und Wissenschaftler über Politik herausfinden wollen und vor welchem Erfahrungshintergrund sie dies tun. So stellt sich in der Parteienforschung die Frage dem Politikbegriff möglicherweise anders als in Forschungen im Bereich der internationalen Beziehungen, in der Sozialphilosophie anders als in der Finanzpolitik. Auch sind die Erfahrungen mit Politik, von denen aus etwa Machiavelli oder Thomas Hobbes im 16. und 17. Jahrhundert ihre Begriffe von Staat und Politik entwickelten, sehr verschieden von denen des Aristoteles, von Karl Marx, von Hannah Arendt oder von denen in unserer Gegenwart.

Karl Rohe hat diese Situation mit einem schönen Vergleich illustriert: „Stellen wir uns vor, daß diejenigen, die die Politik definieren wollen, eine Arena zu bauen und die mit einer Flutlichtanlage zu versehen haben. Nach Beendigung der Arbeiten ergibt sich folgendes Resultat: Die Felder für die Arena sind unterschiedlich abgesteckt worden. Neben kleinen und großen gibt es auch runde, quadratische und rechteckige Felder. Würde man die Felder aufeinander legen, würden sie sich zwar vielfach überschneiden, jedoch keineswegs deckungsgleich sein. Gleichzeitig stellt sich heraus, daß auch die Flutlichtanlagen unterschiedlich konstruiert worden sind. Das hat zur Konsequenz, daß, und zwar je nach Scheinwerfereinstellung, die Zonen und Winkel der abgesteckten Felder unterschiedlich ausgeleuchtet werden. Gegebenenfalls kann es so sein, daß bestimmte Partien des Feldes völlig im Dunkeln liegen."[39]

---

37 Zit. nach Peter Massing: Wege zum Politischen. In: ders./Georg Weißeno (Hrsg.): Politik als Kern der politischen Bildung. Wege zur Überwindung unpolitischen Politikunterrichts. Opladen 1995, S. 69, Zit. nach Gerhart Maier: Was ist Politik? Thema im Unterricht, Arbeitsheft 13, Bonn 1998, S. 7, Rohe, Politik, a.a.O., S. 151

38 Zit. nach Gerhart Maier: Was ist Politik? Thema im Unterricht, Arbeitsheft 13, Bonn 1998, S. 7

39 Rohe, Politik, a.a.O., S. 151

Allerdings hat, um im Bild zu bleiben, diese Schwierigkeit nicht nur und nicht einmal in erster Linie in selektiven Wahrnehmungen oder gar in mangelnden Fähigkeiten oder willkürlichen Entscheidungen der Arenabauer ihre Ursache. Die Probleme beim Bau der Arena und der Flutlichtanlage ergeben sich zum erheblichen Teil auch daraus, dass der geeignete Ort zum Bau der Arena nicht von vorneherein und unveränderlich feststeht. Mit anderen Worten: Was sinnvollerweise als „Politik" oder als „politisch" bezeichnet werden kann, kann sich auch dadurch ändern, dass sich der konkrete Gegenstand verändert, der mit diesen Begriffen bezeichnet werden soll. Um noch einmal in Rohes Bild zu bleiben: Selbst wenn die Arena des Politischen für eine bestimmte Gesellschaft in einer bestimmten Zeit treffend vermessen und die Fluchtlichtanlage präzise ausgerichtet ist, können die gleiche Bauweise und die gleiche Einstellung der Beleuchtung das Politische in einer anderen Gesellschaft in der gleichen Zeit oder in der gleichen Gesellschaft zu einer anderen Zeit verfehlen.

Einige wenige Hinweise müssen hier zur Erläuterung genügen. In einem längeren historischen Prozess von der Renaissance bis zum Nationalstaat des 19. und 20. Jahrhundert hat sich – zunächst nur in Europa und Nordamerika, später auch in anderen Teilen der Welt, bis heute jedoch nicht in allen Gesellschaften – der *Staat* als soziales Teilsystem ausdifferenziert, dessen Aufgabe in der Organisation und Institutionalisierung von Politik liegt. Vor diesem Hintergrund und in dieser Epoche war es durchaus sinnvoll und zweckmäßig, wenn sich die wissenschaftliche Beschäftigung mit dem Politischen auf den Bereich des Staates konzentrierte, was bis zu einem Verständnis der Politikwissenschaft als Teil der „Staatswissenschaften" führen konnte (zu denen sich im Übrigen bis nach 1945 auch die Rechts- und die Wirtschaftswissenschaften zählten). Aber ebenso offensichtlich ist es nicht sinnvoll, vorstaatliche Gesellschaften wie die des europäischen Mittelalters – und menschliche Gesellschaften waren im ganz überwiegenden Zeitraum der Kulturgeschichte nicht staatlich organisiert – als Gesellschaften zu verstehen, in denen es Politik nicht gab. Weiterhin ist nicht zu übersehen und in den Sozialwissenschaften inzwischen breiter Diskussionsgegenstand, dass in modernen Gesellschaften sich Politik längst nicht mehr auf den Bereich des Staates begrenzen lässt. Schon der verbreitete Begriff des „politischen Systems" nimmt eine Ausweitung des Politikbegriffs über den staatlichen Bereich hinaus auf die mit den staatlichen Institutionen eng verflochtenen gesellschaftlichen Gruppierungen wie z.B. die Parteien vor. Aber es scheint, dass auch die Grenzen zwischen dem politischen Sektor der Gesellschaft und anderen gesellschaftlichen Bereichen in den modernen Gesellschaften durchlässiger und weniger genau zu bestimmen sind. So ist in den Sozialwissenschaften von der „Entgrenzung der

Politik"[40] oder der „Allgegenwart des Politischen"[41] oder vom Politischen als einem „Rohstoff" die Rede, der „in jedem Lebenszusammenhang versteckt ist"[42].

Tatsächlich *kann* fast jede soziale und kulturelle Situation *unter bestimmten Umständen* zu einem Politikum – und damit zu einem für die politische Bildung potenziell interessanten Lerngegenstand – werden: die Pflege alter Menschen etwa, ein Dorfbach, eine Unternehmensgründung oder -schließung, eine technische Erfindung oder eine wissenschaftliche Entdeckung, eine Werbekampagne, ein Verbraucherboykott, der Umgang mit einem neuen Virus, ein Roman oder ein Theaterstück, das Kopftuch eines türkischen Mädchen, die Glatze eines Jugendlichen, der Benzinpreis, die Verteilung der Hausarbeit. Es kann auch streitiger Gegenstand von Politik sein, ob eine soziale Situation „politisch" zu nennen und durch Politik zu bewältigen sein soll oder nicht, und es kann sogar Ausdruck eines politischen Verhaltens sein, auf der Politikfreiheit einer Situation zu bestehen.

Offenkundig ist Politik ein Gegenstand der Wissenschaft und des Lernens, der in hohem Maße sozialem und kulturellem Wandel unterworfen ist. Dies gilt nicht nur für langfristige Entwicklungen, für „Megatrends" wie den Aufstieg und den sich spätestens seit dem Zweiten Weltkrieg abzeichnenden Niedergang des souveränen Nationalstaats. Auch scheinbar „kleinere" Veränderungsprozesse, deren politisches Potenzial nicht unbedingt auf den ersten Blick zu erkennen ist, können tief greifende Wirkungen auf die Erscheinungsformen des Politischen haben. Die Erfindung und Verbreitung des Fernsehens und des Internet sind hierfür Beispiele, die vordergründig nur die Medienvielfalt und das Informationsangebot über Politik vergrößern, tatsächlich aber nachhaltige Wirkungen auf Politik selbst entfalten.[43] Immer wieder stehen deshalb die Sozialwissenschaften und die politische Bildung in der Gefahr, bedeutsame Veränderungen des Politischen nicht rechtzeitig oder nicht hinreichend wahrzunehmen und damit ihren Gegenstand zu verfehlen.

---

40 Ulrich Beck: Risikogesellschaft. Auf dem Weg in eine andere Moderne. Frankfurt/M. 1986, S. 300 ff.

41 Michael Th. Greven: Die Allgegenwart des Politischen und die Randständigkeit der Politikwissenschaft. In: Claus Leggewie (Hrsg.): Wozu Politikwissenschaft? Über das Neue in der Politik. Darmstadt 1994

42 Oskar Negt/Alexander Kluge: Maßverhältnisse des Politischen. 15 Vorschläge zum Unterscheidungsvermögen. Frankfurt/M. 1992, S. 32

43 Vgl. u.a. Ulrich Sarcinelli (Hrsg.): Politikvermittlung und Demokratie in der Mediengesellschaft. Bonn 1998; Winfried Schulz: Politische Kommunikation. Theoretische Ansätze und Ergebnisse empirischer Forschung zur Rolle der Massenmedien in der Politik. Opladen 1997; Andreas Dörner: Politainment. Politik in der medialen Erlebnisgesellschaft. Frankfurt/M. 2001; Thomas Meyer: Mediokratie. Die Kolonisierung der Politik durch die Medien. Frankfurt/M. 2001

Die politische Bildung ist also bei der Frage, was ihr Gegenstandsbereich sein soll, mit einigen Schwierigkeiten konfrontiert: Nicht nur sind die Interpretationen dieses Gegenstands im Alltag ebenso wie in der Wissenschaft kontrovers und in nicht geringem Maße standpunkt- und interessenabhängig, auch der Gegenstand selbst ist permanenten Veränderungen unterworfen, langfristigen wie eher tagesaktuellen. Für Politikdidaktik als Wissenschaft vom politischen Lernen wäre es – ebenso wie für die in der Praxis der politischen Bildung tätigen Pädagoginnen und Pädagogen – ein Professionalitätsfehler, würde sie auf diese Situation so reagieren, dass sie aus der Vielzahl divergierender Politikbegriffe und Politiktheorien sich an eine Position anlehnt und die anderen ausblendet. Dies entspräche einer vorprofessionellen Standpunktlogik, die politische Bildung und ihre Wissenschaft lediglich als Vermittlungsinstanzen für vordefinierte wissenschaftliche oder politische Positionen betrachtet. Dagegen muss politische Bildung, jedenfalls wenn sie die eigenständige politische Urteilsbildung der Lernenden fördern will, die Pluralität und Kontroversität sozialwissenschaftlicher Politikbegriffe und Politiktheorien angemessen spiegeln. In der Praxis der politischen Bildung sollte deshalb mit mehr als einem Politikbegriff gearbeitet werden. Die Frage, was jeweils als „politisch" gelten kann, in welchem Sinn dies zu verstehen ist und welche Kontroversen es in Politik und Wissenschaft hierbei gibt, ist selbst schon ein möglicher, an verschiedenen Themen immer wieder diskutierbarer Gegenstand politischer Bildung.[44]

Für die Politikdidaktik ergibt sich daraus die Schwierigkeit wie die Notwendigkeit, sich bei der Definition dessen, was als „Politik" Gegenstandsbereich der politischen Bildung sein soll, einerseits auf einen wissenschaftlich verantwortbaren Politikbegriff zu beziehen, der aber andererseits die wissenschaftliche und politische Pluralität in der Debatte darüber, was unter „Politik" zu verstehen sei, nicht

---

44 Diese Argumentation habe ich erstmals in „Zur Theorie und Geschichte der politischen Bildung" (Marburg 1989, S. 141 f.) entwickelt. Peter Massing hat dem entgegengehalten, dies beschreibe die Zielrichtung eines sozialwissenschaftlichen Studiums und gehe im Politikunterricht in der Schule an der Wirklichkeit vorbei (vgl. Peter Massing: Wege zum Politischen. In: ders./Georg Weißeno (Hrsg.): Politik als Kern der politischen Bildung. Wege zur Überwindung unpolitischen Politikunterrichts. Opladen 1995, S. 73). Dieses Argument überzeugt nicht, denn Massing selbst zitiert im gleichen Aufsatz (ebd., S. 67 f.) eine Reihe von Politikbegriffen von Schülerinnen und Schüler von 10. und 12. Klassen, die sich deutlich voneinander unterscheiden und zu weiterer Prüfung ihrer Brauchbarkeit an konkreten Beispielen geradezu einladen, so wenn u.a. gesagt wird: „Unter Politik verstehe ich die Verwaltung eines Staates", „Unter dem Begriff verstehe ich, wenn man Probleme gemeinsam löst" (Klasse 10) oder „Politik ist die Bündelung und Verdeutlichung vieler Interessen und der Versuch, diese innerhalb einer bestimmten Ordnung zu vertreten und durchzusetzen." (Klasse 12).

unzulässig verkürzt. Die Politikdidaktik benötigt daher einen Politikbegriff, der gewissermaßen „hinter" den divergierenden Politikverständnissen liegt und der hinreichend offen für die Wandlungen des Politischen ist. Dieser Politikbegriff muss deskriptiv-analytischer, nicht normativer Art sein; seine Funktion in der Theorie politischer Bildung ist es nicht, Aussagen über „gute Politik" zu machen, sondern in einer hinreichend weit gefassten und zugleich hinreichend präzisen Weise zu erfassen und abzugrenzen, mit welchen Phänomenen politische Bildung sich der Sache nach befassen kann. Normative Aspekte kommen dagegen zur Geltung, wenn es um die Frage geht, mit welchen Intentionen dies geschehen soll – in der hier vertretenen Perspektive ist dies die politische Mündigkeit als subjektiver Ausdruck der Freiheit.

In diesem Sinn sollte in der politischen Bildung unter „Politik" die Regelung gemeinsamer Angelegenheiten menschlicher Gesellschaften verstanden werden. Das generelle Problem von Politik – und damit auch der allgemeine Gegenstand von politischer Bildung – ist die Frage, auf welche Weise wir als menschliche Gesellschaften unser Zusammenleben gestalten wollen.

Oder in den Worten von Karl Rohe: „Sicherung des allgemeinen Miteinanderauskommens ist das Problem, nicht notwendigerweise das Ziel aller Politik."[45] Dieser *weite Politikbegriff* umfasst auch die Art und Weise des Wirtschaftens, die Rechtsordnung, die Sozialstruktur sowie weitere kulturelle Phänomene, die – in unterschiedlicher Intensität – auf diese Gestaltung des gesellschaftlichen Zusammenlebens bezogen sind und auf sie einwirken. Hierbei muss es nicht um verbindliche *Entscheidungen* gehen, die Gestaltung und Ordnung gemeinsamer Angelegenheiten einer Gesellschaft oder zwischen Gesellschaften kann auch durch verschiedene Formen eines common sense wie z.B. durch gemeinsame geteilte Traditionen und Gewohnheiten oder durch formelle oder informelle Vereinbarungen zwischen gesellschaftlichen Gruppen ohne Gesetzeskraft geschehen. In diesem weiten Sinn grenzt sich das Politische von anderen Dimensionen des Zusammenlebens dadurch ab, dass es auf immer Fragen und Probleme des Zusammenlebens *in einer gesamten Gesellschaft und zwischen Gesellschaften* bezogen ist. Innerhalb dieses weiten Politikbegriffs kann von *Politik im engeren Sinne* gesprochen werden, wenn es um Herstellung von *gesamtgesellschaftlich verbindlichen Regelungen und Entscheidungen* geht.[46] Dies betrifft die – oftmals konflikthaften – Prozesse der Entscheidungsfindung ebenso wie die daran beteiligten Institutionen und Akteure. In modernen

45 Rohe, Politik, a.a.O., S. 161
46 Die Unterscheidung zwischen einem engeren und einem weiteren Politikbegriff wurde, wenn auch mit einer etwas anderen Begriffsbestimmung, von Bernhard Sutor in die Fach-

Gesellschaften steht das politische System im Zentrum von Politik im engeren Sinn, wenn auch in seinen innergesellschaftlichen Wechselwirkungen mit anderen sozialen Teilsystemen und seinen globalen Verflechtungen und Handlungsbedingungen. Bei Politik im engeren Sinne tritt die Eigenlogik politischen Denkens und Handelns im Unterschied zu der Eigenlogik anderer Sozialbereiche, aber auch in der spannungsvollen Wechselwirkung mit dieser Eigenlogik deutlich zutage. In diesem Sinn kann man beispielsweise argumentieren, dass die schnelle Einführung der D-Mark in der DDR im Sommer 1990 politisch richtig oder mindestens unvermeidlich, ökonomisch aber falsch war. Im Sinn des weiten Politikbegriffs aber wäre die Transformation des ökonomischen Systems der DDR auch für den hypothetischen Fall, dass sie strikt nach den Maßgaben einer ökonomischen Logik erfolgt wäre, ein politisches Phänomen gewesen, denn sie hätte so oder so die Grundstrukturen des gesellschaftlichen Zusammenlebens verändert.

„Politisch" wird somit eine soziale Situation dann, wenn in ihr grundlegende Fragen und Probleme des gesellschaftlichen Zusammenlebens zum Ausdruck kommen oder wenn sie auf die politische Agenda gesetzt wird, indem sie von einer hinreichend großen Zahl von Interessierten als gemeinsame Angelegenheit der Gesellschaft und als regelungsbedürftig definiert wird. *Unter diesen Umständen* können dann ein Dorfbach, ein Kopftuch oder die anderen oben genannten Beispiele aus dem alltäglichen Leben zu einem Politikum werden. In modernen Gesellschaften kann sich diese Regelungsbedürftigkeit auf unterschiedliche Ebenen des gesellschaftlichen Zusammenhangs beziehen – vereinfacht gesagt von der kommunalen bis zur globalen Ebene.

Die Regelungsbedürftigkeit gemeinsamer Angelegenheiten und damit die Notwendigkeit von Politik hat eine anthropologische Basis: Menschen leben in Gesellschaften zusammen und können, um überleben zu können, nur in Gesellschaft anderer Menschen leben; zugleich aber ist die Art und Weise, wie wir unser Zusammenleben organisieren und gestalten, nicht oder jedenfalls nicht überwiegend von unserer biologischen Konstitution, also etwa unserem genetischen Programm, determiniert. Wäre es anders, wäre die Vielfalt gesellschaftlicher Lebensformen in Geschichte und Gegenwart des Menschen nicht erklärbar. Hierin liegt auch eine anthropologische Bedingung für die Möglichkeit, Freiheit zu denken. Wir

---

diskussion eingeführt (vgl. Bernhard Sutor: Politische Bildung als Praxis. Grundzüge eines didaktischen Konzepts. Schwalbach/Ts. 1992). Sie wird auch im Entwurf der GPJE für nationale Bildungsstandards für den Fachunterricht in der Politischen Bildung an Schulen (a.a.O.) aufgegriffen und zur Grundlage der Bestimmung des fachlichen Profils politischer Bildung gemacht.

können auf höchst unterschiedliche Weise in Gesellschaften leben und wir können die Regelung unserer gemeinsamen Angelegenheiten auf verschiedene Weise organisieren, institutionalisieren und praktizieren, aber wir können der prinzipiellen Notwendigkeit, Regelungen für unser gesellschaftliches Zusammenleben zu treffen, nicht ausweichen.

Welche Seiten des sozialen Lebens als „politisch" gelten können, unterscheidet sich, wie bereits erwähnt, in verschiedenen Gesellschaften und zu verschiedenen Zeiten. Galt beispielsweise die Versorgung alter Menschen über den längsten Zeitraum der Kulturgeschichte als Privatangelegenheit der Familien, so ist sie heute ein kontroverser Gegenstand der Politik (wobei zu diesen Kontroversen die Frage gehört, inwieweit die Altersvorsorge künftig wieder zur Privatsache werden soll); das Verhältnis der Geschlechter zueinander ist in der Neuzeit in unterschiedlichem Maße und in unterschiedlicher Weise als „politisch" betrachtet worden; religiöse Überzeugungen, die etwa im Dreißigjährigen Krieg in hohem Maße als politische Handlungslegitimationen wirkten, gelten in westlichen Gesellschaften (anders aber als zum Teil in islamisch geprägten Gesellschaften) heute weitgehend als vorpolitische Privatangelegenheit, sind aber seit den Terroranschlägen vom 11. September 2001 wieder deutlicher zu einem Politikum geworden. Was im konkreten Fall als „politisch" zu gelten hat, ist selbst ein Ergebnis eines gesellschaftlichen Aushandlungsprozesses – freilich eines mit Mitteln der Sozialwissenschaften beobachtbaren und analysierbaren Prozesses.

In der Praxis der politischen Bildung ist es daher keineswegs eine Angelegenheit subjektiver Beliebigkeit, sondern eine der fachlichen Kompetenz von Lehrenden, genauer definieren und begründen zu können, inwiefern und in welchem Sinn es sich bei einem Thema der politischen Bildung um einen *politischen* Lerngegenstand handelt. Allzu häufig gelingt dies nicht in ausreichendem Maße, wie Unterrichtsbeobachtungen und die politikdidaktische Unterrichtsforschung[47] immer wieder zeigen. Es gibt vielerorts eine Neigung zur *Flucht vor der Politik*, die die politische Bildung in Fallen führt, in denen das Politische verschwindet. Eine Variante dieser Flucht vor der Politik ist die *Wissensfalle*; hier gerät der Unterricht zur Wissensmast[48], zum Aufhäufen von Gebirgen aus Einzelinformationen, ab-

---

47 Einen Überblick zum Stand der empirischen Unterrichtsforschung zur politischen Bildung gibt Peter Henkenborg: Empirische Forschung zur politischen Bildung – Methoden und Ergebnisse. In: Sander (Hrsg.), Handbuch politische Bildung, a.a.O.

48 Vgl. Rolf Arnold: Lebendiges Lernen – Auf dem Weg zu einer neuen Lernkultur. In: Michèle Neuland (Hrsg.): Schüler wollen lernen. Lebendiges Lernen mit der Neuland-Moderation. Eichenzell 1995, S. 7

fragbaren Kenntnissen mit einem Verfallsdatum bis zur nächsten Klausur, hinter oder besser unter denen der politische Problemgehalt verschwindet. Eine zweite Fluchtvariante ist die *Moralfalle*, bei der politische Bildung zum oberflächlichen moralischen Räsonieren wird, zum gesinnungsethischen Geplänkel, das nach Bedingungen und Konsequenzen des Handelns nicht mehr fragt. Oder die *Meinungsfalle:* Hier wird das Recht der Lernenden auf freie Meinungsäußerung mit der Vorstellung verwechselt, man könne in der politischen Bildung im Grunde nichts hinzu lernen. Ferner die *Parallelisierungsfalle*, bei der um der scheinbaren Anschaulichkeit oder der Erfahrungsnähe willen problematische Analogieschlüsse zwischen privaten Lebenssituationen oder Interaktionserfahrungen im sozialen Nahraum und Strukturen und Prozessen im politischen System gezogen werden. Da aber, um Beispiele für solche falschen Analogieschlüsse zu nennen, weder die Familie die Keimzelle des Staates ist noch ein Parlament nach der gleichen Handlungslogik arbeitet wie ein Klassenrat in der Schule, kommt es bei solchen Analogieschlüssen leicht zu problematischen Konzepten des Politischen (➤ Abschnitt 3.4, Wissen). Schließlich die *Kontextfalle*, die auf ein in der Tat schwieriges Problem politischer Bildung verweist, das in der Wandlungsfähigkeit des Politischen seine Ursache hat: Nur selten ist „Politik pur" zu beobachten, nur selten also gibt es offene, unvermittelte, aus sich heraus verstehbare Auseinandersetzungen um die Frage, wie wir als Gesellschaft miteinander leben wollen. Zumeist konkretisiert sich diese Frage an und in Situationen, Problemen und Sachverhalten, für deren Verständnis zunächst auch andere Kenntnisse als politische erforderlich sind, damit eine Beurteilung der politischen Dimension des jeweiligen Gegenstands möglich ist. Dies gilt schon für viele gängige Themen der öffentlichen politischen Debatte: Wie beispielsweise politisch mit Einwanderung umzugehen ist, lässt sich vernünftig nicht beurteilen, wenn man nichts über Zahlen, Herkunft und Einwanderungsmotive von Migranten weiß; die Vermittlung dieses Wissens erreicht aber die politische Dimension des Umgangs mit Migration noch nicht. Erst recht gilt dies für politische Fragen, für deren angemessene Erörterung der Bezug auf Wissen aus Sachgebieten und Wissenschaften außerhalb der Sozialwissenschaften erforderlich ist; Beispiele hierfür wären etwa Probleme des Umgangs mit neuen Technologien, z.B. der Gentechnik, oder Fragen der Drogenpolitik. In dieser Kontextgebundenheit vieler politischer Fragen sind für die politische Bildung Chancen und Notwendigkeit der Vernetzung mit anderen Fächern der Schulen und anderen Fachgebieten der außerschulischen Bildung begründet (➤ Kapitel III). Aber die Kontextfalle schnappt zu, wenn die politische Problematik hinter der Sachinformation verschwindet, wenn also beispielsweise in einer Unterrichtseinheit oder einem Seminar über Drogen in aller Ausführlichkeit über Rauschwirkung,

Abhängigkeitspotenzial und Gesundheitsgefährdung diverser Drogen informiert wird, die Frage aber, ob und was *politisch* sinnvollerweise in diesem Problemfeld getan werden kann und nach welchen Kriterien dies zu beurteilen ist, überhaupt nicht oder nur am Rande thematisiert wird.

Das Politische in seinen Metamorphosen und in seiner aktuellen Gestalt identifizieren zu helfen, ist eine wesentliche Leistung der Sozialwissenschaften für die Theorie und Praxis der politischen Bildung; eine zweite besteht in der Bereitstellung von – häufig kontroversem – wissenschaftlichem Wissen zu den nach didaktischen Kriterien ausgewählten Lerngegenständen (➤ Kapitel IV.3), eine dritte im Angebot von Methoden der Erkenntnisgewinnung, die in elementarisierter Form auch in Lernsituationen Anwendung finden können (➤ Kapitel IV.4.3), eine vierte in der Analyse der sozialen, politischen und ökonomischen Umfeldbedingungen, unter denen politische Bildung jeweils stattfindet. In welchem Maße hierbei welche der Sozialwissenschaften zur Geltung kommt, hängt von der jeweiligen Thematik und Fragestellung ab. Zwar lassen sich die Themen politischer Bildung nicht aus den innerwissenschaftlichen Systematiken der Sozialwissenschaften ableiten, denn politische Bildung ist – von Sondersituationen wie z.B. dem sozialwissenschaftlichen Leistungskurs in der gymnasialen Oberstufe abgesehen – keine Einführung in oder Vorbereitung auf ein sozialwissenschaftliches Studium. Ihre Aufgabe liegt nicht in der Ausbildung von Spezialisten, sondern in der begleitenden Unterstützung des politischen Lernens potenziell aller Bürgerinnen und Bürger. Nicht notwendigerweise ergeben sich aus der Bedeutung und dem Gewicht einer Thematik im innerwissenschaftlichen Diskurs der Sozialwissenschaften Konsequenzen für die Bedeutung und das Gewicht dieser Thematik in der politischen Bildung. Dennoch ist es für die fachliche Qualität der politischen Bildung ein unerlässliches Kriterium, dass auf den genannten Ebenen, auf denen die Sozialwissenschaften Leistungen für die politische Bildung erbringen können, diese Leistungen auch abgerufen werden. Politische Bildung ist kein Abbild einer sozialwissenschaftlichen Systematik, aber das, was in der politischen Bildung inhaltlich geschieht, muss auch aus der Perspektive der Sozialwissenschaften vertretbar und verantwortbar sein und deren Forschungsstand zum jeweiligen Thema in angemessener – und das heißt zumeist: in elementarisierter – Form zur Geltung bringen. Für die Qualität und Professionalität politischer Bildung ist daher im Regelfall ein sozialwissenschaftliches und politikdidaktisches Studium der Pädagoginnen und Pädagogen, die Lernangebote konzipieren, unerlässliche Bedingung.

3. Kompetenzen:
Was man in der politischen Bildung lernen kann

3.1 Kompetenzen als Ziele politischer Bildung

Was können Menschen in der politischen Bildung lernen? In der Tradition der Belehrungskultur (➤ Exkurs: Historische Erblasten) wurde diese Frage mit normativ aufgeladenen Vorgaben darüber, wie die Menschen sein sollen, was sie denken und wie sich verhalten sollen, beantwortet: Die politische Bildung meinte zu wissen, wie der (nationale / sozialistische / christlich-konservative / friedensbewegte / ökologisch engagierte ...) Bürger zu beschreiben ist, den sie mit pädagogischen Mitteln hervorbringen will. Reste einer solchen Denkweise wirken sich bis heute auf das öffentliche Bild der politischen Bildung, auf ihr Image in der Öffentlichkeit und damit bei ihren (potenziellen) Adressaten aus.[49] Inhaltsreiche Leitbilder sind

---

49 Dies gilt heute wohl besonders für den Habitus kritischer Aufklärung, der für das berufliche Selbstverständnis vieler Pädagoginnen und Pädagogen aus der „68er-Generation" in der politischen Bildung prägend geworden ist, aber von Jüngeren oft in diesem Sinn als belehrend empfunden wird. So schrieb die Teilnehmerin einer Internet-Konferenz über ihre Erfahrungen mit politischer Bildung: „In der Tat klebt an allen Diskussionsveranstaltungen oder Podiumsdiskussionen ... der Geruch des Aufklärerischen der Generation meiner Eltern. Etwas pointierter gesagt, hat man oft den Eindruck, pädagogisch bearbeitet zu werden oder aber – was noch viel schlimmer ist – sowieso nichts Neues zu erfahren, weil man die ideologischen Positionen bereits kennt oder bereits in der fünften Talkshow genug gehört und gesehen hat. Seltsamerweise sind das zwei widerstreitende Bilder, die ich von Veranstaltungen der PB (politischen Bildung, W.S.) habe, die aber gleichermaßen eine Veranstaltung uninteressant machen für mich." (Susanne Gölitzer: Überlegungen einer „30jährigen". Beitrag zu einer Online-Forumsdiskussion im Rahmen einer Internet-Konferenz des DGB-Bildungswerks und anderer Träger, www.edupolis.de/intern/forum1/diskussion/messages/3. html, 7.3.2000) Offenbar werden auch Fachlehrer der politischen Bildung an Schulen nicht selten von Schülerinnen und Schülern so wahrgenommen, wie eine von Anja Besand vorgenommene Analyse von Abiturzeitungen gezeigt hat: „Die Gemeinschaftskundelehrer werden von den Absolventinnen und Absolventen entsprechend der ästhetischen Attribute, die sie tragen, politisch überwiegend links eingeordnet. ... Es findet sich kaum ein Lehrer oder eine Lehrerin, der bzw. die nicht politisch oder weltanschaulich eingeordnet wird. In vielen dieser Beschreibungen wird darüber hinaus die Angst vor rhetorischer wie politischer Überwältigung deutlich angesprochen wie der Versuch, sich gegen Missionierungsversuche aller Art zu wappnen. ... ausgerechnet der Gemeinschaftskundelehrer scheint in den Abizeitungen von allen Lehrern der ideologischste zu sein. Er ist ein Bannerträger mit einem ‚ausgeprägten Drang zu überzeugen' (Abizeitung aus Fulda, W.S.). Er weiß sehr genau, was richtig und falsch ist und deshalb ist der Gemeinschaftskundelehrer der Lehrer, der seinen

aber für die politische Bildung aus mehreren Gründen problematisch: Sie stehen der Freiheit der Bürgerinnen und Bürger, ihre Bürgerrolle selbst zu bestimmen, entgegen; sie laden zu politisch-weltanschaulichen Konflikten über politische Bildung und ihre Ziele ein und setzen das Fach dem Risiko aus, zum Spielball politischer Interessen und Konflikte zu werden; sie wirken der Professionalisierung politischer Bildung entgegen, weil sie zu der Illusion verführen, Lernprozesse ließen sich durch normative Vorgaben steuern, und aus dem Blick verlieren, dass reale Lernprozesse nur in geringem Maße – wenn überhaupt – durch die normativen Vorstellungen der Lehrenden determinierbar sind (➤ Kapitel IV.1).

Politische Bildung will Menschen befähigen, politische Freiheit zu leben. Damit ist die normative Grundorientierung umschrieben, auf deren Basis sie ihre professionellen Leistungen erbringt, die dann aber nach professionellen – und nicht nach normativen – Kriterien zu beurteilen sind. Politische Bildung bietet Lerngelegenheiten zum Erwerb und zur Verbesserung von *Kompetenzen*.[50] Der Begriff der

---

Schülerinnen und Schülern ‚die Augen ... öffnet und sie auf den rechten Weg ... führt' (Abizeitung aus Fulda, W.S.)" (Besand, Angst vor der Oberfläche, a.a.O., S. 178 f.) Auch wenn dies lediglich erinnerte Wahrnehmungen an Unterricht sind, die keine empirischen Daten über die Praxis des Unterrichts selbst enthalten, geben sie klare Hinweise auf ein problematisches Image des Faches, das seine Wurzeln sehr deutlich in Resten einer Belehrungskultur hat (➤ Exkurs: Historische Erblasten).

50 Der Begriff der Kompetenzen ist in den Jahren seit der Erstauflage dieses Buches zu einem Leitbegriff in der deutschen bildungspolitischen und erziehungswissenschaftlichen Diskussion geworden. Ausgangspunkt hierfür war die erste PISA-Studie, die deutschen Schülerinnen und Schülern im Vergleich zu Jugendlichen im internationalen Vergleich unterdurchschnittliche Leistungen bescheinigte (vgl. Deutsches PISA-Konsortium (Hrsg.): PISA 2000. Basiskompetenzen von Schülerinnen und Schülern im internationalen Vergleich. Opladen 2001). Diese gemessenen Leistungen bezogen sich, wie der Untertitel der Studie schon sagt, auf „Basiskompetenzen", darunter vor allem Lesekompetenz. Der konzeptionelle Ansatz der Studie unterscheidet sich deutlich von der stoffzentrierten deutschen Lehrplantradition und ist eher vom angelsächsischen Literacy-Verständnis geprägt. Die deutsche Bildungspolitik hat in den folgenden Jahren diesen Ansatz insofern aufgegriffen, als die nationalen Bildungsstandards, die von der Kultusministerkonferenz seit 2003 sukzessive für die Fächer der Schule verabschiedet wurden, kompetenzorientiert sind. So heißt es in der Expertise, die den konzeptionellen Hintergrund für Bildungsstandards in Deutschland entwickelt: „Bildungsstandards konkretisierten die Ziele in Form von Kompetenzanforderungen. Sie legen fest, über welche Kompetenzen ein Schüler, eine Schülerin verfügen muss, wenn wichtige Ziele der Schule als erreicht gelten sollen. ... Kompetenzen spiegeln die grundlegenden Handlungsanforderungen, denen Schülerinnen und Schüler in der Domäne ausgesetzt sind." (Bundesministerium für Bildung und Forschung (Hrsg.): Zur Entwicklung nationaler Bildungsstandards. Eine Expertise. Bonn 2003, S. 21 f.) Mit „Domäne" ist ein Fach oder Fachgebiet bzw. Wissensgebiet gemeint.

Kompetenz bezeichnet „eine Disposition, die Personen befähigt, bestimmte Arten von Problemen erfolgreich zu lösen, also konkrete Anforderungssituationen eines bestimmten Typs zu bewältigen."[51] Die grundlegenden Handlungsanforderungen, denen alle Bürger in der Demokratie ausgesetzt sind, sind nachfolgend als fachspezifische Kompetenzen politischer Bildung beschriebenen: Politik im weiteren Sinne beurteilen zu können und politisch handlungsfähig zu sein. Im Anschluss an den Psychologen Franz Weinert lässt sich Kompetenz ferner als Verbindung von Fähigkeit, Wissen, Verstehen, Können, Handeln, Erfahrung und Motivation verstehen.[52] Diese Definition ist auch für die politische Bildung hilfreich, allerdings mit der nicht unwesentlichen Einschränkung, dass in einer freien Gesellschaft der *Gebrauch* von Fähigkeiten und Wissen zu politischen Angelegenheiten nicht normiert werden kann, sondern in der freien Entscheidung des Einzelnen liegt. Im Umgang mit motivationalen und volitionalen Kompetenzaspekten ist deshalb in der politischen Bildung Vorsicht geboten. Im Fremdsprachenunterricht mag eine bestimmte Kompetenz erst als erreicht gelten, wenn die Lernenden die entsprechende Fähigkeit in Sprechsituationen auch anwenden können. Für Fächer, bei denen dieses „anwenden" nur in sozialen Feldern möglich sein wird, in denen es kontroverse Vorstellungen über das richtige Handeln gibt, lassen sich diese Kompetenzaspekte aber nicht konsensuell bestimmen. Politische Bildung kann Fähigkeiten und Wissen vermitteln, die es Menschen ermöglichen, an einer demokratischen politischen Öffentlichkeit teilzunehmen und als Teil des Souveräns ihre Bürgerrechte wahrzunehmen und politische Verantwortung auszuüben. Bis zu welchem Grade und in welcher konkreten Weise sie dies dann tun, steht in ihrer eigenen Entscheidung und kann in der politischen Bildung nicht vorweg entschieden werden. Allerdings kann politische Bildung Menschen *ermutigen,* sich auf die öffentliche Sphäre einzulassen und von ihrer Vernunft „öffentlichen Gebrauch zu machen" (Kant).

Mit ihren Lernangeboten *interveniert* politische Bildung in längerfristige Prozesse der politischen Sozialisation bei den Lernenden. Schülerinnen und Schüler oder Teilnehmende an Veranstaltungen der außerschulischen politischen Bildung kommen nicht als tabula rasa, und ihre politische Sozialisation setzt sich neben und nach der Teilnahme an organisierten Lernangeboten fort. Im Gesamtfeld der Einflüsse, die das politische Denken und Handeln von Menschen beeinflussen, stellt politische Bildung einen relativ kleinen Ausschnitt dar; erst recht gilt das für das eigenständige Fach bzw. Fachgebiet (→ Exkurs: Formen politischen Lernens). Diese

---

51 Bundesministerium für Bildung und Forschung (Hrsg.), a.a.O., S. 72
52 Vgl. ebd., S. 73

Situation fordert Bescheidenheit in den Zielsetzungen politischer Lernangebote. Mehr noch aber fordert sie von den Pädagoginnen und Pädagogen die Fähigkeit zum genauen Hinsehen, zur genauen Wahrnehmung der politischen Sozialisationsvoraussetzungen der Lernenden und die Fähigkeit, didaktisch-methodische Entscheidungen so zu treffen, dass damit den konkreten Menschen mit ihrer konkreten politischen Lerngeschichte, mit denen sie in der politischen Bildung arbeiten, tatsächlich Lernzuwächse ermöglicht werden (→ Kapitel V.2.2).

Die fachspezifischen Kompetenzen, die in der politischen Bildung erworben und verbessert werden können, beziehen sich auf politisches Urteilen und politisches Handeln.[53] Im Allgemeinen wird in der Politikdidaktik in diesem Zusammenhang von „politischer Urteilsfähigkeit" und „politischer Handlungsfähigkeit" gesprochen. Diese Terminologie wird auch hier übernommen, obwohl sie insoweit missverständlich ist, als sich mit dem Begriff der „Fähigkeit" die Vorstellung von einer genau beschreibbaren, an einem bestimmten Punkt des Lernprozesses – anders als vorher – vorhandener Kompetenz verbinden kann. Tatsächlich handelt es sich um nur in *Relationen* verstehbare Kompetenzen. Weder gibt es einen präzise bestimmbaren „Nullpunkt", an dem Menschen überhaupt nicht politisch urteilen und handeln können – denn schon Vorschulkinder können Urteile jedenfalls zu manchen politischen Situationen fällen und selbst die Wahlenthaltung aus Desinteresse ist ein politisch wirksames Handeln –, noch gibt es einen „Endpunkt", an dem der Erwerb von politischer Urteils- und Handlungsfähigkeit abgeschlossen ist wie das Erlernen des kleinen Einmaleins. Politische Bildung kann aber Menschen befähigen, ihre politische Urteils- und Handlungsfähigkeit zu *verbessern*. Sie ist erfolgreich, wenn am Ende eines Lernabschnitts (einer Lerneinheit in der Schule, einer Veranstaltung in der außerschulischen politischen Bildung) die Lernenden – und sei es nur in einem kleinen Ausschnitt oder unter einem eng begrenzten Aspekt – Politik besser verstehen und beurteilen können als vorher und/oder, je nach didaktisch-methodischen Schwerpunkt des Lernangebotes, auch ihre politische Handlungsfähigkeit verbessert haben. Woran aber lässt sich diese Verbesserung bemessen?

---

53 Das Kompetenzmodell, das in diesem Buch entwickelt wird, hat auch in die „Rahmenvorgabe Politische Bildung" des Landes Nordrhein-Westfalen von 2001 und in den Entwurf der GPJE für nationale Bildungsstandards in der politischen Bildung (GPJE, a.a.O.) Eingang gefunden.

3.2 Politische Urteilsfähigkeit

„Urteile im weitesten Sinne sind alle Aussagen eines Individuums über Menschen und Sachen, die konstatierenden und/oder qualifizierenden Charakter haben. Durch das Urteil definiert das Individuum sein Verhältnis zur Welt, also zu seiner sozialen und natürlichen Umwelt. Das Urteil enthält also immer eine subjektive Situationsbestimmung und Weltdeutung."[54] In politischen Urteilen definieren Menschen ihr Verhältnis zur Politik im engeren wie im weiteren Sinne, also ihre Situation und ihre Deutungen zu gemeinsamen Angelegenheiten der Gesellschaft. Politische Bildung unterstützt sie dabei, sich ein genaueres, besser begründetes Bild von ihrer Situation und von Politik zu machen. Dabei weckt und fördert politische Bildung die „Neugierde auf die unbekannte Gesellschaft, in der wir leben".[55]

Eine offene Frage ist es, ob politische Urteile sich nicht nur hinsichtlich ihres Gegenstands (verstanden im Sinne einer spezifischen Perspektivität im Verhältnis zur Welt), sondern in kognitions- und lernpsychologischer Hinsicht *strukturell* von Urteilen aus anderen fachlichen Perspektiven unterscheiden. Ist also, zugespitzt formuliert, politisches Urteilen eine spezifische Form des Urteilens oder ein Urteilen über politische Phänomene, das hinsichtlich seiner immanenten Strukturlogik nur eine Art Anwendung allgemeiner Urteilsfähigkeit darstellt?[56] Diese Frage mag reichlich „akademisch" erscheinen, sie stellt sich als ein praktisches Problem im Grunde auch erst vor dem Hintergrund der Debatte über schulische Bildungsstandards in Deutschland. Diese Standards werden von der KMK erstens als schulfachbezogene Standards verstanden[57], die zweitens auf fachspezifischen Kompetenzmodellen

---

54 Peter Weinbrenner: Politische Urteilsbildung als Ziel und Inhalt des Politikunterrichts. In: Bundeszentrale für politische Bildung (Hrsg.), Politische Urteilsbildung. Aufgabe und Weg für den Politikunterricht. Bonn 1997

55 Ulrich Beck: Kinder der Freiheit: Wider das Lamento über den Werteverfall. In: ders. (Hrsg.), Kinder der Freiheit, a.a.O., S. 32

56 Diese Frage stellt Hermann Josef Abs kritisch an den Bildungsstandard-Entwurf der GPJE, vgl. ders.: Weichenstellungen in der Einführung von Standards im Fach Politische Bildung. In: Redaktionen Politische Bildung & kursiv – Journal für politische Bildung (Hrsg.): Bildungsstandards. Evaluation in der politischen Bildung. Schwalbach/Ts. 2005, S. 104.

57 Mit der nahe liegenden Frage, welche Kompetenzen die Schule insgesamt heute vermitteln sollte, befasste sich die KMK gar nicht erst. Dabei hätte gerade vor dem Hintergrund der PISA-Studie ein solcher, zunächst fachunabhängiger Zugang nahe gelegen, denn Lesekompetenz ist gerade keine fachbezogene Kompetenz. Obwohl die Einführung von Bildungsstandards sich als wichtiger Reformimpuls für das deutsche Schulwesen erweisen kann, folgt sie doch einer fatalen Logik, die die deutsche Bildungspolitik seit Jahrzehnten prägt: Erst werden Reformen, deren Notwendigkeit in der wissenschaftlichen Diskussion

basieren und drittens so operationalisiert werden sollen, dass der Grad des Kompetenzerwerbs über die Schulzeit hinweg von Schülerinnen und Schülern mittels empirischer Testverfahren gemessen werden kann. Dies setzt freilich voraus, dass die Fächer der Schule sich tatsächlich trennscharf voneinander abgrenzen lassen, ja mehr noch: Geht man von dem komplexen Kompetenzbegriff der Expertise zur Entwicklung nationaler Bildungsstandards aus (s.o. Anm. 50), dann müsste im Grunde jedes Schulfach einen abgrenzbaren Bereich der Persönlichkeitsentwicklung des Menschen repräsentieren, der je für sich in Modellen kognitiver und psychischer Entwicklung beschrieben werden kann. Dies unterstellt eine Rationalität des schulischen Fächersystems, die schlicht nicht gegeben ist, und es unterstellt ein Ausmaß des Verstehens der Entwicklung des menschlichen Weltverständnisses, über das die Wissenschaften durchaus nicht verfügen. Weiterhin tendieren solche Erwartungen dazu, den Eigensinn des Lernens aus der Sicht der Lernenden und die damit verbundene Kontingenz in der Beziehung zwischen Lehren und Lernen systematisch zu unterschätzen (➤ Kapitel IV.1).

Dies alles spricht nicht dagegen, die Frage nach einem kognitionspsychologisch fundierten *allgemeinen Entwicklungsmodell* politischer Urteilsfähigkeit theoretisch und empirisch weiter zu verfolgen. Es dürfte allerdings mehr als zweifelhaft sein, dass ein solches Modell hinreichend weit konkretisierbar wäre, um generalisierbare Stufen oder Schrittfolgen politischer Urteilsbildung so zu definieren und zu operationalisieren, dass ihr Erreichen durch Lernende mit Hilfe standardisierter Tests überprüft werden kann. Gegen eine solche Erwartung sprechen schon die Dynamik des Gegenstands Politik selbst und die schlichte Tatsache, dass politisches Lernen ein offener Prozess ist, der nicht mit dem Erreichen eines Schulabschlusses beendet ist. Einstweilen aber lässt sich zumindest die *Entwicklungsrichtung* politischer Urteilsbildung, die durch politische Bildung intendiert wird, näher beschreiben.

In politischen Urteilen lassen sich analytisch die Dimensionen des *Sachurteils* und des *Werturteils* unterscheiden, wobei in der politischen Bildung und

---

seit langem bekannt sind, so lange verschleppt, bis sie überhaupt nicht mehr zu vermeiden sind; dann aber werden Maßnahmen beschlossen, denen schon wegen des selbst erzeugten hohen Zeitdrucks keine grundsätzliche Überlegung über die Aufgaben der Schule in der Gegenwart mehr voraus geht. De facto führt dies zu einer Tabuisierung der wesentlichen Grundstrukturen des Systems Schule. Es ist ein für diese Problematik kennzeichnendes Detail, dass die KMK von allen Bildungsstandards ein Einleitungskapitel erwartet, in dem in knapper Form der Beitrag des jeweiligen Faches zur Bildung definiert wird, ohne dass die Kultusminister sich selbst in der Lage gesehen hätten zu klären, was sie als Auftraggeber denn heute unter „Bildung" als Aufgabe der Schule verstanden wissen wollen.

in der praktizierten Beurteilung politischer Phänomene beide Dimensionen meist ineinander greifen. Sachurteile können Aussagen mit dem Anspruch einer Tatsachenbeschreibung treffen oder Schlussfolgerungen bzw. Interpretation von Zusammenhängen vornehmen, sie können also konstatierenden oder analytischen Charakter haben. Werturteile beurteilen politische Entscheidungen, Situationen oder Positionen nach moralischen Maßstäben. Schon diese beiden Dimensionen bei einem kontroversen politischen Thema sorgfältig voneinander unterscheiden zu können, ist eine Fähigkeit, die in der politischen Bildung erworben und trainiert werden kann.

In beiden Dimensionen des politischen Urteilens bemisst sich eine Qualitätsverbesserung in den meisten Fällen nicht am inhaltlichen Ergebnis. Es ist durchaus vorstellbar, dass Schüler der 8. Klasse, der Abiturstufe und Studierende im Examen die gleiche Prüfungsfrage gestellt bekommen und auch, was die inhaltliche Beurteilung eines Sachverhalts oder Problems anbelangt, in jeder Altersstufe zum gleichen Ergebnis kommen. Aber man wird erwarten müssen, dass sich die Antworten in der Qualität der Begründung unterscheiden, dass also in dieser Qualitätsverbesserung ein Lernfortschritt zum Ausdruck kommt. Was aber macht diese Qualität aus? Woran bemisst sich Kompetenzzuwachs, wenn nicht an der inhaltlichen Bewertung aktueller politischer Fragen, die der Meinungsfreiheit der Lernenden überlassen bleibt?

Im Kern geht es bei dieser Qualitätsverbesserung um eine *Zunahme von Komplexität.*[58]

Im Bereich des *Werturteils,* bei moralischen Urteilen also, ließe sich Zunahme von Komplexität als Erweiterung des Bezugsfeldes verstehen. Ist der Maßstab für ein moralisches Urteil mein persönlicher Nutzen oder Schaden, sind es die Vorstellungen meines engeren sozialen Umfeldes, ist es das geltende Normen- und Regelsystem einer bestimmten Gesellschaft oder sind es allgemeinere, gene-

---

58 Bernhard Sutor hat bei der Beschreibung von Kompetenzzuwächsen eine andere Form gewählt, als sie in diesem Buch vorgeschlagen wird. Er unterscheidet im kognitiven, kommunikativen und moralischen Bereich jeweils drei Kompetenzstufen: Anbahnung – Entfaltung – Gestaltung. So ordnet er diesen drei Stufen im kognitiven Bereich zu: Information/Wissen – Fertigkeit/Erkenntnis – Urteil/Einsicht (vgl. Sutor, Politische Bildung als Praxis, a.a.O., S. 32). Auch diese Stufung kann als heuristisches Instrumentarium bei der Planung und Analyse von Lernsituationen in der politischen Bildung hilfreich sein. Wie alle Stufenmodelle unterliegt sie jedoch der (vom Autor sicher nicht beabsichtigten) Gefahr, als starres Modell für eine lehrer- bzw. leiterzentrierte Planung missverstanden zu werden; zudem stößt die genaue Abgrenzung der Stufen voneinander in konkreten Lernsituationen auf einige Schwierigkeiten.

ralisierbare ethische Prinzipien, die potenziell für alle Menschen gelten können? *Universalisierbarkeit* wäre im Bereich moralischen Urteilens eine angemessene Entwicklungsrichtung in Lernprozessen. Politische Bildung kann sich hier auf eine Traditionslinie stützen, die von Kants kategorischem Imperativ bis zu Lawrence Kohlbergs sozialpsychologischen Studien zum moralischen Urteil führt. Kohlberg unterscheidet drei Ebenen moralischer Urteilsfähigkeit, die noch weiter in Stufen unterteilt werden: die vorkonventionelle, die konventionelle und die nachkonventionelle Ebene.[59] Diese Ebenen markieren bei Kohlberg zugleich Kompetenz- und Qualitätsstufen moralischen Urteilen. Kohlbergs Ansatz ist, wenn man ihn nicht als Patentlösung für alle Probleme der Werterziehung missversteht, als ein heuristisches Instrumentarium bei der Analyse von moralischen Urteilen von Schülerinnen und Schülern durchaus brauchbar. Mit Recht weist Kohlberg auch darauf hin, dass die Wertorientierungen, auf denen moderne demokratische Verfassungssysteme beruhen, nachkonventioneller Art sind, weil sie universellen Prinzipien wie den Menschenrechten einen höheren Stellenwert zubilligen als konkreten gesetzlichen Vorschriften.

Qualitätsverbesserung moralischer Urteile durch politische Bildung zielt also keineswegs auf die Vermittlung eines festen Wertesystems oder gar auf vorab festgelegte moralische Urteile zu konkreten Konfliktsituationen. Die Frage beispielsweise, ob der Einsatz der Bundeswehr im früheren Jugoslawien moralisch zu rechtfertigen war, lässt sich auch unter Bezug auf universalisierbare ethische Prinzipien unterschiedlich beantworten. Es macht aber unter dem Aspekt der Qualität eines moralischen Urteil einen Unterschied, ob ein Schüler diesen Einsatz mit der Begründung rechtfertigt, das Recht auf Leben erfordere unter Umständen auch die Drohung mit militärischer Gewalt, oder ob er damit argumentiert, wenn ein Einsatz angeordnet werde, müsse man ihn auch ausführen.

Dieses Beispiel zeigt auch, dass beim politischen Urteil Sach- und Wertaspekte zwar analytisch trennbar sind, in der Entscheidungssituation aber ineinanderfließen.

---

59 Vgl. zu Kohlberg einführend Georg Lind/Jürgen Raschert (Hrsg.): Moralische Urteilsfähigkeit. Eine Auseinandersetzung mit Lawrence Kohlberg. Weinheim 1987. Zur Problematik moralischer Erziehung in der politischen Bildung vgl. ferner u.a. Peter Henkenborg: Die Unvermeidlichkeit der Moral. Ethische Herausforderungen für die politische Bildung in der Risikogesellschaft. Schwalbach/Ts. 1992; Sibylle Reinhardt: Werte-Bildung und politische Urteilsbildung. Zur Reflexivität von Lernprozessen. Opladen 1999; dies.: Moralisches Lernen. In: Sander (Hrsg.), Handbuch politische Bildung, a.a.O.; Günter Schreiner: Zum Verhältnis von moralischer Erziehung und politischer Bildung. Zuletzt in: Gotthard Breit/Peter Massing (Hrsg.): Grundfragen und Praxisprobleme der politischen Bildung. Bonn 1992; Gotthard Breit/Siegfried Schiele (Hrsg.): Werte in der politischen Bildung. Schwalbach/Ts. 2000

Der Einsatz der Bundeswehr kann und muss eben nicht nur unter moralischen Aspekten, sondern auch unter Fragen beurteilt werden wie den folgenden: ob er seinen Zweck erfüllt, ob er für eine Mehrheit der Bevölkerung akzeptabel ist, welche möglichen Nebenfolgen er haben kann und ähnliches mehr.

Wie lässt sich nun Qualitätsverbesserung im Bereich des politischen Sachurteils definieren? Eine nahe liegende Antwort könnte sein: durch Wissenszuwachs. Diese Antwort ist zwar nicht falsch, sie hilft aber auch nicht wirklich weiter, weil sie das Problem auf die sich sofort stellende Frage verschiebt: *Welches* Wissen ist bedeutsam für Qualitätsverbesserung bei politischen Urteilen (→ Abschnitt Wissen)? Eine von mehreren Autoren in der politikdidaktischen Diskussion vertretene Antwort auf diese Frage lautet: mit Hilfe von vordefinierten *Kategoriensystemen* erworbenes Wissen. Dieser Antwort wird hier nicht gefolgt.

Exkurs: Kritik der kategorialen Politikdidaktik

Die neuere Diskussion um kategoriale Bildung geht in der Pädagogik und der Allgemeinen Didaktik auf Arbeiten von Wolfgang Klafki in den späten 1950er-Jahren zurück.[60] Durch kategoriale Bildung sollte der Gegensatz zwischen materialen Bildungstheorien (Bildung durch Inhalte) und formalen Bildungstheorien (Bildung durch Entfaltung von Fähigkeiten) überwunden werden. Für Klafki wird dieser Gegensatz im Begriff des „Elementaren" aufgehoben. Das Elementare ist für ihn „jeweils ein Besonderes ...., in dem oder an dem ein Inhaltlich-Allgemeines zur Anschauung und zur begrifflichen Klärung kommt, ein Allgemeines, das jeweils einen ganzen Kreis von Einzelphänomenen von ihrem ‚Wesen' her erschließt. Das am Elementaren erfaßte Allgemeine wirkt als Kategorie künftiger Erfahrung oder Erkenntnis, es stiftet ‚kategoriale Bildung'."[61] Kategoriale Bildung ist für Klafki somit aufs engste mit dem Prinzip des exemplarischen Lernens verbunden (→ Kapitel IV. 4.1). Das Kategoriale ist hiernach eine bestimmte Eigenart eines Gegenstands: „Die Frage nach dem Elementaren ist – allgemein gefaßt – die Frage nach der Weise, in der Inhalte auftreten müssen, um Bildung zu stiften...."[62] Oder anders gesagt:

---

60 Vgl. grundlegend Wolfgang Klafki: Das pädagogische Problem des Elementaren und die Theorie der kategorialen Bildung. Weinheim 1959, i.F. zit. nach der 2. erweit. Aufl. von 1963; eine konzentrierte Fassung von Kerngedanken findet sich bei ders.: Kategoriale Bildung. In: Zeitschrift für Pädagogik 4/1959. Klafki verweist darauf, dass erstmals Karl Lehmensick in einer Schrift von 1926 den Begriff der „kategorialen Bildung" verwendet habe (Klafki 1963, S. 8), und entwickelt seine Vorstellungen zur kategorialen Bildung in einer bis auf Pestalozzi zurückgehenden, gründlichen Auseinandersetzung mit der Geschichte des didaktischen Denkens.

61 Klafki, Das pädagogische Problem des Elementaren und die Theorie der kategorialen Bildung, a.a.O., S. 83

62 Ebd., S. 82 f.

Klafki verstand „kategoriale Bildung" nicht als ein Bildungskonzept neben anderen. Für ihn ist *jede* Bildung kategoriale Bildung, weil erst das Kategoriale einer Sache sie zum *Bildungs*gegenstand machen kann. Das Faszinierende dieser Grundidee besteht darin, dass Lernende in der Auseinandersetzung mit wenigen, sorgfältig ausgewählten Bildungsgegenständen im Erfassen des durch sie repräsentierten Elementaren zugleich geistige Instrumente erwerben sollen, dies es ihnen erlauben, sich größere Wirklichkeitsbereiche selbstständig zu erschließen.

Klafkis Überlegungen zur kategorialen Bildung waren tief im Ansatz der geisteswissenschaftlichen Pädagogik und bildungstheoretischen Didaktik verwurzelt, sie waren noch gänzlich in einer Sprache formuliert, die aus der vor-sozialwissenschaftlichen Phase der Pädagogik stammte. Eine gründliche Auseinandersetzung mit der Frage, welche Bedeutung das Erbe der bildungstheoretischen Didaktik für heutige didaktische Theoriebildung hat, steht noch aus. Klafki selbst hat später versucht, die bildungstheoretische Didaktik zu einer „kritisch-konstruktiven Didaktik" weiterzuentwickeln; hierbei fällt auf, dass Überlegungen zum Begriff der kategorialen Bildung nur noch eine Randstellung innehaben.[63] Auch blieb Klafki von Anfang an äußerst vage bei der näheren Bestimmung dessen, was konkret unter dem „Kategorialen" verstanden werden soll, um das es bei der kategorialen Bildung geht. Später „übersetzte" Klafki den Begriff des Kategorialen mit „Wesentliches, Strukturelles, Prinzipielles, Typisches, Gesetzmäßigkeiten, übergreifende Zusammenhänge" sowie „allgemeine Erkenntnisse", „Einsichten, Fähigkeiten, Einstellungen".[64] Mit anderen Worten: Das Kategoriale der Bildung ist bei Klafki durchaus nicht mit „Kategorien" im Sinne von Fachbegriffen identisch.[65]

---

63 Vgl. Wolfgang Klafki: Neue Studien zur Bildungstheorie und Didaktik. Zeitgemäße Allgemeinbildung und kritisch-konstruktive Didaktik. 2. Aufl., Weinheim und Basel 1991. Klafki distanziert sich zwar nicht von dem Ansatz kategorialer Bildung, aber er erwähnt ihn nur noch am Rande, im Wesentlichen auf S. 144.

64 Vgl. ebd., S. 144

65 Wenn man den Begriff des „Kategorialen" nur weit genug fasst, trifft der von Grammes vorgetragene Einwand gegen die in diesem Exkurs ausgeführte Kritik kategorialer Politikdidaktik durchaus zu. Grammes hält der Kritik entgegen, *alle* politikdidaktischen Konzeptionen ließen sich als Ansätze kategorialer Bildung verstehen (in Pohl, Positionen der politischen Bildung 1, a.a.O., S. 280). Tatsächlich ist ja jede Form der Verallgemeinerung von an einem konkreten Einzelfall gewonnen Erkenntnissen im Sinne der zitierten Definition Klafkis schon „kategorial". Dieser Einwand geht aber an der hier entwickelten Kritik vorbei. Das eigentliche Ziel Klafkis war es, materiale und formale Bildung dialektisch miteinander zu verschränken; hierfür verwendete er den hochabstrakten Begriff der „kategorialen Bildung". Was in der Politikdidaktik seit den 1960er-Jahren unter „kategorialer Didaktik" verstanden wird, ist aber weitaus konkreter. Es bezeichnet einen bestimmten „Stil" didaktischen Denkens, der „kategorial" mit „Kategorien" gleichsetzt und um den Versuch kreist, in einer übersichtlichen und in sich stimmigen Liste von Schlüsselbegriffen den fachlichen Kern politischer Bildung zu repräsentieren, Kriterien für die Auswahl von Lerngegenständen anzubieten

Genau diese Gleichsetzung wird aber in Konzepten kategorialer Politikdidaktik vorgenommen. Solche Konzepte spielen in der Theoriediskussion zur politischen Bildung seit den 1960er-Jahren eine wichtige Rolle. Für die Art und Weise, wie die Idee kategorialer Bildung in der Politikdidaktik rezipiert worden ist, war Hermann Giesecke tonangebend, der ins Zentrum seiner damals überaus populär gewordenen „Didaktik der politischen Bildung" ein System von 11 „Kategorien" stellte.[66] Diese Kategorien („Konflikt", „Konkretheit", „Macht", „Recht", „Funktionszusammenhang", „Interesse", „Mitbestimmung", „Solidarität", „Ideologie", „Geschichtlichkeit", „Menschenwürde") sollten im Sinne „kategorialer Bildung" den Widerspruch zwischen materialer und formaler Bildung aufheben, indem von ihnen dreierlei gleichzeitig erwartet wurde:

- Erstens sollten sie das Politische in sozialen Phänomenen, also den fachlichen Kern politischer Bildung repräsentieren, „und zwar sowohl inhaltlich wie auch normativ".[67] Damit sollen sie das Problem der *Auswahl* von aus fachlicher Sicht geeigneten Lerninhalten lösen, denn in fachlicher Hinsicht geeignet sind dann eben solche Phänomene (bei Giesecke bevorzugt Konflikte), in denen sich diese Kategorien spiegeln.
- Zweitens mussten sich die Kategorien „angesichts des konkreten Unterrichtsgegenstandes in sinnvolle *Leitfragen* umwandeln lassen", sie mussten also zur *Analyse* der ausgewählten Lerngegenstände geeignet sein (Giesecke nannte das die „unterrichtliche Voraussetzung unserer Kategorien"[68]).
- Drittens schließlich „lassen sie sich auch als politische Grundeinsichten, als Ergebnis eines politischen Unterrichts formulieren"[69], sie sollen also letztlich das Verstehen und Beurteilen von Politik ermöglichen.

Dieser Ansatz hatte eine Reihe von logischen Voraussetzungen und Implikationen: Die Liste der Kategorien musste *in sich stimmig und zugleich vollständig* sein, wenn mit ihr der *Gegenstand* politischer Bildung, Politik, der Sache nach zutreffend erfasst werden soll, es durfte also kein bedeutsamer Aspekt des Politischen in der Liste fehlen; soweit (was allerdings nicht zwingend, bei Giesecke aber der Fall ist) die Kategorien zugleich *normative* Aspekte repräsentieren, müssen, wie Giesecke selbst schrieb, „die in diesen Kategorien beschlossenen Werteinstellungen als solche eines *Konsensus der ganzen Gesellschaft* angesehen werden können"[70];

---

und Instrumente für die Analyse politischer Phänomene zur Verfügung zu stellen. Die hier vorgetragene Kritik an dieser Richtung der Politikdidaktik ist, dass dieser Anspruch bisher nicht überzeugend eingelöst wurde und aus systematischen Gründen auch nicht eingelöst werden kann.

66 Vgl. Hermann Giesecke: Didaktik der politischen Bildung. München 1965 (12., zwischenzeitlich mehrfach überarb. Aufl. 1982)
67 Ebd., zit. nach der 2. Aufl. 1966, S. 101
68 Ebd., S. 116
69 Ebd., S. 120
70 Ebd., S. 115

schließlich mussten die Kategorien, wenn sie als *Analyseinstrumente* für politische Phänomene tauglich sein sollen, *präzise und eindeutig definiert* sein. Die hier vorgetragene Kritik läuft auf die These hinaus, dass diese Voraussetzungen in der kategorialen Politikdidaktik nicht gegeben und aus systematischen Gründen auch nicht realisierbar sind.

So bestechend das Konzept Gieseckes auf den ersten Blick war, so schnell zeigte sich denn auch, dass mit der vorgeschlagenen Liste von elf „Kategorien" die Probleme, die dieser Ansatz kategorialer Politikdidaktik lösen sollte, nicht überzeugend gelöst werden konnten. Daher sind in der Folgezeit von mehreren Autoren weitere Kategoriensysteme für die politische Bildung ausgearbeitet worden, so insbesondere von Bernhard Sutor, Peter Massing, Gotthard Breit, Peter Weinbrenner und Peter Henkenborg.[71] Wenn es zunächst die Funktion von Kategorien sein soll, den fachlichen Kern der politischen Bildung – Politik bzw. das Politische – zu repräsentieren, dann ist es durchaus bemerkenswert, dass es auch nach über 40 Jahren Diskussion zu diesem Thema keine allgemein im Fach akzeptierte Systematik von Kategorien gibt. Vermutlich hat das mit Aporien zu tun, in die dieser Ansatz einer kategorialen Politikdidaktik unausweichlich zu geraten scheint. Im Wesentlichen liegen diese Aporien auf drei Ebenen:

1. Die Unklarheit des Begriffs oder das Problem des wissenschaftstheoretischen Status von Kategorien

Erstaunlicherweise ist keineswegs geklärt, *welche Art* von Begriffen „Kategorien" sein und welchen erkenntnis- und wissenschaftstheoretischen Status sie haben sollen. Der Begriff der Kategorie stammt aus der Philosophie und hier vor allem von Aristoteles und Kant; beide versuchten, mit einer sehr begrenzten Zahl von Kategorien Grundformen des Seins bzw. Determinanten des Denkens zu erfassen. Kategorien waren hier als Strukturmerkmale der Art und Weise gedacht, wie der menschliche Verstand Sinneseindrücke wahrnehmen und Vorstellungen von der Welt konstruieren kann. Hier ist der Begriff der Kategorie also ganz grundlegend auf die Art und Weise bezogen, wie Menschen Wirklichkeit denken und wahrnehmen können, völlig unabhängig von konkreten Gegenständen.

Schon die Übertragung des Kategorienbegriffs auf die Binnenverhältnisse einer Wissenschaft oder eines Fachgebietes ist nicht unproblematisch und nur um den Preis einer Erweiterung oder Verwässerung des Begriffs der Kategorie zu haben.[72]

---

71 Eine vergleichende Übersicht findet sich bei Peter Henkenborg: Gesellschaftstheorien und Kategorien der Politikdidaktik. Zu den Grundlagen einer fachspezifischen Kommunikation in der politischen Bildung. In: Politische Bildung 2/1997; vgl. auch die Beiträge von Henkenborg und Massing in kursiv – Journal für politische Bildung 2/2000 (Denk-Anstöße – Perspektiven zur Theorie politischer Bildung)

72 Konsequenter und erkenntnistheoretisch ergiebiger ist dann, den Kategorienbegriff auf jede Art der begrifflichen Ordnung der Welt anzuwenden: „Der Mensch ist ein kategoriales Wesen, das heißt unser junges Gehirn versucht sofort nach der Geburt, Ordnung in die Welt zu bringen. ... Wenn wir Welterfahrungen machen, bilden wir Kategorien und

So definiert Hilligen recht treffend, was in der kategorialen Politikdidaktik unter Kategorien verstanden wird: „Heute wird im allgemeinen ein weiter Kategorienbegriff gebraucht. Danach sind Kategorien in jeder Wissenschaft diejenigen Grundbegriffe, unter denen sie ihre Erkenntnis zusammenfaßt und ordnet (im Original „Kategorien" mit „K." abgekürzt, W.S.)"[73] Das Problem, das sich hier sofort stellt, ist, dass ein solches einheitliches System von Grundbegriffen in jeder Wissenschaft, das Hilligen hier unterstellt, gar nicht gibt; dies wird im nächsten Punkt näher erläutert. Zutreffend ist jedoch, dass wissenschaftliche Erkenntnis (nicht anders übrigens als außerwissenschaftliches Wissen über die Welt) ohne Kategorisierung im Sinne von begrifflicher Unterscheidung nicht auskommt (vgl. Anm. 72). Bezogen auf Wissenschaft impliziert die zitierte Definition Hilligens aber, dass unter Kategorien in der Politikdidaktik solche Begriffe verstanden werden müssten, mit denen *didaktisches* Wissen geordnet wird – politikdidaktische Kategorien wären hiernach Begriffe wie „politische Urteilsfähigkeit", „didaktische Prinzipien" oder „Methodik", was offenkundig etwas anderes bezeichnet als die gängigen Kategorienlisten seit Giesecke.

Dieses Problem des unklaren erkenntnistheoretischen Status des Kategorienbegriffs spiegelt sich unmittelbar in den Kategoriensystemen, die von verschiedenen Autoren in der Politikdidaktik erarbeitet worden sind, und zwar darin, dass als Kategorien Begriffe mit völlig unterschiedlicher Reichweite und unterschiedlichem Charakter bezeichnet werden. So werden in der Literatur als „Kategorien" neben den oben bereits nach Giesecke zitierten unter anderem die folgenden Begriffe genannt: Entscheidung, Legitimität, Grundgesetz, Beschleunigung, Kontrolle, Situation, Gefühle, Wirksamkeit, Risikozunahme u.a.m. Es ist offensichtlich, dass diese Begriffe logisch nicht auf einer Ebene liegen und sich auf völlig Unterschiedliches beziehen.

2. Wissenschaftliche Pluralität oder das Problem des Verhältnisses der Politikdidaktik zu den Sozialwissenschaften

Der tiefere Grund für diese Situation dürfte darin zu suchen sein, dass diesen Kategorien eine Brückenfunktion zwischen Fachwissenschaft und Fachdidaktik zugewiesen wird, die sie nicht erfüllen können. Kategorien sollen Erkenntnisse der Sozialwissenschaften über den Gegenstandsbereich „Politik" in verdichteter Form „auf den Begriff bringen". Damit sollen sie, wie bereits ausgeführt, den fachlichen Kern der politischen Bildung repräsentieren. Das führt in Aporien, da die Sozialwissenschaften in sich plural und kontrovers sind, sie produzieren unterschiedliche Theorien, die mit *unterschiedlichen* Zentralbegriffen arbeiten. Zwar muss von einer politikwissenschaftlichen Theorie oder einem politikwissenschaftlichen Forschungs-

---

können diese später auch wieder umsetzen. Unsere Sprache ist natürlich auch kategorial, jedes Substantiv, jedes Verb sind Kategorien." (Henning Scheich: Was möchte das Gehirn lernen? Biologische Randbedingungen der Langzeitgedächtnisbildung. In: Stefan Appel et al.: Jahrbuch Ganztagsschule 2004. Schwalbach/Ts. 2003, S. 105 f.)

73 Wolfgang Hilligen: Kategorien als analytische Schlüsselbegriffe. In: Wolfgang W. Mickel (Hrsg.), Handbuch zur politischen Bildung, a.a.O., S. 157

vorhaben erwartet werden, dass die Begriffe (Kategorien), mit denen gearbeitet wird, geklärt sind und in einem konsistenten Zusammenhang verwendet werden. Daraus folgt aber keineswegs, dass die Politikwissenschaft als Wissenschaftsdisziplin *insgesamt* über ein konsistentes, einheitliches definiertes und allgemein akzeptiertes System von Grundbegriffen (Kategorien) verfügt. Das Problem verschärft sich, wenn man, was sinnvoll und notwendig ist (→ Abschnitt 2), die politische Bildung fachlich nicht nur auf *eine* Sozialwissenschaft, die Politikwissenschaft, sondern auf das Insgesamt der Sozialwissenschaften beziehen möchte. Es gibt kein Kategoriensystem, auf das die Sozialwissenschaften insgesamt sich stützen würden. Die Kategoriensysteme, mit denen in der kategorialen Politikdidaktik gearbeitet wird, sind deshalb Rekonstruktionsversuche fachwissenschaftlichen Wissens *aus der Sicht der Didaktik*. Die Schwierigkeit, die sich hierbei ergibt, besteht darin, dass diese Rekonstruktionen umso schlüssiger gelingen können, je enger sie an *bestimmte* Gesellschafts- oder Politiktheorien aus dem pluralen Spektrum angelehnt sind. Aber genau dies darf die Politikdidaktik nicht tun, wenn sie sich nicht als bloßer Anhang einer fachwissenschaftlichen Richtung verstehen will. Je theoretisch konsistenter daher ein Kategoriensystem ist, desto unbrauchbarer ist es für die Didaktik, weil es wissenschaftliche Pluralität abschneidet, und umgekehrt: Je mehr an wissenschaftlicher Pluralität ein Kategoriensystem einfangen will, desto breiter und logisch inkonsistenter wird es, desto weniger ergibt die Summe der Begriffe ein in sich stimmiges Bild von Politik als Gegenstand politischer Bildung.

Wahrscheinlich ist die Tendenz zur Vermehrung der Zahl der Kategorien eine Konsequenz aus dieser Aporie. Während Giesecke noch mit 11 Kategorien auskam, kommt Henkenborg bei einer vergleichenden Analyse von Kategoriensystemen in der Politikdidaktik auf eine Gesamtzahl von 46, von denen er 30 für relevant hält.[74] Aber diese Ausweitung der Zahl von Kategorien führt – neben dem Problem der inneren Konsistenz von Kategoriensystemen – in weitere Schwierigkeiten. Kategorien sollen ja das Politische in einem Thema repräsentieren, und deshalb ging Giesecke ursprünglich davon aus, dass *alle* seine damals 11 Kategorien sich in *jedem* Unterrichtsthema spiegeln müssten. Davon ist er jedoch später wieder abgekommen, weil sich dies schon bei 11 Kategorien im Unterricht als offenkundig nicht praktikabel erwiesen hat. Heute wird kategorial orientierten didaktischen Ansätzen, in denen mit größeren Zahlen von Kategorien operiert wird, mit diesem Problem meist so umgegangen, dass die Lehrenden aufgefordert werden, von Fall zu Fall und je nach Thema eine Auswahl aus einem Kategoriensystem vorzunehmen.[75] Allerdings verblasst oder verschwindet damit der didaktische Nutzen, um dessen willen Katego-

---

74 Vgl. Henkenborg, Gesellschaftstheorien und Kategorien der Politikdidaktik, a.a.O

75 So resümiert Walter Gagel in einer politikdidaktischen Einführung am Ende des Abschnitts „Grundbegriffe, Kategorien" lapidar: „Es bleibt daher dem Lehrer nicht erspart, aus den vorliegenden Vorschlägen auszuwählen." (Einführung in die Didaktik des politischen Unterrichts. 2. Aufl., Opladen 2000, S. 200) Dies erscheint allerdings als Resultat einer jahrzehntelangen Diskussion als etwas unbefriedigend.

riensysteme erfunden wurden: der Nutzen, mit Hilfe einer übersichtlichen Systematik von Grundbegriffen das Politische so zu erschließen, dass sich damit das Problem der Auswahl geeigneter Lerninhalte aus fachlicher Sicht *lösen* lässt.[76] Oder anders: Je genauer Kategoriensysteme versuchen, Ergebnisse der Fachwissenschaften zu repräsentieren, desto weniger lösen sie das didaktische Problem, um dessen Lösung willen die Idee der kategorialen Bildung erfunden worden ist.

3. Lehren und lernen oder das Problem der Vorgabe von Systematik

Es soll nicht bestritten werden, dass Konzepte kategorialer Politikdidaktik etwas anderes wollen als das Abarbeiten von Stoff im Unterricht. Aber allzu leicht geraten Kategoriensysteme, wie entsprechende Unterrichtsbeobachtungen und Planungsversuche etwa von Studierenden immer wieder zeigen, selbst zum Stoff, der abgearbeitet wird. Auch Vertreter kategorialer Politikdidaktik sehen dieses Problem durchaus, deshalb wird in der Literatur auch vor den Gefahren des „leeren Schematismus" oder der „leeren Begriffsinseln" gewarnt.[77] Man macht es sich aber wohl zu einfach, wenn man diese immer wieder zu beobachtende Tendenz zur „Verstofflichung" von Kategorien nur auf Professionalitätsmängel bei den Lehrenden zurückführt. Tatsächlich ist das Problem im Grundansatz kategorialer Bildung selbst angelegt: Die in der Diskussion befindlichen Kategoriensysteme sind von *Sach*logiken, nicht von *Lern*logiken her konzipiert. Sie sagen etwas darüber aus, was die jeweiligen Autoren aus einer *fachlich*-wissenschaftlichen Sicht für bedeutsam halten, aber sie sagen nichts oder wenig über die Lernbarkeit von Politik. Ganz anders als es etwa der Kategorienbegriff bei Kant (s.o.) nahe legen würde, beziehen sich die in der Politikdidaktik gängigen Kategoriensysteme nicht auf die Wahrnehmung und Konstruktion sozialer Wirklichkeit durch die Lernenden, sondern stellen Versuche der Verdichtung von Wissen dar, das aus den Sozialwissenschaften abgeleitet und damit Lehrenden und Lernenden vorgegeben wird. So ist es durchaus nicht abwegig – auch wenn es von Fachdidaktikern anders intendiert ist –, wenn Lehrer dazu neigen, Kategorien eben zu *lehren*. Schon Kurt Gerhard Fischer hat deshalb

---

76 In Reaktion auf die in diesem Exkurs in der Erstauflage entwickelte Kritik kategorialer Politikdidaktik hat Ingo Juchler vorgeschlagen, Kategorien künftig nur noch als heuristisches Instrument für die *Analyse* von Lerngegenständen, aber nicht mehr als Instrument für deren *Auswahl* zu nutzen (vgl. Juchler, Demokratie und politische Urteilskraft, a.a.O., S. 230 ff.). Es mag offen bleiben, ob und welchem Sinn dann noch von „kategorialer Bildung" gesprochen werden kann; unstrittig ist jedenfalls, dass Begriffe aus den Sozialwissenschaften für die Analyse von politischen Phänomen in der politischen Bildung herangezogen werden müssen. Ob es aber, wie Juchler anzunehmen scheint, möglich ist, für diesen eingegrenzteren Zweck eine konsistente Liste von „Kategorien" zusammenstellen, die gewissermaßen jenseits der innersozialwissenschaftlichen Pluralität hinreichend genau definiert werden können, um als analytische Instrumente tauglich zu sein, ist eine Frage, bei der sich erneut die hier diskutierten Probleme stellen.

77 So Peter Massing: Kategoriale Bildung und Handlungsorientierung im Politikunterricht. In: kursiv – Journal für politische Bildung 2/2000, S. 38

Konzepten kategorialer Bildung kritisch entgegengehalten, sie betrieben eine „Vorgabe von Systematik".[78]

Ein Weiteres kommt hinzu, auf das Fischer auch schon hingewiesen hat. Kategoriensysteme kommen – wenn auch sicher von den Autoren ungewollt – der fatalen Neigung der Schule entgegen, die Welt als etwas Fertiges, Handhabbares, Portionierbares abzubilden. Sie „vermitteln", so Fischer, „dem Schüler den Eindruck, daß sich alle Probleme lösen lassen, wenn man nur die richtigen Instrumente an sie heranbringt; dabei wird noch nicht einmal die Wahl von Instrumenten – im Sinne von ‚trial and error' – zugebilligt." Kategorien im Sinne der kategorialen Politikdidaktik seien deshalb „Werkzeuge der Weltdomestizierung"[79] in der Schule. „Vorgabe von Systematik oder von ‚Kategorien' bewirkt affirmative Politische Bildung."[80] Hierzu passt eine Bemerkung von Horst Rumpf, der – ohne expliziten Bezug zu kategorialer Bildung, aber durchaus hierauf beziehbar – über das Schullernen schreibt: „Der gelehrte Lehrende arbeitet daran, das Unbekannte und Aufstörende ‚anheimelnd' zu machen – es in Zusammenhänge zu rücken, ihm Ähnlichkeiten und Unterschiede abzugewinnen, die dem kognitiven Apparat des zu Belehrenden und seinen Homogenisierungsbedürfnissen Nahrung schaffen. Das Aufstörende, Erregende, Unpassende wird eingemeindet..."[81]

Die Logik von Kategoriensystemen bietet keinen *systematischen* Ort für den Umgang mit prinzipiellem Nicht-Wissen, für Irritation, für das Risiko des Unbekannten. Zur Logik der Entwicklung der (Sozial-)Wissenschaften gehört es ja gerade, dass sie mit neuen Theorien immer auch neue Begriffe erfinden, um Veränderungen ihres Gegenstandes gerecht werden und die Welt aus neuen Perspektiven interpretieren zu können. Solche neuen Begriffe bei der Analyse politischer Phänomene zu prüfen, hin und her zu wenden und zu erproben, ob und inwieweit sie zum Verstehen des jeweiligen Lerngegenstandes beitragen können, gehört in der Tat zu den Aufgaben der politischen Bildung. Aber die politische Dimension des menschlichen Lebens ist kein abgeschlossenes Wissensgebiet, dessen Kern sich mit einer übersichtli-

---

78 Fischer, Einführung in die Politische Bildung, a.a.O., S. 112 f.

79 Ebd., S. 112

80 Ebd., S. 112 f. Fischer schreibt dies, obwohl seine eigene theoretische Bestimmung des Elementaren politischer Bildung in Form von „Einsichten" von Klafki ausdrücklich als positives Beispiel für kategoriale Bildung hervorgehoben wird (vgl. Klafki, Das pädagogische Problem des Elementaren und die Theorie der kategorialen Bildung, a.a.O., S. 371). Dies spricht sehr deutlich für die These, dass sich bei der fachdidaktischen Konkretisierung der allgemeinen Idee der kategorialen Bildung (die allerdings, wie oben ausgeführt, bei Klafki nur in sehr abstrakter Form entwickelt wurde) in der kategorialen Politikdidaktik eine starke Engführung vollzogen hat. Vielleicht kann man auch von einer Bedeutungsverschiebung sprechen: vom Versuch einer allgemeinen Definition dessen, was „Bildung" ausmacht, zum Versuch einer Deduktion von Planungskriterien für Unterricht aus der Fachwissenschaft.

81 Horst Rumpf: Abschied vom Stundenhalten. In: Arno Combe/Werner Helsper (Hrsg.): Pädagogische Professionalität. Untersuchungen zum Typus pädagogischen Handelns. Frankfurt/M. 1996, S. 474

chen Zahl von genau definierten Kategorien erfassen ließe, die sich dann für die Analyse jedes (im weiteren Sinne) politischen Phänomens eignen. Politik ist voller Überraschungen, und politische Bildung sollte eher einer Entdeckungsreise in unbekanntes Terrain als dem Gang ins Archiv gleichen (auch wenn in methodischer Hinsicht der Gang in ein Archiv dabei durchaus wichtig sein kann). Der schöne Satz des Physikers John Wheeler: „Je größer die Insel unseres Wissens wird, umso länger wird die Küste unserer Unwissenheit"[82] passt nicht recht zu einem Kategoriensystem. Er beschreibt aber treffend eine grundlegende Herausforderung für das Bildungswesen in der „Wissensgesellschaft", das es paradoxerweise gerade mit der Befähigung von Menschen zum Umgang mit Nicht-Wissen zu tun haben wird. Dies gilt zumal für die politische Bildung in der Demokratie, die Menschen darauf vorbereiten und darin unterstützen muss, angesichts immer unzureichenden Wissens verantwortbare politische Entscheidungen zu treffen.

Im Bereich des politischen *Sachurteils* heißt Komplexitätssteigerung, vereinfacht gesagt: lernen genauer hinzusehen. Für dieses „genauer hinsehen" bietet die politische Bildung Hilfen an, die sich in zwei Richtungen von Komplexitätszuwachs beschreiben lassen. Sie sind als Wege zur Differenzierung der Wahrnehmung und Interpretation von Politik zu verstehen; sie haben eine heuristische Funktion, es sind *Fragerichtungen*, keine Antworten und schon gar keine Lernstoffe:

1. *Komplexitätszuwachs in horizontaler Richtung („Breite"): Hier geht es darum, das Bedingungsgefüge in einer politischen Entscheidungssituation genauer analysieren und bedenken zu können. Vier Fragerichtungen bieten sich hierfür an:*
- Politikdimensionen: Die in der Politikwissenschaft und der Politikdidaktik weit verbreitete[83] Unterscheidung von drei Dimensionen des Politischen – polity, policy und politics – kann in vielen (nicht in allen) Fällen ein hilfreiches heuristisches Instrumentarium für die Auseinandersetzung mit Politik in der politischen Bildung sein. Hiernach kann bei der Analyse einer konkreten politischen Situation beispielsweise nach den rechtlichen und institutionellen Rahmenbedingungen gefragt werden (polity), nach den inhaltlichen Zielen der beteiligten Gruppen und Personen und den mit ihnen verbundenen Interessen (policy), nach den Durchsetzungschancen für bestimmte Positionen angesichts realer Machtverhältnisse (politics) und anderes mehr. In der praktischen Politik können sich diese drei Dimensionen als widerspruchsvolles Spannungsfeld darstellen: Was sachlich überzeugend erscheinen mag (policy), kann möglicherweise

---

82 Zit. nach John Horgan: An den Grenzen des Wissens. Siegeszug und Dilemma der Naturwissenschaften. München 1997, S. 138

83 Soweit ich sehe, hat Walter Gagel diese Unterscheidung in der ersten Auflage seiner „Einführung in die Didaktik des politischen Unterrichts" (Opladen 1983, S. 43) in Anlehnung an Carl Böhret in die Politikdidaktik eingeführt.

gegen rechtliche Rahmenbedingungen verstoßen (polity) oder nicht durchset-
zungs- bzw. mehrheitsfähig sein (politics). Diese heuristische Unterscheidung
lässt sich nicht nur auf das politische System, sondern auch auf viele politische
Phänomene im Sinne des weiteren Politikbegriffs beziehen. Es ist mehr als nur
Metaphorik, wenn von der „Politik" eines Unternehmens oder eines Verbands
gesprochen wird, und beispielsweise bei der Analyse einer internen Kontroverse
um die künftige strategische Ausrichtung eines Unternehmens werden sich
diese drei Dimensionen vermutlich in aller Regel identifizieren lassen. *Politische
Bildung trainiert die Fähigkeit, bei der Beurteilung von Politik darauf zu achten,
in welchem Sinn jeweils von Politik die Rede ist.*

• Sozialwissenschaftliche Perspektivenvielfalt: Politische Phänomene lassen sich
aus den Perspektiven verschiedener Sozialwissenschaften und innerhalb einer
Sozialwissenschaft aus verschiedenen theoretischen Sichtweisen analysieren und
beurteilen. Das Verhalten von Wählern beispielsweise wird sich aus der Sicht der
ökonomischen Verhaltenstheorie möglicherweise anders darstellen als aus der
Sicht der politikwissenschaftlichen Wahlforschung, die moralische Beurteilung
eines bestimmten Verhaltens von Machthabern mit dem Blick Machiavellis anders
als mit dem Kants. Zwar wird die unmittelbare inhaltliche Auseinandersetzung
mit unterschiedlichen sozialwissenschaftlichen Theorien nicht jedem Lernangebot politischer Bildung, sondern am ehesten in der gymnasialen Oberstufe
und in wissenschaftsnahen Lernorten der politischen Erwachsenenbildung wie
beispielsweise den kirchlichen Akademien stattfinden können. Dennoch muss
politische Bildung auch in anderen Stufen und Orten des Bildungssystems in je
alters- und adressatengemäßer Form die Pluralität wissenschaftlichen Denkens
in den Sozialwissenschaften in ihren Lernangeboten spiegeln. *Politische Bildung
trainiert die Fähigkeit, bei der Beurteilung von Politik wissenschaftliches Wissen aus
unterschiedlichen sozialwissenschaftlichen Disziplinen einzubeziehen.*

• Folgen und Nebenfolgen: Menschliches Handeln hat neben intendierten Folgen
immer auch nicht intendierte Nebenfolgen in möglicherweise gänzlich anderen
Bereichen der sozialen und natürlichen Umwelt, und diese Nebenfolgen und
Nebenfolgen von Nebenfolgen können u.U. die Wirkungen der beabsichtigten
Folgen übersteigen. Die daraus resultierende Notwendigkeit eines „vernetzten"
Denkens, das unsere Neigung, Ereignisfolgen in linearen Kausalitäten zu inter-
pretieren, überwindet, wird inzwischen als eine generelle Herausforderung für
Lernen angesehen.[84] In der politischen Philosophie ist dies freilich ein durchaus

---

[84] Vgl. hierzu sehr anschaulich Annette Scheunpflug: Lernen: Mit der Steinzeitausstattung in
das Cyberspace? In: Pädagogik 3/2000; dies.: Evolutionäre Didaktik – Didaktische Perspektiven aus biowissenschaftlicher Sicht. In: kursiv – Journal für politische Bildung 1/2001

altbekanntes Problem von Politik, und seit jeher gehört zur politischen Klugheit eben diese Fähigkeit, Nebenfolgen politischer Entscheidungen so weit als
möglich antizipieren und in Rechnung stellen zu können. Hierauf gründet
beispielsweise Max Webers Unterscheidung zwischen Gesinnungs- und Verant-
wortungsethik – nicht einfach die guten Absichten, sondern die tatsächlichen
Folgen und Nebenfolgen eines politischen Verhaltens sind für die Beurteilung
von Politik bedeutsam. *Politische Bildung trainiert durch die beständige Frage
nach möglichen nicht beabsichtigten Wirkungen politischer Entscheidungen und
Entscheidungsoptionen politisches Denken in komplexen Zusammenhängen.*

- Kontexte des Politischen: Häufig ist Politik im engeren Sinne eingebunden in
ein Netzwerk von Bedingungen und in ein Geflecht von sozialen Bereichen, die
selbst nicht per se politisch sind, deren Eigenlogik man aber verstehen muss,
wenn man eine bestimmte politische Entscheidungssituation angemessen beurteilen will (➤ Abschnitt 2). Vielfach wird es dazu notwendig sein, sich mit
Wissen und Urteilskriterien aus anderen Realitätsbereichen und verschiedenen
Wissenschaften zu beschäftigen, um das Politische in einem bestimmten Kontext zu verstehen. Dies kann beispielsweise wissenschaftliche Perspektiven aus
Geschichte, Ästhetik, Religion, Naturwissenschaften oder Technik betreffen.
*Politische Bildung trainiert die Fähigkeit, das Politische im Unpolitischen zu entde-
cken und die Eigenlogiken anderer Realitätsbereiche bei der Beurteilung politischer
Fragen angemessen zu bedenken.*

*2. Komplexitätszuwachs in vertikaler Richtung („Tiefe"): Hier geht es darum, bei der
Einordnung von Einzelphänomenen in Zusammenhänge Konkretes und Abstraktes
miteinander verknüpfen zu können. Politische Bildung vermittelt in dieser Richtung
von Komplexitätszuwachs des politischen Urteilens die Fähigkeit, sich in der alltäglichen
Politik – was heute für die meisten Menschen in der Regel heißt: in der Präsentation
und Inszenierung von Politik in den Medien – so orientieren zu können, dass hinter
der Oberfläche alltäglicher Politik Zusammenhänge, Strukturen und längerfristige
Problemlagen erkennbar werden. An drei Fragerichtungen ist hierbei zu denken, die
sich auch in der Konstruktion von Themen für Lernvorhaben niederschlagen sollten
(➤ Kapitel IV.3):*

- Mediale Repräsentanz von Politik: Für die meisten Menschen heißt heute
Begegnung mit alltäglicher Politik: Begegnung mit der Präsentation und Inszenierung von Politik in den Medien, und hier vorrangig in den elektronischen
Medien. Längst wirkt dabei die Logik medialer Präsentation auf die Politik selbst
zurück, sind die Medien von bloßen Übermittlern zu indirekten Mitgestaltern
der Politik geworden. Die Frage nach den Mechanismen und Wirkungen me-

dialer Inszenierungen wird so zu einer Bedingung des Verstehens von Politik. *Politische Bildung trainiert politische Medienkompetenz im Sinne der Fähigkeit, sich im medialen Politikangebot gezielt orientieren und die Logiken medialer Politikinszenierung entschlüsseln zu können.*[85]

- Mittel- und längerfristige Problemlagen: Gemeint ist die Frage danach, wo sich hinter der Oberfläche alltäglicher Politik Problemkonstellationen verbergen, die – soweit erkennbar – über die Tagesaktualität hinaus für Politik in der Gegenwart und der absehbaren Zukunft von Bedeutung sein werden. Hier geht es um die Einordnung von politischen Einzelinformationen und konkreten Gegenständen alltäglicher Politik in strukturelle und abstraktere Zusammenhänge in Gestalt von „Schlüsselproblemen" (➤ Kapitel IV.3). Dies soll es Lernenden erleichtern, sich ein begründetes Bild von der Zeit, in der sie leben, zu erarbeiten und auf eine reflektierte Weise ihre Zeitgenossenschaft zu leben. *Politische Bildung trainiert die Fähigkeit, in der Wahrnehmung von alltäglicher Politik nach jenen Problemlagen zu fragen, von denen mit guten Gründen zu erwarten ist, dass sie über die Tagesaktualität hinaus mittel- und längerfristig bedeutsame politische Problem- und Aufgabenfelder darstellen.*

- Politik als menschliche Aufgabe: Diese Fragerichtung zielt auf ein grundsätzliches Verständnis von Politik als fortdauernder Aufgabe menschlichen Zusammenlebens, auf die Frage nach dem Menschen als „zoon politikon". Hier geht es darum, die Vorstellungen der Lernenden zu Basiskonzepten des Politischen (➤ Abschnitt Wissen) bewusst zu machen, zu reflektieren, zu differenzieren, durch die Auseinandersetzung mit neuen Perspektiven und neuem Wissen weiterzuentwickeln sowie ggf. problematische Konzepte zu überwinden. Am Ende ist politische Bildung eine Einladung und eine Gelegenheit, sich ein reflektiertes Bild von der politischen Dimension des Menschen und des menschlichen Zusammenlebens zu machen – oder das Bild, das man mitbringt,

---

85 Vgl. auch Ulrich Sarcinelli: Medienkompetenz in der politischen Bildung. Pädagogische Allerweltsformel oder politische Kategorie? In: Aus Politik und Zeitgeschichte, B 25/2000; Anja Besand: Medienerziehung. In: Sander (Hrsg.), Handbuch politische Bildung, a.a.O. Als erster hat Hermann Giesecke die wachsende Bedeutung des Fernsehens für die Bestimmung der Aufgaben politischer Bildung erkannt: Wozu noch „Politische Bildung"? Anmerkungen zu einer nach wie vor umstrittenen Bildungsaufgabe. In: Neue Sammlung 1985, S. 465 ff. Zur Entwicklung von Medienkompetenz gehört auch eine „ästhetische Alphabetisierung", die eine „Grammatik des Sehens" im Umgang mit visueller Information vermittelt (vgl. Ludwig Duncker: Ästhetische Alphabetisierung als Bildungsaufgabe. In: kursiv – Journal für politische Bildung 2/2006 sowie die anderen Beiträge zum Schwerpunkt „Bildung und Bildung" in diesem Heft).

von allen Seiten kritisch zu betrachten und es – vielleicht – zu revidieren. *Politische Bildung trainiert die Fähigkeit, sich der grundlegenden Annahmen über das gesellschaftliche Zusammenleben bewusst zu werden, von denen aus man selbst Politik beurteilt, und diese Annahmen in der Auseinandersetzung mit anderen Menschen- und Politikbildern kritisch zu prüfen.*

3.3 Politische Handlungsfähigkeit

Um politische Freiheit zu leben, muss man die eigenen Bürgerrechte wahrnehmen können. Hierzu gehört auch die Fähigkeit zur Teilnahme an der politischen Öffentlichkeit und zur angemessenen Vertretung eigener Positionen und Interessen im politischen Raum. In normativer Hinsicht bemisst sich die Angemessenheit einer solchen Vertretung an der Anerkennung der Freiheit aller anderen Bürgerinnen und Bürger, also in einer universalistischen, nicht egozentrischen Perspektive auf moralische Prinzipien des Handelns; in politisch-praktischer Hinsicht daran, in der Öffentlichkeit kompetent und mit Aussicht auf Erfolg agieren zu können.

Politische Handlungsfähigkeit ist mit politischer Urteilsfähigkeit verknüpft, da erfolgreiches Handeln ohne treffende Beurteilung der politischen Situation nicht möglich ist. Insofern überschneiden sich die beiden Kompetenzbereiche. Sie sind jedoch nicht identisch, da einerseits politisches Urteilen auch ohne politisches Handeln möglich ist und andererseits das praktische politische Handeln auch Fähigkeiten verlangt, die sich nicht unmittelbar aus dem politischen Urteil ergeben.

Im Kompetenzbereich der politischen Handlungsfähigkeit trainiert politische Bildung die Fähigkeit zur praktischen politischen Partizipation.[86] Sie kann dies selbstverständlich im Regelfall nicht tun, indem sie Lerngruppen, etwa Schulklassen, zum kollektiven Engagement für oder gegen bestimmte politische Ziele anhält. In aller Regel ist die Lernsituation selbst ein Ort politischer Kontroversen, an dem ein inhaltlicher Konsens der Teilnehmenden weder vorausgesetzt noch von der politischen Bildung erzwungen werden kann. Dies gebietet ja gerade der Respekt vor der Freiheit der Lernenden. Auch geht es bei der Förderung politischer Handlungsfähigkeit in der politischen Bildung im Normalfall nicht um eine professionelle Ausbildung hauptberuflicher Politiker, sieht man von möglichen

---

86 Es würde den Rahmen dieses Buches sprengen, alle möglichen Partizipationsformen für Bürgerinnen und Bürger in der Demokratie aufzulisten und auf entsprechende Trainingsmöglichkeiten in der politischen Bildung zu verweisen. Einen ausgezeichneten Überblick zu konkreten Partizipationsmöglichkeiten mit auch für die Planung von entsprechenden Lernangeboten politischer Bildung anregenden Hinweisen gibt Paul Ackermann: Bürgerhandbuch. Basisinformation und 66 Tipps zum Tun. 2. Aufl., Schwalbach/Ts. 2004

Sondersituationen begleitender Lernangebote für Politiker in der Erwachsenenbildung einmal ab. Im Regelfall gilt auch hier, dass die politische Bildung zwar ein breites Angebot der Förderung von Kompetenzen anbieten kann und muss, dass aber am Ende die Lernenden selbst entscheiden, ob, aus welchen Anlässen und in welchem Umfang sie von diesen Kompetenzen Gebrauch machen wollen.

Für die meisten Bürgerinnen und Bürger beginnt politisches Handeln im Sinn der Teilnahme an der politischen Öffentlichkeit weit unterhalb der Ebene beruflich betriebener Politik. Mit Recht bemerkte Kurt Gerhard Fischer schon 1973: Politische „Praxis beginnt nicht erst mit der ‚massenhaften' Aktion, sondern viel elementarer, etwa bei der Beteiligung an einer Diskussion im Anschluß an eine Politiker-Rede, etwa mit der Fähigkeit, sich während einer Betriebsversammlung Notizen zu machen, etwa durch Handaufheben bei einer Abstimmung in einer Gruppe usw."[87] Man könnte ergänzen: In einem elementaren Sinn beginnt politisches Handeln schon bei der Fähigkeit, sich im Sinne von politischer Medienkompetenz gezielt zu informieren; dies zeigt auch, dass politische Urteils- und Handlungskompetenzen sowie politisches Wissen eng miteinander verbunden sind, denn Erfolg versprechendes politisches Handeln ist ohne ein sicheres politisches Urteil und situationsangemessenes Wissen kaum vorstellbar.

In der Tat hat *politische Medienkompetenz* auch eine Handlungsdimension, denn neben der o.g. Fähigkeit, die Logiken medialer Politikpräsentation entschlüsseln zu können, schließt sie auch Fähigkeiten ein, die Medien als zentralen Ort politischer Öffentlichkeit für die eigene Teilnahme an dieser Öffentlichkeit nutzen zu können. Dies beginnt mit der E-Mail an politische Repräsentanten und dem klassischen Leser- (oder Hörer- oder Zuschauer-)Brief an die Redaktion, setzt sich fort mit dem eigenen Presseartikel oder der Website, der klug formulierten Presseinformation oder dem Interessieren von Journalisten für das eigene Anliegen und geht bis zur Inszenierung einer breiten Medienkampagne.

Aber auch das *persönliche Auftreten vor anderen* gehört zur Teilnahme an der Öffentlichkeit – und auch dies beginnt mit scheinbar einfachen Formen wie dem klugen Verhalten im Gespräch über Politik im Freundes- oder Kollegenkreis, das als Ort politischer Meinungsbildung auch im Medienzeitalter nicht zu unterschätzen ist,[88] setzt sich fort über das sichere Auftreten vor kleineren Gruppen und die Fähigkeit zu gezielten Redebeiträgen vor größeren Gruppen bis zur öffentlichen politischen Rede.

---

87 Fischer, Einführung in die Politische Bildung, a.a.O., S. 92
88 Ein schönes Beispiel für diese Ebene politischen Handelns und die Möglichkeiten politischer
    Bildung ist ein „Argumentationstraining gegen Stammtischparolen", das Klaus-Peter Hufer

Politische Bildung kann für alle diese und andere Formen der Teilnahme an der politischen Öffentlichkeit ein weites Trainingsfeld anbieten. So kann man in der politischen Bildung unter anderem lernen,

- eigene Meinungen und Urteile in kontroversen Diskussionen sachlich zu vertreten, auch wenn man in der Minderheit ist;
- ein präzises Argument zu formulieren, um andere zu überzeugen;
- gezielte Fragen zu stellen, z.B. an Politiker und Experten;
- eine Sache werbewirksam auf den Punkt zu bringen;
- komplexe Zusammenhänge verständlich darzustellen;
- eine Veranstaltung zu organisieren;
- politische Diskussionen zu moderieren;
- im Sinne von Perspektivenwechseln sich in die Situation, Interessenlage und Denkweisen anderer, auch und gerade von Andersdenkenden versetzen zu können;
- sich durchzusetzen, aber auch Kompromisse schließen zu können;
- bewusst eine Rolle zu spielen und eine Rolle zu wechseln;
- Präsentations- und Visualisierungstechniken zu beherrschen.[89]

Die *Mitwirkung an der Organisation politischer Interessen* in Bürgerinitiativen, Verbänden und Parteien ist ein Handlungsfeld, für das die außerschulische politische Bildung interessierten Bürgerinnen und Bürgern handlungsbezogene Fähigkeiten vermitteln kann; die schulische wird dies zumeist eher weniger können, da schulische Lerngruppen im Normalfall nicht in einer solchen Situation sind. Ähnliches gilt für die *Vertretung eigener Interessen im Umgang mit staatlichen Institutionen* wie etwa Verwaltungsbehörden.

Weiterhin gewinnt in modernen Gesellschaften die *berufliche Praxis* in vielen Bereichen an Bedeutung als ein auch politisch relevantes soziales Handlungsfeld. Der „Beruf als politisches Handeln"[90] wird möglich, weil die gewachsene Reichweite ökonomischer Entscheidungen diese potenziell vor einer kritischen Öffentlichkeit legitimationsbedürftig machen. Ein Unternehmen, das beispielsweise in den Ruf gerät, sich ökologisch unverantwortlich zu verhalten, muss mit erheblichen öko-

---

als Veranstaltungsform der Erwachsenenbildung entwickelt und vielfach erprobt hat; vgl. Klaus-Peter Hufer: Argumentationstraining gegen Stammtischparolen. Materialien und Anleitungen für Bildungsarbeit und Selbststudium. Schwalbach/Ts. 2000

89 Vgl. ausführlicher die Kompetenzen zum Kompetenzbereich politische Handlungsfähigkeit im Entwurf der GPJE für nationale Bildungsstandards in der politischen Bildung, GPJE 2004, a.a.O.

90 Ulrich Beck: Die Erfindung des Politischen. Zu einer Theorie reflexiver Modernisierung. Frankfurt/M. 1993, S. 241

nomischen Risiken bis hin zum Verbraucherboykott rechnen; der Shell-Boykott als Folge der Affäre um die geplante Versenkung einer Ölplattform im Jahr 1995 ist hierfür ein Beispiel. Ferner ist schon seit den 1980er-Jahren in der Diskussion um neue berufliche Schlüsselqualifikationen eine Öffnung des traditionellen Verständnisses von beruflicher Fachlichkeit in Richtung auf Kompetenzen zu beobachten, die die gesamte Persönlichkeit von Menschen betreffen. Unter anderem werden als solche Schlüsselqualifikationen häufig vernetztes Denken, Urteilsfähigkeit, problemlösendes Denken oder Selbständigkeit genannt, Qualifikationen, deren Nähe zu dem, was in der politischen Bildung an Kompetenzen entwickelt werden kann, offensichtlich ist, auch wenn es hier noch nicht inhaltlich um Politik geht. Aber es gibt auch inhaltlich näher an der politischen Bildung liegende berufliche Kompetenzen wie z.B. die Fähigkeit, sich in interkulturellen Kontexten angemessen orientieren und verhalten zu können, eine Fähigkeit, die in global agierenden Unternehmen stark gefragt ist; ein Beispiel hierfür ist die Stiftung eines Forschungspreises für interkulturelles Lernen durch BMW. Aus dieser Situation ergeben sich neue Chancen für Lernangebote, die berufliche Qualifikation in der Aus- und Weiterbildung mit politischen Urteils- und Handlungskompetenzen zu verknüpfen und unter dieser Perspektive die Nützlichkeit politischer Bildung für die Lernenden unterstreichen.[91]

Schließlich hat das *wirtschaftliche Handeln* nicht nur von Unternehmen, sondern auch der Individuen eine politische Dimension. Gewiss wäre es überzogen und damit unangemessen, *jede* wirtschaftliche Entscheidung des Einzelnen in erster Linie unter einem politischen Blickwinkel zu sehen. Aber nicht nur ist das individuelle wirtschaftliche Handeln auf vielfältige Weise durch politisch-rechtliche Regulierungen gerahmt (z.B. von der Besteuerung bis zum Verbraucherschutz), es hat auch immer Auswirkungen auf die Generierung oder Bewältigung gesamtgesellschaftlicher Probleme (z.B. von der Altersversorgung bis zum Klimawandel) und es trägt damit seinerseits zur Konstituierung von Rahmenbedingungen für Entscheidungen im politischen System bei. Die Deutsche Gesellschaft für „ökonomische Bildung" hat als allgemeinste Kompetenz, der ökonomische Bildung dienen solle, vorgeschlagen: „Das Individuum kann zum eigenen Wohl wie auch

---

91 Vgl. hierzu ausführlicher Wolfgang Sander: Beruf und Politik. Von der Nützlichkeit politischer Bildung. Schwalbach/Ts. 1996; ders.: Die Politisierung des Berufs – neue Kooperationsfelder zwischen Unternehmen und politischer Bildung? In: kursiv – Journal für politische Bildung 3/2004 (sowie weitere Beiträge in diesem Heft); Melanie Zeller-Rudolf: Politische Bildung in und mit Unternehmen. In: Karsten Rudolf/Melanie Zeller-Rudolf: Politische Bildung – gefragte Dienstleisterin für Bürger und Unternehmen. Bielefeld 2004

zum Wohle Aller ökonomisch urteilen, argumentieren, entscheiden und handeln."[92] Spätestens in der Formulierung „zum Wohle Aller" wird der politische Charakter wirtschaftlichen Handelns offenkundig. Aber das gilt nicht nur für diese normative Perspektive auf ökonomisches Handeln. Auch ein angemessenes Verständnis der – auf den ersten Blick – rein ökonomischen Handlungsbedingungen für individuelle wirtschaftliche Entscheidungen führt letztlich auf politische Fragen, wie der Wirtschaftsnobelpreisträger Douglass C. North treffend sagt: „Wenn man verstehen will, wie Märkte funktionieren, muss man auch Politik und soziale Theorie verstehen."[93]

3.4 Wissen: Basiskonzepte politischer Bildung

Dass in der politischen Bildung auch Wissen erworben werden kann, ist eine fast schon triviale Selbstverständlichkeit – sehr viel schwieriger zu beantworten ist die Frage, um welches Wissen es sich hierbei handeln soll. So scheint es unmittelbar einleuchtend zu sein, dass für eine Wahrnehmung der Bürgerrechte deren genauere Kenntnis nützlich und vermutlich ab einem gewissen Punkt des Engagements zwingend ist; ebenso ist es einigermaßen wahrscheinlich, dass es für die Erfolgsaussichten politischen Handelns relativ schnell zu einer Bedingung wird, dass die Akteure sich bis zu einem gewissen Grad im politischen System der Gesellschaft, in der sie leben, auskennen. Was „auskennen" jedoch genau heißt und bis zu welchem Grad dies erforderlich ist, ist eine Frage, die nicht in einer verbindlichen und – etwa durch eine Liste von „Grundwissen" – kanonisierbaren Weise für alle Bürgerinnen und Bürger zu beantworten ist. Zu sehr hängt dies von Situationen ab, die weder für alle Lernenden gleich sind noch sich von der politischen Bildung antizipieren lassen: von den Lernbiographie der Adressaten und von deren Vorwissen und Einstellungen; von den möglichen Verwendungssituationen im politischen Handeln; von der wechselnden politischen Agenda.

Auf der anderen Seite jedoch erfordern die oben beschriebenen Kompetenzen durchweg auch Wissen über Politik, und ihre Verbesserung wird zumeist mit einer Verbesserung dieses Wissens – sei es im quantitativen Sinn durch Wissenszuwachs,

---

92 Deutsche Gesellschaft für ökonomische Bildung: Kompetenzen der ökonomischen Bildung für allgemein bildende Schulen und Bildungsstandards für den mittleren Bildungsabschluss. o.O., 2004. Auch eine genauere Analyse der in diesem Papier vorgeschlagenen Standards würde zeigen, dass die meisten dieser Standards sich inhaltlich auf genuin politische Fragen beziehen.

93 Douglass C. North: „Laissez-faire funktioniert nicht!", Interview in Cicero 10/2006, S. 90

sei es im qualitativen Sinn durch kritische Überprüfung und Korrektur des Vorwissens über Politik – einhergehen müssen. Aber dieser Zusammenhang lässt sich
nicht umdrehen: Nicht notwendigerweise führt ein schlichtes Mehr an Wissen
über Politik auch zu besserer politischer Urteils- und Handlungsfähigkeit. Zum
einen ist das deshalb nicht zwingend der Fall, weil Wissen, das das je subjektive
Verhältnis der Lernenden zur Politik, ihre jeweilige politische Weltsicht, nicht
erreicht und nicht in diese Weltsicht integriert wird, für ihr politisches Urteilen
und Handeln bedeutungslos bleibt (➤ Kapitel IV.1). Solches Wissen mag dann
in anderen Verwendungssituationen Bedeutung haben, z.B. als abfragbarer „Stoff"
für die nächste Klausur, der nach der Klausur wieder vergessen werden kann; für
Lernfortschritte in der politischen Bildung ist dies aber bestenfalls ohne Belang,
wahrscheinlicher aber sogar hinderlich, weil es die Gleichgültigkeit gegenüber
dem Gegenstand fördert. So ist es beispielsweise für die politische Handlungssi-
tuation „Bundestagswahl" offenkundig nützlich, dass Wählerinnen und Wähler
wissen, was es mit ihrer Erst- und Zweitstimme auf sich hat. Für das politische
Lernen einer 14-jährigen Schülerin kann dieses Wissen aber völlig irrelevant und
sein erzwungenes Durcharbeiten im Unterricht kontraproduktiv für ihren politischen Lernprozess sein. Zum anderen gibt es Formen des Wissens, die für das
wissenschaftliche Verstehen von Politik von hohem Interesse, für die politische
Bildung aber dennoch von untergeordneter Bedeutung sind; hierzu gehören sehr
viele Arbeiten zu hoch spezialisierten Arbeitsgebieten sozialwissenschaftlicher
Forschung und Theoriebildung, deren Relevanz sich aus dem innerwissenschaftlichen Erkenntnisfortschritt ergibt, die aber gleichwohl für das politische Urteilen
und Handeln von Bürgerinnen und Bürgern von bestenfalls untergeordneter
Bedeutung sind.

Dagegen muss das Wissen, das politische Bildung anbietet, letztlich die Ebene der grundlegenden Annahmen erreichen, von denen aus die Lernenden ihre
Vorstellung vom inner- und zwischengesellschaftlichen Zusammenleben, also von
Politik im weiteren Sinn, konstruieren.[94] Die Formulierung „von denen aus" ist
nicht in einem zeitlichen, sondern in einem strukturellen Sinne gemeint; es geht,
bildlich gesprochen, um die zentralen Knotenpunkte in den Wissensnetzen, mit
denen Menschen ihre Vorstellungen von Politik organisieren.[95] „Wissen" wird
hierbei gemäß der konstruktivistischen Erkenntnis- und Lerntheorie (➤ Exkurs:

---

94 Der Entwurf der GPJE für nationale Bildungsstandards für die politische Bildung greift
   diese Überlegung mit dem Begriff des „konzeptuellen Deutungswissens" auf, den er wie
   folgt definiert: „Es handelt sich um Wissen, das sich auf grundlegende Konzepte für das
   Verstehen von Politik, Wirtschaft, Gesellschaft und Recht bezieht." (GPJE 2004, 14)
95 Dies berührt das sehr alte Problem der Didaktik, ob und wie sich die grundlegend struk-

Lernen und Erkennen) nicht als objektiv richtige innere Abbildung der äußeren Welt, sondern als Konzeptsystem verstanden: Menschen erkennen die Welt, indem sie sich einen *Entwurf* von ihr machen, der beibehalten wird, wenn und solange er als plausibel und nützlich erlebt wird. „Jedes Konzept", so schreiben Zimbardo und Gerrig, an ihre Leser gewandt, „steht für eine zusammenfassende Einheit Ihrer Erfahrung mit der Welt."[96]

Lassen sich, so ist zu fragen, *Basiskonzepte* im Sinne von grundlegenden Vorstellungen beschreiben, von denen aus Menschen ihre Erfahrungen mit Politik

---

turierenden Elemente des fachlichen Wissens definieren lassen. Auch Ansätze kategorialer Politikdidaktik sind Versuche, solche Elemente – in Form von „Kategorien" – zu finden; auf die Problematik dieses Ansatzes wurde oben hingewiesen (➤ Exkurs: Kritik der kategorialen Politikdidaktik). Besonders tief gehend hat sich in der Politikdidaktik Kurt Gerhard Fischer mit dieser Problematik befasst. Fischer unterschied drei Ebenen von Wissen in der politischen Bildung: *Kenntnisse*, die als deklaratives Wissen bei der Analyse konkreter Lerngegenstände erworben werden, weil sie für diese Analyse erforderlich sind (z.B. Wortbedeutungen, institutionelle Abläufe, Namen); *Erkenntnisse*, die zwar am konkreten Einzelfall gewonnen werden, die aber über diesen Fall hinaus gehende, fachlich-wissenschaftliche begründbare Verallgemeinerungen repräsentieren; schließlich *Einsichten*, die für Fischer „der Urteilsart der apriorischen Sätze entsprechen" und Urteile darstellen, „die aller Erfahrung vorausgehen." (Fischer, Einführung in die Politische Bildung, a.a.O., S. 107) Fischers Formulierung solcher Einsichten in Form von Aussagesätzen ist zu Recht vielfach kritisiert worden. Allerdings war das zentrale Problem, auf das Fischers Unterscheidung von Wissensarten aufmerksam gemacht hatte, mit dieser Kritik keineswegs gelöst: Die Identifikation und Klassifizierung jener Elemente im Weltverständnis von Menschen, die die weitere Wahrnehmung und Deutung von Politik grundlegend vorstrukturieren. In der Sprache der geisteswissenschaftlichen Pädagogik war dies die Frage nach dem „Elementaren" von Politik. Mit der in diesem Buch vorgelegten Systematik von Basiskonzepten des Politischen wird der Versuch unternommen, in der Sprache einer konstruktivistisch geprägten Didaktik eine Antwort auf diese Frage zu geben. In Begriffen der geisteswissenschaftlichen Pädagogik würden die Basiskonzepte das Sachelementare und die Anstiftung zur Freiheit das Sinnelementare politischer Bildung repräsentieren.

96 Philipp G. Zimbardo/Richard J. Gerrig: Psychologie. 16., akt. Aufl., München 2004, S. 326. Der Begriff des „Konzepts" wird allerdings in der Psychologie in Relation zu anderen Elementen menschlichen Wissens (insbesondere Schemata und Scripts, ➤ Kapitel IV.1) uneinheitlich gebraucht. Während bei Zimbardo/Gerrig Konzepte als subjektive Repräsentation von Begriffen, Schemata dagegen als größere und komplexere kognitive Strukturen verstanden werden, ist bei Mietzel der Schema-Begriff die Bezeichnung für die grundlegende Wissenseinheit, während der Konzeptbegriff umfassender für menschliche Verständnisstrukturen von der Welt verwendet wird (vgl. Gerd Mietzel: Pädagogische Psychologie des Lernens und Lehrens. 7., korr. Aufl., Göttingen 2003, z.B. S. 303). In diesem Buch wird der Konzeptbegriff in diesem weiteren Sinn gebraucht. Er steht für Vorstellungen, mit deren Hilfe sich Menschen die Welt erklären.

strukturieren und interpretieren? Oder anders gefragt: Welche konzeptuellen Vorstellungen sind es, die politische Wissenselemente und die Deutung politischer Phänomene auf verschiedenen Konkretisierungsebenen ordnen, ja selbst schon die Aufmerksamkeitsrichtung bei der Wahrnehmung politischer Phänomene vorstrukturieren? Es geht somit bei der Frage nach Basiskonzepten politischer Bildung um jene grundlegenden Vorstellungen, die politisches Wissen als Wissensgebiet konstituieren – mit anderen Worten: um, bezogen auf das Politische, „implicit or explicit understanding of the principles that govern a domain and of the interrelations between pieces of knowledge in a domain."[97] In didaktischer Hinsicht meint diese Frage nichts anderes als die Frage nach dem fachlichen Kern des Wissens, um das es in der politischen Bildung inhaltlich geht.

Im Folgenden wird eine Systematik von *Basiskonzepten des Politischen* vorgeschlagen.[98] Diese Basiskonzepte stellen eine fundamentale Ebene und die (in logischer Hinsicht) erste Konkretisierungsstufe des Wissens dar, mit dem Vorstellungen zu der Grundfrage des Politischen, auf welche Weise wir als Gesellschaft(en) zusammenleben wollen, entwickelt werden. Jedes der folgenden Basiskonzepte repräsentiert einen fundamentalen Aspekt dieser Grundfrage des Politischen. In den Wissensnetzen der einzelnen Menschen schließen an jedes Basiskonzept zahlreiche weitere, konkretere Konzepte an, die bis zur konzeptuellen Deutung aktueller politischer Ereignisse reichen (➤ Kapitel IV.1). Die Systematik der Basiskonzepte geht von den – im weiteren Theoriediskurs zu prüfenden – Annahmen aus, dass die genannten Basiskonzepte erstens sich zwar überschneiden, aber dennoch analytisch sinnvoll zu unterscheiden sind, also jeweils für einen anderen Aspekt politischen Wissens stehen, und dass sie zweitens nicht weiter reduziert werden können, ohne dass mit dieser Reduktion wesentliche Aspekte des Politischen unter den Tisch fallen.

Die Systematik der Basiskonzepte wird aus der Perspektive der Politikdidaktik entwickelt.[99] Sie stellt weder ein kognitionspsychologisches Testinstrumentarium

---

97 Bethany Rittle-Johnson/Martha Wagner Alibali: Conceptual and procedural knowledge of mathematics: Does one lead to the other? In: Journal of Educational Psychology 1/1999, S. 175

98 Anregungen für die Entwicklung dieser Systematik verdanke ich unter anderem Vorträgen von Joachim Detjen, Peter Massing, Dagmar Richter und Georg Weißeno, ferner einer Kritik von Tilman Grammes, der in einer Rezension der Erstauflage dieses Buches bemängelte, es fehle eine explizite Ausformulierung der Knoten in den Wissensnetzen politischen Wissens.

99 In der traditionellen Terminologie der politikdidaktischen Theoriediskussion beziehen sich die Basiskonzepte auf die Frage nach „Was" des Lernens, andererseits bieten sie Kriterien für

dar noch repräsentiert sie die innere Systematik einer Sozialwissenschaft oder der Sozialwissenschaften insgesamt. Sie versucht in einer abstrakten Form jene grundlegenden Perspektiven zu identifizieren, unter denen Wissen sich auf menschliches Zusammenleben bezieht, um *politisches* Wissen zu sein, und von denen zugleich angenommen werden kann, dass die Vorstellungen, die Menschen sich von diesen Perspektiven machen, ihre Wahrnehmung, Deutung und Beurteilung alltäglicher Politik vorformen.[100] Dies impliziert, dass Basiskonzepte mit höchst unterschiedlichen Vorstellungen inhaltlich gefüllt werden können. Es handelt sich gerade nicht um eindeutig definierte wissenschaftliche Schlüsselbegriffe. Sie sind auch keine Instrumente für die Analyse von alltäglicher Politik in der Praxis politischer Bildung. Dies unterscheidet sie vom Begriff der Kategorien in der kategorialen Politikdidaktik (➤ Exkurs: Kritik der kategorialen Politikdidaktik). Die Basiskonzepte stehen als abstrakte Begriffe für komplexe Vorstellungsräume, die Facetten menschlichen Denkens über Politik bezeichnen. Sie konkretisieren damit den Bereich des Wissens, auf den politische Bildung sich fachlich-inhaltlich bezieht: In der politischen Bildung geht es unter dem Aspekt des Wissens letztlich darum, die Vorstellungen, die Lernende mit diesen Basiskonzepten verbinden, zu

die Diagnostik von Lernausgangslagen; in beiden Hinsichten sind sie ein Gegenstand *didaktischer* Theoriebildung. Sie müssen zwar auch aus dem Blickwinkel der Fachwissenschaften vertretbar sein, da sie Aussagen über Politik im weiteren Sinn machen; aber indem sie Aussagen über Politik unter dem Aspekt der inneren Strukturen des politischen Wissens der Adressaten politischer Bildung und dessen Entwicklung durch Lernangebote machen, folgen sie einem spezifischen wissenschaftlichen Interesse der Didaktik. Es muss hier offen bleiben, inwieweit die Entwicklung von Basiskonzepten in anderen Fachdidaktiken, so insbesondere bei den naturwissenschaftlichen Didaktiken, die diesen Begriff ebenfalls verwenden, in stärkerem Maße einer Systematik von Fachbegriffen aus der zugeordneten Fachwissenschaft korrespondiert. Im Fall der Sozialwissenschaften wäre es aber sowohl wegen der „inneren Interdisziplinarität" politischer Bildung, die auf mehrere Fachwissenschaften bezogen ist, als auch wegen deren innerer Pluralität nicht möglich, eine Systematik von Basiskonzepten aus einer Fachwissenschaft gewissermaßen zu deduzieren.

100 Unter dem Aspekt möglicher empirischer Forschung zur Konzeptentwicklung im Bereich des politischen Denkens und Lernens hat die hier vorgeschlagene Systematik von Basiskonzepten selbstverständlich hypothetischen Charakter. Sie ist nicht Ergebnis empirischer Forschung, sondern als theoretisches Modell ein möglicher Ausgangspunkt für solche Forschung. In längerfristig angelegten Studien zur Lernentwicklung im Bereich des politischen Wissens und Verstehens wäre zu prüfen, ob diese Systematik jene „Knotenpunkte" hinreichend erfasst, die in empirischer Hinsicht in Wissensnetzen zum politischen Wissen bei Menschen strukturbildend sind und/oder für eine aus fachlicher Sicht angemessene Entwicklung solcher Wissensnetze tatsächlich strukturbildend sein müssen. Bis zu welchem Grad jedoch diese komplexe Problematik mit den Mitteln empirischer Forschung überhaupt geklärt werden kann, ist beim heutigen Stand der Forschung eine offene Frage.

erreichen[101], neuem Lernen zugänglich zu machen und die Schülerinnen und Schüler oder Teilnehmerinnen und Teilnehmer dazu anzuregen, in der Auseinandersetzung mit alternativen Vorstellungen sowie Wissen aus den Sozialwissenschaften ihre konzeptuellen Vorstellungen weiterzuentwickeln.

Als Basiskonzepte in dem hier erläuterten Sinn können verstanden werden:

System

Politisches Wissen bezieht sich auf *gesamt- und zwischengesellschaftliche Zusammen-hänge und Strukturen* menschlichen Lebens.[102] Gesellschaften bilden Strukturen und komplexe Regelungssysteme – politische Ordnungen, Wirtschaftsordnungen, Sozialstrukturen –, die sowohl Ergebnis als auch Bedingung von Politik sind. Moderne Gesellschaften sind zudem nach sozialen Teilsystemen oder Segmenten differenziert, die unterschiedliche Handlungslogiken haben.

Öffentlichkeit

Politisches Wissen bezieht sich auf die *öffentliche Sphäre* menschlicher Kommu-nikation. Die öffentliche Sphäre grenzt sich strukturell vom privaten Raum ab (mag es auch in der gesellschaftlichen Praxis viele Tendenzen zur Verwischung dieser Grenze geben), m.a.W. als politischer Akteur, Unternehmer, Arbeitnehmer, Mitglied eines Verbands oder an anderen Orten des öffentlichen Raums agiert man nach anderen Logiken und Regeln als in der Sphäre des Privaten.

Macht

Politisches Wissen bezieht sich auf das *Verständnis von und den Umgang mit Macht* einschließlich deren Verfestigung zu *Herrschaftsstrukturen.* Macht ist ein tradi-tioneller, vielleicht sogar der älteste Gegenstand politischer Theorie und damit auch der Politikwissenschaft; gleichzeitig ist Macht aber auch ein Grundbegriff

---

101 Damit ist gemeint, dass die konzeptuellen Vorstellungen, die Adressaten politischer Bildung mit diesen Basiskonzepten verbinden, den Individuen selbst nicht unbedingt in allen Teilen bewusst sein müssen. Es kann sich auch um „implizites Wissen" (tacit knowledge) handeln, das politischen Urteilen zugrunde liegt, ohne dass es in jedem Fall von den Urteilenden auch explizit formuliert werden kann.

102 Es ist bemerkenswert, dass die von der KMK bereits verabschiedeten Bildungsstandards aller naturwissenschaftlichen Fächer mit dem Begriff „System" ein Basiskonzept des jeweiligen Faches bezeichnen, wenn dies auch naheliegenderweise nicht (oder allenfalls am Rande in Biologie) auf den gesellschaftlichen Zusammenhang des Menschen bezogen ist. Dies kann man als Beispiel dafür verstehen, wie der Versuch, fachliche Profile mit Hilfe von Basiskonzepten zu bestimmen, zugleich immer auch an die Grenzen der inneren Logik des Fächersystems der Schule führt.

der Soziologie[103], übt jedes Gericht Macht aus und gibt es auch in ökonomischen Beziehungen Macht, deren Kontrolle wiederum ein rechtliches und politisches Problem darstellen kann.

Gemeinwohl

Politisches Wissen bezieht sich Vorstellungen davon, was *„gute" Politik* ist. Es geht somit um die normative Komponente politischen Denkens, um die Wertvorstellungen, die in die Beurteilung von Politik im engeren Sinne, aber auch von wirtschaftlichem Handeln einfließen. „Gemeinwohl" ist ein problematischer Begriff, weil sich mit ihm vermutlich stärker als mit den anderen Basiskonzepten assoziativ eine bestimmte inhaltliche Vorstellung verbindet, besonders häufig vermutlich die eines Gegensatzes von Gemeinwohl und Eigenwohl. Der Begriff wird hier dennoch verwendet, weil es keine begriffliche Alternative für das gibt, was mit ihm in einem ganz allgemeinen Sinn bezeichnet wird: Vorstellungen davon, welches (soziale, ökonomische, politische) Handeln für eine Gesellschaft (oder mehrere Gesellschaften oder auch die ganze Menschheit) am besten ist. Jede politische Programmatik enthält in diesem allgemeinen Sinn explizit oder implizit Vorstellungen davon, was dem „allgemeinen Wohl" dient. Dabei ist es selbst schon ein Gegenstand politischer Kontroversen, ob das „Gemeinwohl" gegenüber der Verfolgung von Einzel- und Gruppeninteressen eine eigene Qualität hat und wie diese ggf. definiert werden kann, oder ob der größte Nutzen für alle gerade in der Summe der Einzelinteressen und deren legitimer Verfolgung liegt, als Gemeinwohl also nur das faktische Ergebnis eines Aushandlungs- und Ausgleichsprozesses zwischen Einzelinteressen angesehen werden kann.

Recht

Politisches Wissen bezieht sich auf *gesamtgesellschaftlich verbindliche Normen,* deren Zustandekommen und deren Durchsetzung. Recht wird politisch erzeugt, ja es ist ein zentrales Mittel zur Realisierung politischer Ziele, aber es entsteht immer unter dem Einfluss von Akteuren außerhalb des politischen Systems; gleichzeitig setzt das Recht wesentliche Randbedingungen für politisches, ökonomisches und soziales Handeln.

Knappheit

Politisches Wissen bezieht sich auf den Umgang einer Gesellschaft und von Gesellschaften mit dem *Mangel an Ressourcen in Relation zu Bedürfnissen.* Knappheit ist die Ausgangsbedingung für ökonomisches Handeln, für Arbeit, Arbeitsteilung

---

103 Vgl. z.B. Hermann Korte/Bernhard Schäfers (Hrsg.): Einführung in Hauptbegriffe der Soziologie. 6., erweit. und akt. Aufl., Opladen 2002

und alle wirtschaftlichen Austauschprozesse sowie für die – letztlich durch Politik im engeren Sinn gesetzten – Regulierungen wirtschaftlicher Prozesse. Knappheit kann aber auch Motiv für politisches Handeln im engeren Sinn sein, beispielsweise für internationale Kooperationen bei der Nutzung von Ressourcen, aber auch für politische Konflikte, im Extremfall auch für Kriege.

Eine besondere Schwierigkeit erwächst aus der Pluralität und Kontroversität von wissenschaftlichem Wissen zu diesen Basiskonzepten. Zwar gibt es bei den Adressaten politischer Bildung gewiss sehr häufig schlichte Wissenslücken und – mehr oder weniger leicht zu korrigierende – Fehlinformationen zu Einzelaspekten. Es gibt auch *problematische Konzepte*[104] in dem Sinn, dass Verständnisstrukturen und Deutungen politischer Phänomene vor dem Hintergrund wissenschaftlichen Wissens aus den Sozialwissenschaften als nicht vertretbar erscheinen oder dass sie in normativer Hinsicht mit einer freiheitlichen Gesellschaftsordnung unvereinbar sind und aus einem dieser Gründe im Lernprozess überwunden werden sollen.[105]

---

104 Häufig wird in der Literatur, z.B. in den naturwissenschaftlichen Didaktiken, auch der Begriff der „Fehlkonzepte" (misconceptions) verwendet. Für die politische Bildung wurde er erstmals von Sibylle Reinhardt mit der Formulierung „Fehlverstehen" rezipiert (vgl. Sibylle Reinhardt: Politikdidaktik. Praxishandbuch für die Sekundarstufe I und II. Berlin 2005, S. 47 ff.). Dieser Begriff wird hier nicht übernommen, weil er eine klare Unterscheidung von „falschen" Konzepten von Lernenden und „richtigen" Konzepten aus der Wissenschaft nahe legt. Es muss hier offen bleiben, inwieweit eine solche Betrachtungsweise die Vorläufigkeit wissenschaftlichen Wissens und die Theorienvielfalt auch innerhalb der Naturwissenschaften angemessen repräsentiert. In der politischen Bildung gibt es zwar auch Konzepte, die vor dem Hintergrund wissenschaftlichen Wissens als „falsch" bezeichnet werden können. Jedoch ist ebenso davon auszugehen, dass viele Konzepte von Lernenden sich nicht ohne weiteres eindeutig als „richtig" oder „falsch" klassifizieren lassen – dass es beispielsweise in einem konkreten Verständnis eines der Basiskonzepte angemessene und weniger angemessene Aspekte geben kann, dass es strittig sein kann, ab wann eine bestimmte Sicht als eindeutig „falsch" bezeichnet werden darf oder dass etwas zwar „richtig", aber noch sehr wenig komplex formuliert und begründet ist. Es geht also in vielen Fällen in der politischen Bildung nicht einfach um einen *Wechsel*, sondern um eine *Weiterentwicklung und Veränderung* von Konzepten der Adressaten.

105 Dies berührt das oben schon erörterte Problem, dass politisches Denken und Urteilen ohne normative Komponenten nicht möglich ist, dass aber normative Fragen nicht wissenschaftlich entschieden werden können. Andererseits gibt es in Demokratien keine verbindliche Weltanschauung, auf die das Bildungssystem verpflichtet werden könnte. Konzeptuelle Vorstellungen in normativer Hinsicht als „problematisch" zu bezeichnen, erscheint nur dann als vertretbar, wenn sie dem normativen Minimum entgegenstehen, dass demokratische Gesellschaften verbindet: der Vorstellung von der politischen Freiheit aller Bürgerinnen und Bürger (➤ Abschnitt 1).

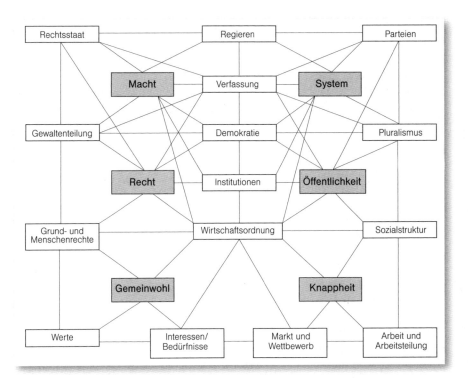

Hinweise zur Grafik:
Das Modell symbolisiert Vernetzungen der Basiskonzepte mit weiteren Konzepten politischen Wissens. Die Beziehungen der genannten Konzepte untereinander sind weder vollständig noch in logischer Hinsicht einheitlich; eine Verbindungslinie kann Verschiedenes symbolisieren, z.B. hierarchische Beziehungen, Bedingungen oder auch Spannungen. Das Modell soll daher lediglich anhand einer Auswahl besonders bedeutsamer Konzepte verdeutlichen, dass die Basiskonzepte, metaphorisch gesprochen, als Knotenpunkte in Netzwerken politischen Wissens und Denkens gesehen werden können. Bezogen auf politische Urteilsfähigkeit repräsentieren Basiskonzepte wesentliche Bereiche jener grundlegenden Annahmen über das gesellschaftliche Zusammenleben, die gewissermaßen im Hintergrund konkreter Urteile von Menschen über politische Ereignisse stehen (➤ Abschnitt 3.2). Es versteht sich, dass an dieses Netzwerk eine Vielzahl weiterer, insbesondere konkreterer Konzepte angeschlossen werden können, von „Opposition" oder „Konflikt" über „Schichten" oder „Sozialisation" bis „Konjunktur", „Wachstum" oder „Arbeitslosigkeit". Das hier dargestellte Modell kann auch weder die historische Dimension politischen Wissens noch die „Mehrschichtigkeit" politischen Wissens, die sich auf die verschiedenen Ebenen von Politik vom lokalen Bereich bis zur globalen Vernetzung in ihren verschiedenen Formen bezieht, abbilden, auch wenn beides ohne Zweifel für politisches Denken und Urteilen bedeutsam ist. Ein komplexeres Modell politischen Wissens müsste idealerweise dreidimensional und „beweglich" konzipiert werden, es müsste sich also je nachdem, welche Konzepte oder welche Art von Beziehungen zwischen Konzepten man ins Zentrum der Betrachtung stellt, jeweils anders darstellen.

Beispiele für solche problematischen Deutungen der oben genannten Basiskonzepte sind

- die gedankliche Modellierung einer modernen Gesellschaft nach dem Modell der Familie oder eines biologischen Organismus (zu „System");
- die Interpretation des Handelns von führenden Akteuren in Institutionen (z.B. im politischen System, in Unternehmen oder im Gerichtswesen) nach Kriterien aus dem privaten Umfeld (wie etwa die Vermutung von persönlicher Sympathie resp. Abneigung als primäres Handlungsmotiv) (zu „Öffentlichkeit");
- die Vorstellung von der unbegrenzten Handlungsfreiheit von Regierenden oder die Vorstellung, Politik sei nur dann demokratisch, wenn jeder Einzelne politische Entscheidungen direkt beeinflussen kann (zu „Macht");
- die Vorstellung, das Beste für die Gesellschaft ließe sich nur jenseits der Politik (etwa durch einer Regierung von „unpolitischen" Experten) erreichen, oder die Vorstellung, das Gemeinwohl verlange die völlige Unterordnung individueller Interessen („Du bist nichts, dein Volk ist alles") (zu „Gemeinwohl");
- die Vorstellung, der Rechtsstaat und die geltenden Gesetze seien als Umsetzung einer vorab feststehenden, überzeitlich gültigen Idee von Gerechtigkeit zu verstehen oder die Vorstellung, in einem demokratischen Verfassungsstaat könne die Mehrheit Recht setzen wie sie wolle (fehlendes Verständnis der Bindewirkung von Grundrechten) (zu „Recht");
- eine gesinnungsethische Überformung ökonomischer Urteile („Gewinnstreben ist per se unmoralisch") oder die Vorstellung von einer völlig politikfreien Ökonomie (fehlendes Verständnis für politische Effekte ökonomischen Handelns und die Unvermeidbarkeit politisch gesetzter Rahmenbedingungen) (zu „Knappheit").

Aber es gibt zu solchen und anderen problematischen Konzepten nicht den jeweiligen Gegenpol eines eindeutig definierten und in den Wissenschaften konsensuellen „richtigen" Konzeptverständnisses. Mit anderen Worten, es lassen sich zwar fachlich nicht akzeptable Deutungen dieser Basiskonzepte identifizieren, aber es gibt meist mehrere „richtige", weil die Frage, wie die hier als Basiskonzepte genannten Begriffe zu definieren, zu interpretieren und theoretisch zu fundieren sind, immer schon Gegenstand kontroverser gesellschaftlicher, politischer und wissenschaftlichen Diskurse ist. Lernende darin zu unterstützen, genau zu solchen Kontroversen ihre eigenen, gut begründeten und im Verlauf des Lernens zunehmend komplexer werdenden Urteile zu bilden, ist ja gerade die fachliche Kernaufgabe der politischen Bildung.

3.5 Methodische Fähigkeiten

Schon weil die konkreten Situationen, Probleme und Konflikte, zu und in denen Menschen im Lauf ihres Lebens politisch urteilen müssen, überhaupt nicht vorhersehbar sind, kann politische Bildung das konkrete Wissen, das für solche Urteile jeweils erforderlich ist, nicht auf Vorrat vermitteln. Politische Bildung muss deshalb ihren Beitrag dazu leisten, Menschen in die Lage zu versetzen, sich neues Wissen selbstständig zu beschaffen, Informationsangebote kritisch zu beurteilen und für den eigenen Nutzen zu selektieren, aber auch im Bereich des politischen Handelns ihre Fähigkeiten in immer neuen Situationen zu erproben und zu verbessern – mit anderen Worten, ihr politisches Lernen selbst in die Hand zu nehmen. In ihren Lernsituationen muss die politische Bildung daher eine Kultur der Selbsttätigkeit pflegen, in der die methodischen Fähigkeiten, die für die erfolgreiche Organisation des eigenen Lernens erforderlich sind, trainiert werden (→ Kapitel IV.4.3).

Die Reihe von Fähigkeiten, die in diesem Sinn in wechselnden Situationen von Bedeutung für politisches Urteilen und Handeln sein können, ist lang. Sie kann hier nicht systematisch entfaltet werden, zumal diese Fähigkeiten nur zu einem sehr geringen Teil fachspezifischer Art sind. Ganz überwiegend handelt es sich um Fähigkeiten, die vom Bildungswesen insgesamt zu vermitteln sind, wobei in erster Linie die Schule gefordert ist; erst im Zuge einer solchen – allerdings dringend erforderlichen – Neuorientierung der schulischen Lernkultur ließe sich ein Konzept entwickeln, wie die Schule Methodenkompetenz vom ersten Schuljahr an mit zunehmender Komplexität fördern kann und welche Beiträge hierzu verschiedene Fachgebiete auf welcher Schulstufe leisten können. Die folgenden methodischen Fähigkeiten sind daher eher beispielhaft und unvollständig,[106] sie sollen lediglich die Richtung andeuten, in die eine von Selbsttätigkeit geprägte Lernkultur sich zu entwickeln hätte:

* Lesekompetenz im Umgang mit verschiedenen Textsorten (für die politische Bildung z.B. Zeitungen, Internettexte, Fachbücher)
* Nutzung von Medien für die gezielte Suche nach Informationen und reflektierte Bewertung medialer Informationsangebote
* Zeitplanung und Selbstorganisation
* Referate konzipieren, vortragen und visualisieren
* Arbeitsvorhaben selbstständig und mit anderen planen und durchführen

---

106 Vgl. auch die schulstufenbezogenen Formulierungen von methodischen Fähigkeiten im GPJE-Entwurf für nationale Bildungsstandards in der politischen Bildung (GPJE 2004).

- Verschiedene Gesprächsformen beherrschen
- Medienprodukte entwickeln (z.B. Schülerzeitung, Zeitungsbeiträge, Audio- und Videoclips, Homepage)
- In elementarisierter Form wissenschaftliche Methoden anwenden können (aus den Sozialwissenschaften z.B. Beobachtungen, Interviews, Vergleiche).

3.6 Ermutigung

Das selbstständige Urteil und auch die handelnde Teilnahme an der politischen Öffentlichkeit erfordern neben den bereits erörterten Fähigkeiten und in einem untrennbaren Zusammenhang mit ihnen noch ein Weiteres: den *Mut*, sich seines eigenen Verstandes zu bedienen (Kant) und sich öffentlich (und sei es nur in einem überschaubaren sozialen Umfeld) zu exponieren. Es geht ja bei politischer Urteilsfähigkeit nicht einfach um den Nachvollzug der Urteile anderer oder um die Wahl zwischen vorgegebenen Urteilen. Politische Bildung muss die Lernenden auch ermutigen, sich, wenn es nötig ist, von sicher geglaubten Gewissheiten zu lösen (auch an eigenen Vorurteilen rütteln zu lassen), experimentell ungewohnte Perspektiven einzunehmen (sich also u.U. ernsthaft auf Weltsichten einzulassen, die der eigenen entgegen stehen), es zu wagen, soziale und politische Situationen kreativ neu zu denken, Visionen zu entwickeln (und sie dann kritisch zu prüfen), einen Konsens in Frage zu stellen und in der Minderheit zu sein – kurzum: sich auf unsicheres Terrain zu begeben, mit Unklarheiten und Ambivalenzen zu leben, Kontingenzen auszuhalten und dabei doch den Mut zu entwickeln, eigene Wege zu gehen. Politische Freiheit zu leben, kann durchaus unbequem sein, und der Preis der Freiheit kann – jedenfalls zeitweise – der Verlust an Sicherheit sein, den die Irritation einer scheinbar unerschütterlichen Weltsicht leicht mit sich bringt.

Ohne solche Irritationen aber ist ernsthaftes politisches Lernen nicht zu haben, denn ohne diese Irritationen bliebe politische Bildung eine Veranstaltung zur Bestätigung dessen, was man ohnehin schon zu wissen glaubte. Wenn politische Bildung den dafür erforderlichen Mut fördern will, muss sie eine Lernkultur pflegen, in der die Lernenden Ermutigung erfahren. Wertschätzung, Achtung und Zuwendung sind wesentliche Aspekte einer emotionalen Grundierung kognitiven Lernens, das auf den Mut zum eigenen Urteil zielt. Peter Henkenborg bezeichnet eine solche Lernkultur unter Bezug auf Axel Honneth als „Kultur der Anerkennung"[107] (➤ Kapitel III.2). Auch auf dieser Ebene kann die politische

---

107 Vgl. Peter Henkenborg: Politische Bildung für die Demokratie: Demokratie-Lernen als Kultur der Anerkennung. In: Benno Hafeneger/Peter Henkenborg/Albert Scherr (Hrsg.):

Bildung im Gesamtzusammenhang des Bildungswesens für sich alleine genommen eher wenig erreichen. Insbesondere in der Schule ist sie auf eine Revision der etablierten Lernkultur angewiesen, in der Schülerinnen und Schüler allzu oft die gegenteiligen Erfahrungen machen: Gleichgültigkeit gegenüber den Inhalten statt ernsthaftem, irritierendem Lernen; Homogenisierung statt Förderung von Individualität; Orientierung an Kontrolle und Überprüfbarkeit statt Ermutigung, sich seines eigenen Verstandes zu bedienen und ungewöhnliche Wege zu gehen[108] (➤ Exkurs: Schule im Übergang). Da politische Bildung in der Schule nicht nur in einem Fach, sondern auch als Unterrichtsprinzip und im Zusammenhang mit Interaktionserfahrung im sozialen Raum Schule stattfindet, ist es auch im eigenen fachlichen Interesse, wenn die politische Bildung eine aktive und initiative Rolle beim Prozess der Modernisierung der schulischen Lernkultur spielt.

Pädagogik der Anerkennung, Grundlagen, Konzepte, Praxisfelder. Schwalbach 2002; vgl. auch ders.: Politische Bildung als Schulprinzip: Demokratie-Lernen im Schulalltag. In: Sander (Hrsg.), Handbuch politische Bildung, a.a.O.

108 Vgl. Wolfgang Sander: „... erkennen als jemand, der einmalig ist auf der Welt" – Werteerziehung als Aufgabe der Schule. In: Schiele/Schneider (Hrsg.), Werte in der politischen Bildung, a.a.O.

III. Praxisfelder politischer Bildung

Alles, was ich sage, sei Gespräch.
Nichts davon sei Rat.
Ich spräche nicht so kühn,
wenn man mir folgen müsste.
Erasmus von Rotterdam

1. Vorschulische Lernorte: Sensibilisierung für den gesellschaftlichen Zusammenhang des Menschen

Politische Bildung als ein institutionalisiertes, professionalisiertes und von anderen Bereichen konzeptionell und organisatorisch abgrenzbares Lernangebot beginnt erst in der Schule. Aber auch vor der Schulzeit leben Kinder nicht in einem politikfreien Raum. Ihre politische Sozialisation beginnt ab der Geburt, und auch der absichtsvolle pädagogische Umgang von Erwachsenen mit Kleinkindern kann von Intentionen geleitet sein, die auf politisches Lernen ausgerichtet sind. Im Wesentlichen sind es die Familie und der Kindergarten, die Kindern im Vorschulalter Lernerfahrungen ermöglichen, die für die Entwicklung ihres Bildes von Politik bedeutsam sind.

1.1 Familie

Anders als es in der Frühphase der politischen Sozialisationsforschung in Deutschland in den 1960er- und frühen 1970er-Jahren der Fall war, wird heute die Familie nicht mehr als die Sozialisationsinstanz gesehen, die die entscheidenden Weichenstellungen für das spätere politische Denken von Menschen auch im Erwachsenenalter vornimmt.[1] Die Vorstellung vom Primat der Familie in der politischen Sozialisation ging allzu deterministisch von einer dauerhaft

---

1 Vgl. Rainer Geißler: Politische Sozialisation in der Familie. In: Claußen/Rainer (Hrsg.): Die Politisierung des Menschen, a.a.O.

prägenden Bedeutung frühkindlicher Sozialisationserfahrungen aus und maß anderen, späteren Sozialisationserfahrungen und mehr noch den Möglichkeiten von Menschen, ihre Lebensplanung und ihr eigenes Lernen selbst zu gestalten, eine viel zu geringe Rolle bei.

Dies bedeutet nun aber nicht, dass die Familie überhaupt keine Bedeutung für politisches Lernen von Kindern hätte. In Familien gibt es sowohl manifeste politische Sozialisation, die sich in vielfältigen Formen der offenen Präsenz von Politik als Gegenstand der innerfamiliären Kommunikation ausdrückt, als auch latente politische Sozialisation, die sich auf eher indirekte politische Wirkungen von auf den ersten Blick nicht oder wenig politischen Aspekten des Familienmilieus bezieht. Nicht zuletzt die medienvermittelte Präsenz von Politik in der familiären Alltagskommunikation macht die Familie zu einem Ort politischer Lernerfahrungen, was sich auch in der empirischen Familienforschung zeigt: „Die Politik steht nicht im Zentrum des Familiengesprächs, aber die Familie steht im Zentrum des politischen Gesprächs – insbesondere bei Frauen sowie Kindern und jüngeren Jugendlichen. ... die Familie (stellt) für Kinder und jüngere Jugendliche ... den wichtigsten politischen Kommunikationskreis dar."[2] Diese Rolle der Familie ist durchaus nicht folgenlos. So lassen sich relevante Einflüsse familiärer politischer Sozialisation – wenn auch nicht einem deterministischen Sinne – auf die Bildung von Parteipräferenzen und auch die Entstehung von Dispositionen zur politischen Partizipation nachweisen. Auch spricht – trotz erheblicher Defizite der Sozialisationsforschung in diesem Bereich – vieles für die Annahme, dass die persönlichkeitsprägenden Wirkungen der Familiensozialisation im Sinn einer latenten politischen Sozialisation einflussreich sind, dass also etwa ein autoritäres oder strikt konventionalistisches Familienmilieu auch die politische Anpassungs- und Unterordnungsbereitschaft fördern, während umgekehrt ein Familienmilieu, das bei Kindern z.B. Selbstvertrauen, Konflikt- und Problemlösefähigkeit, selbstständige Urteilsbereitschaft, Empathie und Toleranz fördert, auch eine demokratische Orientierung in deren politischem Denken unterstützen wird. Beispielsweise lassen sich deutliche Zusammenhänge zwischen familiärem Erziehungsstil und der Verbreitung von fremdenfeindlichen Einstellungen nachweisen: So zeigen Untersuchungen, dass von Jugendlichen, deren Familienerziehung durch die Merkmale liebevoll, demokratisch, zuverlässig und gewaltfrei gekennzeichnet ist, nur 5% fremdenfeindliche Einstellungen zeigen, während von Jugendlichen, für deren Erziehung in der Familie keines dieser Merkmale zutrifft, 22% fremdenfeindlich eingestellt sind.[3]

---

2 Ebd., S. 54 f.

Die Familie kann also, auf der Ebene der latenten politischen Sozialisation, bereits durch den Kommunikations- und Erziehungsstil einen Beitrag zur Förderung demokratischer Einstellungen in der nächsten Generation leisten und Kinder zur Freiheit ermutigen. Darüber hinaus wird sie durch die Art und Weise, wie Politik in der innerfamiliären Kommunikation zum Thema wird, zu einem Lernort für politische Bildung: Welche Bürgerrollen repräsentieren Eltern gegenüber ihren Kindern? Werden Tageszeitungen gelesen, Nachrichten und politische Sendungen im Fernsehen gesehen, sprechen die Erwachsenen untereinander darüber und wenn ja, in welcher Weise und in welchem Stil? Bieten Eltern Kindern Gesprächsmöglichkeiten zur Verarbeitung von Eindrücken über Politik aus dem Fernsehen, z.B. zur Verarbeitung von Ängsten als Reaktion auf Krisen- und Kriegsberichte? Werden Kinder zu Wahlen mitgenommen? Wird die Neugier auf andere soziale Lebensformen als die eigene gefördert, sei es im Alltag der eigenen Gesellschaft, sei es historisch oder in anderen Ländern? Werden Kinderbücher gelesen, die eine solche Neugier und Offenheit anregen?

Diese Frageliste ist gewiss nicht vollständig. Sie soll aber deutlich machen, dass die Familie, die als erste und wichtige Sozialisationsinstanz in der frühen Kindheit kleine Menschen dazu anregt, sich ein Bild von der Welt zu machen, in der sie leben, auch die Chance und Aufgabe hat, einen ersten Beitrag zur Begegnung mit der Welt der Politik zu leisten. Allerdings bleibt dieses pädagogische Handeln von Eltern ein Handeln in der Sphäre des Privaten, es ist keine professionelle Form politischer Bildung und kann es auch nicht sein. Für die professionelle politische Bildung ist der Bereich der Familienerziehung aber als ein Feld interessant, in dem Lernangebote für Eltern, die diese pädagogische Aufgabe reflektierter wahrnehmen wollen, unterbreitet werden können – ein Feld, auf das sich die Aufmerksamkeit des Faches bisher zu wenig gerichtet hat.[4]

1.2 Kindergarten

Lange galt die Schule als der Ort, an dem Kinder in der Regel die ersten kontinuierlichen und intensiven sozialen Erfahrungen über den engeren Kreis der Familie,

---

3 Vgl. Klaus Ahlheim/Bardo Heger: Der unbequeme Fremde. Fremdenfeindlichkeit in Deutschland – empirische Befunde. 2. Aufl., Schwalbach/Ts. 2000, S. 85 ff. Ahlheim/Heger nehmen hier Sekundäranalysen einer Erhebung von Gerda Lederer vor.

4 Eine Ausnahme bildet Bernhard Claußen: Elternbildung als Aufgabe politischer Bildung. Bonn 1979; ders.: Politische Sozialisation und Elternarbeit im Elementar- und Primarbereich: Versuch einer Positionsskizze. In: ders.: Didaktik und Sozialwissenschaften. Beiträge zur politischen Bildung, Aachen 1987

der Nachbarschaft und persönlicher Freundschaften hinaus machen, an dem ihnen also „Gesellschaft" als abstrakterer sozialer Zusammenhang begegnet. Nachdem inzwischen aber die große Mehrheit der Kinder in Deutschland (nicht anders als in anderen modernen Gesellschaften) Kindergärten besucht, ist der Kindergarten faktisch zu diesem Ort geworden. Im Kindergarten spiegelt sich die Gesellschaft mit ihrer Pluralität und ihren sozialen und kulturellen Differenzen, hier müssen sich Kinder mit anderen Kinder aus anderen sozialen Umwelten auseinandersetzen, zu denen der Kontakt nicht freiwillig gewählt wurde. Schon in der Art und Weise, wie der Kindergarten als Institution mit diesen Unterschieden umgeht, welche Wertvorstellungen (reflektiert oder unreflektiert) im Hintergrund der Gestaltung des Alltags stehen und welche Regeln des Zusammenlebens gelten, drückt sich eine politisch relevante Dimension des Kindergartens als Sozialisationsinstanz aus. Hier können Kinder Erfahrungen mit der Anerkennung von Vielfalt, mit der für die Beteiligten akzeptablen Regelung von Konflikten, mit Chancen der Teilhabe an Entscheidungsprozessen[5] und der Ermutigung zu selbstständigem Denken und Urteilen machen – oder auch nicht, wenn der Kindergarten seine Aufgaben und Chancen in der politischen Bildung verfehlt.

Kindergärten sind daher bedeutende Orte *sozialen Lernens.* Von den verschiedenen Formen politischen Lernens (➤ Exkurs: Formen politischen Lernens) ist soziales Lernen gewiss die für den Kindergarten als Lernort politischer Bildung bedeutendste. Kindergärten können in sozialen Lernsituationen bei Kindern die Ausprägung jener Grundqualifikationen unterstützen, die erforderlich sind, damit Menschen sich adäquat in pluralen, freiheitlichen Gesellschaften bewegen können und die damit auch zu den subjektiven Voraussetzungen politischer Mündigkeit gehören: Empathie, Rollendistanz, Ambiguitätstoleranz, kommunikative Kompetenz. Hierzu gehört auch das Gespräch mit Kindern über ihre sozialen Erfahrungen, mit dem soziale Wahrnehmungsfähigkeit und Selbstreflexion gefördert werden können.

Nun ist nicht jede Form sozialen Lernens schon auch politisches Lernen. Allerdings sind gerade in der pädagogischen Arbeit mit jüngeren Kindern die Übergänge zwischen der politischen Dimension und den nicht politischen Seiten sozialen Lernens fließend. Nicht jede Spiegelung gesamtgesellschaftlicher Pro-

---

5 Vgl. z.B. Pia Fiedler: So machen wir's. Kinderparlament im Kindergarten. In: Kindergarten heute 1/1998. Dem Schwerpunkt des Demokratie-Lernens in der frühen Kindheit widmet sich auch das Forum „Demokratie leben lernen" (www.forumdll.de). Vgl. ferner die Beiträge zum Kindergarten in Christian Büttner/Bernhard Meyer (Hrsg.): Lernprogramm Demokratie. Möglichkeiten und Grenzen politischer Erziehung von Kindern und Jugendlichen. Weinheim und München 2000

blemlagen im Mikrokosmos der direkten sozialen Interaktion, die im höheren
Alter zum Anlass politischen Lernens werden kann, ist Kindern im Vorschulalter
auch schon reflexiv zugänglich – interkulturelle Konflikte beispielsweise werden
im Kindergarten zwar, wo sie auftreten, bearbeitet werden müssen, dies wird
aber sprachlich in der Regel nur auf der konkreten Ebene des Falls und nicht
auf der Reflexionsebene von abstrakten Prinzipien und Wertkonflikten möglich
sein. Dennoch können viele der mittel- und längerfristigen Problemlagen, mit
denen politische Bildung sich inhaltlich befasst (➤ Kapitel IV.3), bei passenden
Anlässen und an geeigneten konkreten Beispielen zum Gegenstand des Lernens im
Kindergarten werden, seien es nun Entwicklungen im Arbeitsleben, ökologische
Themen[6] oder die Auseinandersetzung mit Medien[7].

Darüber hinaus muss der Kindergarten ähnlich wie die Familie Kindern Gelegenheiten bieten, jene Impressionen über politische Ereignisse und Konflikte
auszudrücken und in Gesprächen zu verarbeiten, die sie beispielsweise aus dem
Fernsehen gewonnen haben und die sie, unter Umständen auch angstbesetzt,
beschäftigen. Ferner kommt der Kindergarten, wenn er etwa entsprechend dem
„Situationsansatz"[8] Situationen aus dem Erfahrungsbereich der Kinder unter
sachlichen wie sozialen Gesichtspunkten zum Gegenstand des Lernens machen
will, um die Beachtung von deren politischen Implikationen nicht umhin: Ein
Straßenbau ist nicht nur ein technisch interessantes Ereignis, es kann auch von
Fall zu Fall für Kinder interessant sein zu erfahren, wer entscheidet, ob eine Straße
gebaut wird, und dass es dabei unterschiedliche Interessen geben kann. Nicht
nur aus einem solchem Anlass gehört der Besuch im Rathaus durchaus zu den
sinnvollen und vielfach praktizierten Lernaktivitäten von Kindergärten.

Lernen im Kindergarten kann und muss Kinder neugierig machen auf die soziale und politische Welt, in der sie leben – oder sie ermutigen, diese Neugierde,
die sie meist ja schon mitbringen, zu bewahren. Auch wenn eine Reflexion politischer Probleme auf der Ebene abstrakter Begrifflichkeiten Kinder diesen Alters
überfordern würde, kann die Vorschulerziehung Kinder in einer altersgemäßen
Form für den gesellschaftlichen Zusammenhang des Menschen sensibilisieren,
ihren Blick für die Vielfalt menschlicher Lebensformen öffnen und auch schon

---

6 Vgl. u.a. Bernd Strecker/Werner Wenz: Umwelterziehung im Kindergarten. 3. Aufl., Fellbach
   1991
7 Vgl. u.a. Stefan Aufenanger (Hrsg.): Neue Medien – neue Pädagogik? Eine Lese- und Arbeitsbuch zur Medienerziehung in Kindergarten und Grundschule. Bonn 1991; Rebecca
   Maier/Claudia Mikat/Ernst Zeitter: Medienerziehung in Kindergarten und Grundschule.
   490 Anregungen für die praktische Arbeit. Eine Dokumentation. München 1997
8 Vgl. Armin Krenz: Der „Situationsorientierte Ansatz" im Kindergarten. Freiburg 1991

dafür, dass das Zusammenleben von Menschen in Gesellschaften Probleme und Konflikte mit sich bringen kann, die der Regelung bedürfen. Man muss allerdings hinzufügen, dass der Bereich der vorschulischen Erziehung von der Politikdidaktik bisher kaum wahrgenommen worden ist und dass bei der Konkretisierung der Chancen und Grenzen politischer Bildung im vorschulischen Bereich noch erhebliche Forschungs- und Theoriedefizite bestehen. Allerdings zeigt der Stand der Forschung gleichwohl sehr deutlich, dass Kinder im Vorschulalter bereits konzeptuelle Vorstellungen von Politik im weiteren Sinne entwickeln[9]; deshalb ist davon auszugehen, dass auch eine inhaltliche Auseinandersetzung mit politischen Phänomenen, die über soziales Lernen hinausgeht, bereits im Kindergarten sinnvoll ist. Leider beschränken sich die meisten Bildungspläne für den Kindergarten, die nach der PISA-Debatte in Deutschland in den letzten Jahren erstmals entwickelt wurden, eher auf soziales Lernen und allgemeine normative Vorgaben im Sinne demokratischer Erziehung.[10] Die systematische Implementation und Evaluation von Lernangeboten für den Vorschulbereich, die sich explizit mit politischen Themen im weiteren Sinne befassen, ist eine erst noch zu leistende Aufgabe.

2. Schule: politische Bildung zwischen fachlicher Professionalisierung und curricularer Vernetzung

Die Schule hat für die politische Bildung eine substanzielle Bedeutung, ist sie doch der einzige Lernort, an dem *alle* Mitglieder der Gesellschaft mit einem institutionalisierten und fachlich professionalisierten Lernangebot für die Auseinandersetzung mit Politik konfrontiert werden. Ob es gemeinsame Mindeststandards an Kompetenzen und Wissen über Politik geben kann, über die alle Bürgerinnen und Bürger einer demokratischen Gesellschaft verfügen, entscheidet sich daher unter den heutigen Bedingungen der Bildungsorganisation faktisch in der Schule.

Gleichwohl ist die Beziehung zwischen Schule und politischer Bildung schillernd und voller Ambivalenzen. Aus historischer Perspektive gehört politische

---

9 Vgl. Lilian Fried/Gerhard Büttner (Hrsg.): Weltwissen von Kindern. Zum Forschungsstand über die Aneignung sozialen Wissens bei Krippen- und Kindergartenkindern. Weinheim und München 2004

10 Vgl. Dagmar Beinziger/Isabell Diehm: Politische Bildung in Kindergarten und Vorschule. In: Dagmar Richter (Hrsg.): Politische Bildung von Anfang an. Demokratie-Lernen in der Grundschule. Schwalbach/Ts. 2007, S. 95 ff.

Bildung nicht nur zu den ältesten Aufgaben der Schule, der Wunsch nach einer intentionalen politischen Erziehung ist nachgerade ein Gründungsmotiv für die Schule in der Neuzeit.[11] Dennoch geschah die Einfügung eines eigenen Faches für diese Aufgabe in die nach Fächern gegliederte schulische Lernorganisation zögernd und spät, konnte sich der Politikunterricht in der Bundesrepublik im Grunde erst in den 1960er- und 1970er-Jahren des 20. Jahrhunderts etablieren. So ist das politische Lernen zugleich eines der ältesten und eines der jüngsten Lernfelder in der Schule. Als junges Schulfach bietet der Politikunterricht durch die Notwendigkeit einer fachbezogenen Lehrerausbildung dann die strukturelle Basis für die Verwissenschaftlichung der Theorie politischer Bildung in der universitären Politikdidaktik. Zugleich hat sich in der Politikdidaktik eine tiefe Skepsis gegen die in den Fächern dominierende Art und Weise schulischen Lernens gehalten, gegen ein Verständnis von Lehren als „Stoffvermittlung". Auch gibt es in der Politikdidaktik immer schon eine ausgeprägte Sympathie für Formen des Lernens, die sich nicht recht in den Fächer- und Stundentakt des Schulvormittags pressen lassen. Tatsächlich steht die politische Bildung in ihrem Verhältnis zur Schule in dem Dilemma, dass die Schule einerseits ein unverzichtbarer Lernort für die politische Bildung ist, dass aber andererseits die tradierte Lernorganisation und die dominierende Lernkultur dieses Lernorts ungünstige Bedingungen für eine Erfolg versprechende politischen Bildung darstellen. So hat die politische Bildung allen Anlass, sich auf die aktuelle Debatte um eine tiefgreifende Modernisierung der Schule intensiv einzulassen und nach den Chancen zu suchen, die eine solche Modernisierung ihr eröffnen könnte.

Exkurs: Schule im Übergang: Tendenzen schulischer Modernisierung

„Tausend Jahre Schule" lautet der Titel einer „Kulturgeschichte des Lernens in Bildern."[12] Tatsächlich scheint es kaum eine selbstverständlichere Institution zu geben als die Schule. Aber dieser Eindruck täuscht. Zwar gibt es schon in frühen Hochkulturen eingelebte Traditionen und institutionelle Orte des Lernens, gibt es „Lehrer" und „Schüler". Aber die begriffliche Kontinuität von der lateinischen „schola" zur „Schule" darf nicht darüber hinweg täuschen, dass jene frühen Formen organisierten Lehrens und Lernens mit der sozialen Großorganisation, die die Schule heute ist, wenig gemein haben.

Tatsächlich ist die Schule in den uns heute vertrauten Formen eine historisch junge Institution. Die allgemeine Schulpflicht wurde 1717 in Preußen proklamiert,

---

11 Vgl. Sander: Politik in der Schule, a.a.O.
12 Horst Schiffler/Rolf Winkeler: Tausend Jahre Schule. Eine Kulturgeschichte des Lernens in Bildern. 5. Aufl., Stuttgart und Zürich 1998

aber sie war lange Zeit mehr Programm als Realität; noch 1844 ergab eine Untersuchung zum Bildungsstand preußischer Rekruten, dass nur eine Drittel von ihnen
die Mindestqualifikation, Druckschrift lesen zu können, erreicht hatte.[13] „Definitiv
durchgesetzt wird diese Unterrichts- bzw. Schulpflicht für alle Heranwachsenden
in Deutschland ... erst zwischen 1870 und 1920. So betrachtet, ist das moderne
Schulwesen, wie es heutzutage jeder durchlaufen hat und kennt, erst rund hundert
Jahre alt."[14] Erst mit der Industrialisierung setzte sich das moderne Schulwesen auf
der Basis der Schulpflicht durch.

Dieser Zusammenhang zwischen Industrialisierung und Durchsetzung der Schule
ist mehr als ein nur zeitlicher. Die Schule bereitet auf das Leben in der Industriegesellschaft vor, und sie kann dies gerade dadurch leisten, dass sie in der schulischen
Art und Weise, die Welt abzubilden, das industrielle Bild der Arbeit adaptiert. Dies
beginnt schon mit dem Umgang mit der Zeit: Zu den ersten – und erst über einen
längeren Zeitraum durchgesetzten – Aufgaben der Schule gehörte es, die vom
bäuerlichen Lebensrhythmus geprägten Kinder an den Takt der Uhr und an eine
abstrakte, nicht von den alltäglich erfahrbaren Notwendigkeiten landwirtschaftlicher
Arbeit her geforderte Disziplin zu gewöhnen. Aber auch andere Strukturmerkmale
schulischen Lernens spiegeln die Logik industrieller Arbeit:

Das industrielle Bild schulischen Lernens

Schulisches Lernen	←→	Berufliche Arbeit
• Isolierte Fächer	←→	• Tayloristische Arbeitsteilung
• Gleichschrittiges Unterrichten	←→	• Homogenisierte Massenproduktion
• Starre Unterrichtszeiten (Stunden)	←→	• Starre Arbeitszeiten
• Unterrichtsinhalte erscheinen als willkürlich zusammengestellt	←→	• Arbeitsinhalte unabhängig von persönlichen Interessen
• Bürokratische Organisation und zentrale Steuerung	←→	• Hierarchische Organisation und zentrale Steuerung
• Gegenwert der Arbeit: Noten	←→	• Gegenwert der Arbeit: Geld

Diese Gegenüberstellung führt Überlegungen von Rolf Oerter weiter[15].

---

13 Vgl. Achim Leschinsky/Peter Martin Roeder: Schule im historischen Prozess. Zum Wechselverhältnis von institutioneller Erziehung und gesellschaftlicher Entwicklung. Stuttgart
   1976, S. 159
14 Jürgen Diederich/Heinz-Elmar Tenorth: Theorie der Schule. Ein Studienbuch zu Geschichte,
   Funktionen und Gestaltung. Berlin 1997, S. 15
15 Vgl. Rolf Oerter: Kindheit. In: ders./Leo Montada (Hrsg.): Entwicklungspsychologie. 3.,
   vollständig überarb. Aufl., Weinheim 1995, S. 291

Das etwas polemisch klingende Wort von der Schule als „Lernfabrik" hat eine tiefe Berechtigung, denn tatsächlich ist die moderne Schule in einer Tiefenschicht ihrer Lernorganisation auf die industrielle Fabrik als Modell bezogen. Auch die Repräsentation der Welt in den Inhalten des schulischen Unterrichts, die Verwandlung der Welt in „Stoff", lässt eine subtile Anlehnung an ingenieurwissenschaftliches Denken erkennen.[16] Wissen erscheint gewissermaßen als Material, das in einem plan- und steuerbaren Prozess unverändert weitergereicht werden kann („Stoff"). So ist die Alltagskultur der Schule in der industriellen Gesellschaft weithin geprägt von einem Lehr-Lern-Kurzschluss (Holzkamp), also von der Annahme, dass das, was (vom Lehrer) gelehrt wird, (von den Schülern) auch gelernt werde, dass Lernen somit gewissermaßen eine abgeleitete Funktion des Lehrens sei – ein Bild vom Lernen, das spätestens seit der neueren konstruktivistischen Lernforschung als nicht haltbar gelten kann (→ Exkurs: Lernen und Erkennen – Perspektiven des Konstruktivismus).

Standardisierung und Homogenisierung sind weitere wichtige Merkmale des schulischen Lernens: Die Schulklasse ist eine starre Einheit über unterschiedliche Lerngegenstände und lange Jahre hinweg, in ihr sollen alle Schülerinnen und Schüler zur gleichen Zeit das Gleiche lernen, in gleichen Schritten vorgehen, innerhalb einer Unterrichtseinheit ebenso wie Jahr um Jahr entlang der Stationen des schulischen Curriculums. Es gibt eine Drift zum Messbaren und Vergleichbaren, zu in standardisierten Formen überprüf- und kontrollierbaren Lehrgegenständen; die Zeitrhythmen sind unflexibel und kleinteilig, komplexe Gegenstände werden durch Aufteilung in Fächer und lineare Lehrplanungen in isolierte Arbeitsschritte zerlegt. Die Analogien zur tayloristischen Produktionsweise und zur Fließbandarbeit sind recht offenkundig, nur führt am Ende der Schulzeit in sehr vielen, vermutlich den meisten Fällen die arbeitsteilige Struktur des Lehrens anders als die Fabrikarbeit nicht zu einem stimmigen „Produkt". Allzu häufig gelingt den Schülerinnen und Schülern keine Re-Integration der disparaten Wissensfragmente zu einem als sinnvoll erlebten Weltverständnis, bleibt es bei einem unzusammenhängenden Sammelsurium von Wissenselementen.

Trotz aller Reformbemühungen schon seit dem frühen 20. Jahrhundert und trotz des pädagogischen Wissens um bessere Formen des Lernens hat sich an diesen alltagskulturellen Merkmalen schulischen Lernens bis heute erstaunlich wenig geändert. Auch sind die Unzulänglichkeiten einer tayloristischen Lernkultur im Grunde allen Beteiligten seit langem bekannt. So berichtet Reinhold Miller über Erfahrungen in Kursen der Lehrerfortbildung: „In jedem Kurs simulieren wir mindestens einmal einen Schulvormittag. Ich schlüpfe für sechs Unterrichtsstunden in die Rolle des Lehrers, die SeminarteilnehmerInnen in die der Schülerinnen und Schüler. ... Der Vormittag bestand aus verschiedenen Fächern, aus Einzel-, Partner- und Gruppenarbeit, aus Diktat, Vortrag, Abschreiben, Abfragen, Gesprächen, Auswendiglernen... Ich habe in all den Kursen noch keine Gruppe erlebt, die mit mir die sechs Unterrichtsstunden reibungslos durchgehalten hätte: beginnende Unruhe, informelle Unterhaltungen, Abschalten, individuelle Pausen (Kaffee, Zigaretten...), Weggehen, Verweigerung

---

16 Vgl. Arnold: Lebendiges Lernen – Auf dem Weg zu einer neuen Lernkultur, a.a.O.

(„Ich mache das nicht mehr mit.' – ‚Ich halte das nicht mehr aus.' – ‚Ich kann nicht mehr.' u.ä.). Wir kamen immer wieder zu der Erkenntnis, daß es nicht möglich war (und ist!), solch einen Schulvormittag konzentriert sechs Stunden hindurch auszuhalten und ‚durchzuziehen'."[17]

Am ehesten lässt sich diese Kontinuität schulischer Lernorganisation „wider besseres Wissen" vermutlich dadurch erklären, dass diese Lernorganisation tatsächlich über lange Zeit für die Vorbereitung auf das Arbeiten und Leben in der Industriegesellschaft wichtige funktionale Sozialisationsleistungen erbracht hat. Weiterhin darf nicht übersehen werden, dass die sehr reale Bedeutung schulischer Gratifikationen für berufliche Chancen den augenzwinkernden Unernst im Umgang mit Lerngegenständen und programmatischen Bildungszielen in der Praxis schulischen Lernens jedenfalls für diejenigen aushaltbar macht, die zu den Gewinnern des schulischen Berechtigungswesens gehören. Ohne Zweifel kann das industriegeschichtliche Modell der Schule schließlich auch für die kulturelle Entwicklung modernder Gesellschaften bedeutsame Erfolge aufweisen: Die breite Alphabetisierung gehört hierzu (auch wenn es in Deutschland noch immer rund 5% erwachsene Analphabeten gibt, was sich nicht durch Zuwanderung, sondern durch Schulversagen erklärt), ebenso die erhebliche generelle Steigerung des Bildungsniveaus in der Bevölkerung im Verlauf des 20. Jahrhunderts. So kommt eine ökonomische Bilanz der Investitionen in das Bildungswesen aus dem 1990er-Jahren – die sich damals in der Bundesrepublik auf jährlich über 300 Milliarden DM aus öffentlichen und privaten Mitteln beliefen – zu dem Ergebnis „Schule lohnt sich", fügt aber hinzu: „doch wir wissen nicht, ob es nicht ungleich lohnendere Formen des Bildens gibt."[18]

Im Grunde deutet es schon auf eine Krise des Schulsystems hin, dass die Frage nach dem Verhältnis von Aufwand und Nutzen auf einer grundsätzlichen Ebene überhaupt gestellt und ernsthaft diskutiert werden kann. „Alle sind unzufrieden", lautet denn auch die Überschrift des ersten Kapitels der zitierten Studie. Sicher gründet ein Teil dieser tatsächlich offenkundigen Unzufriedenheit in weiten Teilen der Gesellschaft mit den Resultaten der Schule auch in widersprüchlichen Erwartungen an das Bildungssystem, und ein anderer Teil wird sich aus der offenbar unausrottbaren Neigung von Erwachsenen erklären lassen, den Bildungsstand der jüngeren Generationen als fortschreitenden Niveauverfall zu interpretieren.[19] Aber es würde doch erheblich zu kurz greifen, wollte man die aktuelle Debatte um die Notwendigkeit einer neuen Schulreform und einer grundlegenden Modernisierung der Schule mit solchen Hinweisen abtun.

Mit dem Ende des Industriezeitalters und dem Übergang in eine nachindustrielle Gesellschaft, deren Ökonomie nicht mehr dominant von der Industrie, sondern von Dienstleistungen und wissensbasierten Tätigkeiten geprägt wird, geraten soziale In-

---

17 Reinhold Miller: Schulinterne Lehrerfortbildung. Der SCHILF-Wegweiser. Weinheim und Basel 1995, S. 237

18 Rainer Block/Klaus Klemm: Lohnt sich Schule? Aufwand und Nutzen: eine Bilanz. Reinbek 1997, S. 180

19 Instruktive historische Beispiele hierfür finden sich ebd., S. 74 ff.

stitutionen, deren Wurzel in den Problem- und Konfliktlagen der Industriegesellschaft liegen, in eine Krise. Dies gilt für die Schule nicht minder wie etwa für die Sozialversicherung, die Gewerkschaften oder das Parteiensystem. Soziale Institutionen sind nicht auf Dauer gestellt, und Institutionen, denen es nicht gelingt, ihre Aufgaben in einer sich verändernden Umwelt neu zu bestimmen, geraten leicht in einen Prozess innerer Erosion, sie werden zu Einrichtungen auf tönernen Füßen, bei denen es manchmal nur eines kleinen Anstoßes bedarf, um sie zusammenbrechen zu lassen.

Für die Schule sind es nun gerade jene oben genannten elementaren Selbstverständlichkeiten ihrer Alltagskultur, die ihre Identität als Institution in den letzten rund 100 Jahren über politische Systemwechsel hinweg geprägt und ihre Stabilität gesichert haben, die sie nun, da diese Selbstverständlichkeiten fragwürdig werden, in eine Modernisierungskrise führen. Es sind vor allem zwei Entwicklungen, die diese Krise befördern:

- Mit dem ökonomischen Umbruch moderner Gesellschaften zu einer nachindustriellen Ökonomie werden die Merkmale der schulischen Lernkultur, die in den Industriegesellschaften wichtige funktionale Sozialisationsleistungen begründet haben, nun dysfunktional und störend. Zwar bleiben elementare Kulturtechniken wie Lesen, Schreiben, Rechnen auch in Zukunft wichtig, ebenso wie etwa sprachliche Ausdrucksfähigkeit oder das Beherrschen von Fremdsprachen. Aber ins Zentrum der Diskussion um berufliche Qualifikationen sind seit den 1980er-Jahren zunehmend „Schlüsselqualifikationen" gerückt, mit denen berufliche Kompetenzerwartungen jenseits des (auch notwendigen) Fachwissens beschrieben werden und die in einer sehr deutlichen Spannung zu den Sozialisationsleistungen der Schule und in einem offenkundigen Widerspruch zu der dominanten schulischen Lernkultur stehen.[20] Hierzu gehören Qualifikationen wie Selbstorganisation, Urteils- und Problemlösungsfähigkeiten, Flexibilität, Kreativität, Kommunikationsfähigkeit und Kooperationsfähigkeit in Gruppen oder Denken in Zusammenhängen. So hat sich seit den 1990er-Jahren, ganz anders als noch in der Bildungsreformdebatte der 1970er-Jahre, eine Art Koalition zwischen pädagogischer Schulkritik und Schulkritik aus der Perspektive von Unternehmen entwickelt, und zwar besonders von solchen Unternehmen, die in neuen Branchen oder in globalen Zusammenhängen agieren, die also im ökonomischen Umbruch zu den treibenden Kräften gehören.

- Die Zugänglichkeit von Wissen hat sich seit der Zeit der Gründung des modernen Schulwesens dramatisch verändert. Die Schule hat die Grundzüge ihres institutionellen Selbstverständnisses in einer Zeit entwickelt, in der die Mehrzahl der Kinder in kleinen Dörfern lebte, de facto ohne Zugang zu Zeitungen und Bibliotheken, ohne Radio und Fernsehen und erst recht ohne Computer und Internet. In jener Zeit war die Schule als Kommunikationsweg für die Weitergabe eines

---

20 Vgl. zu dieser Entwicklung und ihrer möglichen Bedeutung für die politische Bildung Sander: Beruf und Politik, a.a.O.; Rolf Arnold: Politische Bildung durch Schlüsselqualifizierung. In: kursiv – Journal für politische Bildung 2/1998; Corporate Citizenship – Wirtschaft und politische Bildung. Thema von kursiv – Journal für politische Bildung 3/2004

wachsenden Wissensbestandes an die jeweils nächste Generation tatsächlich alternativlos und ihre Durchsetzung mittels staatlicher Steuerung und Intervention eine wirksame Modernisierungsstrategie. Dies hat sich inzwischen jedoch geändert. So erscheint die Vorstellung einer Steuerbarkeit gesellschaftlicher und kultureller Entwicklung durch den Staat nach den Erfahrungen des 20. Jahrhunderts heute eher als illusionär, was unter anderem auch im Bildungswesen die Frage aufwirft, ob, bis zu welchem Grad und in welchen Formen die Verantwortung für die Bildung der jungen Generation an die Gesellschaft zurückgegeben werden muss. Zudem sind heute Alternativen zur Wissensdistribution durch die Schule prinzipiell vorstellbar und realisierbar. Ein Beispiel dafür ist die zunehmende Bedeutung von „Homeschooling" in den USA: Eine lockere Definition von Schul- und Unterrichtspflicht erlaubt es in manchen Bundesstaaten sehr leicht, dass Eltern und Elternverbünde ihre Kinder selbst unterrichten, unterstützt von speziell hierfür konzipierten TV-, Internet- und Buchangeboten. Unabhängig davon, wie man Vor- und Nachteile dieser Lernform beurteilt, muss man zur Kenntnis nehmen, dass diese Kinder die schulischen Abschlussprüfungen als externe Kandidaten mit überdurchschnittlichem Erfolg absolvieren.[21]

Zu welchen Ergebnissen die Diskussion um eine Modernisierung des Bildungswesens letzten Endes führen wird, lässt sich nicht sicher prognostizieren. Es ist aber zu vermuten, dass für den Fall eines Scheiterns einer grundlegenden Modernisierung der Schule die Suche vieler Eltern nach Alternativen außerhalb des öffentlichen Bildungswesens sich drastisch intensiveren und möglicherweise auch die Forderung nach Abschaffung der Schulpflicht politische Virulenz erhalten wird.[22]

Allerdings ist die Diskussion über eine solche Modernisierung auch in Deutschland inzwischen in Gang gekommen, nachdem in zahlreichen anderen Gesellschaften am Ausgang des Industriezeitalters schon vor längerer Zeit mehr oder weniger durchgreifende Modernisierungen des industriegesellschaftliche geprägten Schulwesens in Angriff genommen worden waren. Nachdem in Deutschland die Bildungsreformbewegung der 1970er-Jahre in parteipolitischen Grabenkämpfen stecken geblieben war, gab es spätestens seit den 1990er-Jahren in der Erziehungswissenschaft wieder eine intensivere Diskussion über schulische Modernisierung[23], die in Ansätzen auch

---

21 Vgl. Jörg-Michael Dettmer: Das Klassenzimmer in der Wohnküche. In: Frankfurter Rundschau vom 26.8.1996, S. 6

22 Vgl. etwa Raimund Pousset: Schafft die Schulpflicht ab! Warum unser Schulsystem Bildung verhindert. Frankfurt/M. 2000. Der Autor nimmt seiner Argumentation viel von ihrer Überzeugungskraft, indem er nahezu alle Übel der Schule allzu eindimensional auf die Existenz der Schulpflicht zurückführt. Diese offenkundige Schwäche des Buches kann leicht überdecken, dass Pousset (besonders in der abschließenden Zusammenfassung) ein durchaus anregendes und ernst zu nehmendes Modell eines Schulsystems ohne Schulpflicht skizziert.

23 Einen Einblick in die – in sich keineswegs homogene – Diskussion auf dem Stand vor der PISA-Diskussion gibt Dieter Haarmann (Hrsg.): Wörterbuch Neue Schule. Die wichtigsten Begriffe zur Reformdiskussion. Weinheim und Basel 1998

bereits die Bildungspolitik erreichte.[24] Auch die Zahl der Schulen, die sich experimentell in ihrer eigenen Praxis auf die Suche nach einem neuen Profil schulischen Lernens begeben haben, nahm schon Ende des vorigen Jahrhunderts zu.[25]

Einen großen Schub bekam die öffentliche Debatte über die Notwendigkeit einer Modernisierung der Schule in Deutschland in jüngster Zeit aber durch die Ergebnisse internationaler Studien zum Vergleich von Schulleistungen, vor allem durch die Resultate der ersten PISA-Studie (Programme for International Student Assessment) der OECD aus dem Jahr 2000.[26] PISA verglich Basiskompetenzen von 15-jährigen Schülerinnen und Schülern in 32 Staaten im Bereich von Lesekompetenz sowie mathematischer und naturwissenschaftlicher Grundbildung. Die für Deutschland ernüchternden und in der Öffentlichkeit vielfach als schockierend empfundenen Resultate[27] – anders als in der Wissenschaft, für die kaum ein Ergebnis wirklich überraschend war, weil die entsprechenden Defizite der deutschen Schulen auch vor PISA in der Literatur schon vielfach beschrieben worden waren – lösten eine breite Debatte und in der Bildungspolitik hektische Aktivitäten aus. Teils wurden dabei Trends aufgegriffen und verstärkt, die sich schon vor PISA abzeichneten, teils wurden neue Entwicklungen angestoßen. Diese bildungspolitischen Aktivitäten waren und sind jedoch nicht von einem politischen Gesamtkonzept für die künftige Entwicklung der Schulen getragen, teilweise folgen sie implizit auch unterschiedlichen, ja gegensätzlichen Leitvorstellungen. Im Einzelnen sind vor allem folgende Trends zu erkennen:

• *Bildungsstandards und Kompetenzen:* Als unmittelbare Reaktion auf die erste PISA-Studie hat sich die Kultusministerkonferenz darauf verständigt, nationale Bildungsstandards für Schulen einzuführen. Diese sind für Deutsch, Mathematik, Fremdsprachen und Naturwissenschaften bereits in Kraft, ob entsprechend Standards auch für andere Fächer von der KMK offiziell verabschiedet werden, ist derzeit noch nicht mit Sicherheit erkennbar. Für die politische Bildung hat die GPJE aus eigener Initiative einen entsprechenden Entwurf ausgearbeitet und

---

24 Einen wichtigen bildungspolitischen Anstoß zur Diskussion um eine Modernisierung der Schule gab eine Denkschrift der vom damaligen Ministerpräsidenten des Landes Nordrhein-Westfalen, Johannes Rau, eingesetzten Bildungskommission; vgl. Bildungskommission NRW: Zukunft der Bildung – Schule der Zukunft. Neuwied et al. 1995

25 Beispielsweise waren Anfang 2001 in einem „Netzwerk innovativer Schulen" bei der Bertelsmann-Stiftung 460 Schulen in Deutschland vertreten (www.bertelsmann-stiftung.de).

26 Vgl. Deutsches PISA-Konsortium (Hrsg.): PISA 2000, a.a.O.

27 Hierzu gehörten neben dem Gesamtbild, dass die gemessenen Leistungen deutscher Schüler sich im Vergleich der 32 Staaten in allen Bereichen im unteren Drittel bewegten, der in Deutschland mit etwa 20% ungewöhnliche hohe Anteil besonders schwacher Schüler mit extrem schlechten Zukunftschancen, wobei in Deutschland gleichzeitig der Abstand zwischen den schwächsten und den stärksten Schüler im internationalen Vergleich am höchsten war, weiterhin eine besonders schlechte Förderung von Kindern mit Migrationshintergrund und schließlich die international höchste soziale Selektivität des deutschen Schulsystems.

der KMK Ende 2003 vorgelegt.[28] Konzeptionelle Grundlage für die Entwicklung der KMK-Bildungsstandards war eine Expertise, die vom Bundesministerium für Bildung und Forschung in Auftrag gegeben worden war.[29] Die Bildungsstandards konkretisieren, hierin das Konzept der PISA-Studien aufgreifend, allgemeine Ziele der Schule „in Form von *Kompetenzanforderungen*. Sie legen fest, über welche Kompetenzen ein Schüler, eine Schülerin verfügen muss, wenn wichtige Ziele der Schule als erreicht gelten sollen."[30] Der Innovationsimpuls liegt somit nicht nur in einer länderübergreifenden Einigung über Ziele der Schule, sondern vor allem in einem Zugang, der „nicht auf Listen von Lehrstoffen und Lehrinhalten" zurückgreift, „um Bildungsziele zu konkretisieren".[31] Ergänzend hierzu sollen nach der Expertise die bisherigen Lehrpläne in Richtung auf „Kerncurricula" weiterentwickelt werden.[32] Über deren Charakter besteht jedoch in der deutschen Bildungspolitik bisher kein Konsens; die Gefahr, dass Bildungsstandards lediglich zu einer zusätzlichen Regulierungsebene geraten statt die bisherige Regulierung über „stoffbezogene" Lehrpläne zu ersetzen, ist zum Zeitpunkt des Erscheinens dieses Buches noch keineswegs gebannt.

- *Outputorientierung, Dezentralisierung und Wettbewerb:* Schon vor der Post-PISA-Debatte richtete die neuere Schulreformdiskussion in Deutschland den Blick stärker auf die Einzelschule, auf die in ihr gelebte Kultur und auf die Verantwortung der in ihr Tätigen für die gemeinsame Praxis. *Schulentwicklung* lautet daher ein zentrales, aus der betrieblichen Organisationsentwicklung adaptiertes Stichwort für eine Modernisierung schulischer Lern- und Organisationskultur.[33]

---

28 Vgl. GPJE, Nationale Bildungsstandards für den Fachunterricht in der Politischen Bildung an Schulen, a.a.O.; vgl. zur Entwicklung und zum Hintergrund des Entwurfs Redaktionen Politische Bildung & kursiv – Journal für politische Bildung (Hrsg.): Bildungsstandards. Evaluation in der politischen Bildung, a.a.O.. Das Kompetenzmodell des GPJE-Entwurfs basiert im Kern auf dem Konzept für Kompetenzen in der politischen Bildung, das in der Erstauflage des vorliegenden Buches zur Diskussion gestellte wurde (➤ Kapitel II.3).

29 Vgl. Bundesministerium für Bildung und Forschung (Hrsg.), Zur Entwicklung nationaler Bildungsstandards, a.a.O.

30 Ebd., S. 21

31 Ebd., S. 21

32 Vgl. als Beitrag zur Diskussion über ein Kerncurriculum für den Politikunterricht in der gymnasialen Oberstufe Günter C. Behrmann/Tilman Grammes/Sibylle Reinhardt: Kerncurriculum Sozialwissenschaften in der gymnasialen Oberstufe. In: Heinz Elmar Tenorth (Hrsg., im Auftrag der Ständigen Konferenz der Kultusminister): Kerncurriculum Oberstufe – Biologie, Chemie, Physik, Geschichte, Politik. Weinheim und Basel 2004

33 Vgl. u.a. Herbert Altrichter/Wilfried Schley/Michael Schratz (Hrsg.): Handbuch zur Schulentwicklung. Innsbruck 1998; Gerhard Eikenbusch: Praxishandbuch Schulentwicklung. Berlin 1998; Sibylle Rahm: Einführung in die Theorie der Schulentwicklung. Weinheim und Basel 2005; Hans-Günter Rolff: Studien zu einer Theorie der Schulentwicklung. Weinheim und Basel 2007

Dezentralisierung des Schulsystems und Erweiterung der autonomen Handlungs- und Entscheidungsspielräume der einzelnen Schulen sind deshalb notwendige Konsequenzen des Konzepts der Schulentwicklung, aber auch individuelle Profilierungen der einzelnen Schulen und Wettbewerb zwischen den Schulen. Hieran schließt die Entwicklung von Bildungsstandards insofern an, als sie diese Standards „outputorientiert" definieren, also nicht vorgeben, was in den Schulen *getan* werden soll, sondern festlegen, was die Schülerinnen und Schüler an bestimmten Abschnitten des Bildungswesens *können* sollen. Dies soll dann über standardisierte nationale Leistungstests und über Schulinspektionen auch überprüft werden. Eine solche „Outputsteuerung" setzt ein hohes Maß an Eigenverantwortung der Einzelschulen voraus, denn nur unter diese Voraussetzung können sie auch als verantwortlich für ihre Ergebnisse gelten. Aber auch hier wirkt die Bildungspolitik derzeit noch unentschlossen, ergibt sich allzu oft der Eindruck, dass die Ministerien beides gleichzeitig wollen: die Selbstständigkeit und Eigenverantwortlichkeit der Schulen *und* die zentrale Kontrolle über das Schulwesen. Ein Indikator für diese derzeit zu beobachtende Unentschlossenheit ist, dass über eine neue Rechtsform für selbstständige Schulen oder ein neues Dienstrecht für Lehrerinnen und Lehrer kaum politisch diskutiert wird. Aber auf lange Sicht dürfte die Eigenverantwortlichkeit von Schulen weder mit ihrer Einbindung in eine hierarchisch strukturierte staatliche Verwaltung noch mit dem überkommenen Beamtenstatus für Lehrer vereinbar sein.

- *Neue Lernkulturen und flexible innere Strukturen:* Die Ablösung der tradierten Instruktionspädagogik durch eine von Selbsttätigkeit und Kooperation geprägte Lernkultur, in der sich auch die berufliche Professionalität der Lehrenden in Richtung auf ein Berufskonzept als Lernbegleiter verändert (➤ Kapitel IV.2), ist ein zentraler Aspekt bei der Suche nach einer Lernkultur für die nachindustrielle Schule. Ein zweiter, eng damit verbundener Aspekt ist die Suche nach neuen Zeit- und Organisationsstrukturen, die den starren 45-Minuten-Takt durch eine flexible Zeitorganisation überwinden, die es Schülerinnen und Schülern erlaubt, je nach Lernvorhaben auch für längere Zeiträume ungestört an einer Sache zu arbeiten. Dies schließt auch die Relativierung des starren Fächerprinzips in seiner historisch gewachsenen, systematisch aber kaum begründbaren Form und seine Ergänzung durch fächerübergreifende Vernetzungen verschiedener Dichte sowie durch komplexe Lernvorhaben jenseits der Fächergrenzen ein. Unabdingbar hierfür ist die Überwindung des tradierten Berufshabitus des Lehrers als Einzelkämpfer hinter der geschlossenen Klassentür und die Entwicklung von Kooperationskulturen in Verbindung mit flexiblen Organisationsstrukturen. Ein Beispiel hierfür sind Team-Jahrgangsmodelle, bei denen ein festes Lehrerteam als Gruppe einen Schülerjahrgang betreut und damit relativ leicht Kooperationen und wechselnde Zeitformen von Fall zu Fall verabreden kann.[34]

---

34 Instruktive Beispiele für deutsche Schulen, die neue innere Organisationsformen erproben, zeigt eine DVD von Reinhard Kahl: Treibhäuser der Zukunft. Wie in Deutschland Schulen gelingen. o.O., 2004

• *Öffnung der Schule und Ganztagsschule:* Schule als soziales System setzt sich bis zu einem gewissen Grad zwangsläufig in eine Distanz zum gesellschaftlichen Umfeld, sonst wäre sie als eigene Institution nicht erforderlich. Aber die Verselbstständigung der Schule hat doch in einem Maße zur Abschottung von ihrem Umfeld und zum Eindruck der Künstlichkeit schulischen Lernens beigetragen, die sich nachgerade zu einem cultural lag entwickelt hat. Die Trivialisierung der Welt, die mit ihrer Verwandlung in „Schulstoff" in der dominierenden schulischen Lernkultur einher geht, bereitet junge Menschen nur äußerst unzureichend auf ernsthafte Aufgaben, auf die Übernahme von Verantwortung für sich und andere und auf die Anforderungen vor, die unter dem Stichwort „Schlüsselqualifikationen" heute im beruflichen Bereich diskutiert werden (s.o.). Auch muss es zu denken geben, dass kaum eine der didaktischen, lernmethodischen oder erziehungstheoretischen Innovationen der letzten Jahrzehnte aus der Praxis der Schulen entstanden ist, obwohl die Schule die pädagogische Institution mit der weitaus größten Zahl an Beschäftigten ist. Das jüngste Beispiel hierfür ist die Verspätung, mit der die Auseinandersetzung mit den Chancen digitaler Medien die Schule erreicht hat. Zu dieser problematischen Abschottung trägt auch der geschlossene Kreislauf der personellen Selbstrekrutierung der Schule bei: In der Regel verbleiben Lehrer berufsbiographisch ihr ganzes Leben im Bildungssystem (Schule – Hochschule – Schule). In diesem Zusammenhang ist auch die Forderung nach mehr Praxisbezug in der Lehreraus- und Lehrerfortbildung hochgradig ambivalent, denn eine allzu frühe und allzu enge Orientierung an der Praxis der Schulen kann die Distanz dieser Praxis zur Praxis des gesellschaftlichen Lebens gerade verstärken. Öffnung der Schule, eine stärkere Nutzung außerschulische Lernorte und intensivere Kooperationen mit anderen Einrichtungen – z.B. Unternehmen, Vereine, Verbände, Hochschulen, außerschulische Jugendbildung – sind Stichworte für die Suche nach einer Schule, die sich auch als Stützpunkt für Exkursionen in außerschulische Wirklichkeiten versteht. Nur auf den ersten Blick paradox ist es daher, dass gerade die Entwicklung zur Ganztagsschule, die in Deutschland – angeregt durch ein entsprechendes Förderprogramm der Bundesregierung – in den letzten Jahren auf breiter Basis in Gang gekommen ist, eine solche Öffnung der Schule fördern kann. Es liegt geradezu auf der Hand, dass Ganztagsschule nicht einfach in der Verlängerung des tradierten Vormittagsunterrichts in den Nachmittag bestehen kann. Daher befördert die Debatte über die Ganztagsschule auch die Suche der Schulen nach außerschulischen Kooperationspartnern, die das pädagogische Angebot der Schule erweitern und bereichern können.[35]

---

35 Vgl. zum Stand der Kooperation von Schulen mit außerschulischen Partnern in Deutschland Andrea Behr-Heintze/Jens Lipski: Schulkooperationen. Stand und Perspektiven der Zusammenarbeit zwischen Schulen und ihren Partnern. Ein Forschungsbericht des DJI. Schwalbach/Ts. 2005; Bettina Pauli: Kooperation von Jugendarbeit und Schule: Chancen und Risiken. Schwalbach/Ts. 2006; Andreas Blum: Handbuch Zusammenarbeit macht Schule. Kooperation von Jugendarbeit und Ganztagsschule. Schwalbach/Ts. 2006

2.1 Politische Bildung in der Grundschule

Vieles, was oben über politische Bildung im Kindergarten gesagt wurde, gilt auch noch für die Grundschule. So ist auch in der Grundschule soziales Lernen ein besonders bedeutsamer Baustein politischer Bildung.[36] Zugleich gilt auch hier, dass Politik als thematischer Gegenstandsbereich, der über den Bereich der direkten sozialen Interaktion hinaus geht, auf mehrfache Weise in den Erfahrungs- und Interessenhorizont von Kindern rückt: über die Repräsentation des Politischen in Medien, über die Spiegelung von Schlüsselproblemen im Erfahrungsraum von Kindern, schließlich über politische Implikationen jener Lerngegenstände, die aus der Auseinandersetzung der Kinder mit der Welt (oder besser: den Welten), in die sie hineinwachsen, entstehen. Ferner trifft es auch für die Kinder im Grundschulalter noch zu, dass eine stark abstrahierende, mit wissenschaftlichen Begriffen und Theorien arbeitende Reflexion über Politik in aller Regel überfordernd sein wird.

Damit soll allerdings nicht gesagt werden, dass politisches Philosophieren in der Grundschule nicht möglich wäre. Kinder in diesem Alter können – deutlich besser als Kinder im Vorschulalter – sehr wohl Vorstellungen und Perspektiven zu grundlegenden Fragen des menschlichen Zusammenlebens entwickeln und argumentativ vertreten. Ein Diskurs beispielsweise zu den Fragen, was unter Gerechtigkeit verstanden werden soll oder ob und unter welchen Umständen Gewaltanwendung gerechtfertigt sein kann, kann mit Kindern in der Grundschule äußerst fruchtbar sein.[37] Insofern sind der politischen Bildung in der Grundschule auch Fragen und Probleme aus dem Kernbereich des Politischen (➤ Kapitel IV.3) durchaus schon zugänglich. Allerdings: „Zwischen dem Philosophieren mit Kindern und dem Schulbetrieb liegt eine hohe Schwelle".[38] Philosophieren setzt das sich Einlassen auf offene Fragen ein, auf die es keine „richtige" Antwort gibt und steht damit in direktem Gegensatz zum Alltagsbild von Lehrenden, die lehrend

---

36 Vgl. auch Peter Herdegen: Soziales und politisches Lernen in der Grundschule. Donauwörth 1999; Ingrid Prote: Für eine veränderte Grundschule. Identitätsförderung – soziales Lernen – politisches Lernen. Schwalbach/Ts. 2000

37 Vgl. z.B. Markus Tiedemann: Schulung der Urteilskraft – Mit Kindern über Freiheit, Gerechtigkeit und Verantwortung philosophieren. In: Richter (Hrsg.), Politische Bildung von Anfang an, a.a.O.; Ludwig Duncker/Andreas Nießeler (Hrsg.): Philosophieren im Sachunterricht. Imagination und Denken im Grundschulalter. Münster 2005

38 Helmut Schreier: Über das Philosophieren mit Kindern. In: Ludwig Duncker/Walter Popp (Hrsg.): Kind und Sache. Zur pädagogischen Grundlegung des Sachunterrichts. 4. Aufl., Weinheim und München 2004, S. 45

die Welt als „Stoff" präsentierten, „der aus Fragen besteht, auf die die Antwort bekannt ist"[39] – aber das gilt nicht nur für die Grundschule.

Im Vergleich zum Vorschulalter erweitern sich Erfahrungsbereiche, Interessenhorizonte und kognitive Fähigkeiten bei Kindern im Grundschulalter erheblich. Schon die Schule als Institution wird in der Regel deutlich größer und komplexer sein als der Kindergarten und kann schon auf der Ebene ihrer Institutionskultur wichtige Anlässe und Gelegenheiten für soziales und politisches Lernen bieten: Die Entwicklung und Problematisierung von Regeln des Zusammenlebens in der Schule (Schulordnungen, Klassenordnungen), die Schule in ihrem Umfeld (z.B. verkehrspolitische, ökologische, finanzielle Fragen), der Umgang mit Konflikten in der Schule oder Probleme interkulturellen Zusammenlebens im Schulalltag gehören hierzu. Aber darüber hinaus machen die deutlich ausgeprägten konzeptuellen Vorstellungen von Kindern im Grundschulalter einerseits[40] und deren Konfrontation mit politischen Ereignissen über die Medien andererseits eine explizite Auseinandersetzung mit politischen Fragen in der Grundschule unumgänglich. Mit dem Erwerb der Lesefähigkeit eröffnen sich den Kindern weite neue Welten, und mit der Entwicklung mathematischer Fähigkeiten lassen sich auch in der politischen Bildung Größenordnungen und Zahlenverhältnisse erörtern. Beides ist Voraussetzung für die angemessene Erschließung historischer, geografischer und ökonomischer Aspekte von Lerngegenständen politischer Bildung. Hinzu kommt, dass inzwischen ein umfangreiches Medienangebot zur Verfügung steht, mit dem politische Themen für Kinder im Grundschulalter aufbereitet werden. Hierzu gehören beispielsweise Kindernachrichtensendungen wie „logo", Kindersuchmaschinen und Informationsangebote für Kinder im Internet wie www.blindekuh.de, www. kindersache.de/politik oder www.kinderpolitik.de sowie entsprechende Angebote der Bundeszentrale für politische Bildung (z.B. www.hanisauland.de).

Der institutionelle Ort für die thematische Auseinandersetzung mit Politik in der Grundschule ist der Sachunterricht.[41] Als Nachfolgefach der Heimatkunde ist der Sachunterricht in gewisser Weise das Fach gewordene Nicht-Fach oder der

---

39 Ebd., S. 46
40 Vgl. oben Fußnoten 9 und 10
41 Vgl. Dietmar von Reeken: Politisches Lernen im Sachunterricht. Didaktische Grundlegungen und unterrichtspraktische Hinweise. Baltmannsweiler 2001; ders.: Politische Bildung im Sachunterricht der Grundschule. In: Sander (Hrsg.), Handbuch politische Bildung, a.a.O.; Hans-Werner Kuhn (Hrsg.): Sozialwissenschaftlicher Sachunterricht – Konzepte, Forschungsfelder, Methoden. Herbolzheim 2003; Ilona Katharina Schneider: Politische Bildung in der Grundschule. Sachinformationen, didaktische und methodische Überlegungen, Unterrichtsideen und Arbeitsmaterialien für die 1. bis 4. Klasse. Baltmannsweiler 2007

curricular etablierte Widerspruch, etwas als Fach in die Fächerstruktur der Schule einzupassen, was keinen gemeinsamen fachlichen Gegenstand hat – es sei denn, man würde „die Welt" als Gegenstand eines *Faches* akzeptieren wollen. Der Begriff der „Realien" aus der frühen Pädagogik würde am ehesten das Feld umreißen, um das es im Sachunterricht geht, aber dieser Begriff war im Kern auch nur ein Gegenbegriff gegen die früheren Lateinschulen und ist heute unergiebig. Fragt man nach den wissenschaftlichen Bezugsdisziplinen des Sachunterrichts, so ergibt sich ein buntes Bild: Im Grunde sind es alle sozialwissenschaftlich und alle natur-wissenschaftlich orientierten Disziplinen, die fachliche Bezüge zum Sachunterricht aufweisen, vor allem Politikwissenschaft, Soziologie, Wirtschaftswissenschaften, Geschichtswissenschaften, Geografie, Biologie, Physik, Chemie und technikwis-senschaftliche Fächer – zwar nicht „die Welt", aber doch ein ziemlich großer Teil ihrer Bilder im System der Wissenschaften.

Es liegt unter diesen Umständen auf der Hand, dass eine Fachdidaktik des Sachunterrichts ein einigermaßen schwieriges Unterfangen ist, dessen Probleme hier nicht ausgelotet werden können.[42] Es kann kaum überraschen, dass in der Praxis des Sachunterrichts vielfältige Formen von problematischen Reduktionen zu beobachten sind, so unter anderem dann, wenn der Sachunterricht retros-pektiv von der Fächerstruktur in den Sekundarstufen her interpretiert wird und sich als Summe kleiner Fachvorbereitungen versteht, oder dann, wenn er sich auf nur eine wissenschaftliche Fächergruppe konzentriert und beispielsweise – was offenbar häufig vorkommt – Themen aus dem Bereich der politischen Bildung zugunsten einer naturwissenschaftlich-technischen Ausrichtung vernachlässigt.[43] Auf der anderen Seite bietet die thematische Breite und Vielfalt des Sachunter-richts auch die Chance, die Konstruktion von Lernangeboten gar nicht erst aus der immanenten Logik von Universitätsfächern abzuleiten, sondern zu komplexen Ausschnitten aus der Lebenswelt auch komplexe, verschiedene Fachperspektiven einbeziehende didaktische Zugänge zu entwickeln. Wenn dies gelingt, kann die

---

42 Vgl. als Überblick zur entsprechenden Diskussion Duncker/Popp, Kind und Sache, a.a.O.; Astrid Kaiser: Neue Einführung in die Didaktik des Sachunterrichts. 10. Aufl., Baltmanns-weiler 2006; Dagmar Richter: Sachunterricht – Ziele und Inhalte. Baltmannsweiler 2002; Gesellschaft für die Didaktik des Sachunterrichts (GDSU): Perspektivrahmen Sachunterricht. o.O. 2002

43 Vgl. Ludwig Duncker/Walter Popp: Der schultheoretische Ort des Sachunterrichts. In: dies. (Hrsg.), Kind und Sache, a.a.O., S. 26 f.; Dagmar Richter: Didaktikkonzepte von der Heimatkunde zum Sachunterricht – und die stets ungenügend berücksichtigte politische Bildung. In: Siegfried George/Ingrid Prote (Hrsg.): Handbuch zur politischen Bildung in der Grundschule. Schwalbach/Ts. 1996

„Verlegenheitslösung" Sachunterricht vielleicht zu einem kleinen Laboratorium für eine Kultur der Interdisziplinarität in der Schule werden.

So ist die politische Bildung in der Grundschule fachlich im Sachunterricht verortet, was auch im Entwurf der GPJE für nationale Bildungsstandards in der politischen Bildung nochmals bekräftigt wurde[44]; sie ist aber nur eine von mehreren Aufgabenfeldern dieses Faches. Zwar muss sie – nach allen Praxisbeobachtungen – besser profiliert werden, aber nach dem bisher Gesagten ergibt sich, dass eine solche Profilierung nicht in der Entwicklung separierter sozialwissenschaftlicher Lehrgänge oder Themenkataloge bestehen sollte. Vielfach werden wegen des interdisziplinären Charakters des Sachunterrichts die Lerngegenstände aus mehreren fachlichen Perspektiven betrachtet werden müssen, wird also die Perspektive der politischen Bildung nur eine neben anderen sein, was nicht ausschließt, dass in einem Fall diese, in einem anderen Fall jene fachliche Perspektive ein größeres Gewicht haben kann.

Der Sachunterricht hat gerade wegen der fachlichen Breite seiner möglichen Gegenstände die Chance, seine Themen in sehr starkem Maße von den Lerninteressen der Kinder her zu entwickeln. Ingrid Prote zeigt an instruktiven Beispielen, wie sich aus einer moderierten Lernplanung mit Schülerinnen und Schülern, die im Sinne „offenen Unterrichts" von Fragen der Kinder ausgeht, komplexe Lernvorhaben entwickeln lassen, in denen unterschiedliche Fachperspektiven zur Geltung kommen.[45] Aus der Sammlung und Strukturierung von Kinderfragen ergaben sich bei zwei Themenbeispielen die folgenden Gliederungen für Lernvorhaben:[46]

Unser Brot
– Brot backen früher
– Brotgeschichte
– Brot in anderen Ländern
– gesundes Brot
– Brot selber backen
– Vom Korn zum Mehl

Wie Menschen wohnen
– Wie Menschen Häuser bauen (früher und heute)
– Wie Menschen in anderen Ländern wohnen

---

44 Vgl. GPJE, Nationale Bildungsstandards..., a.a.O., S. 12
45 Vgl. Ingrid Prote: Das Lernen in die eigenen Hände nehmen – Förderung selbstbestimmten Lernens im Sachunterricht der Grundschule. In: Peter Henkenborg/Wolfgang Sander (Hrsg.): Wider die Langeweile. Neue Lernformen im Politikunterricht. Schwalbach/Ts. 1993
46 Ebd., S. 88 ff.

– Wie Königinnen/Könige früher und heute wohnen
– Wo Menschen lieber wohnen – im Dorf oder in der Stadt (Interviewfragen)
– Wie Menschen wohnen, die keine Wohnung oder kein Zimmer haben.

Auch wenn hier aus Platzgründen darauf verzichtet wurde, die diesen Unterthemen zugeordneten Fragen im Einzelnen zu zitieren, wird doch bei beiden Themen deutlich, dass sie Perspektiven verschiedener Fachgebiete integrieren können, wobei beim ersten Thema der Schwerpunkt eher auf naturwissenschaftlichen, beim zweiten eher auf sozialwissenschaftlichen und historischen Perspektiven liegt.

Die Grundschule dürfte heute die Schulform sein, in der es die meisten Erfahrungen mit solchen Formen „offenen Unterrichts"[47] gibt. Freie Arbeit, Tagesplan- und Wochenplanunterricht sind in der Grundschulpädagogik etablierte und in vielen Grundschulen verbreitete didaktisch-methodische Arrangements, die eine Lernkultur der Selbsttätigkeit fördern und zugleich neue, flexiblere Zeitstrukturen etablieren als den 45-Minuten-Rhythmus.[48] Auch bei der Nutzung digitaler Medien lässt sich zeigen, dass solche grundschultypische methodische Settings besser geeignet sind, die Lernpotenziale digitaler Medien zu erschließen, als der in den Sekundarstufenschulen häufig dominierende lehrerzentrierte, „fragend-entwickelnde" Unterricht.[49] Wo solche „offenen" Arbeitsweisen erfolgreich praktiziert werden, können Grundschulen Schülerinnen und Schüler unter Umständen in einem höheren Maße zu selbstständiger Arbeit, Kooperation und sicherem Auftreten bei der Präsentation von Ergebnissen (z.B. bei Referaten) befähigen als es in vielen höheren Klassen und selbst in der gymnasialen Oberstufe zu beobachten ist. In diesem Zusammenhang ist bemerkenswert, dass die Leistungen der deutschen Grundschulen bei einem internationalen Leistungsvergleich (IGLU) sich als weitaus besser darstellen als die der Sekundarschulen bei PISA[50] – so spricht vieles für die These, dass derzeit die Grundschulen in Deutschland strukturell die moderneren Schulen sind als die meisten Schulen in der Sekundarstufe I.

---

47 Vgl. zu den Chancen und Problemen des Konzepts des offenen Unterrichts für die politische Bildung Wolfgang Sander: Offener Unterricht und die Perspektiven der politischen Bildung in der Schule. In: Politische Bildung 3/1997; zum Konzept des offenen Unterrichts vgl. ferner u.a. Wulf Wallrabenstein: Offene Schule – offener Unterricht. Ratgeber für Eltern und Lehrer. Reinbek 1997; Eiko Jürgens: Die „neue" Reformpädagogik und die Bewegung Offener Unterricht. Theorie, Praxis und Forschungslage. Augustin 1996
48 Vgl. u.a. Claus Claussen: Unterrichten mit Wochenplänen – Kinder zur Selbständigkeit begleiten. Weinheim und Basel 1997
49 Vgl. Wolfgang Sander (Hrsg.): Digitale Medien in der Grundschule. Ein Forschungsprojekt zum Sachunterricht. Schwalbach/Ts. 2007
50 Vgl. Wilfried Bos et al.: Erste Ergebnisse aus IGLU. Schülerleistungen am Ende der vierten Jahrgangsstufe im internationalen Vergleich. Münster 2003

2.2 Politische Bildung als Fachunterricht in den Sekundarstufen

In der Bildungspolitik in der Bundesrepublik Deutschland hat sich die Einsicht weitgehend durchgesetzt, dass für die politische Bildung in der Schule ein eigenes Unterrichtsfach unerlässlich ist, dass also politische Bildung als Unterrichts- und Schulprinzip allein den fachlichen Anforderungen, die an diese Bildungsaufgabe zu stellen sind, nicht genügen kann. Dennoch ist die übliche Organisationsform des Fachunterrichts in der Schule für die politische Bildung durchaus nicht optimal. Allzu viele Lernchancen werden schon dadurch vergeben, dass in einer bis zwei Unterrichtsstunden pro Woche, die vom sonstigen Unterricht weitgehend isoliert ablaufen, anregende Lernumgebungen für die Auseinandersetzung mit komplexen Gegenständen nur schwer konstruiert werden können – viele Grundsituationen des Lernens in der politischen Bildung (➤ Kapitel IV.4.2) und viele Erfolg versprechende Methoden (➤ Kapitel IV.4.3) lassen sich entweder gar nicht oder nur mit erheblichen Restriktionen in das übliche Zeitschema der Schule einpassen. Es würde einem anspruchsvollen Politikunterricht in didaktischer Hinsicht schon helfen, wenn er ohne Erweiterung des Stundenvolumens statt in durchgängig einer Wochenstunde in einem Schuljahr beispielsweise an einem ganzen Schultag pro Woche auf acht Wochen konzentriert stattfinden könnte. Ein interessanter Ansatz, der Wege zu solchen Lösungen eröffnen könnte, ist die in Hessen seit dem Schuljahr 2006/07 geltende Regelung, den Schulen nur noch Jahresstundenkontingente für die Fächer, aber keine verbindlichen Wochenstundentafeln mehr vorzuschreiben.

Allerdings ist das Stundenvolumen, das für das Fach in der Bundesrepublik in vielen Bundesländern zur Verfügung steht, noch keineswegs befriedigend, es bewegt sich für die gesamte Sekundarstufe I etwa zwischen sieben und zwei Jahreswochenstunden insgesamt. Genaue Angaben sind wegen Unterschieden in Bezeichnungen und Zuschnitten des Faches schwer möglich, zudem wird das Fach in einigen Ländern und Schulformen in Verbundfächern mit Erdkunde oder Geschichte unterrichtet. Umgekehrt gibt es einige wenige Bundesländer, die wirtschaftliche und oder/rechtliche Themen in eigenen Fächern ausgegliedert haben, was zu noch kleineren Stundenanteilen für die einzelnen Fächern führt. In keinem Bundesland wird das Unterrichtsfach der politischen Bildung durchgängig und verpflichtend ab der 5. Klasse (oder auch ab der 7. Klasse) mit jährlich mindestens zwei Wochenstunden unterrichtet. Ein besonderes Problem stellt der hohe Anteil des fachfremd – von Lehrenden ohne sozialwissenschaftliches Studium – erteilten Unterrichts in der politischen Bildung dar, der sich nach Schätzungen zwischen 30 und 50 Prozent bewegt.[51]

Bezüglich des fachlichen Profils für den Fachunterricht in der politischen Bildung besteht heute in der Fachdidaktik des Faches eine breite Übereinstimmung. Ihren Niederschlag hat sie im Entwurf der GPJE für nationale Bildungsstandards in diesem Fach gefunden. Hiernach stützt sich das Fach auf einen *umfassenden Politikbegriff,* der sich auf die Regelung von grundlegenden Fragen und Problemen des gesamtgesellschaftlichen Zusammenlebens bezieht. Hierzu gehören:

- *Politik im engeren Sinn.* Damit ist im Wesentlichen Politik als ein kollektiver, konflikthafter und demokratischer Prozess zur Herstellung verbindlicher Entscheidungen gemeint. ...
- *wirtschaftliche Fragen und Probleme.* ...
- *Fragen und Probleme des gesellschaftlichen Zusammenlebens.* ...
- *rechtliche Fragen und Probleme. ...*"[52] (➤ Kapitel II.2)

Die GPJE hat zugleich vorgeschlagen, die Vielfalt der Fächerbezeichnungen in Deutschland zu beenden und das Fach einheitlich „Politische Bildung" zu nennen (➤ Exkurs „Formen politischen Lernens").

In wissenschaftssystematischer Hinsicht repräsentiert das Unterrichtsfach der politischen Bildung im Fächersystem der Schule die *Sozialwissenschaften.* Auf unterschiedliche Weise ist in den Bundesländern und Hochschulen die hieraus resultierende Schwierigkeit gelöst, Perspektiven aus unterschiedlichen Wissenschaften – idealerweise politikwissenschaftliche, soziologische, wirtschaftswissenschaftliche und rechtswissenschaftliche Perspektiven – in der Lehrerausbildung für das Fach zu repräsentieren. Die Schwierigkeiten resultieren zum großen Teil daraus, dass insbesondere die Wirtschafts- und die Rechtswissenschaften ihr Studienangebot und ihre Studienorganisation auf gänzliche andere Berufsfelder als die Schule ausgerichtet haben. Nicht befriedigend können daher Lösungen sein, die den fachwissenschaftlichen Teil eines Lehramtsstudiums für die politische Bildung als Addition unterschiedlicher fachsystematischer Einführung- und Überblicksveranstaltungen konzipieren würden, denn für die Schule ist nicht in erster Linie die innere Systematik einer Sozialwissenschaft, sondern ihr Potenzial für das Verständnis von konkreten Problemen von Interesse, zu denen Schülerinnen und Schüler eigenständige politische Urteile bilden sollen.

Das Fächersystem der Schule bringt es mit sich, dass es bestimmte Fragen und Probleme gibt, deren Relevanz für schulisches Lernen außer Frage steht, die sich

51 Vgl. Peter Massing: Die Infrastruktur der politischen Bildung in Deutschlang – Fächer, Institutionen, Verbände, Träger. In: Sander (Hrsg.), Handbuch politische Bildung, a.a.O., S. 64
52 GPJE, Nationale Bildungsstandards ...., a.a.O., S. 10 f.

im Grunde nicht in konsistenter Weise einem Fach zuordnen lassen, gleichwohl aber gewisse Nähen zu bestimmten Fächern aufweisen. Das Unterrichtsfach der politischen Bildung ist von diesem Problem in vielfacher Weise betroffen. So liegt es durchaus nahe, dass die Integration ökonomischer Fragen und Probleme in das Fach, die für politische Urteilsbildung unerlässlich ist, auch die Aufnahme solcher ökonomischer Fragen einschließt, die nicht oder nur sehr vermittelt politischer Natur sind, aus schulpädagogischen und allgemeindidaktischen Erwägungen aber gleichwohl Gegenstand schulischen Lernens sein sollten. Dies betrifft Aspekte wirtschaftlichen Handelns im Alltag – nicht zuletzt von Jugendlichen –, die im Sinne von Hilfe bei der reflektierten Bewältigung von Problemen der alltäglichen Lebensführung auch dann in die Schule gehören, wenn sie nicht stringent zur Logik von Fächern passen. Ähnliches gilt für soziales Lernen im Grenzbereich von politischen und nicht-politischen Problemen. Pointiert gesagt: Ein Mediatorentraining für Streitschlichter gehört zwar nicht zum fachlichen Profil der politischen Bildung, weil der Umgang mit Konflikten auf dem Schulhof auch vor dem Hintergrund eines weiten Politikbegriffs in der Regel kein politisches Problem darstellt. Gleichwohl kann aber ein solches Mediatorentraining ein sinnvolles pädagogisches Angebot einer Schule sein und es ist aus pragmatischen Überlegungen nahe liegend, die Anbindung an das Fach zu suchen, in dem es um Probleme des gesamtgesellschaftlichen Zusammenlebens geht. Allerdings dürfen solche Überlegungen nicht dazu führen, dass im Ergebnis im Profil des Faches die Bildungsperspektive der politischen Mündigkeit verloren geht und das Politische nicht mehr erkennbar ist.

Dass solche Befürchtungen nicht völlig von der Hand zu weisen sind, zeigen Ergebnisse der Unterrichtsforschung zum Politikunterricht seit den späten 1980er-Jahren recht deutlich.[53] Hier konnten vielfach Professionalisierungsdefizite nachgewiesen werden, die beispielsweise in einer Übermoralisierung politischer Fragen, in der Konzentration auf scheinbar sicheres „Faktenwissen", in der mangelnden Bezugnahme auf politische Vorkonzepte von Schülerinnen und Schülern, im Rückzug vor- und unpolitische Aspekte sozialen Lernens oder in einem generellen Mangel an Klarheit über das fachliche Profil politischer Bildung ihren Ausdruck finden. Nicht systematisch untersucht worden ist bisher, ob und inwieweit solche Mängel des „alltäglichen Politikunterrichts"[54] sich auf den erwähnten hohen Anteil

---

53 Vgl. Henkenborg, Empirische Forschung zur politischen Bildung ..., a.a.O., sowie die in Kapitel II.2. genannten „Fallen", in die die Flucht vor der Politik im Unterricht führen kann.

54 Vgl. Peter Henkenborg/Hans-Werner Kuhn (Hrsg.): Der alltägliche Politikunterricht. Beispiele qualitativer Unterrichtsforschung zur politischen Bildung. Opladen 1998

fachfremd erteilten Unterrichts in der politischen Bildung zurückführen lassen. Hinweise auf einen solchen Zusammenhang gibt es in der Lehrerforschung im Fach aber durchaus.[55]

Trotz solcher Schwächen kann nicht übersehen werden, dass die fachliche Profilierung und Professionalisierung der politischen Bildung in der Bundesrepublik Deutschland seit den 1960er-Jahren große Fortschritte gemacht hat. Es gibt heute eine etablierte fachliche Infrastruktur, die von einschlägigen fachdidaktischen Professuren mit fachbezogener Forschung und Lehre in der Ausbildung von Fachlehrern, über Fachverbände, eine breite Fachpublizistik, eine kontinuierliche Tagungskultur, bewährte Unterstützungssystemen durch die Bundeszentrale und die Landeszentralen für politische Bildung bis zu einer zunehmenden internationalen Vernetzung der Fachdiskussion in den letzten Jahren reicht.

Zur fachlichen Profilierung gehört auch die Definition von Kompetenzen, die Schülerinnen und Schüler in diesem Fach erwerben und verbessern können. Ein erster Vorschlag für Mindestkompetenzen, die alle Schülerinnen und Schüler am Ende ihrer Schulzeit in der politischen Bildung erreicht haben sollten, wurde in der Erstauflage dieses Buches unterbreitet. Hiernach sollen junge Menschen in der politischen Bildung während ihrer Schulzeit mindestens gelernt haben,

- Medien gezielt und kritisch für die eigene politische Information zu nutzen;
- reflektierte politische Urteile zu treffen und sie in der Konfrontation mit anderen Positionen sachlich zu begründen und zu vertreten;
- sich der eigenen Voreinstellungen und Wertmaßstäbe bewusst zu sein, von denen aus sie ihre politischen Urteilskriterien gewinnen;
- auf die eine oder andere Weise ihre politischen Positionen auch in der politischen Öffentlichkeit angemessen zum Ausdruck zu bringen;
- sich ein begründetes, aber auch durch neue Informationen veränderungsfähiges Bild von grundlegenden mittel- und längerfristigen politischen Problemlagen (Schlüsselproblemen) zu erarbeiten;
- ein reflektiertes Grundverständnis des politischen Systems, der Wirtschaftsordnung und der Gesellschaftsstruktur der Bundesrepublik Deutschland – auch in ihren historischen Bedingtheiten und ihren transnationalen Verflechtungen – zu erwerben;
- soweit sie die gymnasiale Oberstufe besucht haben: mit sozialwissenschaftlichen Texten sicher umzugehen, sich mit sozialwissenschaftlichen Theorien ausein-

---

55 Vgl. z.B. Peter Henkenborg: Demokratie lernen und leben durch kognitive Anerkennung. Eine empirische Untersuchung zur Lehrerprofessionalität im Politikunterricht in Ostdeutschland. In: kursiv – Journal für politische Bildung 2/2007

anderzusetzen und eine begründete Vorstellung von den Möglichkeiten und Grenzen sozialwissenschaftlicher Methoden zu entwickeln;

• soweit sie das berufliche Schulwesen besucht haben: ihre Berufstätigkeit und ihr berufliches Umfeld auch mit Blick auf gesamtwirtschaftliche Zusammenhänge und Entwicklungen sowie unter der Frage nach möglichen Beiträgen beruflichen Handelns zur Bewältigung politischer Problemlagen zu sehen.

Diese Liste von Mindestkompetenzen ist inzwischen im Entwurf der GPJE für nationale Bildungsstandards für den Fachunterricht in der politischen Bildung an Schulen aufgegriffen, differenziert und nach Schulstufen weiter konkretisiert worden.[56]

2.3 Fächerübergreifendes Lernen: politische Bildung als curriculares Netzwerk

Wenn fast jede soziale Situation unter bestimmten Umständen zu einem Politikum werden kann (→ Kapitel II.2), dann liegt es auf der Hand, dass politische Bildung in der Schule nicht allein auf den Politikunterricht begrenzbar ist. Häufig ist das Politische in Kontexte eingebunden, die nicht per se schon politisch sind, mit denen man sich aber auseinandersetzen muss, wenn man den politischen Gehalt einer Situation oder eines Problems angemessen beurteilen will. Dies gilt auch für die meisten politischen Probleme von absehbar mittel- und längerfristiger Relevanz, die für die Konstruktion von Lerngegenständen politischer Bildung wichtig sind (→ Kapitel IV.3). Um wenige Beispiele zu nennen: Über politische Maßnahmen zur Verhinderung der Verbreitung von Massenvernichtungswaffen wird sich ohne jedes naturwissenschaftliche Wissen über deren Funktionsweisen und Wirkungen kaum sinnvoll sprechen lassen, wenn man z.B. an die „dual use"-Problematik bei chemischen Substanzen denkt; ökologische Themen liegen offensichtlich im Überschneidungsfeld zwischen Naturwissenschaften und Politik; die möglichen Auswirkungen der „digitalen Revolution" im Medienbereich auf die Entwicklung der politischen Öffentlichkeit kann man ganz ohne Kenntnisse über technische Aspekte und Möglichkeiten digitaler Medien nicht beurteilen; Globalisierungsprozesse als politisches Problemfeld sind auf vielfältige Weise nicht nur mit ökonomischen Fragen (die ohnehin zum Gegenstandsbereich der politischen Bildung gehören), sondern auch mit historischen, geografischen, religiösen und anderen kulturellen Fragen verknüpft. Es liegt also vielfach im fachlichen

---

56 Vgl. GPJE, Nationale Bildungsstandards ..., a.a.O.

Interesse des Fachunterrichts in der politischen Bildung, seine Lerngegenstände in einen fächerübergreifenden Zusammenhang zu stellen.

Dies gilt allerdings auch umgekehrt: Viele Gegenstände anderer Fächer lassen sich ohne den Bezug zu ihren politischen Implikationen fachlich nicht angemessen erarbeiten. Dabei geht es nicht um die sachfremde Politisierung anderer Fächer, sondern um die Thematisierung und Erschließung der politischen Bezüge, ohne deren Erarbeitung das Bild des fachlichen Gegenstandes unterkomplex oder offenkundig unzutreffend wird. Am deutlichsten ist die enge Verbindung der Gegenstandsbereiche anderer Fächer mit Politik bei Geschichte und Geografie, weshalb es in der neueren deutschen Schulgeschichte immer wieder Versuche gegeben hat, diese drei Fächer curricular zu integrieren, so z.B. bei der letztlich aus politischen Gründen gescheiterten „Gesellschaftslehre" in der Sekundarstufe I in Hessen in den 1970er-Jahren oder in der „Gemeinschaftskunde" in der gymnasialen Oberstufe. Aber auch in anderen Fächern sind Bezüge zur Politik deutlich, man denke beispielsweise an die politische Dimension von Literatur und Kunst, an landeskundliche Aspekte im Fremdsprachenunterricht oder die komplexen Zusammenhänge zwischen Religion und Politik. Tatsächlich gibt es kein Fach in der Schule, dessen Gegenstandsbereich gänzlich politikfrei wäre.[57]

Diese politischen Bezüge fachbezogener Lerngegenstände in anderen Fächern als dem Politikunterricht mit zu reflektieren und sie Schülerinnen und Schüler für deren Urteilsbildung zugänglich zu machen, ist Aufgabe politischer Bildung als Unterrichtsprinzip. Dieses Unterrichtsprinzip kann durch den Politikunterricht nicht ersetzt werden, es ist unverzichtbar für die Erschließung komplexer Lernmöglichkeiten in der schulischen politischen Bildung. Allerdings birgt es auch Risiken – historisch war es nicht selten eine ideologisch aufgeladene Überpolitisierung anderer Fächer, um die Schule für bestimmte politische Zwecke in Dienst zu nehmen, heute sind es eher Gefahren, die aus einem beziehungslosen Nebeneinander von Unterrichtsfach und Unterrichtsprinzip in der politischen Bildung erwachsenen können. Solche Gefahren sind insbesondere fachlicher Dilettantismus, eine aus Sicht der Schülerinnen und Schüler zufällig und willkürlich erscheinende Thematisierung politischer Fragen oder das Gegenteil, die ständige Wiederholung des immer Gleichen unter verschiedenen Fachbezeichnungen.

Für die politische Bildung in der Schule sind deshalb fächerübergreifende Kooperation und eine sinnvolle Vernetzung verschiedener Fachbeiträge von erheblicher Bedeutung. Solange die schulische Organisationsstruktur es nur in Ausnahmefällen

---

57 Vgl. Sander (Hrsg.), Politische Bildung in den Fächern der Schule, a.a.O.; Nonnenmacher (Hrsg.), Das Ganze sehen, a.a.O.

zulässt, komplexe Lernumgebungen unabhängig von der tradierten Fächerstruktur zu entwickeln, kann es ein pragmatischer Weg sein, eine gestufte Verbindung zwischen dem Politikunterricht und politischer Bildung als Unterrichtsprinzip in anderen Fächern anzustreben. Eine solche Verbindung kann – in einer idealtypischen Unterscheidung – auf drei Stufen oder Ebenen erfolgen:

- *Information:* durch die Bezugnahme des Politikunterrichts auf den Gegenstandsbereich anderer Fächer oder die Bezugnahme anderer Fächer auf die Lerngegenstände des Politikunterrichts. Als Voraussetzung hierfür genügt schon ein Mindestmaß an schulinterner Offenheit und Kooperationsbereitschaft durch eine gewisse Transparenz und gegenseitige Information darüber, woran die Lehrer einer Lerngruppe mit den Schülerinnen und Schülern arbeiten.

- *Koordination:* die schulinterne Absprache über eine gezielte Abstimmung parallel laufender oder aufeinander folgender Lernangebote im Politikunterricht und in anderen Fächern.

- *Integration:* die begrenzte Integration des Politikunterrichts mit einem oder mehreren anderen Fächern für bestimmte Lernvorhaben, die im Team-Teaching von mehreren Lehrenden geplant und realisiert werden.

Auf diese Weise kann in der Schule, ausgehend von der bestehenden Fächerstruktur, ein curriculares Netzwerk politischer Bildung geknüpft werden. Es gehört zu den professionellen Aufgaben von Politiklehrerinnen und Politiklehrern, solche Netzwerke zu knüpfen und entsprechende Kooperationen anzuregen. Das kann auch die Fortbildung unter Kolleginnen und Kollegen einschließen. Selbstverständlich ist damit kein Dominanzanspruch der politischen Bildung verbunden – so wie sich im einen Fall vielleicht der Kunstlehrer im Zusammenhang mit einer Auseinandersetzung mit Kunst in der DDR im Kunstunterricht von der Politiklehrerin genauer über die Kulturpolitik der SED und deren ideologische Hintergründe informieren lässt, so wird sich in einem anderen Fall vielleicht die Politiklehrerin von der Kollegin im Fach Religion über Strömungen im Islam oder das orthodoxe Judentum beraten lassen, wenn der Nahost-Konflikt oder der religiös legitimierte Terrorismus Themen des Politikunterrichts sind. Wenn solche Netzwerke gelingen, kann die politische Bildung einen wichtigen Beitrag dazu leisten, der Disparatheit und Kontextlosigkeit schulischen Lehrens entgegen zu wirken und ein Lernen in Zusammenhängen zu erleichtern.

2.4 Schulleben und politische Bildung: Schulkultur, Schulentwicklung und Schulprofil

Solche Netzwerke zu einem wesentlichen Element der Schulentwicklung zu machen und für die Profilbildung von Schulen zu nutzen, ist eine bisher eher selten realisierte, für die Zukunft der politischen Bildung aber sehr bedeutsame Aufgabe. Wenn, was sehr wahrscheinlich ist (➤ Exkurs: Schule im Übergang), in einem künftigen Schulsystem Profilbildungen der Einzelschulen und Wettbewerb zwischen Schulen eine wichtige Rolle spielen werden, dann ist davon auszugehen, dass der Stellenwert von Bildungsbereichen und Fächergruppen in einem solchen Schulsystem auch davon abhängt, ob sie innerhalb wie außerhalb der Schule als relevante Schwerpunkte für mögliche Profilbildungen wahrgenommen werden. Prinzipiell sollte es für die politische Bildung hier gute Chancen geben – wegen ihrer leichten Vernetzbarkeit mit anderen Fächern, aber auch ihrer inneren Pluralität als sozialwissenschaftliches Integrationsfach mit einer großen Variationsbreite möglicher thematischer Schwerpunktsetzungen. Diese Offenheit, die sich einerseits für die Profilierung des Fachunterrichts in der politischen Bildung als Schwierigkeit darstellt, stellt andererseits für Kooperationen mit dem Ziel der Profilierung einer Schule auch eine Chance dar.

Schulprofile, die im Bereich der politischen Bildung akzentuiert sind, lassen sich auf entsprechend vielfältige Weise denken. Beispiele sind Profilierungen in Richtung auf Internationalität und Interkulturalität (wie etwa bei den so genannten „Europaschulen"), auf ökologische Perspektiven der Schulgestaltung, auf die Arbeit und Auseinandersetzung mit neuen Medien, auf ökonomische Schwerpunkte (z.B. im Umfeld von Schülerfirmen) oder auf eine sozialwissenschaftlich ausgerichtete Profilbildung in der gymnasialen Oberstufe.

Ferner zielen Schulentwicklungsprozesse auf eine reflektierte Gestaltung der Schulkultur. Jede Schule hat eine ihr eigene institutionelle Kultur, auch wenn diese weder begründet, geplant noch auch nur den Beteiligten bewusst sein muss – ein Set aus geschriebenen und ungeschriebenen Regeln, Ritualen, Wertorientierungen, Zielvorstellungen, Gütekriterien, nicht mehr befragten Übereinstimmungen, festgefahrenen Konflikten und vielem mehr, mit dem der soziale Alltag in der Institution und seine Deutungen durch die Beteiligten konstruiert werden. Schulentwicklungsprozesse sollen dazu dienen, solche immer schon vorhandenen institutionellen Kulturen den Beteiligten bewusst zu machen, sie kritisch zu reflektieren und sie absichtsvoll und nach geklärten professionellen Kriterien zu gestalten und ggf. zu verändern.

Für die politische Bildung stellt sich bei solchen Schulentwicklungsprozessen zunächst die Aufgabe zu prüfen, welche Entwicklungsrichtungen dem eigenen fachlichen Anliegen – der Entwicklung politischer Mündigkeit – förderlich sind und welche nicht. Diese Frage stellt sich zunächst mit Blick auf die in einer Schule dominierenden *Lernkulturen*. Hier kann ein Wechsel von einer auf Lehren zentrierten Kultur, die in sich abgeschlossene Stoffsysteme vermitteln will, zu einer Kultur, in der Schülerinnen und Schüler sich mit ernsthaften, komplexen, problemhaltigen und ergebnisoffenen Aufgaben auseinandersetzen, auf einer fundamentalen Ebene auch das Bild von der Welt verändern, das die Schule der jungen Generation zeigt. In einer idealtypischen (und damit vereinfachenden) Gegenüberstellung: Die stofforientierte Schule zeigt im besten Fall eine Welt, in der man sich zurechtfinden kann. Eine Schule, die sich eher als offene Lernwerkstatt versteht, vermittelt alltäglich die Erfahrung, dass die Welt nicht fertig ist, dass es spannend ist, sie zu entdecken, und dass sie viele lohnende Aufgaben und Räume für eigenes Tun bereithält. Solche Erfahrungsräume sind für politische Bildung, die zur Freiheit ermutigen will, günstig, denn Freiheit hat in einer Welt, in der es nichts zu bewirken gibt, keinen Ort. Zweitens sollte die Schule auf der *Ebene der sozialen Interaktion* eine Kultur der Anerkennung praktizieren, die allen Schülerinnen und Schüler im alltäglichen Schulleben Erfahrungen von Zuwendung, Achtung und Wertschätzung ermöglicht, um so die psychischen Grundlagen für den Mut zum eigenen Urteilen und zur selbstbewussten Teilnahme an der Öffentlichkeit zu fördern (➤ Kapitel II.3, Abschnitt „Ermutigung"). Diese beiden Aspekte von Schulentwicklung sind zwar aus der Perspektive der politischen Bildung wünschenswert, sie bewegen sich aber, jedenfalls solange sie nicht inhaltlich mit politischen Lernvorhaben verbunden sind, zunächst im vorpolitischen Raum und stellen für sich genommen noch keine Beiträge zur politischen Bildung dar.

Näher an den unmittelbar fachlichen Aufgaben der politischen Bildung liegt die Frage nach der institutionellen Verfasstheit der Schule, genauer: nach den Möglichkeiten und Grenzen von Demokratie-Lernen für Schülerinnen und Schüler durch reale Partizipation an innerschulischen Entscheidungsprozessen. Nun ist eine solche Forderung sehr viel leichter erhoben als angemessen konkretisiert; auf die Problematik einer schlichten Gleichsetzung von „Demokratie" mit „Partizipation" wurde ja bereits hingewiesen (➤ Kapitel II.1, Anm. 9). Es ist im Sinne politischer Bildung zwar wünschenswert, dass Schülerinnen und Schüler ihre Schule auch als ein Trainingsfeld für die Beteiligung an der Regelung gemeinsamer Angelegenheiten erfahren und hierbei auch politische Handlungskompetenzen erwerben und trainieren können. Aber die Frage nach einer angemessenen Verfassung für die Schule in der Demokratie lässt sich nur in einem komplexen

Spannungsfeld beantworten. Legitime Interessen an der Schule können ja nicht nur von den Schülern, sondern auch von den Lehrern, den Eltern, der Schulleitung, den Repräsentanten des kommunalen Umfelds, der Landesregierung und dem Landesparlament (das die öffentlichen Finanzmittel bereitstellen muss), schließlich indirekt auch von den vielfältigen „Abnehmern" in Wirtschaft und Gesellschaft, von den Unternehmen bis zu den Hochschulen, geltend gemacht werden. Weiterhin darf nicht übersehen werden, dass „Professionalisierung und Demokratisierung ... konkurrierende Prinzipien"[58] sind – es ist durchaus nicht nur theoretisch möglich, dass beispielsweise Mitentscheidungsrechte von Elternvertretungen zu pädagogisch schlechteren Lösungen führen können. Ferner führt die Tendenz zu Dezentralisierung, Profilbildung der Einzelschule und Wettbewerb zwischen Schulen schulintern zur Notwendigkeit einer stärkeren Kohärenz, von effektiveren Entscheidungsmechanismen und damit letztlich auch zu einer Stärkung der Position der Schulleitung. Diese Spannungsfelder zu thematisieren, sie zum Gegenstand reflexiven Lernens zu machen und nicht mit einem vorschnellen Ruf nach „Demokratisierung" zu überdecken, kann gerade eine Aufgabe des Fachunterrichts in der politischen Bildung sein.

Nun spricht dies alles keineswegs gegen Partizipation in der Schule. Die Kehrseite beispielsweise einer stärkeren Position der Schulleitung ist die professionelle Anforderung an sie, Konsens im Lehrerkollegium über die Grundfragen der gemeinsamen Corporate Identity herzustellen, weil nur durch einen solchen Grundkonsens die Schule ihr Profil entwickeln und erfolgreich nach außen vertreten kann. Problematisch ist aber angesichts des skizzierten Spannungsfeldes eine allzu naive Übertragung von parlamentarischen Repräsentationsmodellen aus dem staatlichen Bereich auf die Schule; anders als im Bereich des politischen Systems ist es in der Institution Schule keineswegs klar, wer denn das Volk ist, von dem alle Staatsgewalt auszugehen hat, und wer es legitimerweise repräsentieren könnte. Zudem gibt es bei der Entwicklung eines funktionierenden Wettbewerbs zwischen Schulen indirekte Einflussmöglichkeiten von Eltern und Schülern durch die Wahl der Schule, die noch an Gewicht gewönnen, wenn diese Wahl entsprechend neuer Finanzierungsmodelle auch Konsequenzen für die Finanzausstattung der Schulen hätte.[59] Dennoch bedarf es auch innerhalb der Einzelschule institutionalisierter

---

58 Gerd Hepp: Neue Partizipationsentwicklungen in der Schule und ihr Beitrag zur demokratischen Kultur. In: ders./Herbert Schneider (Hrsg.): Schule in der Bürgergesellschaft. Demokratisches Lernen im Lebens- und Erfahrungsraum der Schule. Schwalbach/Ts. 1999, S. 153

59 Vgl. etwa die Vorschläge des Sachverständigenrates Bildung der Hans-Böckler-Stiftung:

Partizipationsmöglichkeiten. Zumal dann, wenn in einem stärker dezentralisierten Schulsystem die Einzelschule sehr viel mehr Entscheidungskompetenzen erhält, ist eine Schulverfassung erforderlich, die regelt, wer welche Entscheidungen trifft, und es kann erwartet werden, dass hierbei auch Mitentscheidungsrechte für Schüler und Eltern verankert werden. Welches hierbei in einem dezentralisierten Schulsystem die angemessenen Formen sind, bedarf erst noch der Erprobung und ist selbst schon eine Aufgabe für Schulentwicklung. Daher kann es durchaus sinnvoll sein, dass ein Landesgesetzgeber nur eine Rahmenvorschrift erlässt, die den Schulen auch Spielraum bei der Entwicklung ihrer eigenen Schulverfassung lässt – warum sollte ein besonders gelungenes Partizipationsmodell nicht ein gutes Wettbewerbsargument für eine Schule sein?

3. Außerschulische Bildung: politische Bildung im Bildungsmarkt

Anders als in der Schule beruht die Teilnahme an Lernangeboten in der außerschulischen Bildung prinzipiell auf dem Prinzip der Freiwilligkeit. Das hat weitreichende Folgen auch dort, wo die außerschulische Bildung – man muss wohl sagen: noch – vor Ort überwiegend in der Hand öffentlicher Träger und/oder in einem ökonomischen Sinn eher wenig marktförmig organisiert ist. Immer befindet sich die außerschulische politische Bildung in einem Wettbewerb mit einer Vielzahl anderer Möglichkeiten, wie die Adressaten und potenziellen Teilnehmer ihre Freizeit verbringen können; deshalb muss sie nicht erst seit heute ein beträchtliches Innovationspotenzial bei der Konzeption von Lernangeboten entwickeln.

Gleichwohl befindet sich auch die außerschulische politische Bildung am Ende des Industriezeitalters in einer Situation des Übergangs. Die außerschulische Bildung insgesamt, insbesondere die Erwachsenenbildung und hier wiederum die berufsbezogene Weiterbildung, hat in den letzten Jahrzehnten nicht nur stetig an Bedeutung gewonnen, sie ist vielmehr zu einem bedeutenden Wirtschaftszweig geworden. Dieser Bildungsbereich organisiert sich in zunehmendem Maße marktförmig, als Bildungsmarkt, während staatliche Steuerung wie auch

---

Für ein verändertes System der Bildungsfinanzierung. Hrsg. von der Hans-Böckler-Stiftung, Düsseldorf 1998. Der Sachverständigenrat empfiehlt eine teilweise Finanzierung der Schulen ab der Sekundarstufe II durch Bildungsgutscheine, die Eltern und Schülern aus Bildungskonten zur Verfügung stehen und dann von ihnen mit Mitfinanzierung der von ihnen gewählten Schule eingebracht werden.

staatliche Subventionen für die außerschulische Bildung an Bedeutung verlieren. Diese Entwicklung zum Bildungsmarkt ist als Modernisierungsstrategie in der Bundesrepublik Deutschland von einer klaren Mehrheit der Entscheidungsträger in der Bildungspolitik in allen Parteien politisch gewollt – auch, aber nicht nur aus Gründen der Kostenersparnis für die öffentlichen Haushalte. Eine realistische konzeptionelle Alternative, wie der aller Voraussicht nach auch in Zukunft weiter wachsende Bereich der außerschulischen Bildung im Kern anders denn als Bildungsmarkt zu organisieren wäre, ist nirgendwo in Sicht.

Für die politische Bildung stellt diese Entwicklung eine außerordentliche Herausforderung dar. Zwar fand die außerschulische politische Bildung in der Bundesrepublik immer schon überwiegend bei nicht staatlichen Trägern statt, den so genannten „freien Trägern", war aber bisher auch hier in hohem Maße von staatlicher Förderung abhängig. Faktisch hatte sich über längere Zeit ein zwar plurales, aber zugleich relativ geschlossenes System staatlich subventionierter Träger gebildet, die jeweils für sich bestimmte soziale und politische Milieus als Zielgruppen politischer Bildung bedienten. Zu den wichtigsten Trägern in diesem Zusammenhang gehören – neben öffentlichen Veranstaltern wie Volkshochschulen, kommunalen Jugendbildungswerken, Bundeswehr, Zivildienst, Bundeszentrale und Landeszentralen für politische Bildung – parteinahe Stiftungen, kirchliche, gewerkschaftliche und wirtschaftsnahe Institutionen.[60] Man darf davon ausgehen, dass diese Trägerlandschaft insgesamt über lange Zeit die politische und kulturelle Milieustruktur der Gesellschaft repräsentiert hat. Diese Situation begründete nicht nur die politische Legitimation staatlicher Förderung für ein plurales Verbändesystem, sie sicherte auch zum großen Teil die Gewinnung von Teilnehmern für Veranstaltungen politischer Bildung: Unbeschadet der in der Bundesrepublik selbstverständlich gewordenen demokratischen Grundorientierung auch der außerschulischen politischen Bildung galt es doch in vielen Fällen als legitim, dass politische Bildung der politischen Selbstvergewisserung und Identitätsbildung politisch-kultureller Milieus und der Verbreitung von politischen Botschaften in die Gesellschaft hinein dienen sollte. Teilnahme an politischer Bildung war dann aus der Perspektive von Teilnehmenden vielfach Ausdruck der Zugehörigkeit zu einem solchen Milieu und nicht selten gehörte es im Umfeld von politischen und gesellschaftlichen Organisationen zum guten Ton, politische Orientierung in Angeboten zur politischen Bildung aus dem eigenen politischen Umfeld zu suchen. Bis heute prägen solche politischen Identifikationen das Selbstbild und den Habitus

---

60 Vgl. die Übersicht bei Udo Vorholt: Institutionen politischer Bildung in Deutschland. Eine systematisierende Übersicht. Frankfurt/M. 2003

vieler Pädagoginnen und Pädagogen in der politischen Bildung: Vielfach fühlt man sich doch in erster Linie z.B. als Gewerkschafter, Christdemokratin, Liberale oder Sozialdemokratin und ordnet die professionelle Tätigkeit in der politischen Bildung dieser politischen Identität zu oder unter.

Was lange die Stabilität der außerschulischen politischen Bildung garantierte, bringt sie aber in der gegenwärtigen Situation in wachsende Schwierigkeiten. Es würde zu kurz greifen, wollte man diese Schwierigkeiten einfach auf eine restriktive öffentliche Förderungspolitik zurückführen und hoffen, dass diese sich eines Tages wieder ändern möge. Die Probleme liegen tiefer: Der soziale Umbruch auf dem Weg in eine nachindustrielle Gesellschaft führt zur Erosion der Milieustrukturen, auf denen das Trägersystem und die Rekrutierungsmechanismen der politischen Bildung beruhen. Die traditionellen Milieus der Industriegesellschaft mit ihren seit dem 19. Jahrhundert gewissermaßen geronnenen Konfliktstrukturen verlieren dramatisch an Bedeutung für die Sozialstruktur moderner Gesellschaften und sie verlieren an Bindekraft gegenüber ihren Angehörigen, wie schon die – aus der Sicht der Parteien – ständig wachsende Unzuverlässigkeit ihrer Wählerschaft bei jeder Wahl aufs Neue beweist. Neue soziale Milieus sind meist weniger durch die gleiche soziale Lage auf der Skala von Klassen- und Schichtmodellen und auch nicht durch gemeinsame politische Grundüberzeugungen, als vielmehr durch gemeinsame Lebensstile und ästhetische Vorlieben gekennzeichnet.[61] Damit droht einer politischen Bildung, die ihren Sinn in der Vermittlung von milieugebundenen politischen Botschaft sieht, die soziale Basis wegzubrechen, auf deren Grundlage sie sich entwickelt hat. In der Praxis hat dies schon seit den 1980er-Jahren zu einer Differenzierung und Erweiterung der Anbieterstruktur geführt, zunächst durch ebenfalls an (neue) politische Milieus aus der Friedens-, Umwelt- und Frauenbewegung jener Zeit gebundene Träger, nach und aber auch durch weitere, nicht an ein bestimmtes politisches Milieu gebundene Anbieter. Nach den Erhebungen einer Evaluationsstudie aus dem Jahr 2006 gibt es alleine in der Erwachsenenbildung in der Bundesrepublik ca. 1350 Einrichtungen, die Angebote im Bereich der politischen Bildung machen, wobei allerdings zu bedenken ist, dass die Mehrzahl dieser Einrichtungen sich nicht *alleine* auf *politische* Bildung spezialisiert.[62]

---

61 Vgl. grundlegend zur Bedeutung dieser Entwicklung für die politische Bildung Berthold Bodo Flaig/Thomas Meyer/Jörg Ueltzhöffer: Alltagsästhetik und politische Kultur. Zur ästhetischen Dimension politischer Bildung und politischer Kommunikation. 2. Aufl., Bonn 1994

62 Vgl. Karsten Fritz/Katharina Maier/Lothar Böhnisch: Politische Erwachsenenbildung. Trendbericht zur empirischen Wirklichkeit der politischen Bildungsarbeit in Deutschland. Weinheim und München 2006

Diese vielfältige Landschaft der außerschulischen politischen Bildung steht nun jedoch vor dem doppelten Problem, dass einerseits – als Folge der anhaltenden Tendenz zu gesellschaftlicher Differenzierung, von Individualisierungsprozessen und der Bildung neuer sozio-kultureller Milieus – die „Stammkundschaft" keine auf Dauer das Angebot stabilisierende Basis mehr bildet, und dass andererseits die staatliche Förderung zurückgeht. Für die politische Erwachsenenbildung gilt ganz ähnlich, was Hafeneger als Konsequenzen aus diesen Entwicklungen für die politische Jugendbildung so formuliert: „verändern, vernetzen, ökonomisch wirtschaften, Nutzen beweisen".[63]

Positiv formuliert liegt die Perspektive der außerschulischen politischen Bildung in ihrer weiteren Professionalisierung – also in der Entwicklung einer professionellen Identität, die sich auf wissenschaftliches Wissen und auf die genauere Klärung der Leistungen stützt, die das Fach unabhängig von den privaten politischen Überzeugungen der Pädagoginnen und Pädagogen für die einzelnen Bürgerinnen und Bürger wie für die Gesellschaft insgesamt erbringen kann. Bisher jedenfalls ist der Professionalisierungsgrad der außerschulischen politischen Bildung unzureichend. Es fehlt an einem klaren Berufsbild für die in diesem Feld tätigen Pädagoginnen und Pädagogen und an entsprechenden Studienangeboten. Die Forschungslandschaft zu diesem Feld ist schmal und wenig vernetzt, was im Wesentlichen darauf zurückzuführen ist, dass es eigene Professuren für außerschulische politische Bildung, von sehr wenigen Ausnahmen abgesehen, nicht gibt; andererseits ist die Anbindung an die universitäre Politikdidaktik noch immer unzureichend, was die Gefahr der Abkoppelung der Praxis von der Wissenschaft mit sich bringt. Der Hinweis auf die notwendige Pluralität verdeckt oft ein zentrales Defizit im Diskurs unter den Anbietern außerschulischer politischer Bildung: „Die Frage, die sich bei aller notwendigen Pluralität und Differenziertheit von Trägern, Angeboten und Lernformen erneut stellt, ist die nach einem plausiblen, gemeinsamen und auch theoriegesättigten Fix- und Bezugspunkt, nach der abgrenzbaren Wissens- und Könnendomäme bzw. der disziplinären Identität."[64] Je überzeugender es der außerschulischen politischen Bildung gelingt, ihre Leistungen zu definieren, in Lernangeboten zu konkretisieren und professionell zu kommunizieren, desto größer sind die Chancen politischer Bildung auch in der Umwelt eines Bildungsmarktes. Sie wird sich dafür offener als es bisher vielfach der Fall ist auch auf ein Selbstverständnis als Dienstleistung und auf Begriffe wie Kundenorientierung

---

63 Benno Hafeneger: Trendbericht: außerschulische politische Jugendbildung. In: kursiv – Journal für politische Bildung 2/2007, S. 72
64 Ebd., S. 74

und Marketing einlassen müssen; erste Ansätze dafür gibt es.[65] Dies schließt die Notwendigkeit ein, Angebote zur politischen Bildung von ihrem Nutzen für die Adressaten her zu denken.

Allerdings bedarf diese Perspektive einer Ergänzung: Neben dem Nutzen für die Adressaten als Individuen erbringt die außerschulische politische Bildung auch eine Leistung für die Gesellschaft insgesamt, indem sie offene Foren für politische Diskurse ohne Entscheidungszwänge bereitstellt. Damit bietet sie der Gesellschaft soziale Orte an, an denen politische Probleme in professionell moderierten Gesprächssituationen erörtert werden können, an denen sich potenziell alle Interessierten beteiligen können. Dies gilt für den Diskurs der Bürgerinnen und Bürger untereinander ebenso wie die für den persönlichen Dialog zwischen Politikern und Bürgern. In diesem Zusammenhang behalten auch ganz traditionelle didaktische Formen der außerschulischen politischen Bildung wie die Podiumsdiskussion oder die Akademietagung ihre Berechtigung. Die Repräsentation von Politik in den Medien kann solche und andere Angebote politischer Bildung nicht ersetzen. Niemand anders als die politische Bildung kann eine solche Dienstleistung für die Gesellschaft erbringen; dies kann auch in Zukunft ganz wesentlich die Subventionierung politischer Bildung aus öffentlichen Mitteln begründen.

3.1 Außerschulische politische Jugendbildung: Begleitung auf dem Weg zur Bürgerrolle

„Über sich, seinen biographischen Weg, seine Erfahrungen in Institutionen und der Gesellschaft sowie über Politik und Zukunft nachzudenken bzw. nachdenken zu lernen, dazu bedarf es Gelegenheiten, Orte und Zeiten."[66] Solche Gelegenheiten, Orte und Zeiten bieten Jugendlichen außerhalb der Schule Lernangebote der außerschulischen politischen Jugendbildung. In den meisten Fällen handelt es sich – wie auch in der politischen Erwachsenenbildung – um „kurzzeitpädagogische"

---

65 Vgl. u.a. Helle Becker: Marketing für politische Bildung. Schwalbach/Ts. 2000; Wolfgang Beer/Will Cremer: Marketing in der politischen Bildung. In: dies./Peter Massing (Hrsg.), Handbuch politische Erwachsenenbildung, a.a.O.; Michael Roick: Marketing in der politischen Bildung. Ein Streiflicht zu Kontroversen und Konzepten. In: Praxis Politische Bildung 4/1998; Wolfgang Sander: Von der Teilnehmer- zur Kundenorientierung? In: kursiv – Journal für politische Bildung 1/1998; Wolfgang Beer: Politische Bildung kommunizieren: Marketing für außerschulische Bildung. In: Sander (Hrsg.), Handbuch politische Bildung, a.a.O.

66 Benno Hafeneger: Geschichte der außerschulischen politischen Jugendbildung. In: ders. (Hrsg.): Handbuch politische Jugendbildung. Schwalbach/Ts. 1997, S. 32

Veranstaltungen, also um Abend-, Tages- und Wochenendangebote. Traditionell sind sie vom didaktisch-methodischen Design her in strikter Abgrenzung zu schulischem Lernen konzipiert, was insofern einen gewissen Spannungsraum mit sich bringt, als in jüngster Zeit Anbieter außerschulischer Jugendbildung sich mit Blick auf die Entwicklung zur Ganztagsschule um Kooperationen mit Schulen bemühen (➤ Exkurs: Schule im Übergang).

Jugendbildung begleitet Menschen in einer sensiblen Phase ihrer Persönlichkeitsentwicklung. Ihr genereller Nutzen für Jugendliche liegt im Angebot der Unterstützung auf dem Weg zum Erwachsensein in einem politischen Sinn, also auf ihrem Weg zur Mitgliedschaft in der „Republik der Erwachsenen".[67] Als *politische* Bildung unterbreitet sie Angebote, die Jugendliche bei ihrer Orientierung in einer komplexen politischen Welt unterstützen und ihnen Räume des Suchens und des Erprobens ihres je individuellen Selbstverständnisses als Bürgerinnen und Bürger in einer demokratischen Gesellschaft öffnen. Hierzu gehören kommunikative Räume, die am Bedürfnis nach Kontakten anknüpfen und Jugendlichen neue soziale Erfahrungen in der Begegnung mit anderen Menschen ermöglichen – auch und gerade in der Konfrontation mit Differenz: mit Jugendlichen, die sich verschiedenen Jugendkulturen zugehörig fühlen, mit Menschen aus verschiedenen Generationen, mit kultureller und politischer Pluralität. Hierzu gehören ferner Räume, in denen Jugendliche sich selbst erproben können, unter anderem auch in ästhetischen und spielerischen Formen, in denen Positionen gedanklich durchgespielt, Visionen entwickelt, neue Ausdrucksformen kennen gelernt werden können. Politische Jugendbildung muss deshalb auch die Verknüpfung mit ästhetischem Lernen, mit Medienpraxis und körperbetonten Ausdrucksformen suchen.[68] Bei der Mehrheit der Jugendlichen, die in Ausbildungs- und Arbeitsverhältnissen stehen, kann politische Bildung darüber hinaus Gelegenheiten zur Reflexion dieser Erfahrungen bieten, die auch konkrete Anregungen und Hilfen für die persönliche berufliche Entwicklung einschließen können.

In alledem trainiert auch die außerschulische politische Jugendbildung politische Handlungsfähigkeit. So kann beispielsweise bei der Thematisierung einer innerkirchlichen Kontroverse in der kirchlichen Jugendbildung unter anderem gelernt werden:

---

67 Werner Kremp: Die Republik der Erwachsenen oder Wege in der Höhle. Ein Versuch zur politischen Bildung. Göttingen 1985

68 Vgl. die Beiträge „Politische Bildung und Medien", „Politisch-kulturelle Jugendbildung", „Politische Bildung und Theaterarbeit" und „Politische Bildung, Körper und Bewegung" in Hafeneger (Hrsg.), Handbuch politische Jugendbildung, a.a.O.

- „Daß man gerade deshalb ein Recht hat, seine Kirche zu kritisieren, weil man sich ihr zugehörig fühlt;
- daß man dies mit anderen gleicher Gesinnung erfolgreicher kann als allein;
- daß man gut daran tut, der Gegenseite bei aller Leidenschaft genau zuzuhören;
- daß die Auseinandersetzung einer bestimmten Kultur bedarf, eines bestimmten Stils, der z.B. die andere Seite nicht zwingt, öffentlich ihr Gesicht zu verlieren;
- daß man auch taktisch vorgehen, etwa Verbündete auf der anderen Seite suchen muß."[69]

Politische Jugendbildung ist ein weites Erprobungsfeld für die Teilnahme an der politischen Öffentlichkeit. Allerdings darf auch sie dabei die Grenze zwischen professionellem Lernangebot und politischem Handeln nicht übersehen. Lernangebote politischer Bildung setzten sich immer in eine Distanz zur Situation des politisch praktischen Handelns, weil sie dieses ja gerade auch kritisch reflektieren wollen. Dies schließt selbstverständlich nicht aus, dass das Motiv zur Teilnahme an einem solchen Lernangebot aus der eigenen politischen Praxis der Adressaten erwachsen kann und die Resultate des Lernprozesses aus der Sicht des Teilnehmenden wieder für diese Praxis wirksam werden sollen – auch wenn dies heute nicht die Regelmotivation für eine Teilnahme an Angeboten politischer Bildung sein wird und die außerschulische politische Bildung daher gut beraten ist, sich nicht allein auf die Bedürfnisse der politisch Aktiven und Organisierten zu konzentrieren.

3.2 Politische Erwachsenenbildung: Dienstleistung für freie Bürgerinnen und Bürger

Auf dem sich entwickelnden Weiterbildungsmarkt kann und muss sich politische Bildung – über die oben beschriebene Aufgaben der Bereitstellung von Foren für den politischen Diskurs der Gesellschaft – als professionelle Dienstleistung für freie Bürgerinnen und Bürger profilieren. Dazu müssen die Anbieter sich Fragen stellen wie: Welche Probleme haben die Menschen, die wir ansprechen wollen, und welche Hilfen können wir zur Bewältigung anbieten? Warum sollte jemand – aus seiner oder ihrer Perspektive, nicht aus einer politischen Perspektive der Anbieter! – eine bestimmte Veranstaltung besuchen, warum sollte er oder sie Zeit und Geld

---

69 Hermann Giesecke: Politische Bildung. Didaktik und Methodik für Schule und Jugendarbeit. 2. Aufl., Weinheim und München 2000, S. 157

opfern? Welchen Service können wir bieten, um die Teilnahme so angenehm und erfolgreich wie möglich zu machen?

Als Anbieter auf einem Markt müssen die Träger und Einrichtungen der politischen Erwachsenenbildung lernen, kundenorientiert zu denken. Kundenorientierung ist kein Gegensatz zu dem in der Erwachsenenbildung breit akzeptierten Prinzip der Teilnehmerorientierung, sondern dessen Konkretisierung unter bestimmten Umfeldbedingungen, eben denen eines Marktes. Eine kundenorientierte politische Bildung muss ihre Angebote vom Nutzen für die Adressaten her konzipieren. Welchen Nutzen kann politische Bildung bieten? Antworten auf diese Frage führen, jedenfalls teilweise, zurück auf ganz traditionelle Aufgaben des Fachgebietes, die allerdings gewissermaßen aus einem anderen Blickwinkel betrachtet werden:

- *Politik besser verstehen und beurteilen lernen:* Politische Bildung ermöglicht den Blick hinter die Kulissen der medialen Politikinszenierung. Sie bietet die Informationen, die man häufig braucht und nicht hat, um sich ein vernünftiges Urteil zu tagespolitischen Fragen zu bilden, die bewegen, erregen, auch ängstigen; sie bietet jenes Hintergrundwissen an, ohne dass die Meldungen z.B. der Tagesschau oft für viele Menschen nicht wirklich verständlich sind. Nun wird dies für die meisten Menschen kein brennendes Problem darstellen, nicht jede nicht oder halb verstandene Tagesschau-Sendung motiviert zum Besuch eines Seminars. Manche aber eben doch. Es gibt eine bemerkenswerte Diskrepanz zwischen dem in Umfragen immer wieder dokumentierten Eindruck vieler Bürgerinnen und Bürger, sich über politische Fragen, die sie selbst als wichtig einschätzen, nicht ausreichend informiert zu fühlen, und der medialen Präsenz des jeweiligen Themas. Hier kann sich die politische Bildung als Kompetenzzentrum profilieren, bei dem man sich zuverlässig informieren kann (auch über die mit dem jeweiligen Thema verbundenen Kontroversen), das flexibel, schnell und zielgenau mit geeigneten und qualitativ hochwertigen Angeboten präsent ist, wenn ein Thema die Öffentlichkeit bewegt – und bei dem man nicht befürchten muss, für die politischen Interessen von Parteien, Verbänden und Interessengruppen in Anspruch genommen zu werden. Ein deutlicher Indikator für die erhebliche Relevanz eines solchen Bedürfnisses ist die millionenfache Nutzung des „Wahl-O-Mat", eines Internettools, das die Bundeszentrale für politische Bildung mehrfach vor Wahlen angeboten hat und das Nutzern ermöglicht, durch Antworten auf eine Reihe von politischen Einschätzungsfragen ihre Meinungen in Relationen zu den Wahlprogrammen der Parteien zu setzen.
- *Etwas über sich selbst erfahren:* Politische Bildung bietet einen anderen, sozialwissenschaftlich angeregten Blick auf biografische Erfahrungen. Sie hilft,

Lebenserfahrungen vor dem Hintergrund zeitgeschichtlicher, gesellschaftlicher und politischer Kontexte neu und bereichernd wahrzunehmen. Sie ermöglicht den reflexiven Blick auf die eigenen kulturellen Prägungen und auf die anderer Menschen und Gruppen. Hierzu gehört auch das Angebot von Orten für das Gespräch zwischen den Generationen und über sie prägende soziale und politische Erfahrungen.

- *Einen Ort der Verständigung bieten:* Dies ist die subjektive Seite der Forums-funktion politischer Bildung: Hier können Menschen ernsthaft, aber ohne den Zwang sich politisch festzulegen, mit anderen über die sie bewegenden Fragen des gesellschaftlichen Zusammenlebens sprechen. Das Spektrum dieser Interessen kann von Brennpunkten der örtlichen Kommunalpolitik bis zu Fragen der politischen Philosophie gehen. Entsprechend vielfältig müssen die Formen des Gesprächs sein, die die politische Bildung anbietet – „prime time am tivoli" heißt eine Gesprächsreihe, mit der die Wiener Akademie modern politics zur besten Fernsehsendezeit Menschen zum politischen Gespräch bat, „politische_tischgesellschaft" eine andere.

- *Sich einmischen lernen:* In der politischen Bildung kann man praxisbezogene Kompetenzen erwerben, mit denen man sich im privaten Kreis wie in der Öffentlichkeit politisch besser und erfolgreicher artikulieren kann. Das klassische Rhetorik-Training gehört hierzu, aber auch das „Argumentationstraining gegen Stammtischparolen"[70], die Sprache des Leserbriefs oder die Nutzung digitaler Medien. Auch rechtliche und institutionenbezogene Informationen für Menschen, die wissen wollen, wo sie einhaken müssen, wenn sie etwas erreichen wollen, gehören in diesem Zusammenhang. Politische Bildung bietet Menschen, die eine Bürgerrolle aktiv leben wollen, jede mögliche Hilfe.

- *Die beruflichen Chancen verbessern:* Politische Bildung bietet mit ihren Mitteln und zu ihren fachlichen Schwerpunkten Gelegenheiten, berufliche Schlüsselqualifikationen zu verbessern.[71] Hier kann man zum Beispiel komplexe soziale Situationen erfassen, analysieren und neu denken lernen, mit interkulturellen Konflikten in Arbeitssituationen umgehen lernen, in einem Planspiel Betriebsabläufe ökologisch optimieren, Macht- und Kommunikationsstrukturen in Kleingruppen und am Arbeitsplatz erkennen lernen und Teamarbeit optimieren[72],

---

70 Hufer: Argumentationstraining gegen Stammtischparolen, a.a.O.

71 Vgl. ausführlicher Sander, Beruf und Politik, a.a.O., sowie Heft 3/2004 von kursiv – Journal für politische Bildung (Corporate Citizenship – Wirtschaft und politische Bildung)

72 Vgl. auch Monika Mannheim-Runkel: Subjekt sein in Beruf und Politik. Ein Beispiel zum berufsbezogenen Lernen in der politischen Bildung. In: kursiv – Journal für politische Bildung 2/1997

sich mit politischen, historischen und kulturellen Umfeldbedingungen für das Arbeiten in Russland, Asien oder den USA auseinandersetzen und vieles mehr. Nicht zufällig gibt es auch eine interessante Konvergenz zwischen Arbeitsmethoden in innovativen Unternehmen und einigen Lernmethoden politischer Bildung: Gruppenarbeit, Zukunftswerkstatt, Projekt, Moderationsmethode, Präsentations- und Visualisierungsmethoden und Kreativitätstechniken wie etwa Brainstorming gehören hierzu.

Häufig wird die Entwicklung der Erwachsenenbildung zum Bildungsmarkt in der Fachkultur der politischen Bildung als Bedrohung wahrgenommen. Dies *kann* sie auch sein – aber ob sie es wird, hängt nicht zuletzt davon ab, wie das Fach diese Situation selbst erlebt und wie es auf sie reagiert. Die nicht selten anzutreffende Einstellung, politische Bildung sei „nicht marktfähig", kann leicht zur self-fulfilling prophecy werden. Dagegen zeigt eine erste deutschlandweite Marktstudie zum Potenzial politischer Erwachsenenbildung, dass das Fach mit einem stärker an den Bedürfnissen potenzieller Adressaten ausgerichteten Angebot sehr wahrscheinlich deutlich mehr Menschen erfolgreich ansprechen könnte als bisher.[73] Der Bildungsmarkt bietet der politischen Bildung somit durchaus auch neue Chancen; allerdings muss sie sich dazu noch stärker aus manchem vertrauten und geschützten Raum hinaus wagen.

---

73 Vgl. Karsten Rudolf: Bericht politische Bildung 2002. Was wollen die Bürger? Eine Marktanalyse zur außerschulischen politischen Bildung in Deutschland. Büdingen 2002

IV. Lehren und Lernen in der politischen Bildung

Wer viel Antworten hat, muss noch mehr Fragen haben.
Der Weise bleibt ein Kind sein Leben lang,
und die Antworten allein machen Boden und Atem dürr.
Elias Canetti

1. Lernen: die Entstehung der Welt im Kopf

Menschen können ohne Lernen nicht überleben. Wie immer die Diskussion um die genauen Wechselwirkungen von genetischer Bedingtheit und kulturellem Einfluss auf das Verhalten von Menschen enden wird, es ist offenkundig, dass wir das Wissen und die Fähigkeiten, mit dessen und mit deren Hilfe wir uns in der Welt orientieren und verhalten, in Lernprozessen erworben haben. Niemand könnte beispielsweise mit diesem Buch irgendetwas anfangen ohne die Kenntnis der Sprache, in der es geschrieben ist, ohne die Fähigkeit, die Symbole der Schrift zu decodieren, ohne einen Begriff davon, was ein „Buch" ist, ohne ein Vorwissen davon, wovon es handelt, ohne Kenntnis der kulturellen Regeln für die Distribution von in Büchern gespeichertem Wissen (Buchhandlungen, Verlage, Bibliotheken, eventuell Internet, Rezensionen in Fachzeitschriften usw.), ohne – bewusste oder unbewusste, besser oder schlechter geeignete – Techniken des Sinn erschließenden Lesens und der Orientierung in einem komplexen Text, ohne die Erwartung, aus diesem Text etwas für sich Bedeutsames zu erfahren (also etwas zu lernen) und anderes mehr – alles dies wurde irgendwann im Verlauf der Biografie der Leserin oder des Lesers *gelernt*. In Lernprozessen formt sich das Bild, das Menschen sich von der Welt machen.

Lernen findet lebenslang statt. So vielfältig die Situationen sind, in denen Menschen etwas lernen, und so unterschiedlich sich die Gegenstände und Beziehungen darstellen, an und in denen Lernen sich ereignen kann, so variantenreich sind die Formen, in denen Menschen lernend ihr Bild von der Welt erweitern und verändern können. Eine einheitliche Theorie des Lernens müsste so Unterschiedliches auf befriedigende Weise erklären können wie zum Beispiel das Erlernen des aufrechten Gangs beim Kleinkind, das Verstehen eines bisher nicht gekannten Begriffs aus der Philosophie, das Behalten einer fremdsprachlichen Vokabel, auf einen Baum klettern können, den Umgang mit einem Computer lernen, eine mathematische Formel richtig anwenden, Fußball spielen können, eine historische Quelle interpretieren, einen kranken Menschen pflegen, Konflikte lösen können. Von einer solchen Theorie sind die Wissenschaftsrichtungen, die sich in erster Linie für Lernen interessieren – die Lernpsychologie, die Sozialisationsforschung, die Erziehungswissenschaft, die Fachdidaktiken und in jüngerer Zeit auch die Neurobiologie – zwar noch weit entfernt. Gleichwohl hat sich in den letzten Jahrzehnten das wissenschaftliche Verständnis des Lernens tief greifend verändert.[1]

Stark an Bedeutung verloren hat dabei die behavioristische Lerntheorie, die sich in der Psychologie schon in den 1920er-Jahren entwickelt hatte und später, in Deutschland insbesondere von den 1960er- bis zu den 1980er-Jahren, erheblichen Einfluss auf die Schule gewinnen konnte. Nach dieser Lerntheorie wurde jedes Lernen als Verhaltensänderung in Reaktion auf Umweltreize (klassisches Konditionieren) bzw. in Reaktion auf Konsequenzen eines Verhaltens (operantes Konditionieren) betrachtet. Dieser Ansatz schien ein universelles Verständnis des Lernens zu ermöglichen, weil der Begriff der „Verhaltensänderung" auf den ersten Blick tatsächlich eine große Bandbreite unterschiedlicher Lernprozesse umfassen konnte. Aber diese Breite war im Behaviorismus mit einer Trivialisierung des Menschen erkauft, weil diese Theorierichtung alles nicht Beobachtbare von vornherein ausblendete – und damit die allermeisten für das Verstehen von

---

1 Zum Stand der Lernforschung und der Sozialisationsforschung vgl. u.a. John D. Bransford/ Ann L. Brow/Rodney R. Cocking,. (Hrsg.): How People Learn. Brain, Mind, Experience and School. Expanded Edition, Washington, D.C. 2000; Annette Scheunpflug: Biologische Grundlagen des Lernens. Berlin 2001; Mietzel, Pädagogische Psychologie des Lernens und Lehrens, a.a.O.; Rolf Oerter/Leo Montada (Hrsg.): Entwicklungspsychologie. Ein Lehrbuch, 5., vollständig überarb. Aufl., Weinheim 2002; Andreas Krapp/Bernd Weidenmann u.a. (Hrsg.): Pädagogische Psychologie. Ein Lehrbuch, 5., vollständig überarb. Aufl., Weinheim 2006; Klaus Hurrelmann: Einführung in die Sozialisationstheorie. 9. Aufl., Weinheim und Basel 2006; kursiv – Journal für politische Bildung 1/2005 (Lernen – Wege zu einer neuen Theorie?)

Lernen bedeutsamen Fragen gar nicht erst stellte – und weil sie eine Eindeutigkeit menschlichen Verhaltens unterstellen musste, die es in der Praxis nicht gibt: Wenn zwei das (beobachtbar) Gleiche tun, ist es eben oft keineswegs das Gleiche, sondern kann mit höchst unterschiedlichen, ja gegensätzlichen Gründen, Interpretationen und Zielen verbunden sein. Die behavioristische Lerntheorie kann heute nur noch in sehr eng begrenzten sozialen Situationen erklärend und handlungsleitend wirken. So kann es lohnen, in Situationen, die hoch konformistisches Verhalten produzieren, nach den dieses Verhalten verstärkenden Reizen und Reaktionen zu suchen; auch lassen sich bestimmte (keineswegs alle) störende Verhaltensweisen und Befindlichkeitsstörungen mit behavioristisch orientierten therapeutischen und pädagogischen Interventionen erfolgreich beheben, konkrete Ängste wie Flugangst etwa oder unter Umständen auch bestimmte Formen von Störungen in Lernsituationen. Wie und unter welchen Bedingungen sich aber beispielsweise politische Urteilsfähigkeit als Kompetenz eines Individuums entwickeln kann, wie sich eine universalistisch orientierte moralische Perspektive herausbildet, wie Empathie und Autonomie entstehen, was das Verstehen von komplexen Zusammenhängen fördert – auf Fragen dieser Art, die für die politische Bildung von zentralem Interesse sind, kann eine behavioristische Lerntheorie keine Antworten geben, sie kann im Grunde nicht einmal die Fragen als wissenschaftliche Fragen stellen, weil die Lernprozesse, um die es hier geht, sich nicht in klar definierten und eindeutig beobachtbaren Verhaltensänderungen ausdrücken.

Vermutlich hat der Behaviorismus im Gegenteil dazu beigetragen, in pädagogischen Institutionen – und über seine Repräsentanz in der Lehrerausbildung besonders in der Schule – ein naives Verständnis von Lehren und Lernen zu bewahren, weil er Lernen als von außen, durch Lehrende, steuerbar ansieht. Lernen erscheint dann gewissermaßen als die Rückseite der Medaille des Lehrens, ja als eine Art Produkt dessen, was Lehrende tun. Klaus Holzkamp hat dies aus der Sicht der neueren psychologischen Forschung in einer kritischen Analyse der schulischen Lernkultur als *Lehr-Lern-Kurzschluss* bezeichnet[2] – die die schulische Alltagskultur weithin noch immer prägende Unterstellung, dass die Lehrer mit ihrer Steuerung des Unterrichtsgeschehens im lehrerzentrierten Unterrichtskurs zugleich den Lernprozess der Schüler steuern, dass es also einen eindeutigen und kausalen Zusammenhang zwischen Lehren und Lernen gibt, ist aus der Perspektive neuerer lerntheoretischer Ansätze nicht mehr haltbar. Schon in den 1970er-Jahren hat Klaus Hage in kritischer Auseinandersetzung mit dem Behaviorismus darauf

---

2 Vgl. Klaus Holzkamp: Lernen. Subjektwissenschaftliche Grundlegung. Frankfurt/M. 1993

hingewiesen, dass die „Verknüpfung von Lehren und Erkennen bestenfalls lose und keineswegs kausal ist."[3] Heute wissen wir genauer, dass und warum im Regelfall in einer typischen Unterrichtssituation, in der ein Lehrender mit 25 Teilnehmenden zu einem Thema – sagen wir in Form eines Unterrichtsgesprächs – arbeitet, in den Köpfen der Teilnehmenden höchst Unterschiedliches vorgeht und in vielen Fällen nicht das, was der Lehrende möglicherweise bei seiner Planung erwartet hat. Ebenso dürfen wir es als wahrscheinlich betrachten, dass 40 Zuhörer eines Vortrags am Ende unterschiedliche Aspekte wahrgenommen, verschiedene Inhalte erinnert und aus diesen Eindrücken sehr unterschiedliche Konsequenzen für ihr Bild von der Welt gezogen haben.

Wie schon erwähnt, gibt es neuere Ansätze der Lernforschung, die das Bild des Lernens in jüngster Zeit tief greifend verändert haben und die auch der politischen Bildung wichtige Impulse geben können. Insbesondere die kognitionspsychologische Wende in der Lernpsychologie, die konstruktivistische Lerntheorie und die neurobiologische Forschung haben in den letzten drei Jahrzehnten einen grundlegenden Perspektivenwechsel im Verstehen von Lernprozessen eingeleitet. Dies gilt insbesondere für alle Formen kognitiven Lernens. Besonders bemerkenswert sind dabei zwei Aspekte, die in einem von amerikanischen National Research Council publizierten Report über den Stand der Lernforschung herausgearbeitet werden.[4] Zum einen stehen unterschiedliche wissenschaftliche Zugänge in der Lerntheorie heute deutlich stärker in einem Ergänzungs- als in einem Konkurrenzverhältnis zueinander: „What is new ... is the convergence of evidence from a number of scientific fields."[5] Zum anderen legt die neuere Lernforschung Schlüsse für die Förderung des Lernens in der Schule nahe, die sich deutlich von der Alltagspraxis vieler Schulen unterscheiden: „A new theory of learning is coming into focus that leads to very different approaches to the design of curriculum, teaching, and assessment than those often found in schools today."[6] Umgekehrt bestärken die Ergebnisse der neueren Lernforschung sehr stark programmatische Perspektiven für die Verbesserung von Schule und Unterricht, die in der Erziehungswissenschaft und den Fachdidaktiken schon seit geraumer Zeit entwickelt worden sind.

Heute können wir Lernen nicht mehr, wie es naive Alltagstheorien des Unterrichtens nahe legen, als rezeptive Aufnahme der von außen, beispielsweise von

---

3 Klaus Hage: Lehren als Konstruktion von Lernumwelten. Entwicklungslogische Aspekte einer Theorie des Lehrens und Lernens. In: Bildung und Erziehung 6/1977, S. 460
4 Vgl. Bransford et. al, a.a.O.
5 Ebd., S. 114
6 Ebd., S. 3

Lehrenden in einem systematischen Unterricht, dargebotenen Informationen verstehen, in denen sich zutreffendes Wissen über die Welt zuverlässig repräsentiert. In solchen naiven Vorstellungen von Lernen wird angenommen, dass es einen sicheren Bestand an Wissen über die Welt gibt, der von den Lernenden lediglich übernommen, „angeeignet", werden muss, damit in ihren Köpfen ein objektiv richtiges Bild der Welt entsteht. Alle diese Annahmen sind entweder unzutreffend oder in hohem Maße fragwürdig.

Der Perspektivenwechsel, den die Lernpsychologie in jüngster Zeit vorgenommen hat, besteht zunächst in einem veränderten Blick auf die lernenden Menschen: „In the most general sense, the contemporary view of learning is that people construct new knowledge and understanding based on what they already know and believe."[7] Die Lernenden erscheinen somit nicht mehr, wie in der behavioristischen Psychologie, als passive, durch Außenreize steuerbare Objekte, sondern als die eigentlichen Akteure in Lernsituationen, die letzten Endes selbst – wenn auch nicht notwendigerweise bewusst und reflektiert – darüber entscheiden, was sie in einer bestimmten Situation lernen und was nicht. Mit anderen Worten: Lernen lässt sich aus heutiger Perspektive als „aktive Verarbeitung von Informationen" verstehen; dabei „wird von einem aktiven Lernenden ausgegangen, der vor dem Hintergrund seines Vorwissens neue Informationen *auf seine besondere Weise* verarbeitet".[8]

Im Gehirn wird dieses Wissen – das Vorwissen ebenso wie in einem Lernprozess neu gewonnenes Wissen – auf eine Weise organisiert, die man sich als Netzwerk vorstellen kann.[9] Zu diesem Wissensnetz gehören Wissenseinheiten, die die kognitive Psychologie *Schemata* nennt. Schemata sind „grundlegende Wissenseinheiten, durch die vorausgegangene Erfahrungen geordnet werden und die den Verständnisrahmen für zukünftige Erfahrungen bereitstellen."[10] Schemata repräsentieren Wissen über bestimmte Aspekte der Realität: etwa darüber, was ein „Haus" kennzeichnet (obwohl jedes Haus anders aussieht) oder was ein „Wahlpla-

---

7 Ebd., S. 10

8 Mietzel, a.a.O., S. 181

9 Um Missverständnisse zu vermeiden sei ausdrücklich darauf hingewiesen, dass die folgenden Ausführungen als Theoriemodell zu verstehen sind; die Rede vom Wissen als Netz ist eine Metapher und keine beobachtbare Struktur des Gehirns, ebenso lassen sich Schemata und Skripts zwar rekonstruieren, aber nicht neurologisch bestimmten Orten im Gehirn zuordnen. Die einigermaßen komplexen erkenntnistheoretischen Probleme, die daraus erwachsen, dass unser Denken über das Denken eben den Bedingungen und Restriktionen unterliegt, die es untersuchen will, können hier nicht weiter erörtert werden.

10 Mietzel, a.a.O., S. 73

kat" ist. Schemata lassen sich somit als „kognitive Repräsentation von Begriffen" verstehen.[11] Sie ermöglichen es, Sinneswahrnehmungen in relativ stabilen Strukturen zu ordnen, also z.B. unterschiedlichste, auch bisher unbekannte Gebäude als „Häuser" zu identifizieren. Schemata können unterschiedlich weit reichen und die Weltdeutung unterschiedlich tief prägen: „Schemata sind häufig ineinander eingebettet, d.h. (übergeordnete) Schemata können aus mehreren Sub-Schemata, diese wiederum aus Sub-Sub-Schemata usw. bestehen."[12] Das Schema „Wahlplakat" wird sich also vermutlich auf sehr unterschiedliche Weise mit untergeordneten und übergeordneten Schemata verbinden, so etwa mit dem Erkennen dargestellter Personen oder mit Assoziationen zur jeweiligen Partei.

Ferner ist von erheblicher Bedeutung, dass Schemata kontextspezifisch sind. Im Alltagsleben können andere Schemata sinnvoll und notwendig sein als bei wissenschaftlichem Wissen, in der Freizeit andere als im Beruf, in der Jugendgruppe andere als bei einer formellen Einladung unter Erwachsenen. Die Schema-Theorie bietet so auch einen interessanten Ansatz zum Verständnis unterschiedlicher Wissensformen (➤ Kapitel I.3, Anm. 39). Zugleich gibt sie damit ein Hinweis auf Gründe für die strukturelle Zweisprachigkeit[13], die schulisches Lernen häufig kennzeichnet: In dem Maße, in dem schulisches Lernen von der institutionellen Eigenlogik des Systems Schule dominiert wird, in dem also die Lerngegenstände ihre Bedeutung in erster Linie aus ihrer Relevanz für die systemischen Anforderungen der Schule selbst erlangen – für Leistungskontrollen und Notengebung, für Versetzung und Abschlüsse, für curriculare Abläufe und die Einhaltung von Zeitstrukturen usw. –, ist zu erwarten, dass die Schülerinnen und Schüler schulisches Wissen nach seiner Bedeutung für Schemata zu innersystemischen Aspekten der Schule selektieren und von ihrer sonstigen Weltdeutung trennen. Gelernt wird dann eben nicht „für das Leben", sondern für die Klassenarbeit, und Lernangebote werden nach ihrer Relevanz für diesen Zweck bewertet und nach Erfüllung dieses Zwecks wieder vergessen – freilich verfehlen sie damit zumeist gerade die programmatisch von der Schule mit ihnen verbundenen Intentionen. Für die politische Bildung entsteht hier die Gefahr, dass auch ein äußerlich scheinbar erfolgreicher Unterricht ohne tiefer gehende Wirkungen auf das politische Weltbild der Schülerinnen und Schüler bleiben kann, weil seine Bedeutung für die Wissensnetze der Lernenden sich allein innerhalb des Schematabereichs „Schulwissen" bewegt hat.

---

11 Ebd., S. 197
12 Richard Fortmüller: Lernpsychologie. Grundkonzeptionen – Theorien – Forschungsergebnisse. Wien 1991, S. 152
13 Vgl. Grammes, Kommunikative Fachdidaktik, a.a.O., an verschiedenen Stellen

Schemata sind untereinander durch *Propositionen* verknüpft. Propositionen verbinden Wissenselemente aus Schemata zu Aussagen, sie stellen Beziehungen her. Der Satz „Die Bundeskanzlerin hielt eine interessante Rede" verknüpft die Schemata für „Bundeskanzlerin" und „Rede" durch Propositionen, die erst eine sinnvolle Aussage ermöglichen. Propositionen sind für die Konstruktion von Bedeutungen unerlässlich.

Eine weitere Wissensform bezieht sich auf Wissen darüber, wie etwas zu *tun* ist, wie z.B. bestimmte Ziele zu erreichen sind. Für diese Wissensformen, die manchmal auch als spezielle Formen von Schemata interpretiert werden, hat sich der Begriff *Script* eingebürgert. Scripts enthalten Wissen über typische Abfolgen von Handlungen und sind somit *prozedurales Wissen*. Scripts sind z.B. Vorstellungen darüber, was in welchen Schritten zu tun ist, wenn man in einer Bibliothek ein Buch ausleihen möchte, wenn man einen Vortrag zu halten hat, wie man sich in der Schule am Unterrichtsgespräch beteiligt oder wie man ein Seminar zu einem bestimmten Thema in der Erwachsenenbildung findet, sich anmeldet und teilnimmt. Scripts sind auch Vorstellungen darüber, wie man eine Bürgerinitiative organisiert, einen Leserbrief schreibt oder eine öffentliche Veranstaltung zu einem politischen Thema organisiert.

Schemata, Propositionen und Scripts lassen sich als Elemente eines hoch komplexen Netzwerks verstehen, mit Individuen ihr Wissen organisieren. In dieses Netzwerk sind immer auch *konzeptuelle* Vorstellungen integriert. Der Begriff des *Konzepts* bezieht sich auf das Verständnis, die Deutung und die Erklärung von Phänomenen. Er bezeichnet weniger eine andere Wissensart als zum Beispiel der des Schemas als vielmehr einen anderen Blickwinkel auf Wissen; es geht bei Konzepten immer um *Verständnisstrukturen*, die mit Begriffen verknüpft sind. Ein Schema, das die Identifikation eines Wahlplakats ermöglicht, kann mit recht unterschiedlichen konzeptuellen Vorstellungen über den Zweck eines Wahlplakats, über den auf dem Plakat angesprochenen Gegenstand und über die kandidierende Partei verbunden sein. Die Frage nach dem konzeptuellen Wissen bezieht sich somit nicht in erster Linie darauf, ob zum Beispiel eine Schülerin den Deutschen Bundestag auf einem Foto des Reichstagsgebäude sofort erkennt und beschreiben kann, wie eine Bundestagswahl abläuft, sondern darauf, wie diese Schülerin den Sinn und Zweck des Parlaments und seiner Wahl interpretiert. Für die politische Bildung ist – nicht anderes als in anderen Fächern – in erster Linie konzeptuelles Wissen von Bedeutung, denn politische Urteile gründen sich nicht auf die bloße Kenntnis von Begriffen (wiewohl auch diese wichtig ist), sondern auf die Bedeutungen, die Menschen diesen Begriffen geben, und die Verständnisstrukturen, in die sie sie einbetten. Da Konzepte nicht anders als Schemata ineinander verschachtelt und auf verschiedenen Abstraktionsebenen angesiedelt sind, ist es für die politische Bildung von entscheidender Bedeutung, mit ihren Lernangeboten jene Konzepte zu erreichen, die für politisches Wissen strukturbildend sind (➤ Kapitel II.3.4).

Schließlich bilden Menschen mit Hilfe ihres Wissensnetzes, so ein weiteres Theoriekonzept aus der kognitiven Psychologie, *mentale Modelle* der äußeren und inneren Realität. Mentale Modelle versuchen Sachverhalte und Strukturen in einer strukturellen Identität abzubilden, also ein inneres Bild eines Realitätsbereichs zu entwickeln, das „hinsichtlich wesentlicher Merkmale dem realen Sachverhalt ‚analog' – ähnlich" ist.[14] Mentale Modelle sind komplexer als einzelne Schemata und Scripts, sie können beispielsweise eine verallgemeinernde Vorstellung von Politik oder ein Bild von einer pädagogischen Berufsidentität beschreiben. Auch wissenschaftliche Theorien lassen sich als mentale Modelle verstehen.

Wissensnetze enthalten sprachlich codierte Vorstellungen, aber auch bildhafte Vorstellungen. So werden Bilder meist besser behalten als sprachliche Darstellungen,[15] was die Notwendigkeit sorgfältig überlegter Visualisierungen beim Angebot von komplexen Informationen begründet.

Lernen lässt sich nun – jedenfalls soweit es im weitesten Sinn um Wissen über die Welt geht – als Erweiterung und/oder Veränderung dieses Netzwerks verstehen. In Lernprozessen können also bestehende Schemata, Propositionen, Scripts, Konzepte und mentale Modelle durch neue ergänzt werden, die an das bestehende Netz anschlussfähig sind. Oder aber es werden durch Lernprozesse Elemente des Netzwerks durch neue ersetzt, es wird also „umgelernt", „umgedacht", was unter Umständen weit reichende Neuorganisationen des Wissensnetzes zur Folge haben und damit das Weltbild eines Menschen tief greifend verändern kann. Ausgangspunkt solcher Neuorganisationen werden zumeist „kognitive Dissonanzen" sein, d.h. Informationen, die für überzeugend gehalten werden, die aber in einem Widerspruch zu wesentlichen Elementen des bisherigen Wissensnetzes stehen. Allerdings besteht für das Individuum auch die Möglichkeit, solche Informationen nicht zuzulassen, sie also z.B. durch selektive Wahrnehmung nicht zur Kenntnis zu nehmen oder sie auf andere Weise abzuwehren. Dies betrifft vor allem Informationen, die mit bestehenden Konzepten, die als bewährt erlebt werden, nicht vereinbar sind. Solche Vorkonzepte sind vielfach außerordentlich zählebig und resistent gegen Veränderung durch neues Lernen. Mietzel nennt die folgenden Voraussetzungen, die „mindestens vorliegen müssen, um eine konzeptuelle Veränderung wahrscheinlicher werden zu lassen:

---

14 Vgl. Fortmüller, Lernpsychologie, a.a.O., S. 158 ff.
15 Vgl. Mietzel, Pädagogische Psychologie des Lernens und Lehrens, a.a.O., S. 210 ff.

1. Der Lernende muß Anlaß haben, mit seiner ‚alten' Konzeption nicht mehr zufrieden zu sein.
2. Dem Lernenden muß eine verständliche und plausible alternative Erklärung zur Verfügung stehen.
3. Der Lernende muß bei einem Vergleich von ‚alter' und ‚neuer' Konzeption zu der Feststellung gelangen, daß beide nicht völlig miteinander vereinbar sind. Dies führt bei ihm zum Erleben eines kognitiven Konflikts.
4. Die alternative Erklärung muß sich bei der Erklärung von Beobachtungen und der Vorhersage zukünftiger Ereignisse bewähren und damit der ‚alten' Konzeption eindeutig überlegen sein.
5. Der Lernende muß den kognitiven Konflikt bewältigen, indem er die ihm plausibler erscheinende Konzeption akzeptiert und die andere zurückweist."[16]

Es liegt auf der Hand, dass die Annahme, problematische Konzepte beruhten im Wesentlichen auf unzureichender Information und Unterricht könne durch bloße „Wissensvermittlung" solche Konzepte überwinden, naiv ist. Wer fest davon überzeugt ist, dass „die da oben machen, was sie wollen" und dieses Konzept zur Grundlage und zum Relevanzfilter seiner Politikwahrnehmung macht (und deshalb immer neue Bestätigungen findet), wird sich durch einen in sachsystematischer Hinsicht noch so konzise geplanten Politikunterricht allein nicht von diesem Konzept abbringen, sondern sich allenfalls dazu bewegen lassen, in einer Klassenarbeit um der Note willen erwünschte Antworten zu produzieren. Damit politische Bildung die Veränderung eines solchen Konzepts anstoßen kann, bedarf es eines langen Atems und einer stark differenzierenden, so weit wie möglich auf die individuellen Adressaten abgestimmten Planung von Lernangeboten, mit der behutsam und unter Umständen mit immer neuen Interventionen der Punkt gesucht wird, an dem ein konkreter Lernender im Sinne des ersten Aspektes aus der zitierten Liste von Mietzel zu allererst einmal einen Anlass findet, mit seinem bisherigen Konzept unzufrieden zu sein. Häufig wird dies nicht der direkte Weg der argumentativen Auseinandersetzung mit problematischen Konzepten sein können, weil dies zumeist vielfältige Formen der Abwehr und Lernverweigerung auslöst. Eher wird es oft sinnvoll sein, bei ganz anderen Themen Lernmöglichkeiten zu eröffnen, die aber perspektivisch die notwendigen kognitiven Dissonanzen auslösen können – möglicherweise lässt sich z.B. ein biologistisch geprägter Volksbegriff bei Jugendlichen, die zu rechtsextremen Einstellungen neigen, an historischen Themen eher erschüttern als an der aktuellen Migrationsdebatte. Aber dies hängt wiederum von den individuellen Wissensnetzen dieser Jugendlichen ab und un-

---

16 Ebd., S. 310

terstreicht noch einmal die Notwendigkeit einer sorgfältigen Wahrnehmung und Analyse dessen, was die Adressaten an Wissensnetzen mitbringen, bevor gezielte Lernangebote konzipiert werden können.

Zu den zentralen didaktischen Folgerungen aus der neueren Lernforschung gehört daher, dass Lernangebote – z.B. Sachinformationen, Frage- und Problemstellungen, Begriffe, Interpretationsangebote – an die Wissensnetze der Adressaten *anschlussfähig* sein müssen, wenn erfolgreiches Lernen möglich sein soll. So postuliert Mietzel als Konsequenz aus den kognitionspsychologischen Netzwerktheorien, „daß im Lernprozeß neue Informationen *stets* mit bereits vorhandenem Wissen verknüpft werden müssen!"[17] Für die politische Bildung ergibt sich aus diesem Aspekt neuerer Lerntheorien die herausgehobene Bedeutung einer möglichst genauen „Passung" neuer Lernangebote im Sinne einer Anschlussfähigkeit an die Wissensnetze und insbesondere an die Vorkonzepte der Adressaten. Damit gewinnt für die Professionalität der Lehrenden in der politischen Bildung eine *politikdidaktische Diagnostik* im Sinne der Fähigkeit, sensibel die Perspektiven der Lernenden auf Politik wahrzunehmen und Lernimpulse zu entwickeln, die diesen konkreten Menschen neue Lernmöglichkeiten eröffnen, erheblich an Gewicht (➤ Kapitel V.2.2).

Weiterhin legt die neuere Lernforschung eine Neubestimmung der *Professionalität* von Lehrenden nahe (➤ Abschnitt 2). Da Lernen sich als aktive und konstruktive Leistung der Individuen verstanden wird, können Lernprozesse zwar „von außen", durch andere Menschen etwa und durch intentionale Lernangebote, *angeregt* werden, sie können aber am Ende nicht gesteuert oder gar erzwungen werden. Erzwungen werden kann sichtbares Verhalten, und es sind auch Grenzfälle einer totalitären oder terroristischen Lernorganisation („Gehirnwäsche", Folter) bekannt, die es Menschen extrem schwer machen, ihr eigenes Bild der Welt zu verteidigen (auch wenn es selbst aus solchen Extremsituationen Berichte darüber gibt, dass diese Autonomie bewahrt werden kann). Von solchen Grenzfällen abgesehen sind aber tatsächlich „die Gedanken frei", wie ein altes Lied weiß. Am Ende kann nur von den Lernenden selbst gelernt werden, und dieser Lernprozess ist den Lehrenden nicht verfügbar.

Noch wenig geklärt sind die konkreten Wechselwirkungen zwischen kognitiven Wissensnetzen, Lernen und *Emotionen*. Vor allem aus der neurobiologischen Forschung haben sich neue Hinweise auf den hohen Stellenwert von Emotionen beim Menschen ergeben – und zwar nicht einfach im Sinne eines „Widerparts" gegen die Vernunft, sondern als prägende Faktoren des Denkens selbst. Das limbische System

---

17 Ebd., S. 217

im Gehirn, Ort der – überwiegend unbewussten – Entstehung und Verarbeitung von Emotionen, hat nach dem Neurobiologen Gerhard Roth „gegenüber dem rationalen corticalen System das erste und das letzte Wort. Das erste beim Entstehen unserer Wünsche und Zielvorstellungen, das letzte bei der Entscheidung darüber, ob das, was sich Vernunft und Verstand ausgedacht haben, jetzt und so und nicht anders getan werden soll. ... Es gibt also ein rationales Abwägen von Handlungen und Alternativen und ihren jeweiligen Konsequenzen, aber es gibt kein rein rationales Handeln. Am Ende eines noch so langen Prozesses des Abwägens steht immer ein emotionales Für oder Wider."[18] Die Frage, welche Konsequenzen sich aus einem solchen Zusammenhang zwischen rationalem Urteilen und Handeln auf der einen und den Emotionen eines Menschen auf der anderen Seite für eine auf politische Mündigkeit, Urteils- und Handlungsfähigkeit abzielende politische Bildung ergeben, ist noch weitgehend ungeklärt. Kaum strittig dürfte zwar die Notwendigkeit einer auf Ermutigung zielenden Kultur der Anerkennung in der politischen Bildung sein (➤ Kapitel II.3.5). Wenig überraschend ist auch der in vielen Publikationen aus der neurobiologischen Lernforschung hervorgehobene Zusammenhang, dass ganz generell Angst und Unlustgefühle Lernen behindern, während eine entspannte, freundliche und anregende Atmosphäre lernförderlich ist. Noch kaum erforscht ist hingegen die Grundierung inhaltlicher politischer Urteile in Emotionen und die damit aufgeworfene Frage, in welcher Weise sich auch die emotionale Seite politischer Urteilsfähigkeit in intentionalen Lernangeboten entwickeln und kultivieren lässt. Die Politikdidaktik hat sich nach 1945 mit Blick auf die abschreckenden Erfahrungen mit der gezielten Emotionalisierung von Politik und politischer Erziehung im Nationalsozialismus gegenüber diesen Fragen aus guten Gründen sehr zurückhaltend verhalten.[19] Da aber das bloße Ignorieren der emotionalen Bedingungen rationaler Urteile diese Bedingungen nicht aus der Welt schaffen kann, wäre eine genauere Untersuchung dieses Zusammenhangs und der möglichen Konsequenzen für die Praxis politischer Bildung ein bedeutsamer Gegenstand künftiger Forschung.

---

18 Gerhard Roth: Aus Sicht des Gehirns. Frankfurt/M. 2003, S. 162 f.

19 Ausnahmen bilden die Beiträge in Siegfried Schiele/Herbert Schneider (Hrsg.): Rationalität und Emotionalität in der politischen Bildung. Stuttgart 1991, sowie Siegfried George: Erschließendes Denken. Selbstreflexion, Meditation, Intuition, Kreativität als Methoden des politischen Unterrichts. Schwalbach/Ts. 1993

Exkurs: Lernen und Erkennen – Perspektiven des Konstruktivismus

Wie können wir – lernend – die Welt erkennen oder besser: *In welchem Sinn* können wir *was* von der Welt erkennen? Im Hintergrund vieler Ansätze der neueren lerntheoretischen Forschung wie auch zahlreicher neuerer Ansätze in der Didaktik steht die Erkenntnistheorie des Konstruktivismus. Allerdings ist „der Konstruktivismus" selbst eine Konstruktion, ein Oberbegriff für eine ganze Reihe von erkenntnistheoretischen Reflexionen, die in sehr unterschiedlichen Formen vorliegen, die wiederum vom wissenschaftlichen Hintergrund der jeweiligen Autoren geprägt sind und hier nicht im Einzelnen vorgestellt werden können.[20] Dies berührt bereits einen der interessantesten Aspekte der Konstruktivismus-Debatte: Der Konstruktivismus stellt eine sowohl naturwissenschaftlich als auch geisteswissenschaftlich begründbare Erkenntnistheorie dar; er hat Wurzeln vor allem in der Philosophie (u.a. bei Kant), der Psychologie (u.a. bei Piaget), in der Soziologie[21], der Linguistik[22], der Biologie (insbesondere der Evolutionsbiologie[23] und in jüngster Zeit der Neurobiologie[24]) sowie der modernen Physik seit dem 20. Jahrhundert[25]. In der Diskussion um ein konstruktivistisches Verständnis der Wirklichkeit zeichnen sich die Umrisse eines modernen wissenschaftlichen Weltverständnisses ab, mit dem möglicherweise auch die Kluft zwischen Natur- und Geisteswissenschaften, die die Wissenschaftsgeschichte der letzten Jahrhunderte geprägt hat, wieder überbrückt werden kann.

Paul Watzlawick leitet eine populärwissenschaftliche Einführung in seine konstruktivistische Kommunikationstheorie mit dem Satz ein: „Dieses Buch handelt davon, daß die sogenannte Wirklichkeit das Ergebnis von Kommunikation ist."[26] Der Konstruktivismus geht davon aus, dass wir eine äußere Wirklichkeit nicht direkt beobachten, nicht durch Wahrnehmung unmittelbar erkennen können, sondern

---

20 Vgl. zur allerersten Orientierung und mit Blick auf Perspektiven des Konstruktivismus für Pädagogik und Didaktik Horst Siebert: Pädagogischer Konstruktivismus. Lernzentrierte Pädagogik in Schule und Erwachsenenbildung. 3., überarb. u. erweit. Aufl., Weinheim und Basel 2005; Holger Lindemann: Konstruktivismus und Pädagogik. Grundlagen, Modelle, Wege zur Praxis. München 2006; Rolf Arnold/Horst Siebert: Konstruktivistische Erwachsenenbildung. Von der Deutung zur Konstruktion von Wirklichkeit. 5. Aufl., Baltmannsweiler 2006; Wolfgang Sander: Die Welt im Kopf. Konstruktivistische Perspektiven zur Theorie des Lernens. In: kursiv – Journal für politische Bildung 1/2005

21 Vgl. vor allem Peter L. Berger/Thomas Luckmann: Die gesellschaftliche Konstruktion der Wirklichkeit. 20. Aufl., Frankfurt/M. 2004 (Erstauflage 1969)

22 Vgl. u.a. George Lakoff/Mark Johnson: Leben in Metaphern. Konstruktion und Gebrauch von Sprachbildern. 5. Aufl., Heidelberg 2007

23 Vgl. vor allem Humberto Maturana/Francisco J. Varela: Der Baum der Erkenntnis. Die biologischen Grundlagen menschlichen Erkennens. Bern und München 1987

24 Vgl. u.a. Roth: Aus Sicht des Gehirns, a.a.O.

25 Vgl. u.a. Anton Zeilinger: Einsteins Schleier. Die neue Welt der Quantenphysik. 8. Aufl., München 2005

26 Paul Watzlawick: Wie wirklich ist die Wirklichkeit? Wahn – Täuschung – Verstehen. München 1976, S. 7

dass diese Wirklichkeit ein Konstrukt unseres Gehirns ist. Zugänglich ist uns nur das, was unser Gehirn aus den Reizen macht, die das Nervensystem über die Sinnesorgane ihm übermittelt; als „Wirklichkeit" erleben wir die Vorstellung, die unser Gehirn uns als Welt anbietet. Ob und in welcher Weise dieser Vorstellung eine Realität außerhalb unserer Wahrnehmungsmöglichkeiten entspricht, können wir prinzipiell nicht wissen; wir kennen nur die von uns konstruierte Welt. Ob also beispielsweise die Eigenschaften, die wir einem Objekt zuordnen – wie etwa Farbe, Geruch, Geschmack, Form – auch außerhalb unserer Wahrnehmung und Zuordnung als Eigenschaften dieses Objekts existieren (und beispielsweise von anderen Lebewesen in eben dieser Weise wahrgenommen werden), können wir prinzipiell nicht wissen. *Für uns* ist ein Apfel ein Apfel, ein Tisch ein Tisch, ein Haus ein Haus, eine Farbe eine Farbe; *wir* nehmen die Unterscheidungen vor, mit denen wir Bedeutungen zuweisen, die Welt ordnen und eine stabile, Sicherheit verschaffende Umwelt bauen: Unterscheidungen wie z.B. in Blumen und Bäume, Tag und Nacht, kalt und warm, oben und unten, Mensch und Tier, Freund und Gegner, vertraut und fremd, Kind und Erwachsener, Lehrer und Schüler.

Tatsächlich „können (wir) aus dem durch unseren Körper und unser Nervensystem festgelegten Bereich nicht heraustreten. Es gibt keine andere Welt als diejenige, die uns durch diese Prozesse vermittelt wird ..."[27] Unser sensorischer Apparat legt uns auf eine sehr spezifische und eng begrenzte Zone der Wahrnehmung fest. Wir können auf Schallwellen (innerhalb eines bestimmten Spektrums) reagieren, haben aber kein Sensorium für Magnetfelder; unsere Wahrnehmungsfähigkeit für Entfernungen reicht weder in die Mikrowelt der Kleinstlebewesen noch in die Makrowelt der Galaxien; Temperaturunterschiede nehmen wir in einem äußerst schmalen Segment wahr, außerhalb dessen wir nicht leben können. Alles, was wir über die Außenwelt (etwa mittels Wissenschaft) erfahren wollen, müssen wir in den Bereich unserer Wahrnehmungsfähigkeit „übersetzen", z.B. durch Apparate. Gleichwohl sind diese Wahrnehmungen nicht identisch mit der Realität, genau genommen werden sie in konstruktivistischer Perspektive erst zu Wahrnehmungen durch die Deutung des Wahrnehmenden. Die Realität als solche, als ontologische Gegebenheit außerhalb der Wahrnehmung des Menschen, können wir prinzipiell nicht erkennen, denn wir können aus dem Bereich unserer Wahrnehmungsfähigkeit nicht heraustreten.

Christian Morgenstern hat in einer sensiblen Interpretation einer kleinen, alltäglichen Wahrnehmung diesen Zusammenhang schön beschrieben:

Der Meilenstein

Tief im dunklen Walde steht er
und auf ihm mit schwarzer Farbe,
daß des Wandrers Geist nicht darbe:
Dreiundzwanzig Kilometer.

---

27 Francisco Varela: Der kreative Zirkel. Skizzen zur Naturgeschichte der Rückbezüglichkeit. In: Paul Watzlawick (Hrsg.): Die erfundene Wirklichkeit. 18. Aufl., München 2002, S. 306

> Seltsam ist und schier zum Lachen,
> daß es diesen Text nicht gibt,
> wenn es keinem Blick beliebt,
> ihn durch sich zu Text zu machen.
> Und noch weiter vorgestellt:
> was wohl ist er – ungesehen.
> Ein uns völlig fremd Geschehen.
> Erst das Auge schafft die Welt.

Ersetzt man „Auge" durch „Gehirn", hat man eine konstruktivistische Perspektive, allerdings wurde dies vermutlich die meisten Leser aus ästhetischen Gründen irritieren, denn es stört ein kognitives Schema für „Gedicht".

Bezogen auf die Möglichkeiten und die Eigenart *wissenschaftlichen Wissens* im Verhältnis zur Realität haben Leopold Infeld und Albert Einstein in einer erstmals 1938 erschienenen populären Darstellung der Physik ein treffendes Bild gewählt: „Physikalische Begriffe sind freie Schöpfungen des Geistes und ergeben sich nicht etwa, wie man so leicht zu glauben geneigt ist, zwangsläufig aus den Verhält-nissen in der Außenwelt. Bei unseren Bemühungen, die Wirklichkeit zu begreifen, machen wir es manchmal wie ein Mann, der versucht, hinter den Mechanismus einer geschlossenen Taschenuhr zu kommen. Er sieht das Ziffernblatt, sieht, wie sich die Zeiger bewegen, und hört sogar das Ticken, doch hat er keine Möglich-keit, das Gehäuse aufzumachen. Wenn er scharfsinnig ist, denkt er sich vielleicht irgendeinen Mechanismus aus, dem er all das zuschreiben kann, was er sieht, doch ist er sich wohl niemals sicher, daß seine Idee die einzige ist, mit der sich seine Beobachtungen erklären lassen. Er ist niemals in der Lage, seine Ideen an Hand des wirklichen Mechanismus nachzuprüfen."[28] Diese Sicht korrespondiert dem, was Immanuel Kant schon im späten 18. Jahrhundert als „veränderte Methode der Denkungsart" bezeichnete: „daß wir nämlich von den Dingen nur das a priori erkennen, was wir selbst in sie legen."[29]

In die Dinge legen wir beispielsweise unsere Begriffe. Es gehört zu den Merkma-len des menschlichen Verstandes, dass wir rationale Erkenntnisse über die Welt nur gewinnen können, indem wir *Unterscheidungen* treffen, das Unterschiedene benennen, ihm Bedeutungen zuweisen und aus solchen Unterscheidungen Ord-nungssysteme entwickeln. Genau auf diesem Wege entstehen Wissensnetze als Repräsentationen unserer Vorstellungen von der Welt. Wir erkennen die Welt, indem wir uns auf der Grundlage von Unterscheidungen plausible Entwürfe – oder in der Sprache der Psychologie: Konzepte – von ihr machen. Aber die Ordnungssysteme, die so entstehen, sind Ordnungen des menschlichen Verstands und nicht der Welt

---

28 Albert Einstein/Leopold Infeld: Die Evolution der Physik. 20. Aufl., Reinbek 1995, S. 52 f.

29 Immanuel Kant: Vorrede zur Kritik der reinen Vernunft. 2. Aufl., Königsberg 1787; hier zit. nach der Online-Ausgabe bei Projekt Gutenberg: http://gutenberg.spiegel.de/kant/krvb/krvb001.htm

selbst – und unglücklicherweise ist mit der ersten Unterscheidung, die wir treffen, die Welt als Ganzes für die Erkenntnis verloren. Konstruktionen sind subjektive und intersubjektive Leistungen. Analytisch lassen sich drei Ebenen der Konstruktion der Wirklichkeit unterscheiden, die allerdings im alltäglichen Erleben der Welt ständig miteinander verflochten sind:[30]

• die *biologische Determination* unserer Wahrnehmungsmöglichkeiten über unsere Sinne, deren Besonderheiten, Möglichkeiten und Grenzen sowie die Spezifika der Verarbeitung von Umwelteindrücken durch das menschliche Gehirn;

• die *sozio-kulturelle Ebene,* auf der soziale Verbände gemeinsame, von anderen Gruppen und Gesellschaften aber auch verschiedene Weltverständnisse erzeugen. Diese Ebene zählt zu den Besonderheiten des Menschen. Sie ist nur möglich, weil unsere biologische Determination eine große Vielfalt unterschiedlicher Lebensformen zulässt und die große Plastizität des menschlichen Gehirns es ermöglicht, dass Individuen sich auf sehr unterschiedliche soziale Umwelten einstellen können;

• die Ebene der *individuellen Deutung* der Welt durch den einzelnen Menschen, die trotz der biologischen und sozio-kulturellen „Rahmung" schon deswegen möglich bleibt, weil wegen der Vielfältigkeit menschlicher Lebensweisen jedem Individuum im Laufe seines Lebens die Welt auf eine von anderen Menschen unterschiedene Weise begegnet, was zur Konstruktion unterschiedlicher Erfahrungen als Deutungen von Erlebtem führt.

Jedes Individuum baut hiernach seine Welt, aber durch Kommunikation entstehen gemeinsam geteilte Welten und durch Lernen kann man an ihnen teilhaben. „Kommunikation" meint in diesem Zusammenhang nicht notwendigerweise zwanglose Verständigung, sondern kann Zwang und offene Gewalt einschließen – „die Bestimmung der Wirklichkeit kann durch die Polizei erhärtet werden", merken Berger/Luckmann hierzu so lakonisch wie treffend an.[31] Es kann in und zwischen Gesellschaften sehr unterschiedliche Vorstellungen darüber geben, welche Konstruktionen gemeinsam geteilte Welten dominieren sollen, welche toleriert und welche möglicherweise ausgeschlossen und verfolgt werden sollen. Dies betrifft auch den Bereich der Politik, in der es immer auch um die Auseinandersetzung über den Geltungsanspruch von Konstrukten geht.

Der Konstruktivismus verzichtet aus systematischen Gründen auf den Begriff der „Wahrheit" in einem ontologischen Sinn. Wenn Aussagen über die Welt subjektive und intersubjektive Konstruktionen aus der Perspektive von Beobachtern sind, die nicht unabhängig von dieser Beobachterperspektive in der Außenwelt selbst überprüfbar sind, weil die Außenwelt für uns außerhalb unserer Konstrukte über sie nicht zugänglich ist (wir also im Beispiel von Einstein/Infeld nicht in die Taschenuhr hineinsehen können), kann es endgültig „richtiges Wissen" nicht geben. In konstruktivistisch argumentierenden Texten wird deshalb im Allgemeinen der Begriff der Wahrheit durch den der *Viabilität* ersetzt, was soviel heisst wie Brauch-

---

30 Vgl. ausführlicher Sander, Die Welt im Kopf, a.a.O., S. 47 ff.
31 Berger/Luckmann, a.a.O., S. 128

barkeit, Passung oder Gangbarkeit. Viabel ist ein Wissen, das hilft, sich in der Welt zurechtzufinden, sich Erlebtes plausibel zu erklären, Erwartungen zu entwickeln, die einigermaßen zuverlässig eintreffen – und zu überleben. Überlebensfähigkeit – hier ist die evolutionstheoretische Wurzel des Konstruktivismus unübersehbar – ist letzten Endes das Kriterium für die Viabilität von Konstrukten.

Allerdings ist spätestens an dieser Stelle davor zu warnen, allzu weit reichende Deduktionen aus dem Konstruktivismus für die Lösung praktischer Probleme – zum Beispiel ethischer oder pädagogischer Art – zu ziehen. Der Konstruktivismus ist eine Erkenntnistheorie und keine Weltanschauung. Von Kants berühmten drei Grundfragen der Philosophie – Was kann ich wissen? Was soll ich tun? Was darf ich hoffen? – kann und will der Konstruktivismus nur die erste beantworten. Dies allerdings ist für Handlungsfelder wie das Bildungssystem, die es professionell mit Wissen und dessen Weitergabe zu tun haben, von einiger Bedeutung. Dem Konstruktivismus wird häufig vorgeworfen, er propagiere eine unverantwortliche Beliebigkeit der Weltdeutungen. Konstruktivisten wie Paul Watzlawick halten dem entgegen, die Erkenntnis der Relativität unserer Konstrukte führe zur Toleranz: „Was wäre das Welterleben eines Menschen, der es fertigbrächte, ganz konsequenterweise seine Welt als seine eigene Konstruktion zu sehen? Dieser Mensch wäre, wie Varela bereits feststellte ... vor allem *tolerant*. Wer erfaßt, daß seine Welt seine eigene Erfindung ist, muß dies den Welten seiner Mitmenschen zubilligen. ... Die Einsicht, daß wir nichts wissen, solange wir nicht wissen, daß wir nichts endgültig wissen, ist die Voraussetzung des Respekts für die von anderen Menschen erfundenen Wirklichkeiten. Erst wenn diese anderen Wirklichkeiten selbst intolerant werden, würde er ... das Recht für sich in Anspruch nehmen, die Intoleranz nicht zu tolerieren. Dieser Mensch fühlte sich ferner in einem tiefen ethischen Sinne verantwortlich; verantwortlich nicht nur für seine Träume und Fehlleistungen, sondern für seine bewußte Welt und seine wirklichkeitserschaffenden, selbsterfüllenden Prophezeiungen. Der für uns alle so bequeme Ausweg in die Abwälzung von Schuld an Umstände und an andere Menschen stünde ihm nicht mehr offen."[32]

Mit dieser Schlussfolgerung beschreibt Watzlawick eine Konsequenz der Freiheit, aber *zwingend* ist sie als Schlussfolgerung aus der Logik (der Wirklichkeitskonstruktion) des Konstruktivismus durchaus nicht. Versteht man Viabilität im Sinne von Überlebensfähigkeit der Gattung, so lässt sie – wie die Kulturgeschichte der Menschheit unschwer erkennen lässt – eine außerordentlich große Vielfalt an Wirklichkeitskonstruktionen zu, auch solche, die mit Freiheit und Toleranz wenig im Sinn haben. Könnte der Mensch, an den Watzlawick in dem zitierten Text denkt, nicht auch die Konsequenz ziehen, die Welten anderer Menschen allein an deren Nutzen für sein eigenes Leben und Überleben zu messen? Tatsächlich kann der Konstruktivismus aus sich heraus keine positiven Kriterien dafür angegeben, welche der verschiedenen prinzipiell viablen Konstrukte Geltung beanspruchen sollen.

Allerdings muss er dies auch nicht. Da der Konstruktivismus eine Erkenntnistheorie und kein praktisches politisches oder pädagogisches Programm ist, widerlegt es

---

32 Paul Watzlawick: Epilog. In: ders. (Hrsg.), Die erfundene Wirklichkeit, a.a.O., S. 311 f.

seine Antworten auf bestimmte Fragen nicht, wenn er auf andere Frage keine befriedigenden Antworten geben kann. Jedoch kann die Erinnerung an die Relativität menschlichen Weltverstehens ein Potenzial der Kritik an politischen Ideologien oder an pädagogischen Positionen entfalten, die Menschen auf vorgegebene Weltanschauungen festlegen wollen. So ist es durchaus – auch in der politischen Bildung – hilfreich, sich immer wieder klar zu machen, dass Begriffe wie „Volk", „Nation", „Fortschritt", „Klassenkampf" Konstrukte des menschlichen Denkens sind, denen außerhalb der menschlichen Konstruktion der Welt keine Realität korrespondiert – allerdings kann es sehr reale Folgen für Menschen haben, wenn sie selbst oder andere Menschen solche Konstrukte als Realitäten definieren.

Die konstruktivistische Perspektive auf menschliches Weltverstehen ersetzt nicht die Notwendigkeit, innerhalb der gemeinsam hervorgebrachten Welt praktische Entscheidungen zu treffen, sich über Deutungen, auch kontroverser Art, zu verständigen und hierfür Regeln zu finden. Auch Wissenschaftler, die dem Konstruktivismus nahe stehen, pflegen sich an die allgemein akzeptierten Regeln für wissenschaftliche Kommunikation zu halten, die dazu dienen, Wissenschaft nicht der Beliebigkeit zu überlassen, sondern einen Diskurs zu ermöglichen, der der Suche nach „Wahrheit" dient – auch dann, wenn es strittig ist, ob und in welchem Sinn wissenschaftliches Wissen „wahr" sein kann. Insofern bleibt „Wahrheit" als *regulative Idee* ein sinnvolles Konzept auch dann, wenn sie in einem Sinn von objektiv richtiger Erkenntnis der Realität für Menschen nicht erreichbar ist. Dennoch hat diese regulative Idee für die Wissenschaft bedeutsame praktische Konsequenzen: Sie verpflichtet zur rationalen Begründung wissenschaftlicher Aussagen, zur Widerspruchsfreiheit der Argumentation, zur Anerkennung besserer Argumente und zur Transparenz des methodischen Vorgehens in der Forschung.

Im Kern reaktualisiert der Konstruktivismus altes Wissen über das Verhältnis menschlicher Erkenntnis zur äußeren Welt in einer zeitgemäßen, unserem Weltverstehen angemessenen Form. Ohne ein Wissen darüber, dass wir die Welt nicht durch bloße Anschauung erkennen können und dass uns unser sensorischer Apparat kein zutreffendes Abbild der äußeren Realität übermittelt, gäbe es weder Religion noch Philosophie, weder Kunst noch Wissenschaft. Könnten wir unserer Wahrnehmung trauen, dann würde sich wohl auf ewig die Sonne um die Erde drehen. Noch immer gilt der berühmte Satz des Sokrates „Ich weiß, dass ich nichts weiß" nicht als Ausdruck von Dummheit, sondern einer Klugheit, die gerade dadurch zur Weisheit wird, dass sie sich ihrer Grenzen bewusst bleibt; und auch wer die Hoffnung des Paulus auf ein „dann" nicht teilen mag, wird sich vielleicht mit Bild unserer Erkenntnisfähigkeit anfreunden können, das er in seinem ersten Brief an die christliche Gemeinde in Korinth so formuliert hat: „Wir sehen jetzt durch einen Spiegel, in einem dunklen Wort; dann aber von Angesicht zu Angesicht. Jetzt erkenne ich stückweise; dann aber werde ich erkennen, gleichwie ich erkannt bin." Sokrates und Paulus waren, soweit wir wissen, keine Menschen, die zur Resignation oder Gleichgültigkeit geneigt hätten.

2. Lehren als Lernbegleitung: die Rolle der Lehrenden in der politischen Bildung

„Führen oder Wachsenlassen" – um diese beiden, je nach Sichtweise: Pole oder Gegensätze dreht sich die Debatte um die Aufgaben von Lehrenden im Verhältnis zu den Lernenden nicht erst seit heute.[33] Schon Theodor Litt wies auf das Problematische einer solchen Gegenüberstellung hin; heute können wir noch genauer wissen, warum „Führen oder Wachsenlassen" eine falsche Alternative ist. Menschen können das, was sie für ein Zurechtfinden in unserer Welt an Fähigkeiten und Wissen benötigen, weder durch „Wachsenlassen" noch durch „Führen" lernen, denn weder wächst ihnen dieses von selbst zu (etwa durch ein genetisches Programm), noch ist Lernen eine abhängige Variable von Lehren bzw. „Führen". Lernen braucht Anlässe, Anregungen und Anstöße, aber Lernen kann nicht von außen gesteuert werden, es bleibt eine aktive Leistung jedes Einzelnen.

Statt „Führen" oder „Wachsenlassen" lässt sich mit dem Wort „Begleiten" wohl am ehesten die Aufgabe von Lehrenden auf eine Kurzformel bringen. Lehrende sind professionelle Lernbegleiter.[34] Treffend heißt es in diesem Sinne im „Lehrerleitbild" des Dachverbandes Schweizer Lehrer: „Lehrpersonen sind Fachleute für

---

33 Vgl. Theodor Litt: Führen oder Wachsenlassen. Eine Erörterung des pädagogischen Grundproblems. 13. Aufl., Reprint, Stuttgart 1972

34 Traditionell wird die Tätigkeit von Lehrenden mit den Begriffen „Unterrichten" und „Erziehen" weiter konkretisiert und differenziert. So selbstverständlich diese Begriffe im alltäglichen Reden über Lehren und Lernen noch sind, so problematisch sind sie inzwischen auch geworden. Beide Begriffe legen eine Objektrolle der Lernenden nahe: In der „Erziehung" gibt es den Zögling (mit dem etwas geschieht, der erzogen wird) und den Erzieher (der agiert), im „Unterricht" gibt es die, die unterrichten, und die, die unterrichtet werden (vgl. zur kritischen Auseinandersetzung mit dem Begriff des Unterrichts als Sript für pädagogisches Handeln und kulturellen Implikationen Wolfgang Sander: Vom „Unterricht" zur „Lernumgebung". Politikdidaktische und schulpädagogische Überlegungen zur politischen Bildung nach der Belehrungskultur. In: GPJE (Hrsg.): Lehren und Lernen in der politischen Bildung. Schwalbach/Ts. 2003). Manchmal bricht sich das Unbehagen an diesen Begriffsimplikationen in sprachlichen Hilfskonstruktionen wie „Selbsterziehung" oder „offener Unterricht" Bahn, die aber den Charakter von Verlegenheitslösungen nicht recht verleugnen können. Zwar bleibt die unterschiedliche Fokussierung auf die sachbezogene Seite und die persönlichkeitsbezogene Seite von Lehr-Lern-Situationen wichtig, die in den Begriffen Unterricht und Erziehung auch zum Ausdruck kommt. Dennoch benötigen wir möglicherweise in Zukunft in der Tat eine neue pädagogische Terminologie, die diese und andere notwendige analytische Differenzierungen in Begriffen fasst, die vom *Lernen* und nicht vom Lehren her gedacht sind. Edmund Kösel hat einen solchen Versuch

das Lernen."[35] Dies gilt auch für Lehrende in der außerschulischen Bildung. In der politischen Bildung unterstützen Lehrende Menschen dabei, sich ihr eigenes Bild von Politik zu erarbeiten, zu erweitern und ggf. auch zu verändern, also ein gutes Stück weit ihre politische Sozialisation selbst in die Hand zu nehmen.

„Unterstützen" ist hierbei allerdings ein Tätigkeitsfeld, das außerordentlich vielfältige Handlungsformen erfordern kann. Hierzu gehören die Vorbereitung einer auf das jeweilige Lernangebot und die adressierte Lerngruppe abgestimmten *Lernumgebung*, die ein didaktisch-methodisches Setting für das vorgesehene Lernangebot einschließt (➤ Kapitel V). Damit dies erfolgreich gelingen kann, müssen Lehrende zuallererst Lernvoraussetzungen ihrer Adressaten *diagnostizieren* können. Sowohl das Bereitstellen einer geeigneten Lernumgebung als auch das Handeln von Lehrenden im Rahmen eines Lernvorhabens stellen dann *Interventionen* dar, mit denen neues Lernen angeregt werden soll und die von Fall zu Fall sehr unterschiedliche Formen annehmen können – um Beispiele zu nennen: von der Entwicklung geeigneter Aufgaben über die gezielte Nachfrage, den Hinweis auf geeignete Quellen, die methodische Anleitung für das Lösen eines Problems bis zum Kurzvortrag, um schnell und gut strukturiert für den Arbeitsprozess erforderliches Wissen anzubieten. Schließlich kann, vor allem in der Schule, *Beurteilen und Bewerten* von Leistungen den Aufgaben von Lehrenden gehören. Diese Tätigkeiten von einzelnen Lehrenden finden schließlich immer, wie ja auch der Begriff der Lernumgebung nahe legt, in einem systemischen Kontext statt, z.B. der Schule, des Bildungsträgers, eines Curriculums oder eines Angebotsprofils. Für diesen Kontext, insbesondere für die Lern- und Arbeitskultur in der eigenen Institution, hat der oder die einzelne Lehrende eine faktische Mitverantwortung, die in einem pädagogischen Team im Sinne von *Schul- bzw. Organisationsentwicklung* an- und wahrzunehmen ebenfalls zu seinen oder ihren professionellen Aufgaben gehört.

Renate Girmes hat die Kompetenzanforderungen, die sich aus diesen Aufgabenfeldern an das professionelle Handeln von Lehrenden in allen Fächern und pädagogischen Praxisfeldern ergeben, wie folgt zusammengefasst:

---

unternommen, der jedoch, soweit derzeit erkennbar ist, keine breite Resonanz gefunden hat (vgl. Edmund Kösel: Die Modellierung von Lernwelten. 3. Aufl., Elztal-Dallau 1997). Einstweilen hat sich im Anschluss an die Konstruktivismusdebatte der auch in diesem Buch verwendete Begriff der „Lernumgebung" als Rahmenbegriff für Lehr-Lern-Situationen und die Planungsaufgaben von Lehrenden (➤ Kapitel V) weitgehend durchgesetzt.

35 Lehrerleitbild des Dachverbandes Schweizer Lehrer (DSL) von 1999, zit. nach Burkard/ Eikenbusch/Ekholm, Starke Schüler – gute Schulen, a.a.O., S. 22; vgl. auch Kapitel I, Anmerkung 29.

„Diagnostische Kompetenz

1. Lernmöglichkeiten der Adressaten wahrnehmen und berücksichtigen
2. Die gesellschaftlichen Voraussetzungen für die eigene Lehrtätigkeit klären

Institutionelle Kompetenz

3. Arbeitsbedingungen in Lehrorganisationen und Bildungsbereichen von Unternehmen klären und verantwortlich mit gestalten
4. Lernumgebungen/Lernräume gestalten

Curriculare Kompetenz

5. Lehrvorhaben sachgerecht und kompetenzorientiert klären und konzipieren (dimensionieren)
6. Lernaufgaben adressaten- und sachgerecht formulieren / Lehr-Lern-Mittel und Medien herstellen

Methodische Kompetenz

7. Lehr- und Lernprozesse (Artikulationen) gedanklich, material, medial und in der Zeit vorplanen; Anfänge/Inszenierungen finden

Personell-kulturelle Kompetenz

8. In Lernsituationen den eigenen Vorhaben und Prinzipien entsprechend handeln und sprechen
9. Prinzipien für die eigene Rolle / für eine Handlung gegenüber Lernenden finden

Reflexive und evaluative Kompetenz

10. Formen der prozessbegleitenden und ergebnisbezogenen Erhebung von Lern- und Lehrergebnissen zur Reflexion und zum Lernen nutzen und Ergebnisse mit Blick auf Kriterien bewerten".[36]

„Gut" sei Unterricht dann, so schreibt Renate Girmes an anderer Stelle in einer schönen Metapher, „wenn er Lerngelegenheiten gibt wie ein durchdachtes und gut vorbereitetes Reiseangebot. Das gewinnt seine Adressaten für sich, weil es die bereisten Welten erschließt, sie fassbar und lesbar macht, Neugier und Interesse an dem Anderen und Neuen in der bereisten Welt zu wecken versteht und erhält,

---

36 Renate Girmes: Lehrprofessionalität in einer demokratischen Gesellschaft. In: Zeitschrift für Pädagogik, Beiheft 51, Weinheim und Basel 2006, S. 27

Gelegenheit gibt, sich in der besuchten Welt zu erfahren und auch zu erproben.[37] Die gleiche Metapher verwendet Thomas Ziehe, wenn er vom Lehrer als „Fremdenführer in Sinnwelten" spricht.[38] Es wäre ein Missverständnis, wollte man eine lernzentrierte Didaktik, die vom Bild des aktiven Lerners ausgeht und darum weiß, dass Lernen nicht steuerbar ist wie ein technischer Produktionsablauf, so verstehen, als sollten die „mitgebrachten" Konzepte von Schülern oder Teilnehmern der außerschulischen Bildung lediglich bestätigt oder gar zum *normativen* Maßstab für neu anzubietendes Wissen gemacht werden. Lernangebote, die immer nur bestätigen, was ihre Adressaten wissen oder zu wissen glauben, wären trotz eines möglicherweise kurzfristigen Effekts der Selbstbestätigung letzten Endes überflüssig. Professionelle Lernangebote werden in modernen Gesellschaften ja deswegen benötigt, weil sich in den Vertrautheiten des Alltagslebens – auch nicht in deren medialer Form – die Kenntnisse, Verstehensmöglichkeiten, Fähigkeiten und Teilhabemöglichkeiten am beruflichen und kulturellen Leben in aller Regel für die einzelnen Menschen nicht von selbst einstellen. Deshalb braucht es den Lehrer als „Fremdenführer": „Der Fremdenführer ermutigt zum Reisen. Er kennt sich aus an den Grenzübergängen. Er weiß um das relative Nichtwissen der Touristen, ohne diese dafür zu beschimpfen. Er steht für den Genuss der Fremde, ohne das Zuhause zu unterschätzen, das ein jeder braucht. Er bemüht sich, das Ansehen des Fremdenverkehrs zu heben."[39]

Zu den für viele Menschen „fremden Reiseländern" gehört gewiss die Politik, unter Einschluss von Wirtschaft, Recht und Gesellschaft, jedenfalls soweit der letztgenannte Begriff für die sozialen Räume außerhalb des jeweiligen eigenen Erfahrungsbereichs steht. Wenn Lernende sich ernsthaft – d.h. in einer Weise, die ihre eigenen politischen Konzepte erreicht – mit Politik auseinandersetzen sollen, müssen sie erkennen können, dass es den Lehrenden, die ihr Lernen begleiten sollen, selbst ernst ist mit der Sache, um die es in einem Lernvorhaben gehen soll. Lehrende müssen daher zunächst wirkliche *Fachleute* sein, die den Gegenstandsbereich Politik aus vielfältigen wissenschaftlichen Perspektiven (➤ Kapitel II. 2) auf fachlich überzeugende Weise repräsentieren können. Lehrende in der politischen Bildung benötigen einen sicheren sozialwissenschaftlichen und politikdidaktischen Hintergrund, der es ihnen überhaupt erst erlaubt, politische Lerngelegenheiten als

---

37 Dies.: (Sich) Aufgaben stellen. Seelze 2004, S. 9
38 Thomas Ziehe: Schulische Lernkultur und zeittypische Mentalitätsrisiken. In: Benno Hafeneger (Hrsg.): Subjektdiagnosen. Subjekt, Modernisierung und Bildung. Schwalbach/Ts. 2005, S. 211
39 Ebd., S. 212

solche zu erkennen.[40] Sie müssen in der Lage sein, *für sich* die schillernde Vielfalt des Politischen in einer fachlich begründeten Weise in sinnvolle Strukturen zu ordnen, ohne jedoch diese fachliche Systematik den Lernenden zum Nachvollzug vorzugeben. Ferner müssen sie eine *Bürgerrolle* repräsentieren können. Dabei versteht es sich, dass es nicht die Aufgabe der Lehrenden in der politischen Bildung sein kann, die Lernenden für die von ihren präferierte Bürgerrolle zu gewinnen. Politische Bildung ist keine Werbeveranstaltung für die persönlichen politischen Überzeugungen des pädagogischen Personals (auch nicht für die des Trägers in der außerschulischen Bildung oder des Dienstherrn in der Schule). Die Bürgerrolle der Lehrenden ist also von ihrer Professionsrolle zu trennen, und es muss jederzeit für die Lernenden erkennbar sein, wann Lehrende als Bürger sprechen – etwa in einem offenen Meinungsaustausch – und wann in ihrer Professionsrolle als Lernbegleiter, in der sie auch die Entwicklung derer zu fördern haben, die politisch anders denken als sie selbst. Gleichwohl können Lehrende wohl nur dann zu einer ernsthaften Auseinandersetzung mit Politik anregen, in der Lernende ihre eigene Bürgerrolle finden sollen, wenn sie erkennen lassen, dass sie für sich selbst eine solche Bürgerolle in der Demokratie gefunden haben.

Dies impliziert, dass Lehrende auch als Person und als Erwachsene erkennbar sind – für Kinder und Jugendliche als ein Modell des Erwachsenseins neben anderen, für andere Erwachsene als gleichberechtigte Bürger der Republik.[41] Als Personen und Bürger dürfen sie Lernenden in der Sache auch leidenschaftlich widersprechen – solange sie ihnen das gleiche Recht zubilligen und ihr Lernen nicht blockieren, z.B. durch „totreden" –, und in manchen Situationen müssen

---

40 Es soll nicht verschwiegen werden, dass es besonders in der Schule Situationen geben kann, in denen diese Notwendigkeit in einen Konflikt geraten kann mit anderen, ebenfalls gut begründbaren pädagogischen Entscheidungen. Beispielsweise wird eine Schule, die nach dem Team-Jahrgangs-Modell einen ganzen Altersjahrgang mit mehreren Parallelklassen von einem festen Lehrerteam betreuen lässt, u.U. Schwierigkeiten haben, in jedem Lehrerteam jedes Fachgebiet in jeder Klasse von ausgebildeten Fachlehrern vertreten zu lassen. Solche pädagogisch begründeten Problemlagen sind freilich nicht zu verwechseln mit der hier und da anzutreffenden offenen oder unausgesprochenen Maxime, der Fachunterricht in der politischen Bildung könne in jedem Fall vom Klassenlehrer oder der Klassenlehrerin mit unterrichtet werden, weil es einer besonderen fachlichen Qualifikation über die Fähigkeit hinaus, Zeitung zu lesen und die Fernsehnachrichten zu sehen, nicht bedürfe. So unverantwortlich die zuletzt genannte Sichtweise ist, so ernst sind die zuerst genannten Schwierigkeiten zu nehmen. Sie werden sich – nicht nur für die politische Bildung, sondern auch für andere hiervon betroffene Fachgebiete – am ehesten in einer Organisationskultur bewältigen lassen, in der das Lernen der Lehrenden voneinander und die ständige Fortbildung eine wesentlicher Bestandteil des Selbstverständnisses der Schule ist.

sie es sogar, etwa wenn sich Teilnehmer freiheitsfeindlich und antidemokratisch äußern.[42] Hier ist es die Aufgabe von Lehrenden, den Widerspruch in der Sache mit dem Respekt vor der Person des oder der Lernenden zu verbinden – schon dies kann, beispielsweise für mit dem Rechtsextremismus sympathisierende Jugendliche, eine wichtige Lernerfahrung sein. Tatsächlich sind die Lehrenden für die Lernenden auch als Personen ein Teil der Lernumgebung, auf die sie sich einlassen – oder auch nicht.

Damit sind auch Fragen des persönlichen Auftretens, der Selbstpräsentation und des Umgangsstils angesprochen. Thomas Ziehe hat in zahlreichen Veröffentlichungen kritisch darauf hingewiesen, dass der Interaktionsstil, den viele Lehrerinnen und Lehrer der Generation, die in den 1970er-Jahren als Studierende oder Berufsanfänger ihre berufliche Identität in dezidierter Abgrenzung gegen die Generation ihrer eigenen Eltern und Lehrer ausgebildet haben, stark von Entformalisierung bzw. Informalisierung geprägt ist. Das Verhältnis zur eigenen Autorität als Lehrerin oder Lehrer war oftmals gebrochen, viele wollten sich durch informelle Kommunikation und „lockeres" Auftreten (bis hin zur Kleidung) besonders jugendnah geben. Dabei entstand allerdings „mitunter ein atmosphärisch und räumlich etwas herunter gekommenes Ambiente, das ungewollt Züge ausgesprochener Achtlosigkeit bekommen hat."[43] Anja Besand hat in einer Analyse der Stereotypen, die in den Medien, aber auch in Abiturzeitungen über den „Gemeinschaftskundelehrer" nachweisbar sind, gezeigt, wie dieser „70er-Jahre-Stil" (Ziehe) noch Anfang des 21. Jahrhunderts das ästhetische und das fachlich-inhaltliche Image der Fachlehrer der politischen Bildung geprägt und ein desaströses öffentliches Bild von der Professionalität und Qualität des Unterrichts in diesem Fach erzeugt hat.[44] Es dürfte zwar mehr als fraglich sein, ob die schlichte Forderung nach Wiederherstellung traditioneller Normen und Ordnungsmuster in der Schule die Probleme lösen kann, die der „70er-Jahre-Stil" zweifellos mit verursacht hat[45], denn die gesellschaftlichen Wandlungsprozesse, auf die er auch reagiert hat, lassen sich nicht per Beschluss eines Lehrerkollegiums oder per Erlass eines Ministeriums rückgängig machen. Aber es trifft zu, dass die

---

41 Vgl. auch Kremp: Die Republik der Erwachsenen oder Wege in der Höhle, a.a.O.

42 Vgl. Wolfgang Sander: Rechtsextremismus als pädagogische Herausforderung für Schule und politische Bildung. In: Bundeszentrale für politische Bildung (Hrsg.): Verantwortung in einer unübersichtlichen Welt. Aufgaben wertorientierte politischer Bildung. Bonn 1995

43 Thomas Ziehe: Öffnung der Eigenwelten. Bildungsangebote und veränderte Jugendmentalitäten. In: kursiv – Journal für politische Bildung 1/2002, S. 17

44 Vgl. Besand, Angst vor der Oberfläche, a.a.O., S. 170 ff.

45 Vgl. in diesem Sinne Bernhard Bueb: Lob der Disziplin. Eine Streitschrift. Berlin 2006

Selbstpräsentation von Lehrerinnen und Lehrern einer kulturellen Erneuerung bedarf.[46] Ziehe hat hierfür die Leitbegriffe einer „gekonnten Stilistik" und einer „charmanten Autorität" ins Gespräch gebracht.[47]

Dies berührt das auch berufliche Umfeld von Lehrenden, denn Fragen der Berufsrolle sind nie alleine Fragen des individuellen Verhaltens, sondern des beruflichen Habitus, der von den Beschäftigten einer Institution repräsentiert wird. Einer der problematischen Aspekte des beruflichen Habitus insbesondere von Lehrern an Schulen ist das noch immer verbreitete und habituell tief verankerte Selbstverständnis als pädagogischer Einzelkämpfer. Für die Pädagoginnen und Pädagogen in der politischen Bildung ist aber nicht nur der Blick auf das eigene Lernangebot wichtig, ebenso bedeutsam ist die Fähigkeit, das eigene fachliche Anliegen in das Profil der Bildungsinstitution einbringen zu können. Organisationsbewusstsein ist hier gefordert, Teamfähigkeit und die Bereitschaft, die politische Bildung mit den sonstigen Angeboten der Institution zu vernetzen. In der außerschulischen Bildung ist diese Notwendigkeit schon heute deutlich offensichtlicher erkennbar als noch in den Schulen. Angesichts der starken Tendenz zu einer stärker marktförmigen Organisation der Erwachsenenbildung wird die Fähigkeit wichtig, einen Beitrag zu einem konsistenten und marktfähigen Profil der Institution zu leisten: „Ökonomische, vor allem betriebswirtschaftliche, Orientierungen und Qualifikationen sowie ein quasi-unternehmerischer Habitus des Sich-verantwortlich-fühlens-für-den-ganzen-Betrieb werden für hauptberufliche Pädagogen und Pädagoginnen in der politischen Erwachsenenbildung künftig unverzichtbar sein."[48] Aber auch im Bereich der Schulen wächst mit der Tendenz zu mehr Autonomie, Dezentralisierung und Wettbewerb die Notwendigkeit für die einzelne Schule, ihre Corporate Identity und ihr pädagogisches Profil zu definieren. Lehrerinnen und Lehrer können sich dann nicht mehr nur als Fachlehrer

---

46 Es muss hier offen bleiben, bis zu welchem Grade die hier erörterten Probleme in allen modernen Gesellschaften auftreten und bis zu welchem Grade sie in besonderer Weise ein deutsches Problem darstellen. Eigene, wenn auch unsystematische Beobachtungen in Schulen in anderen Staaten (wie auch nicht selten erstaunte Reaktionen ausländischer Besucher an deutschen Schulen) geben jedenfalls Hinweise darauf, dass dieser „70er-Jahre-Stil" im deutschen Bildungssystem vergleichsweise intensiv wirksam geworden ist. Wenn dies der Fall sein sollte, können über Ursachen hierfür vorerst nur Hypothesen formuliert werden; eine solcher Grund könnte sein, dass in Deutschland in den 1970er-Jahren ungewöhnliche viele neue Lehrer eingestellt wurden und dann über lange Zeit ungewöhnlich wenige, so dass problematische institutionelle Kulturen sich besonders intensiv verfestigen konnten.

47 Ziehe: Öffnung der Eigenwelten, a.a.O., S. 17

48 Klaus-Peter Hufer/Klaus Körber: Die Pädagoginnen und Pädagogen. In: Beer/Cremer/Massing (Hrsg.), Handbuch politische Erwachsenenbildung, a.a.O., S. 317

für den Politikunterricht, sondern müssen sich darüber hinaus als Experten für politische Bildung in ganz unterschiedlichen Organisationsformen schulischen Lernens verstehen, als Experten für die politische Dimension der „Lernumgebung Schule", zu deren Profilierung sie – bezogen auf ihre je konkrete Schule – ihren originären Beitrag leisten können (➤Kapitel IV.2).

3. Die Repräsentation von Politik in Lerngegenständen

Was kann man in der politischen Bildung über Politik lernen? Versteht man die folgende Antwort im Sinne eines Möglichkeitsraums, eines Horizonts für Lerngelegenheiten, so ließe sich durchaus sagen: im Prinzip alles, was es über Politik zu wissen und zu verstehen gibt. Tatsächlich muss politische Bildung zunächst für die unterschiedlichsten Fragen und Interessen von Menschen offen sein, die etwas über Politik lernen wollen. Aber „alles" ist kein in Lernsituationen bewältigbarer Lerngegenstand – für Lernangebote müssen jeweils geeignete Ausschnitte aus dem Bereich des Politischen gewählt und als Lerngegenstände rekonstruiert werden.

Allerdings ist damit noch nicht allzu viel darüber gesagt, um welche Lerngegenstände es konkret in der politischen Bildung sinnvollerweise gehen kann, ob und in welchem Sinn es „geeignete" thematische Schwerpunkte gibt und „ungeeignete". Diese Frage beschäftigt die Didaktik – nicht nur die der politischen Bildung – spätestens seit den 1950er-Jahren intensiv als ein theoretisches Problem: Welche Kriterien lassen sich für eine – wissenschaftlich begründbare – Auswahl von Lerngegenständen entwickeln, wenn diese Frage in der modernen Gesellschaft nicht mit einer Liste (einem „Kanon") von scheinbar selbstverständlichen „Bildungsgütern" beantwortet werden kann, in denen sich ein fraglos akzeptiertes kulturelles Erbe der Gesellschaft materialisiert (➤ Kapitel I.2)? Für die politische Bildung stellt sich diese Frage in einer im Vergleich zu vielen anderen Fachgebieten noch verschärften Form. Schon in einem fachlich relativ homogenen Wissensgebiet wie zum Beispiel der Mathematik lässt sich trefflich darüber streiten, welches mathematische Wissen und Können mit welchen Gründen etwa alle Schülerinnen und Schüler angesichts der höchst unterschiedlichen beruflichen und sonstigen Lebensperspektiven und angesichts von Taschenrechnern und Computern heute erwerben sollten.[49] Erst recht gilt dies für den Bereich der Politik, zu dessen Konstanten seine Wandelbarkeit gehört (➤ Kapitel II.2). Zudem ergibt sich für die

---

49 Vgl. hierzu etwa Hans Werner Heymann: Allgemeinbildung und Mathematik. Weinheim 1996

politische Bildung unter dem Aspekt der notwendigen Anschlussfähigkeit von
Lernangeboten an die Wissensnetze der Adressaten das zusätzliche Problem, dass
sich in vielen Fällen Lerninteressen zunächst gerade auf solche Fragen, Probleme
und Kontroversen richten können, die in der Tagespolitik eine große Rolle spielen, die aber möglicherweise in wenigen Monaten oder Jahren bereits vergessen
oder in jenen Bestand an kollektiver Erinnerung übergegangen sind, den wir
„Geschichte" nennen.

Eine wissenschaftlich hinreichend abgesicherte Liste von unverzichtbaren
Lerngegenständen, die dauerhaft den fachlichen Kern der politischen Bildung
repräsentieren, gibt es nicht. Bisher konnte nicht überzeugend – weder theore-
tisch noch empirisch – gezeigt werden, dass es für die politische Mündigkeit von
Menschen, für ihre politische Urteils- und Handlungsfähigkeit, zwingend erforderlich ist, eine präzise bestimmbare Liste von Lerngegenständen in der politischen
Bildung durchzuarbeiten. Zwar lassen sich wünschenswerte Resultate politischer
Bildung auch auf einer inhaltlichen Ebene in einer allgemeinen Form mit guten
Gründen benennen. So ließe sich leicht begründen, dass ein gut begründetes
konzeptuelles Verständnis der tragenden Prinzipien und Funktionsweisen der
politischen, wirtschaftlichen und gesellschaftlichen Ordnung der Bundesrepublik
und ihrer transnationalen Verflechtungen in sehr vielen politischen Situationen
erforderlich ist, wenn man sich als Bürgerin oder Bürger auf angemessene Weise
urteilend und/oder handelnd zu ihnen verhalten will. Aber es führt sehr rasch
zu einem Lehr-Lern-Kurzschluss, wenn aus dieser allgemeinen Perspektive konkrete Lerngegenstände deduziert werden sollen. Ob beispielsweise ein solches
Grundverständnis der demokratischen Ordnung in der Analyse eines besonders
prägnanten kontroversen Falles aus der aktuellen Politik, in einer historischen
Studie zur Entstehung des Grundgesetzes, im historischen Vergleich zur DDR,
in der Analyse des Berufsalltags eines Bundestagsabgeordneten, in einem Lernvorhaben über Menschenrechte, bei der Lektüre von Biografien und Memoiren
von Politikern oder im Zusammenhang mit der Produktion eines Videoporträts
der Bundesrepublik für eine Veranstaltung im Rahmen einer Städtepartnerschaft
oder eines E-Mail-Projekts mit einer Partnerlerngruppe in einem anderen Land
erworben und vertieft werden kann – dies lässt sich keineswegs ein für alle Male
und für alle Adressaten politischer Bildung gleichermaßen sagen.

Kurt Gerhard Fischers provokantes, der auf „Stoffe" fixierten Lernkultur der
Schule radikal widersprechendes Diktum: „Die Lehrgüter des Politischen Unterrichts sind austauschbar"[50] ist bis heute nicht widerlegt. Allerdings ist es ein

---

50 Fischer, Einführung in die Politische Bildung, a.a.O., S. 111

Missverständnis – das in der Rezeption dieses Satzes in der Politikdidaktik sehr häufig vorkam –, die *Austauschbarkeit* der Lerngegenstände (bei Fischer noch „Lehrgüter") mit deren *Beliebigkeit* gleichzusetzen. So definiert sich das fachliche Profil der politischen Bildung zwar über ihren Gegenstandsbereich „Politik" und nicht über einen Kanon von Lerngegenständen, von „durchzunehmenden" Themen des Unterrichts. Aber daraus folgt nicht, dass es gleichgültig wäre, wie Lerngegenstände beschaffen sind.

Die gemeinsame Arbeit an Lerngegenständen in der politischen Bildung muss es den Teilnehmenden in konkreten Adressaten- und Lerngruppen ermöglichen, ihre politische Urteils- und Handlungsfähigkeit im Sinne der oben (➤ Kapitel II.3) beschriebenen Kompetenzen zu verbessern. Hierfür müssen Lerngegenstände zunächst an Vorkonzepte und Lerninteressen der Adressaten anschlussfähig sein. Aber von dort aus, von dem also, was die Lernenden mitbringen, müssen sie für die Beurteilung von Politik neue Perspektiven im Sinne von Komplexitätszuwachs in horizontaler und vertikaler Richtung eröffnen, sie müssen also die Chance bieten, ein „breiteres" und „tieferes" Verständnis von Politik zu gewinnen und dafür notwendiges neues Wissen zu erwerben. Ferner müssen sie von der konkreten Adressatengruppe in Grundsituationen des Lernens (➤ Abschnitt 4.2) so bewältigbar sein, dass handlungsbezogene und methodische Fähigkeiten im Umgang mit Politik trainiert werden können.

Dieser Prozess des Lernens ist immer ein individueller Prozess (➤ Abschnitt 1). Da davon auszugehen ist, dass das Wissensnetz jedes Menschen sich von denen aller anderen unterscheidet, sind bei genauer Betrachtung die Lerninteressen und die Anschlussfähigkeit für neues Lernen ebenfalls bei allen Menschen verschieden. Auf der anderen Seite gibt es jedoch auch vielfache Formen von Überschneidungen von Wissensnetzen und Anschlussmöglichkeiten für neues Lernen zwischen Menschen, weil es vielfache Bereiche geteilter Erfahrung und geteilter Konstruktion der Welt gibt. Erst solche Überschneidungsbereiche lassen Lernen in Gruppen überhaupt zu (womit allerdings das Ausmaß an Homogenisierung und des Mangels an individuellen Entfaltungsmöglichkeiten, das besonders die Strukturen des schulischen Lernens weithin prägt, keinesfalls gerechtfertigt werden kann). Solche Bereiche geteilter Erfahrung, gemeinsamer Interessen und auch gemeinsam definierter und zu bewältigender Probleme können völlig unterschiedlich zugeschnitten sein und sich zugleich in der individuellen Konstruktion der Welt überschneiden. Um nur die wichtigsten zu nennen: Sie können lebensphasenbezogen, generationenspezifisch, geschlechtsspezifisch, schichten- und milieutypisch sein, von gemeinsamen Neigungen und Interessen (musikalisch, religiös, sportlich, politisch...) oder vom engeren oder weiteren sozial-kulturellen Umfeld geprägt (vom Dorf oder Stadtteil über Regionen und Nationen bis zu großen Zivilisationsformen) sein. Manche dieser Gemeinsamkeiten sind in ihrer Verbreitung und/oder Dauer sehr begrenzt, andere betreffen große Gruppen und/oder längere Zeiträume (von Jahren bis Jahrhunderten), manche betreffen auch die Welt aller Menschen.

Alles dies lässt sich auch für politische Phänomene sagen. Es gibt politische Situationen und Probleme von äußerst kurzer Dauer (von denen sich u.U. dennoch viele Menschen betroffen fühlen und an denen sie lebhaftes Interesse haben können), es lassen sich Problemlagen und Konstellationen beschreiben, die Politik erkennbar über längere Zeiträume hinweg prägen, und es gibt das grundsätzliche, alle Menschen über die gesamte bekannte Kulturgeschichte hinweg betreffende Problem von Politik, das Zusammenleben von Menschen in Gesellschaften regeln zu müssen (➤ Kapitel II.2).

Politik lässt sich somit in verschiedenen Tiefenschichten beschreiben. Soll Komplexitätszuwachs als Lernperspektive politischer Bildung möglich sein, müssen sich diese *Tiefenschichten* in den Lerngegenstände ausdrücken. Idealtypisch sollen hierbei drei Zonen des Politischen unterschieden werden:

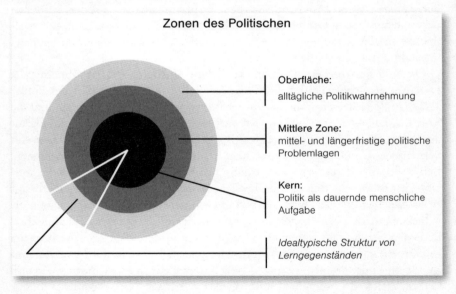

Es versteht sich, dass diese Unterscheidung nur eine sehr grobe Differenzierung von Tiefenschichten des Politischen anbieten kann. Auch sind die Kreise nicht als voneinander abgeschlossen zu denken; die Übergänge sind fließend, und im Grunde müssten die Zonen dynamisch, in ständiger Bewegung dargestellt werden, denn Elemente aus den beiden inneren Zonen können von Fall zu Fall unterschiedlich nahe an die Oberfläche rücken, sie können auch unmittelbar zum Thema alltäglicher Politik werden. Es gibt Entscheidungssituationen, in denen langfristig wirksame politische Weichenstellungen vorgenommen werden, und es kommt durchaus vor, dass z.B. im Deutschen Bundestag über eine Frage aus dem Kernbereich des Politischen, also über eine grundsätzliche Frage zur Aufgabe und zu Möglichkeiten der Politik debattiert wird. Die Regel ist das aber nicht, das politische Alltagsgeschäft befasst sich – notwendigerweise – meist mit Problemen von weitaus kürzerer Reichweite und geringerer Tiefe. Aber es ist davon auszugehen, dass die Art und Weise, wie politische Akteure ihr grundsätzliches Verständnis von Politik als einer menschlichen Aufgabe und ihre Sicht von dem, was mittel- und längerfristig politisch bedeutsam ist, definieren, ihre Perspektiven auf die tagesaktuelle politische Arbeit in nicht unerheblichem Ausmaß beeinflusst.

„Oberfläche": alltägliche Politikwahrnehmung

In dieser Zone findet Politik alltäglich statt. Es ist der Bereich der Routinen wie der Sensationen des politischen Alltagsgeschäfts, der Schlagzeilen und öffentlichen Kontroversen, des überwiegenden Teils der Gesetzgebung und des Lobbyismus, der Bürgerinitiativen und der Parteiversammlung, der Entscheidung über Straßenbau oder Kindergartenbau, über Lehrereinstellung oder Ausbau der Polizei. In dieser Zone des Politischen formulieren und formieren sich die Mehrzahl der konkreten politischen Ziele und Interessen, hier werden Wahlkämpfe und die meisten öffentlichen Konflikte ausgetragen, hier werden Bündnisse geschlossen und Mehrheiten gesucht. Dies ist auch die Zone des Politischen, die die Repräsentanz und die Konstruktion von Politik in den Medien prägt – wer sich ein Bild von Politik in dieser Zone machen will, muss den Fernseher einschalten und Zeitung lesen. Zugleich ist dies damit die Zone, auf die sich die politischen Meinungen und Urteile von Bürgerinnen und Bürgern zunächst einmal beziehen und auch beziehen müssen – denn in diesem Bereich alltäglicher Politik fallen die konkreten Entscheidungen, zu denen man sich urteilend und ggf. handelnd verhalten kann und, spätestens in der Situation des Wählers, auch muss. Dabei ist der Begriff des „Alltäglichen" nicht allzu wörtlich zu nehmen – zwar gibt es die im Wortsinn nur tagesaktuelle Thematik und es gibt das „Sommertheater", aber es gibt es auch Gegenstände und Ereignisse der Politik, die über Wochen und Monate die öffentliche Diskussion beherrschen und die von erheblicher Bedeutung für die politische Urteilsbildung der Bürgerinnen und Bürger sein können, bei denen aber die Angelegenheit, um die es dabei geht, und das öffentliche Interesse an ihr nach einem begrenzten, überschaubaren Zeitraum auch als abgeschlossen gelten können. Beispiele hierfür aus der deutschen Politik wären aus den Monaten, in denen im Jahr 2000 die erste Auflage dieses Buch entstanden ist, eine Parteispendenaffäre der CDU, eine Steuerreform, die „Greencard" für IT-Spezialisten oder die Versteigerung der UMTS-Mobilfunklizenzen – und aus den Monaten der Arbeit an der zweiten Auflage die Erhöhung der Mehrwertsteuer von 16 auf 19 Prozent oder die im April 2007 in Kraft getretene „Gesundheitsreform".

In dieser Zone des Politischen bilden sich häufig, zumeist eben vermittelt über die mediale Repräsentanz von Politik, politische Lerninteressen: Etwas genauer verstehen zu wollen, was man über die Medien aus der aktuellen Politik erfahren hat, oder mit anderen darüber sprechen (oder streiten) wollen oder nützliches Wissen und Fähigkeiten für konkrete Verwendungssituationen erwerben zu wollen – dies sind Anschlussmöglichkeiten für Lernprozesse, die politische Bildung keinesfalls übersehen darf.

Zugleich gehört es zu den Merkmalen des Politischen in dieser Zone, dass seine Gegenstände ständig und schnell wechseln. Dies begründet auch die These von der Austauschbarkeit der Lerngegenstände politischer Bildung: Worauf sich das politische Urteilen und Handeln der Lernenden konkret beziehen kann, unterliegt eben diesem ständigen Wechsel und ist nicht auf einen längeren Zeitraum hin prognostizierbar. Zugleich aber werden in den meisten Fällen Lerngegenstände für die Adressaten nicht anschlussfähig sein, wenn sie ohne jeden Bezug zur alltäglichen Politikwahrnehmung bleiben. Manche aktuellen Ereignisse sind dabei so intensiv im Fokus der öffentlichen Aufmerksamkeit, dass die politische Bildung nicht umhin kommt, sie rasch zum Thema von Lernangeboten zu machen, wenn sie die Interessen ihrer Adressaten nicht völlig verfehlen will. Ein Beispiel hierfür sind die Terroranschläge vom 11. September 2001, wobei in diesem Beispiel auch die Verbindung zu den tieferen Schichten des Politischen gegeben ist. Gleichwohl waren diese konkreten Anschläge nicht vorhersehbar, sie hätten vorab in keinem schulischen Lehrplan und in keinem Angebotskatalog außerschulischer politischer Bildung berücksichtigt werden können. Womit sich politische Bildung also konkret in Lernangeboten befassen sollte, wie diese Lernangebote im Sinne eines „Themas" zu formulieren und wie sie sachlich zu strukturieren sind, lässt sich nicht kanonisieren.

„Mittlere Zone": mittel- und längerfristige politische Problemlagen und Aufgabenfelder

So notwendig für politische Bildung in aller Regel der Anschluss an alltägliche Politik und alltägliche Politikwahrnehmung ist, so wenig lässt sich Politik allein auf dieser Ebene verstehen. Es gibt Konstellationen, die als politische Probleme und damit auch als politische Aufgaben erkennbar für einen mittel und längerfristigen Zeitraum die Definition und die Strukturierung gemeinsamer Angelegenheit menschlicher Gesellschaften prägen. Häufig – wenn auch nicht in jedem Fall – stehen Phänomene der „Oberfläche" in einer Wechselbeziehung zu solchen mittel- und längerfristigen Problemlagen, sie werden durch diese hervorgebracht, sind ohne diese tiefere Schicht im Grunde nicht zu verstehen und wirken umgekehrt auf die Struktur und die Bewältigungschancen einer oder mehrerer dieser Problemlagen zurück. So lassen sich von den genannten Beispielen aus dem Jahr 2000 die Greencard-Debatte und die bei der Versteigerung der UMTS-Lizenzen erzielten Summen überhaupt nicht verstehen, wenn man diese zunächst eher kurzfristig bedeutsamen politischen Ereignisse nicht vor dem Hintergrund des epochalen, sich über Jahrzehnte hinziehenden ökonomischen Umbruchs am Ende des Industriezeitalters und im Kontext von Globalisierungsprozessen analysiert. Politische Bildung hat die Aufgabe, den Lernenden durch die Erschließung von Zusammenhängen, Wirkungen und Nebenwirkungen zwischen alltäglicher Politik und mittel- und längerfristigen politischen Problemlagen einen Komplexitätszuwachs im Verstehen von Politik zu ermöglichen.

In der Politikdidaktik spielt eine solche Perspektive auf die Konstruktion von Lerngegenständen seit geraumer Zeit eine wichtige Rolle.[51] Zuerst hat Wolfgang Hilligen eine didaktische Konzeption vorgelegt, die solche mittel- und längerfristigen Problemlagen ins inhaltliche Zentrum politischer Bildung rückt;[52] Hilligen sprach von „fundamentalen Problemen", die er in einem existenziellen Sinne als diejenigen politischen Probleme verstand, von deren Bewältigung menschenwürdiges Überleben in der Gegenwart abhängt. Weite Verbreitung über die politische Bildung hinaus hat dann in den 1980er- und 1990er-Jahren Wolfgang Klafkis Konzept einer neuen Allgemeinbildung gefunden, bei dem eines der zentralen Bestimmungsmerkmale des Allgemeinbildungsbegriffs die „Konzentration auf epochaltypische Schlüsselprobleme" ist.[53] Nach Klafki bedeutet „Allgemeinbildung

---

51 Vgl. auch die Übersicht bei Gotthard Breit: Problemorientierung. In: Sander (Hrsg.), Handbuch politische Bildung, a.a.O., S.116 ff.

52 Vgl. Wolfgang Hilligen: Zur Didaktik des politischen Unterrichts. 4. Aufl., Bonn 1985 (1. Aufl. Opladen 1975); ders.: Didaktische Zugänge in der politischen Bildung. Schwalbach/Ts. 1991

53 Vgl. Wolfgang Klafki: Grundzüge eines neuen Allgemeinbildungskonzepts. Im Zentrum: Epochaltypische Schlüsselprobleme. In: ders.: Neue Studien zur Bildungstheorie und Didaktik, a.a.O. Zum Zusammenhang dieses Allgemeinbildungskonzepts mit der politischen Bildung vgl. auch Wolfgang Klafki: Politische Bildung: Allgemeinbildung und Auseinandersetzung mit „Schlüsselproblemen". In: kursiv – Journal für politische Bildung 4/1997

... in dieser Hinsicht, ein geschichtlich vermitteltes Bewußtsein von zentralen Problemen der Gegenwart und – soweit voraussehbar – der Zukunft zu gewinnen, Einsicht in die Mitverantwortlichkeit aller angesichts solcher Probleme und Bereitschaft, an ihrer Bewältigung mitzuwirken."[54] Für die politische Bildung war dieser Ansatz deshalb von großem Interesse, weil die Schlüsselprobleme, um die es Klafki ging, im Kern *politische* Probleme sind; Klafki nennt u.a. die ökologische Krise, die Friedensfrage, soziale Ungleichheit, Gefahren und Möglichkeiten neuer Technologien. Einerseits rückte damit politische Bildung ins Zentrum von allgemeiner Bildung, andererseits bietet eine curriculare Orientierung an Schlüsselproblemen erhebliche Chancen für eine fächerübergreifende Vernetzung des fachbezogenen Lernens in der politischen Bildung mit den Perspektiven anderer Fachgebiete auf solche Schlüsselprobleme. Eine Orientierung an Schlüsselproblemen (oder in anderer Formulierung, z.B. Grundproblemen, Kernproblemen) hat auf die Entwicklung von Lehrplänen für den schulischen Politikunterricht in den 1990er-Jahren erheblichen Einfluss gewonnen, so z.B. auf Lehrpläne in Niedersachsen, Rheinland-Pfalz, Schleswig-Holstein und Thüringen sowie auf die „Rahmenvorgabe Politische Bildung" in Nordrhein-Westfalen im Jahr 2001.

Eine Schwierigkeit dieses Konzepts hat Klafki deutlich gesehen, weshalb er auch seine – in mehreren Varianten vorgelegte – Auflistung von Schlüsselproblemen nicht als abgeschlossen betrachtet sehen wollte: „Ein hinreichend vollständiger Aufriß solcher Schlüsselprobleme würde so etwas wie eine Theorie des gegenwärtigen Zeitalters und seiner Potenzen und Risiken im Hinblick auf die Zukunft erfordern."[55] Klafki war durchaus bewusst, dass es eine solche Theorie nicht gibt – genauer wäre zu sagen: dass es keine einheitliche, allgemein als gültig anerkannte solche Theorie gibt, sondern eine Vielzahl miteinander im Wettbewerb stehender Theorien des gegenwärtigen Zeitalters.[56] Solche Zeitdiagnosen aus den Sozialwissenschaften sind allerdings ein möglicher – kontrovers zu thematisierender – Gegenstand politischer Bildung. Mit Recht forderte Gagel deshalb eine „Entkoppelung von Zeitdiagnose und Schlüsselproblemen"[57], damit nicht der Eindruck entstehen kann, politische Bildung verfüge über eine gültige Theorie der Gegenwart jenseits

---

54 Klafki, Grundzüge eines neuen Allgemeinbildungskonzepts, a.a.O., S. 56
55 Ebd., S. 56
56 Dies gilt schon für Gesellschaftstheorie im engeren Sinne; eine auch für die Praxis der politischen Bildung brauchbare Übersicht zu aktuellen Gesellschaftstheorien gibt Armin Pongs: In welcher Gesellschaft leben wir eigentlich? Gesellschaftskonzepte im Vergleich. 2 Bde., München 1999/2000
57 Walter Gagel: Untiefen der Katastrophendidaktik. Von der Ambivalenz des Begriffs „Schlüsselprobleme". In: Politische Bildung 2/1994, S. 52

des wissenschaftlichen und politischen Pluralismus. „Zeitdiagnosen sind Deutung-s*angebote* und keine verbindliche Weltsicht."[58] Es kann daher nicht die Aufgabe einer didaktischen Orientierung an Schlüsselproblemen sein, die Kontroversität von Deutungen der gegenwärtigen politischen, gesellschaftlichen und ökonomischen Verhältnisse abzuschneiden und Lernende auf eine bestimmte, vorgegebene Sichtweise festzulegen. Der Sinn einer solchen didaktischen Orientierung ist es, in der politischen Bildung ein besonderes Augenmerk auf jene Problemlagen zu legen, von denen mit guten Gründen erwartet werden kann, dass sie über den Tag hinaus auf mittlere oder längere Sicht politisch bedeutsam bleiben werden. Damit wird eine fachspezifische Konkretisierung der traditionellen allgemeindidaktischen Frage nach der *Zukunftsbedeutung* eines Themas vorgenommen. Dabei ist davon auszugehen, dass die möglichen Bewältigungsstrategien für diese Probleme ebenso wie häufig auch schon die Erklärung ihrer Ursachen Gegenstand politischer und wissenschaftlicher Kontroversen ist, die die politische Bildung nicht zu entscheiden, sondern den Lernenden in angemessener didaktischer Reduktion in Lernsituationen zur eigenen Urteilsbildung zugänglich zu machen hat.

Ferner wäre es ein Missverständnis, wollte man solche Schlüsselprobleme in erster Linie unter dem Blickwinkel von *Bedrohungsszenarien* sehen. Sie sind vielmehr gleichzeitig als politische *Aufgabenfelder* und somit als politische Gestaltungsräume zu verstehen. Freilich gibt es in der Politik insofern einen untrennbaren Zusammenhang zwischen „Problem" und „Aufgabe" bzw. „Gestaltung", als soziale Phänomene ja gerade dadurch als „politische" konstituiert werden, dass sie als problematisch und politisch regelungsbedürftig empfunden werden (➤ Kapitel II.2). Gleichwohl geht es beim didaktischen Bezug auf Schlüsselprobleme in der politischen Bildung keinesfalls um eine „Katastrophendidaktik", vor deren „Untiefen" Gagel mit Recht gewarnt hat.

Schlüsselprobleme sind weder objektivierbar noch sind sie von Dauer. Sie unterliegen selbst den Wandlungen des Politischen, wenn auch sehr viel langsamer, gewissermaßen „träger" als Phänomene der Oberflächenzone. Was heute als „Schlüsselproblem" definierbar ist, wird sich zwar nicht morgen völlig anders darstellen, aber möglicherweise doch in einigen Jahrzehnten. Daher kann es auch keine dauerhaft „gültige", abgeschlossene Liste von Schlüsselproblemen geben. Die Kritik jedoch, es handele sich bei Schlüsselproblem um dezisionistische, also letztlich willkürliche Setzungen,[59] schüttet das Kind mit dem Bade aus, denn dies

---

58 Ebd., S. 53
59 So Tilman Grammes: Kommunikative Fachdidaktik. In: kursiv – Journal für politische Bildung 2/2000, S. 29

hieße ja, dass die Sozialwissenschaften prinzipiell außerstande wären, gut begründete Aussagen darüber zu machen, wo sich hinter der Oberfläche alltäglicher Politik längerfristig wirkende Problemlagen identifizieren lassen. Richtig bleibt zwar, dass die Perspektiven der Sozialwissenschaften nur Beiträge zum öffentlichen Diskurs sein können, in dem letzten Endes praktisch entschieden wird, welche Themen auf die politische Agenda gelangen und welche nicht. Daraus folgt aber nicht, dass – um konkrete Beispiele zu nennen – die sozialstrukturellen Veränderungen am Ausgang des Industriezeitalters, die Risiken der Verbreitung von Atomwaffen, die ökonomischen Strukturveränderungen durch Globalisierungsprozesse oder die Bedrohung durch den islamischen Fundamentalismus dezisionistische Setzungen wären. Auf der anderen Seite darf der heuristische Charakter von Schlüsselproblemen nicht übersehen werden: Sie sind keine wissenschaftlich unumstrittenen Zustandsbeschreibungen der gegenwärtigen Weltlage, sondern Analyse- und Ordnungsversuche, die begründete Plausibilität beanspruchen; aber es kann durchaus auch eine interessante kontroverse Frage in der Praxis der politischen Bildung sein, wie eine bestimmte mittel- und längerfristige politische Problemlage genauer zu beschreiben wäre und ob sie sich möglicherweise aus verschiedenen Perspektiven von Akteuren und Betroffenen unterschiedlich definieren ließen.

Als ein Beispiel für eine mögliche Systematik von Schlüsselproblemen sei aus den Thüringer Lehrplänen für Sozialkunde von 1999 zitiert:

„Der Sozialkundeunterricht soll zur Erschließung der folgenden Schlüsselprobleme der Gegenwart und der absehbaren Zukunft einen fachspezifischen, auf die politische Dimension bezogenen Beitrag leisten:

- die Sicherung und Weiterentwicklung der Demokratie als dauernde politische Aufgabe (‚Demokratie‘)
- die Verwirklichung sozialer Gerechtigkeit angesichts funktionaler sozialer Differenzierung und struktureller sozialer Ungleichheiten (innergesellschaftlich und weltweit) (‚Ungleichheit‘)
- die Sicherung des Friedens angesichts der Möglichkeiten zur Massenvernichtung und neuer politischer Gefahren in der internationalen Politik (‚Frieden‘);
- die Sicherung der natürlichen Lebensgrundlagen angesichts der globalen ökologischen Krise (‚Umwelt‘);
- Chancen und Gefahren neuer technologischer Entwicklungen, zum Beispiel im Bereich der Informations- und Kommunikationstechnik oder der Gentechnologie (‚Neue Technologien‘);
- Chancen und Gefahren der Entwicklung von transnationalen ökonomischen, gesellschaftlichen und politischen Strukturen (‚Internationalisierung‘);
- die Entwicklung von Mündigkeit und Verantwortung in personalen sozialen

Beziehungen angesichts wachsender alltagskultureller Differenzen in modernen Gesellschaften („Ich-Du-Beziehungen')."

Diese Liste geht im Wesentlichen auf einen Vorschlag des Verfassers aus dem Jahr 1992 zurück, der Klafkis Überlegungen für die politische Bildung weiterführen sollte.[60] Eine ganz ähnliche, inhaltlich weitgehend identische Liste von „Problemfeldern" formuliert auch die „Rahmenvorgabe Politische Bildung" in Nordrhein-Westfalen aus dem Jahr 2001, ergänzt um „Wirtschaft und Arbeit".[61] Es spricht für die Plausibilität der didaktischen Strukturierung des weiten Feldes der Politik mit Hilfe der Definition von Schlüsselproblemen, dass die genannten Problemfelder auch nach 15 Jahren nichts von ihrer heuristischen Kraft für die Analyse aktueller Politik verloren haben, wenngleich die konkreten Probleme und Konflikte, an denen sich diese Probleme in der alltäglichen Politik ausdrücken, sich in einigen Bereichen geändert haben, man denke etwa an die Bedrohungen des Friedens durch den globalen Terrorismus oder an das Stichwort „Generationengerechtigkeit" in der Sozialpolitik. Selbstverständlich ist es auch jederzeit möglich, dass neue Entwicklungen in Wirtschaft, Gesellschaft und internationaler Politik neue Definitionen von Schlüsselproblemen als sinnvoll erscheinen lassen.

„Kern": Politik als dauernde menschliche Aufgabe

Probleme und politische Aufgaben in der „mittleren Zone" lassen sich auch als historische Konstellationen des allgemeinen Problems von Politik verstehen, gemeinsame Angelegenheiten regeln und das allgemeine Miteinanderauskommen sichern zu müssen(➤ Kapitel II.2). Politische Bildung kann ihren Gegenstand, das Politische, letztlich nicht zureichend treffen, wenn sie nicht bis zu diesem allgemeinen Problem von Politik als einer dauernden menschlichen Aufgabe durchdringt. Politische Bildung ist bezogen auf diese Kernzone des Politischen ein Ort, an dem Menschen sich mit der Frage danach auseinandersetzen, was es für das menschliche Leben bedeuten kann, dass der Mensch ein „zoon politikon" (Aristoteles) ist – mit historisch-praktischen wie politiktheoretischen und sozialphilosophischen Antworten auf diese Frage, mit unterschiedlichen konzeptuellen Verständnissen dieses zoon politikon und ihren jeweiligen Implikationen und

---

60 Vgl. Wolfgang Sander: Vom Fach zum Bildungsbereich. Ein Plädoyer für Grenzüberschreitungen in der politischen Bildung. In: ders. (Hrsg.), Konzepte der Politikdidaktik. Aktueller Stand, neue Ansätze und Perspektiven. Hannover 1992

61 Zit. nach der Entwurfsfassung vom 31.1.2001. Die Rahmenvorgabe soll einen verbindlichen Rahmen für die politische Bildung in allen Schulstufen und Schulformen in Nordrhein-Westfalen schaffen.

möglichen Konsequenzen, mit den Denkvoraussetzungen aktueller politischer Programme und Positionen, aber auch mit der Frage, was es für das eigene Leben und die persönliche Identität bedeuten kann, dass jeder Mensch auf die eine oder andere Weise unausweichlich ein politisches Lebewesen ist, welches persönliche Verhältnis also die oder der Einzelne zur Politik findet. In diesem Kernbereich berühren sich Fragen der politischen Philosophie mit denen der persönlichen Lebensführung und des eigenen Selbstkonzepts von Lernenden. Auf dieser Ebene ist politische Bildung der praktischen Philosophie verwandt.

Es wäre ein grobes Missverständnis, diesen Kernbereich zeitlich und/oder curricular den anderen Zonen des Politischen nachzuordnen. Das Nachdenken über Grundfragen des menschlichen Zusammenlebens kommt nicht zeitlich, nicht einmal logisch nach dem Wissen über konkrete Politik, in gewisser Weise geht es der Auseinandersetzung mit konkreter Politik sogar logisch (nicht notwendigerweise aber zeitlich) voraus, weil davon auszugehen ist, dass die Vorstellungen von Menschen zu *Basiskonzepten des Politischen* (➔ Kapitel II.3) die Wahrnehmungen und Interpretationen von Politik bis in die Rezeption von Fernsehnachrichten vorstrukturieren können. Welche Vorstellungen also jemand, um ein Beispiel zu nennen, davon hat, bis zu welchem Grad ökonomische Macht notwendige und zu akzeptierende Konsequenz aus der Handlungsfreiheit von Unternehmen in einer freien Marktwirtschaft ist und ab wann wirtschaftliche Macht durch politische Institutionen kontrolliert und reguliert werden muss, wird vermutlich die Art der Rezeption von aktuellen Meldungen zu Unternehmenszusammenschlüssen, Entlassungen oder Standortverlagerungen in starkem Maße präformieren.

In diesem Kernbereich thematisiert politische Bildung auch grundlegende politischen Erfindungen aus der Zivilisationsgeschichte, klärt ihre konzeptuellen Hintergründe und fragt – im Grenzbereich zur mittleren Zone des Politischen – nach ihrer heutigen und zukünftigen Bedeutung: Erfindungen wie Verträge, Staat, Grund- und Menschenrechte, Gewaltenteilung, Rechtsstaatsprinzip, repräsentative Demokratie, Sozialstaat, Gewerbefreiheit und Marktwirtschaft, um nur einige wesentliche zu nennen.

Politische Bildung ist so auch eine Einladung zur Teilnahme am unendlichen Gespräch über die Aufgabe und das Problem des gesellschaftlichen Zusammenlebens der Menschen. Am Ende bietet sie den Lernenden eine Eintrittskarte in jenen virtuellen Club der Nachdenkenden, die sich seit Beginn der Kulturgeschichte mit dieser Aufgabe beschäftigen. Wie eine höfliche Gastgeberin begleitet sie die Neulinge auf ihrem Weg in diesen Club, stellt vor, macht bekannt, vermittelt die ersten Gespräche mit denen, die seit kurzem oder längerem zu den Stammgästen gehören: mit Konfuzius, Plato oder Montesquieu vielleicht, mit Karl Marx oder

Carl Schmitt, mit Hannah Arendt oder Sigmund Freud, mit Niccolo Machiavelli oder Adam Smith, mit Max Weber oder Rosa Luxemburg, mit John Rawls oder Pierre Bourdieu. Die allermeisten der Teilnehmenden an Veranstaltungen politischer Bildung werden diesen Club alsbald wieder verlassen, sie haben in ihrem Alltag anderes zu tun (vielleicht kommen sie später einmal wieder?), aber wenn die politische Bildung ihre Rolle als Gastgeberin gut gespielt hat, werden sie den Club mit vielen neuen Eindrücken und mit einem veränderten Blick auf ihren Alltag verlassen.

Idealtypische Struktur von Lerngegenständen

Lerngegenstände politischer Bildung sind zum Zweck der Schaffung von Lerngelegenheiten rekonstruierte Ausschnitte aus der vielfältigen Wirklichkeit des Politischen. In didaktischer Hinsicht werden sie mit Hilfe von verschiedenen Tools (➔ Abschnitt 4) so entwickelt, dass sie von einer konkreten Adressatengruppe bearbeitet werden können.

In sachlicher Hinsicht sollten Lerngegenstände politischer Bildung idealtypisch so konstruiert werden, dass sie Aspekte aus allen drei Zonen in ihrer wechselseitigen Verflechtung repräsentieren: Ereignisse, Situationen, Probleme, Konflikte aus dem Bereich der alltäglichen Politikwahrnehmung („Oberfläche"), die in ihren Beziehungen zu mittel- und längerfristig bedeutsamen Problemlagen („mittlere Zone") und unter der Frage erschlossen werden, was sich an ihnen über die grundsätzliche Problematik des Politischen als einer menschlichen Aufgabe („Kern") lernen lässt.

Nicht immer wird dabei eine gleichmäßige Repräsentanz aller drei Zonen in allen Lerngegenständen gelingen. Die Schwerpunkte der Bearbeitung können durchaus wechseln, also von vornherein näher an Alltagserfahrungen und Themen aus der alltäglichen Politik, an Schlüsselproblemen oder an Fragen des eher philosophischen Nachdenkens über Politik liegen. Auch gibt es keine feste Schrittfolge für die Erschließung der wechselseitigen Beziehungen zwischen den drei Zonen. Zwar wird ein Lernvorhaben häufig seinen Ausgangspunkt an Fragen und Interessen nehmen, die sich im Bereich der alltäglichen Politikwahrnehmung festmachen, und von dort nach tiefer liegenden Problemen fragen. Aber das ist nicht zwingend und muss sich letztlich von der Anschlussfähigkeit an Vorkonzepte und Lerninteressen der Adressaten her entscheiden. Problematisch werden aber in der Regel Reduktionen auf nur eine Zone sein – beispielsweise eine Auseinandersetzung mit alltäglicher Politik, die auf der Oberfläche medialer Politikrepräsentation bleibt (und schnell zum bloßen Meinungsaustausch über die neueste Meldung aus den Fernsehnachrichten gerät) ebenso wie eine Beschäftigung mit Politik als menschlicher Aufgabe, die ohne jeden Bezug zu möglichen Konsequenzen unterschiedlicher Sichtweisen für die praktische Politik erörtert wird (und damit leicht zum pseudophilosophischen Räsonieren werden kann).

Je näher nun in Lernsituationen die Auseinandersetzung mit Ausschnitten aus der politischen Realität an die Kernzone des Politischen heranrückt, desto abstrakter und komplexer, aber auch desto weniger austauschbar werden die Fragen und Probleme, um die es in der politischen Bildung inhaltlich geht. Schon die Probleme in der mittleren Zone – und erst recht die des Kernbereichs – werden, wenngleich sie die alltägliche Politik vielfach beeinflussen, nur selten *unmittelbar* zum Gegenstand von konkreter Politik. Die Frage etwa, wie soziale Gerechtigkeit in der Spannung zwischen Freiheit und struktureller Verfestigung von Ungleichheiten möglich sein kann, lässt sich nicht mit einem Parlamentsbeschluss definitiv entscheiden, sie steht aber im Hintergrund einer Vielzahl von konkreten politischen Kontroversen und Entscheidungen – beispielsweise zur Rentenpolitik, zur Ausbildungsförderung, zum Kindergeld, zur Steuerpolitik, zur Bildungspolitik, zur Finanzierung des Gesundheitswesens. Die letztgenannten Beispiele sind als Lerngegenstände austauschbar, es kann zwar von Fall zu Fall sinnvoll sein, sich mit ihnen zu beschäftigen, aber es ist nicht zwingend, genau diese Politikgegenstände in der politischen Bildung zu bearbeiten. Dagegen ist das Verständnis des Schlüsselproblems im Hintergrund dieser Gegenstände aus der praktischen Politik von erheblich größerer Bedeutung für eine reflektierte politische Urteilsbildung, weil sich ohne ein solches Problemverständnis weite Bereiche alltäglicher Politik nicht angemessen erschließen lassen. Gleichzeitig jedoch stellt jede Formulierung eines Schlüsselproblems eine Abstraktion dar, die sich dem Verständnis erst erschließt, wenn sie an konkreten Beispielen – etwa an einer konkreten politischen Auseinandersetzung zur Rentenpolitik – anschaulich werden kann.

Weiterhin spielen sowohl in konkrete alltägliche Politik als in die Wahrnehmung von Schlüsselproblemen Motive hinein, die ihre Wurzeln in grundlegenden, häufig kontroversen Bildern des Politischen haben. Damit sind konzeptuelle Vorstellungen darüber gemeint, was Politik leisten, womit und mit welchen allgemeinen Zielen sie sich überhaupt befassen soll und womit nicht und welche Prinzipien und grundlegenden Verfahren die Regelung der gemeinsamen Angelegenheiten leiten sollen – Bilder davon, wie Menschen zusammen leben können. Das Konzept der „sozialen Gerechtigkeit", die Vorstellung also, dass strukturelle soziale Ungleichheiten ein politisch zu bewältigendes Problem – und nicht beispielsweise Ausdruck einer gottgewollten Ordnung – sind, ist ein Produkt des 19. Jahrhunderts, was jedoch nichts daran ändert, dass es aller Voraussicht nach auf absehbare Zeit weiterhin erheblichen Einfluss auf die Politik haben wird. Es ist für das Verständnis sowohl des Schlüsselproblems als auch der konkreten politischen Auseinandersetzungen, in denen es sich in der alltäglichen Politik gewissermaßen materialisiert, bedeutsam, sich die grundlegenden Vorstellungen zu Basiskonzepten des Politischen zu erschließen, die im Hintergrund kontroverser politischer Positionen und Programme stehen.

4. Ein didaktischer Werkzeugkoffer: Tools für die Planung von Lernangeboten in der politischen Bildung

Welche Instrumente kann die Politikdidaktik Lehrenden für die Planung von Lernangeboten anbieten? Die folgenden Abschnitte stellen Tools vor, die Hilfen für die Konzeption und Begleitung von Lernangeboten im Sinne der bisher in diesem Buch ausgeführten Überlegungen bieten:

- begriffliche Tools für die Auswahl und didaktische Strukturierung von Lerngegenständen (didaktische Prinzipien);
- ablaufbezogene Tools für eine von Lernaufgaben her konzipierte Gliederung von fachlichen Lernvorhaben (Grundsituationen des Lernens);
- interaktionsbezogene Tools für die Gestaltung von Arbeitsstrukturen und zeitlichen Abläufen von Lernsituationen (Methoden);
- gegenständliche Tools, mit denen Lernende in Lernsituationen umgehen können (Medien).

Angesichts der Breite der politikdidaktischen Diskussion zu jedem dieser Bereiche von Tools sollen hier nur kurze Übersichten gegeben werden. Auf ausführliche Erläuterungen – insbesondere von Methoden und Medien – kann und soll hier verzichtet werden, da hierfür in der Literatur leicht zugängliche und bewährte Übersichten vorliegen, auf die an geeigneter Stelle verwiesen wird.

Bei der Planung von Lernangeboten ist die Wechselwirkung zwischen den Aspekten, auf die die Tools bezogen sind, von besonderer Bedeutung: Aus der Entscheidung für Lerngegenstände können sich spezifische Anforderungen an Methoden und Medien ergeben, umgekehrt können Methoden ihrerseits die Struktur von Lerngegenständen weitgehend determinieren (z.B. bei Projekten), sie können sogar im Zusammenhang mit dem Training von methodischen Fähigkeiten selbst zum Lerngegenstand werden. Die Situationen und Aufgaben, mit denen Adressaten konfrontiert werden, um sich mit dem jeweiligen Gegenstand auseinandersetzen zu können, wirken wiederum auf diesen Gegenstand selbst wie auf die Methoden zu seiner Bearbeitung zurück: Ob zur Auseinandersetzung mit einem bestimmten

Problem notwendiges Wissen aus veröffentlichten Quellen recherchiert, durch Befragung von Experten gewonnen oder durch ein forschendes Vorgehen erarbeitet werden soll, wirkt sich sowohl auf die methodische Struktur des Lernvorhabens als auch auf seine inhaltlichen Ergebnisse aus. Weiterhin kann es von den zur Verfügung stehen Medien abhängen, welche inhaltlichen Schwerpunkte und methodischen Zugänge gewählt werden können. Umgekehrt können bestimmte Medien spezifische methodische Erfordernisse mit sich bringen; beispielsweise ergeben sich aus der Arbeit mit dem Tageslichtprojektor bestimmte Anforderungen an die Gestaltung von Folien und an die Sitzordnung, und bei der Arbeit mit einer Computersimulation gehen „Methode" und „Medium" ineinander über. Es gehört wesentlich zur didaktischen Kompetenz von Lehrenden, mit Tools in diesen Wechselbeziehungen und mit Blick auf die jeweiligen Adressaten angemessen umgehen zu können.

4.1 Tools I: didaktische Prinzipien

Didaktische Prinzipien lassen sich als Modalitäten didaktischen Denkens verstehen, die es erlauben, Ausschnitte aus der komplexen Vielfalt des Politischen zu bilden, die – gemäß den in Abschnitt 3 erläuterten Anforderungen – als Lerngegenstände politischer Bildung geeignet sind. Mit ihrer Hilfe lassen sich also didaktische Rekonstruktionen von Politik im weiteren Sinne realisieren, die politische Phänomene für Lernen zugänglich machen. Sie ermöglichen es, *Themen* für Lernvorhaben zu entwickeln, denn ein Thema entsteht erst durch die Verbindung eines Inhaltsbereichs mit einer Perspektive zu seiner Bearbeitung, also z.B. mit einer Frage, einer Problemstellung oder einer Aufgabe.

Die im Folgenden genannten didaktischen Prinzipien lassen sich analytisch voneinander unterscheiden – repräsentieren also einen jeweils *anderen* didaktischen Zugang zum Gegenstandsfeld politischer Bildung[62] –, zugleich aber ergänzen sie sich und überschneiden sich in konkreten Lernvorhaben. Ähnlich wie Karl Rohe

---

62 Die hier dargestellten didaktischen Prinzipien sind je für sich genommen zunächst nicht fachspezifischer Art, sondern können auch in anderen Fächern und Fachgebieten zur Geltung kommen. Zu didaktischen Prinzipien *politischer Bildung* werden sie zum einen durch ihre inhaltliche Interpretation und Konkretisierung, zum anderen durch das Gesamtbild ihrer Auswahl. Beides wird sich in anderen Fächern und Fachgebieten vermutlich anders darstellen. So sind beispielsweise exemplarisches Lernen und forschendes Lernen auch didaktische Prinzipien der naturwissenschaftlichen Bildung, aber die Kriterien für Exemplarität und das methodische Vorgehen forschenden Lernens unterscheiden sich von der politischen Bildung. (Vgl. zu den hier kurz beschriebenen didaktischen Prinzipien auch die entsprechenden Beiträge in Sander (Hrsg.), Handbuch politische Bildung, a.a.O.)

unterschiedliche Politikbegriffe aus der Politikwissenschaft mit Scheinwerfern verglichen hat, die einen jeweils unterschiedlichen Ausschnitt aus der politischen Realität beleuchten (➤ Kapitel II.2), so gleichen die didaktischen Prinzipien Scheinwerfern, die Lernmöglichkeiten in der Auseinandersetzung mit fachlich bedeutsamen Problemfeldern jeweils unterschiedlich ausleuchten. Allerdings überschneiden sie sich auch, und aus didaktischer Sicht optimal konstruierte Lerngegenstände und Themen für Lernvorhaben sind solche, die im gemeinsamen Schnittfeld aller Lichtkegel liegen. Dies wird nicht in jedem Fall möglich sein, zumeist werden die didaktischen Prinzipien bei der Planung eines Lernvorhabens in unterschiedlichen Verbindungen und Gewichtungen zur Geltung kommen. Problematisch wäre eine Lernkultur in der politischen Bildung, in der eines oder mehrere dieser Prinzipien dauerhaft überhaupt nicht oder nur marginal wirksam werden würde.

Adressatenorientierung:

Lerngegenstände sollten so ausgewählt und strukturiert werden, dass sie an Vorwissen und Voreinstellungen der Adressaten über Politik anschlussfähig sind und dass die Adressaten als Subjekte ernst genommen sowie ihre Lebenserfahrungen und Lerninteressen berücksichtigt werden.

Der Begriff „Adressatenorientierung" wird hier als Oberbegriff für den in der schulischen politischen Bildung gebräuchlichen Begriff der „Schülerorientierung"[63] und in der außerschulischen politischen Bildung für den der „Teilnehmerorientierung"[64] verwendet. Adressatenorientierung führt zur Bildung von Ausschnitten aus der politischen Wirklichkeit unter der Frage nach ihrer Bedeutung für das Weltverstehen und die Lerninteressen der Adressaten. Adressatenorientierung ist von größter Bedeutung für die Anschlussfähigkeit von neuem Lernen an vorhandene Wissensnetze.

Bedeutsame Aspekte dieses didaktischen Prinzips sind insbesondere:

- der Perspektivenwechsel in der Planung von Lernangeboten von den fachlichen und/oder politischen Sichtweisen der Lehrenden zu den Konzepten und (antizipierten) Perspektiven der Lernenden. Dies erfordert eine „diagnostische Aufmerksamkeit" gegenüber fachlich bedeutsamem konzeptuellem Wissen der Adressaten als wesentliches Element des professionellen Selbstverständnisses

---

63 Prägend für diese Diskussion war Rolf Schmiederer: Politische Bildung im Interesse der Schüler. Frankfurt/M. 1977
64 Vgl. u.a. Hans Tietgens: Teilnehmerorientierung in Vergangenheit und Gegenwart. Frankfurt/M. 1983

(➤ Kapitel V.2.2) . Politische Bildung muss hiernach weniger von dem her
gedacht und geplant werden, was Lehrende aus ihrer Sicht auf die Sache für
wichtig halten, als vielmehr von der Frage her, wie konkreten Adressatengruppen
Kompetenzzuwächse ermöglicht werden können. Dem steht nicht entgegen, dass
Lernangebote politischer Bildung die Adressaten gerade nicht auf die „Eigenwelten" festlegen wollen, in denen sie sich bewegen, sondern diese Eigenwelten
für neue Sinnwelten öffnen wollen.[65] Aber dies wird letztlich nur möglich sein
können, wenn es – metaphorisch gesprochen – gelingt, die „Anschlussstellen"
zwischen den jeweiligen Eigenwelten und dem (bisher) Fremden zu finden und
den Adressaten „Wege anzubieten, ihre inneren Alltagsschemata zu öffnen und
zu überschreiten."[66]

- die Offenheit der politischen Bildung für die Frage nach ihrem Nutzen für
  die (potenziellen) Adressaten. Politische Bildung muss sich – in den Grenzen
  einer demokratischen Grundorientierung – ernsthaft auf sehr unterschiedliche
  Lerninteressen von Kindern, Jugendlichen und Erwachsenen einlassen und
  entsprechend differenzierte Lernangebote entwickeln. Besonders für die außerschulische Bildung ist bei der Planung von Lernangeboten angesichts der
  Freiwilligkeit der Teilnahme die Frage, was die Adressaten mit dem anfangen
  können, was die politische Bildung anbieten kann, von essentieller Bedeutung.
  Dies gilt auch, wenn auch nicht nur, für einen beruflichen Nutzen politischer
  Bildungsangebote.[67] Soweit sich politische Bildung auf einem Markt bewegt
  – was in weiten Teilen der außerschulischen Bildung der Fall ist und zunehmend
  der Fall sein wird –, ist Kundenorientierung eine legitime und wichtige Form
  von Adressatenorientierung (➤ Kapitel III.3).

- eine partizipationsorientierte Lernkultur innerhalb der politischen Bildung, in
  der Vorplanungen von Lehrenden und Anbietern so konzipiert sind, dass sie
  offen bleiben für Veränderungen durch die Teilnehmenden. Wo immer möglich
  und sinnvoll sollte eine Beteiligung der Adressaten an der Planung von Lernangeboten angestrebt und sollten im Verlauf von Lernvorhaben Möglichkeiten der
  Rückmeldung durch Lernende mit Konsequenzen für eine eventuelle Korrektur
  von Planungen ermöglicht werden. Dies wird in einem dreijährigen Kurs in der
  gymnasialen Oberstufe – im Rahmen von Lehrplanvorgaben – leichter möglich

---

65 Vgl. Ziehe, Schulische Lernkultur und zeittypische Mentalitätsrisiken, a.a.O.
66 Ebd., S. 211
67 Vgl. Sander, Beruf und Politik, a.a.O.; Mannheim-Runkel, a.a.O.; Sander, Die Politisierung
    des Berufs – neue Kooperationsfelder zwischen Unternehmen und politischer Bildung?
    A.a.O.

sein als in einem offen ausgeschriebenen Tagesseminar in der Erwachsenenbildung, in einem vhs-Kurs über ein oder gar mehrere Semester leichter als in
einer Podiumsdiskussion zu einer aktuellen politischen Streitfrage. Aber auch in
den für Teilnehmerpartizipation problematischeren Angebotsstrukturen lassen
sich mindestens Formen des Feedbacks an die Anbieter realisieren, aus deren
Auswertung möglicherweise Konsequenzen für künftige Planungen gezogen
werden können.

Exemplarisches Lernen:

*Lerngegenstände sollten so ausgewählt und strukturiert werden, dass an konkreten
politischen Einzelbeispielen verallgemeinerbare Erkenntnisse über Politik gewonnen
werden können.*

Das didaktische Prinzip des exemplarischen Lernens wurde in der Allgemeinen
Didaktik bereits in den 1950er-Jahren als Alternative zu einer Orientierung der
Auswahl von Lerngegenständen an fachlichen Systematiken favorisiert, die angesichts der schieren Zunahme von Wissen in allen Fächern und Wissenschaften
und angesichts der fortschreitenden Differenzierung innerhalb der Wissenschaften
als problematisch erschien.[68] „Weniger ist mehr" und „Mut zur Lücke" waren
pädagogische Slogans, mit denen nach einer Alternative zur „Stofffülle" gesucht
wurde, unter der das Lernen – besonders an Schulen – schon damals zu ersticken
drohte. In der Politikdidaktik hat vor allem Kurt Gerhard Fischer eine didaktische Konzeption entwickelt, die das Prinzip des exemplarischen Lernens ganz ins
Zentrum politikdidaktischer Theoriebildung stellte.[69]

Exemplarisches Lernen ist mehr als, wie es vom Begriff her zunächst erscheinen
könnte, ein Lernen an illustrativen Beispielen. Zwar soll an „Beispielen" gelernt
werden, aber in einem ganz bestimmten Sinn: nicht als bloße Veranschaulichung
(was in anderen didaktischen Strukturen durchaus sinnvoll sein kann) und
nicht als bloßer „Einstieg" in einen ansonsten fachsystematisch strukturierten
Lehrgang, sondern als gründliche, ein ganzes Lernvorhaben (oder mindestens
einen thematischen Zusammenhang innerhalb eines breiteren Vorhabens) struk-
turierende Auseinandersetzung mit einem typischen Beispiel, an dessen Analyse
Wissen und Erkenntnisse erworben werden können, die auf eine Vielzahl anderer,
ähnliche gelagerter Gegenstände im Sinn von Transferlernen übertragbar sind.

---

68 Vgl. auch Tilman Grammes: Exemplarisches Lernen. In: Sander (Hrsg.), Handbuch politische Bildung, a.a.O.

69 Vgl. Kurt Gerhard Fischer: Das Exemplarische im Politikunterricht. Beiträge zu einer Theorie
politischer Bildung. Schwalbach/Ts. 1993

Solche Beispiele können etwa aktuelle Fälle, Konflikte oder konkrete politische Probleme sein.

Diese Grundidee exemplarischen Lernens spiegelt sich auch in der oben dargestellten idealtypischen Struktur von Lerninhalten: An einem konkreten Ausschnitt aus dem Bereich alltäglicher Politikwahrnehmung („Oberfläche") werden tiefer liegende mittel- und längerfristige Problemlagen sowie Aspekte des grundsätzlichen Problems von Politik erarbeitet, die dann von den Lernenden an anderen Phänomenen (Ereignissen, Problemen, Konflikten...) alltäglicher Politik wieder erkannt werden. Die Hauptschwierigkeit und das Risiko exemplarischen Lernens besteht in der Gefahr von falschen Analogiebildungen; die Beantwortung der Frage, wofür genau welcher Aspekt eines Lerngegenstands exemplarisch sein soll, bedarf einer sehr sorgfältigen fachwissenschaftlichen und didaktischen Reflexion.

Problemorientierung:

Lerngegenstände sollten so ausgewählt und strukturiert werden, dass der Problemgehalt des Politischen erkennbar werden kann.

Für Problemorientierung als didaktisches Prinzip gibt es gewichtige lernpsychologische wie fachliche Gründe. Für Aebli sind sie ein, vielleicht der zentrale Ausgangspunkt für Lernprozesse: „Unsere Antwort auf die Frage, was das Lernen des Schülers in Bewegung setzt, wird lauten: lebendig empfundene Probleme."[70] Dies deckt sich mit Ergebnissen des Berichts zum Stand der Lernforschung des amerikanischen National Research Council: „Children are both problem solvers and problem generators; they not only attempt so solve problems presented to them, but also seek and create novel challenges. ... It seems that humans have a need to solve problems ...".[71] Gewiss gilt dies nicht nur für Schüler, sondern auch für Erwachsene; auch hier zeigt schon die Alltagserfahrung, dass Situationen, die als Problem empfunden werden, fast zwangsläufig die Suche nach Lösungsmöglichkeiten anregen. Ähnlich konstatiert Mietzel: „Es stellt keine neue Einsicht dar, daß Probleme, die im Rahmen eines natürlichen Kontextes auftreten, in hohem Maße zur aktiven Auseinandersetzung herausfordern."[72] Konfrontationen mit Problemen im Sinne von Situationen, die als unerwünscht und veränderungsbedürftig, aber auch als prinzipiell veränderbar erlebt werden, lösen Diskrepanzerfahrungen aus, sie machen neugierig und wecken die Bereitschaft, das individuelle Wissensnetz zu erweitern. Auf drei bereits erwähnte Bedingungen, die gegeben sein müssen,

---

70 Hans Aebli: Zwölf Grundformen des Lehrens. 13. Aufl., Stuttgart 2006, S. 277
71 Bransford et al., a.a.O., S. 102
72 Mietzel, Pädagogische Psychologie des Lernens und Lehrens, a.a.O., S. 285

damit eine Problemsituation zu einer Lernsituation werden kann, sei noch einmal ausdrücklich hingewiesen: Die Probleme müssen von den Lernenden als „lebendig" empfunden werden, sie müssen, so ließe sich wohl interpretieren, vor dem Hintergrund des eigenen Bildes der Welt als bedeutsam empfunden werden; sie müssen „im Rahmen eines natürlichen Kontextes auftreten", d.h. es darf sich nicht um bloß fiktive Probleme handeln und sie dürfen nicht als Motivationstrick (z.B. als motivierender Einstieg in eine konventionelle Stoffvermittlung) wahrgenommen werden; und sie müssen als prinzipiell lösbar angesehen werden, damit Lernsituationen nicht in die „Untiefen der Katastrophendidaktik"[73] geraten, an deren Ende möglicherweise nicht die Ermutigung zu selbstständigem Denken, sondern Resignation und Apathie stehen.

Aus fachlicher Sicht hat Politik als Gegenstand schon in einem ganz fundamentalen Sinn eine problemhaltige Struktur: Nur weil das Zusammenleben der Menschen Probleme aufwirft, die einer Regelung bedürfen, gibt es überhaupt Politik (➤ Kapitel II.2). Politische Probleme können in unterschiedlichen Tiefenstrukturen auftreten und die zeitgenössische politische Situation prägen (➤ Abschnitt 3), aber Themen geraten auf die politische Agenda, weil interessierte Gruppen sie als problemhaltig definieren und politische Lösungen einfordern. Dabei kann es nicht die Aufgabe politischer Bildung sein, eindeutige Lösungen für politische Probleme zu entwickeln. Politische Probleme sind „unklar definierte Probleme", bei denen es anders als bei „klar definierten Problemen" keine eindeutig richtigen Lösungen gibt.[74] Unklar definiert sind sie deshalb, weil es aus der Perspektive verschiedener Menschen und sozialer Gruppen höchst unterschiedliche richtige Lösungen (meist auch schon unterschiedliche Definitionen des Problems) gibt. Problemorientiertes Lernen heißt in der politischen Bildung daher, Menschen in die Lage zu versetzen, politische Probleme aus unterschiedlichen Perspektiven wahrzunehmen, verschiedene Lösungen durchspielen zu können und sich ein begründetes eigenes Urteil über die bestmögliche Lösung zu bilden (hier berührt sich das Prinzip der Problemorientierung mit dem der Kontroversität). Dies gilt im Übrigen auch retrospektiv: Auch die so genannten „Fakten", mit denen es politische Bildung zu tun hat – wie etwa die Strukturen und Aufgaben von politischen Institutionen und die geltende Rechtslage –, sind als Ergebnisse von Politik immer auch als Lösungsversuche für Probleme (oder als deren Nebenwirkungen) zu sehen. Ihr Sinn erschließt sich meist erst dann, wenn die Probleme rekonstruiert werden, um deren Lösung willen bestimmte politische Entscheidungen getroffen und gegen

---

73 Gagel, Untiefen der Katastrophendidaktik, a.a.O.
74 Vgl. Mietzel, Pädagogische Psychologie des Lernens und Lehrens, a.a.O., S. 274

(welche?) Alternativen durchgesetzt wurden und wenn erkennbar wird, welche Probleme bestimmte politische Erfindungen (wie z.B. der Parlamentarismus, die Gewaltenteilung, der Rechtsstaat) bewältigen helfen sollen.[75]

Kontroversität:

Lerngegenstände sollten so ausgewählt und strukturiert werden, dass die kontroverse Struktur des Politischen erkennbar wird.

„Politik beruht", so Hannah Arendt, „auf der Tatsache der Pluralität der Menschen."[76] Demokratie, so ließe sich wohl ergänzen, beruht auf der Anerkennung dieser Tatsache. Indem die Demokratie sich auf die politische Freiheit aller Bürgerinnen und Bürger gründet, erkennt sie das Recht jedes Menschen an, seine je eigenen Perspektiven auf die gemeinsamen Angelegenheiten zu entwickeln und zur Geltung zu bringen. Gäbe es nicht diese Unterschiede, die sich zu unterschiedlichen Interessen zwischen Menschen und Gruppen von Menschen verdichten, würde also von vorneherein Einvernehmen herrschen, bedürfte es der Freiheit nicht und auch nicht der Politik: „Unser Miteinander wird zum Problem und also politisch, weil unsere divergierenden Interessen aufeinander treffen und miteinander vereinbart werden müssen, wenn ein erträgliches Zusammenleben gesichert werden soll. Deshalb sind politische Fragen nicht ‚Sachfragen', sondern menschliche Fragen. In der Politik ist jede Sache jemandes Sache."[77]

Im Grunde handelt es sich beim Prinzip der Kontroversität in der politischen Bildung um eine fachspezifische Ausformung des allgemeindidaktischen Prinzips der Perspektivenvielfalt oder Multiperspektivität.[78] Im Beutelsbacher Konsens sind die didaktischen Konsequenzen aus der kontroversen Struktur des Politischen mit dem viel zitierten Satz „Was in Wissenschaft und Politik kontrovers ist, muss auch im Unterricht kontrovers erscheinen" (➤ Kapitel I.1) treffend auf den Punkt gebracht worden. Allerdings würde man die Möglichkeiten politischer Bildung überfordern, wollte man diesen Satz in einem wörtlichen Sinn so verstehen, dass in *jeder* Lernsituation *jede* mit dem Gegenstand verbundene Kontroverse in aller Breite abgebildet werden muss; schon die Komplexität, die sich hieraus ergeben müsste, würde in vielen Fällen die zeitlichen Möglichkeiten politischer Bildung und ihre Anschlussfähigkeit an die Wissensnetze der Lernenden überfordern.[79]

---

75 Vgl. hierzu auch Grammes, Kommunikative Fachdidaktik, a.a.O.
76 Hannah Arendt: Was ist Politik? München/Zürich 1994, S. 9
77 Sutor, Politische Bildung als Praxis, a.a.O., S. 10
78 Vgl. Ludwig Duncker/Wolfgang Sander/Carola Surkamp (Hrsg.): Perspektivenvielfalt im Unterricht. Stuttgart 2005
79 Vgl. auch Georg Weißeno: „Was in Wissenschaft und Politik kontrovers ist, muß auch im

Zunächst wendet sich dieser Satz gegen die – nicht nur in der Schule – in der Praxis politischer Bildung auch heute noch zu beobachtende Tendenz zur „Glättung" der Lerngegenstände: Es geht darum, angesichts der Vielzahl von Stimmen und Meinungen in der Öffentlichkeit nicht scheinbare Sicherheit durch „richtige" Lösungen zu vermitteln, sondern die grundlegenden Kontroversen und politischen Alternativen herausarbeiten, um die es jeweils geht. Ebenso muss der besonders dem schulischen Konzept des „Stoffes" inhärenten Gefahr entgegengewirkt werden, fachliches Wissen durch Vereinfachung zugleich seiner Spannungen und differenten Perspektiven zu berauben. Wo dies nicht gelingt, kann es zu subtilen, den Lehrenden oftmals gar nicht bewussten Formen von Überwältigung kommen, wie zum Beispiel durch einen selektiven Umgang mit Wissenschaft, der nur „Belege" für vorgefertigte Positionen sucht und sich auf offene Fragen nicht mehr gründlich einlässt, durch ein Vereinnahmen der Lernenden durch Verbünden und Harmonisieren oder durch das Überhören von Einwänden aus dem Teilnehmerkreis, die in eine andere Richtung gehen als vom Lehrenden geplant war.[80]

Das didaktische Prinzip der Kontroversität fordert nicht die buchhalterische Auflistung jeder Kontroverse um Einzelaspekte des Lerngegenstands in jedem Lernvorhaben. Notwendig ist vielmehr zum einen der Blick auf die prinzipiell kontroverse Struktur des Politischen und zum anderen das Herausarbeiten von grundlegenden politischen (und wissenschaftlichen) Kontroversen und Alternativen am jeweiligen Gegenstand. Diese Alternativen werden umso bedeutsamer, je näher sie im oben dargestellten Modell der Zonen des Politischen (➤ Abschnitt 3) von der Oberfläche an die Kernzone rücken. In diesem Sinne ist z.B. die Auseinandersetzung mit den unterschiedlichen Staats- und Politikverständnissen und den daraus abgeleiteten grundsätzlichen politischen Alternativen, die den Positionen der Gewerkschaften und der FDP in der Rentenpolitik zugrunde liegen, für die politische Bildung bedeutsamer als eine Kontroverse um die Frage, wie welche Formen privater Alterssicherung im Detail steuerlich behandelt werden sollen.

Diese vier didaktischen Prinzipien – Adressatenorientierung, Exemplarisches Lernen, Problemorientierung und Kontroversität – sind die zentralen begrifflichen Tools für die *Auswahl und inhaltliche Strukturierung* von Lerngegenständen und damit für die Konstruktion von Themen für Lernvorhaben in der politischen

---

Unterricht kontrovers dargestellt werden." Probleme bei der Umsetzung dieser Forderung. In: Schiele/Schneider (Hrsg.), Reicht der Beutelsbacher Konsens? A.a.O.

80 Vgl. auch Tilman Grammes: Unterrichtsanalyse – ein Defizit der Fachdidaktik. In: Schiele/Schneider (Hrsg.), Reicht der Beutelsbacher Konsens? A.a.O.

Bildung.[81] Sie werden ergänzt durch zwei weitere didaktische Prinzipien, die – in einem gewissen Spannungsverhältnis zueinander stehend – Kriterien dafür angeben, *auf welche Weise* man sich in Lernsituationen mit den nach diesen vier Prinzipien konstruierten Lerngegenständen auseinandersetzen sollte und die damit bei der Planung von Lernangeboten gegenüber diesen vier Prinzipien auch eine Kontroll- und Korrektivfunktion haben:

Handlungsorientierung:

Lerngegenstände sollen in Lernsituationen so thematisiert werden, dass die Lernenden vielfältige Gelegenheiten zu einem aktiv-handelnden Umgang mit ihnen erhalten.

    Handlungsorientierung ist als Art Gegenbegriff zu leiterzentrierten Formen der Lernorganisation, die den Lernenden eine äußerlich bloß rezeptive Rolle zuweisen, ins Gespräch gekommen und populär geworden.[82] Das Prinzip der Handlungsorientierung hat historische Wurzeln in der Reformpädagogik, so etwa in Pestalozzis berühmter Formel vom Lernen „mit Kopf, Herz und Hand", in Konzepten projektorientierten Lernens bei John Dewey oder in Maria Montessoris Vorstellung, Lernen gehe den Weg „vom Greifen zum Begreifen". Es wird aber in jüngerer Zeit stärker aus der pädagogischen Praxis kommend als ein Leitbegriff für pragmatische Schritte zur Verbesserung der Lernkultur insbesondere an Schulen verwendet.

    Eine konzeptionelle Schwäche des Prinzips der Handlungsorientierung liegt in der Vagheit des Begriffs des „Handelns"; in einem analytischen Sinn kann „Handeln" eben nahezu jede Form menschlichen Verhaltens sein, selbst das Schweigen.[83]

---

81 Diese These geht davon aus und versteht sich insofern als Diskussionsangebot und Systematisierungsversuch, dass zahlreiche andere in der Literatur genannte didaktische Prinzipien sich diesen vieren zuordnen lassen, so z.B. „Konfliktorientierung" und „Multiperspektivität" dem Prinzip der Kontroversität, „Fallprinzip" dem des exemplarischen Lernen, „Erfahrungsorientierung" dem der Adressatenorientierung, „Genetisches Lernen" und „Zukunftsorientierung" dem der Problemorientierung.

82 Vgl. zur Diskussion um Handlungsorientierung in der Politikdidaktik vor allem Gotthard Breit/Siegfried Schiele (Hrsg.): Handlungsorientierung im Politikunterricht. Schwalbach/Ts. 1998; Tilman Grammes: Handlungsorientierung im Politikunterricht. Hannover 1995; Peter Massing: Handlungsorientierter Politikunterricht. Ausgewählte Methoden. Schwalbach/Ts. 1998

83 Vgl. auch Sibylle Reinhardt: Handlungsorientierung. In: Sander (Hrsg.), Handbuch politische Bildung, a.a.O. Reinhardt zieht aus dieser Schwäche die Konsequenz, die Formulierung „Lernen in Interaktion" als Alternative zum Begriff der Handlungsorientierung vorzuschlagen. Dies löst das Problem aber nicht wirklich, denn „Interaktion" ist das Frage-Antwort-Spiel im lehrerzentrierten Frontalunterricht ebenso wie die selbstständige Präsentation

Dennoch steht der Begriff Handlungsorientierung für eine wichtige didaktische Differenz: Nach diesem didaktischen Prinzip gestaltete Lernvorhaben versetzen die Lernenden in aufgabenhaltige Situationen, die sie durch eigene Aktivitäten bewältigen müssen. Durchaus hilfreich ist die pragmatische Unterscheidung solcher Aktivitäten nach „realem Handeln", „simulativem Handeln" und „produktivem Gestalten", die Klippert vorgenommen hat.[84] Handlungsorientierung steht in einem engen Zusammenhang mit der Vermittlung und dem Training von methodischen Fähigkeiten, denn Aufgaben selbstständig bewältigen zu können erfordert in der Regel die Fähigkeit zum zielgerichteten, methodisch reflektierten Arbeiten.

„Reales Handeln" ist in der politischen Bildung allerdings nicht im Sinne eines in reale Politik eingreifenden Handelns einer Lerngruppe, also als gemeinsames politisches Engagement für konkrete Ziele in der aktuellen Politik zu verstehen. Ein solches politisches Handeln setzt einen inhaltlichen Konsens voraus, der in Lerngruppen wegen des Kontroversitätsprinzips nicht vorausgesetzt oder angestrebt werden darf. Klippert nennt denn auch unter dieser Überschrift richtigerweise Tätigkeiten wie Erkundungen, Praktika, Expertenbefragungen und Straßeninterviews. Das didaktische Prinzip der Handlungsorientierung bietet vorrangig ein Kriterium für die Wahl von Methoden, die allerdings durch die Wechselbeziehungen zwischen Methoden und Inhalten immer auch Auswirkungen auf inhaltliche Auseinandersetzung mit den Lerngegenständen hat.

Wissenschaftsorientierung:

Lerngegenstände sollen in Lernsituationen so thematisiert werden, dass das in der politischen Bildung angebotene Wissen und der methodische Umgang mit ihm vor dem Hintergrund der Sozialwissenschaften verantwortbar ist.

Politische Bildung ist – von bestimmten Ausnahmesituationen wie dem sozialwissenschaftlichen Leistungskurs in der gymnasialen Oberstufe abgesehen – nicht in erster Linie sozialwissenschaftliche Propädeutik. Politische Bildung vermittelt Bürgerinnen und Bürgern Kompetenzen, die sie benötigen, um ihre politische Freiheit leben zu können, sie bildet aber nicht Sozialwissenschaftler aus. Deshalb ergibt sich die Relevanz von Lerngegenständen politischer Bildung auch nicht aus deren Bedeutung für die sozialwissenschaftliche Forschung oder aus ihrer Stellung in den fachlichen Systematiken der Sozialwissenschaften.

---

von Projektergebnissen durch die Lernenden – aber genau auf die Unterschiede zwischen diesen, hier beispielhaft genannten Interaktionsformen zielt das didaktische Prinzip der Handlungsorientierung.

84 Vgl. Heinz Klippert: Handlungsorientierter Politikunterricht. Anregungen für ein verändertes

Dennoch ist es ein unerlässliches Qualitätskriterium für Lernumgebungen in der politischen Bildung, dass das dort angebotene Wissen auch aus wissenschaftlicher Sicht dem Gegenstand angemessen ist – dass also beispielsweise keine als widerlegt geltenden Tatsachenbehauptungen verbreitet, dass wissenschaftliche Forschungsergebnisse und Theorien zutreffend dargestellt, Fachbegriffe richtig gebraucht, keine für das Verständnis des Gegenstands wesentlichen wissenschaftlichen Erkenntnisse willkürlich ausgeblendet werden. Zur Wissenschaftsorientierung gehört ferner, dass in Lernsituationen, in denen Lernende selbst forschend lernen, also gezielt neues Wissen erarbeiten, die Methoden, mit denen sie dies tun, wissenschaftlich verantwortbar sind, auch wenn sie häufig von Aufwand und Komplexität her nur in einer elementarisierten Form in der politischen Bildung angewendet werden können. Aber auch wenn man, um ein Beispiel zu nennen, bei einer von Schülern durchgeführten empirischen Erhebung nicht unbedingt bundesweite Repräsentativität der Ergebnisse anstreben kann, müssen die Lernenden wissen, wie sie einen Fragebogen konstruieren können, mit dem sie das, was sie wissen wollen, auch herausfinden können.

Schließlich erfordert das didaktische Prinzip der Wissenschaftsorientierung einen Umgang mit Wissen in Lernsituationen, der den Lernenden auch ein Verständnis von der immer nur relativen Gesichertheit wissenschaftlichen Wissens ermöglicht.[85] Aus wissenschaftlicher Sicht verantwortbare Lernangebote präsentieren wissenschaftliches Wissen nicht als abgeschlossene Wahrheiten, freilich auch nicht als willkürlich, sondern als methodisch gewonnenes, gut begründetes, aber auch jederzeit durch bessere Gründe überholbares Wissen. Zum Umgang mit Wissenschaft in der politischen Bildung gehört deshalb – gemäß dem Beutelsbacher Konsens und dem Prinzip der Kontroversität – die Spiegelung von Kontroversen innerhalb der Wissenschaften. Politische Bildung fördert damit bei den Lernenden einen kritisch-reflexiven Umgang mit Wissenschaft, was für Bürgerinnen und Bürger schon deshalb von Bedeutung ist, weil wissenschaftliche Argumentationen – beispielsweise in Form von statistischen Daten – in politischen Kontroversen sehr häufig zur Stützung politischer Positionen herangezogen werden.

Lehr-/Lernverständnis. In: Bundeszentrale für politische Bildung (Hrsg.): Methoden der politischen Bildung – Handlungsorientierung. Bonn 1991, S. 13

85 Vgl. auch Walter Gagel: Wissenschaftsorientierung. In: Sander (Hrsg.), Handbuch politische Bildung, a.a.O.

4.2 Tools II: Grundsituationen des Lernens

Versteht man Lernen als aktive Leistung der lernenden Menschen, dann stellt sich aus fachdidaktischer Sicht die Frage, welche Arten von Lerngelegenheiten die politische Bildung anbieten kann. Oder anders: In welche Situation kann und sollte politische Bildung – als organisiertes Lernangebot – ihre Adressaten versetzen, um ihnen eine aktive Auseinandersetzung mit Politik mit dem Ziel eines Lernens zu ermöglichen, das der Förderung der oben (➤ Kapitel II.3) erläuterten Kompetenzen dient?

Die folgende Übersicht beschreibt in kurzer Form zwölf Grundsituationen des Lernens in der institutionalisierten politischen Bildung.[86] Diese Lernsituationen unterscheiden sich analytisch voneinander, sollten sich aber im Sinne eines möglichen breiten Angebotes an Lernmöglichkeiten in der pädagogischen Praxis vielfach überschneiden und ergänzen; zumeist werden im Verlauf eines Lernvorhabens mehrere dieser Lernsituationen zur Geltung kommen. Gleichzeitig ist jede dieser zwölf Grundsituationen auf unterschiedliche Weise gestaltbar. Ihnen eine Ablaufstruktur, eine Dramaturgie zu geben, die *Wege des Lernens* eröffnet, ist Aufgabe von *Methoden* (➤ Abschnitt 4.3).

Keine der zwölf Lernsituationen ist für sich genommen charakteristisch für die politische Bildung, jede ist auch in anderen fachlichen Kontexten vorstellbar. Dennoch spiegelt das Gesamtbild dieser Grundsituationen des Lernens auch die Besonderheiten des Gegenstandsbereich Politik; eine Übersicht zu Grundsituationen des Lernens etwa im fremdsprachlichen, naturwissenschaftlichen oder sportlichen Lernen hätte vermutlich eine andere Struktur.

Bezogen auf die Planung von Lernangeboten (➤ Kapitel V) bieten die Lernsituationen Hilfen zur Entwicklung von Ablaufstrukturen für Lernvorhaben. Sie legen Lehrenden die Perspektive nahe, bei ihren Planungsüberlegungen die Settings jedes Arbeitsabschnitts konsequent unter dem Aspekt zu reflektieren, in welche Situationen Lernende dabei gebracht werden, was sie darin tun und welche Lernmöglichkeiten sich hierbei eröffnen sollen.

---

86 Anders als in Hans Aeblis berühmtem Buch „Zwölf Grundformen des Lehrens" (a.a.O.) wird hier die Perspektive des Lernens, nicht des Lehrens eingenommen; ein solcher Perspektivwechsel erscheint aus den oben ausgeführten lerntheoretischen Erwägungen erforderlich. Dem steht nicht entgegen, dass es Berührungen mit Aeblis „Grundformen" gibt, von denen einige bei genauerem Hinsehen durchaus mehr über das Lernen als über das Lehren aussagen.

1. *Recherchieren: Man kann etwas über Politik lernen, indem man sich aus Quellen über Politik informiert.* Die gezielte Auswertung von Quellen, um etwas herauszufinden, was man wissen möchte, ist eine fundamentale Lernsituation in der politischen Bildung. Politik ist häufig nur über ihre Spiegelung in Quellen verschiedener Art zugänglich, wobei „Spiegelung" nicht exakte Abbildung heißt: Quellen konstruieren – z.B. durch Auswahl, Gewichtung und Interpretation von Informationen – ihr jeweiliges Bild von Politik, wie auch die Auswertung von Quellen eine Konstruktion von Wirklichkeit aus der Perspektive derer, die die Quelle wahrnehmen, darstellt. Ein reflexiver Umgang mit Quellen muss diese Konstruktionsvorgänge im Blick behalten, „recherchieren" meint daher etwas anderes als bloßes rezipieren; Recherche ist ein aktiver, reflexiver und kritischer Umgang mit Quellen. Man muss wissen, was man wissen will und wie, wen und was man befragen muss, um es herauszufinden – und in einem selbstreflexiven Sinn dafür offen sein, in diesem Prozess auch etwas anderes, unerwartetes herauszufinden. Dies setzt voraus, dass die Recherche auf Fragen basiert, die von den Lernenden als für sie bedeutsam erlebt werden, die also an ihre Wissensnetze anschlussfähig sind. Der Recherche in der politischen Bildung steht ein außerordentlich breites Spektrum an Quellen zur Verfügung. In bestimmten Fällen können Menschen selbst Quellen sein, die gezielt von Lernenden befragt werden, Zeitzeugen etwa oder Beteiligte an einem Konflikt, wobei die Befragung face-to-face, aber auch unter Nutzung von Medien wie Briefen, Telefon und E-Mail erfolgen kann. Eine erhebliche Bedeutung als Quellen werden auch künftig gedruckte Texte in ihren höchst unterschiedlichen Formen behalten, von der Tageszeitung über Nachschlagewerke, Sachbücher, Archivalien, textnahe Dokumente wie Grafiken und Statistiken bis zum Schulbuch und als Lernmaterial gedruckte Textsammlungen. Erheblich an Bedeutung gewonnen haben das Internet, das selbst wieder Quellen sehr unterschiedlicher Art und Qualität zugänglich macht – von Archiven über Datenbanken und virtuellen Museen bis zum Internet als eine Form politischer Öffentlichkeit, in der Individuen und Interessengruppen sich präsentieren und politisch agieren –, und Informationsangebote auf CD-ROM und DVD. Bedeutsame Informationsquellen sind weiterhin Fernseh- und Radiosendungen (wenn auch wegen ihrer „Flüchtigkeit" meist auf dem Umweg über ihre Dokumentation auf Video oder als Audiodateien, was frühzeitige Planung voraussetzt), Fotos, Karikaturen und bei bestimmten Fragestellungen auch Spielfilme.

2. *Miteinander sprechen: Man kann etwas über Politik lernen, indem man in Gesprächen mit anderen Menschen Wissen austauscht.* In aller Regel findet institutionalisierte politische Bildung in Gruppen statt, die für kürzere oder längere Zeit

miteinander lernen. Sprachliche Interaktion spielt in solchen Lerngruppen eine außerordentliche bedeutsame und oft in der Didaktik zu wenig wahrgenommene Rolle.[87] Gespräche dienen der Planung und Reflexion der gemeinsamen Arbeit ebenso wie dem Austausch von – häufig kontroversen – Argumenten und Perspektiven zum jeweiligen Gegenstand. Gespräche sind somit ein wesentliches Medium für die Prüfung der eigenen Konstruktionen im kritischen Dialog mit anderen, in Gesprächen müssen sie sich sowohl bewähren als auch sich für neues Wissen öffnen lassen. Zugleich ist die sprachliche Kommunikation über Politik ein praktisches Training für die Teilhabe am öffentlichen politischen Gespräch; dieses Training dient der Verbesserung der politischen Handlungsfähigkeit der Lernenden.[88] Der politischen Bildung steht ein breites Repertoire an methodischen Formen des Gesprächs zur Verfügung, das vom Meinungsaustausch über eine formalisierte Debatte bis zu spielerischen Formen wie Talkshows oder Pro- und Contra-Diskussionen reicht. Am problematischsten ist ausgerechnet die Gesprächsform, die sich in der Praxis des schulischen Unterrichts nach allen Beobachtungen am häufigsten findet: das vom Lehrer geleitete „fragend-entwickelnde Unterrichtsgespräch", bei dem die Lehrenden im Wesentlichen Fragen stellen, deren Antwort sie schon kennen – was die Lernenden selbstverständlich wissen, weshalb sie diese Art von Fragen zumeist nicht als die ihren empfinden. Diese Form des Gesprächs hat insofern etwas Scheinhaftes, als sie die Einbeziehung der Lernenden vortäuscht, während es dem Lehrenden doch nur um ein Design für Mitteilungen geht, die *ihm* wichtig erscheinen. Hier ist ein Lehrervortrag die ehrlichere und in bestimmten Situationen, in denen eine sachliche Klärung als notwendig und auf anderem Wege nicht oder nur mit unverhältnismäßig hohem Aufwand erreichbar erscheint, auch durchaus angebracht.

3. *Etwas darstellen: Man kann etwas über Politik lernen, indem man anderen etwas über Politik präsentiert.* Hier geht es um einen Rollenwechsel in der Lehr-Lern-Situation: *Lernende* übernehmen (als Einzelne oder Kleingruppe) die Aufgabe,

---

87 Vgl. auch Peter Massing: In Gesprächen lernen: Gesprächsformen in der politischen Bildung. In: Sander (Hrsg.), Handbuch politische Bildung, a.a.O.

88 Anders als bei Bernhard Sutor wird hier der Begriff „Gespräch" für jede Form der sachbezogenen sprachlichen Interaktion verwendet. Sutor unterscheidet drei qualitative Stufen der kommunikativen Kompetenz in der politischen Bildung: Meinung/Artikulation – Gespräch – Dialog/Diskussion (vgl. Sutor, Politische Bildung als Praxis, a.a.O., S. 32). Es dürfte sich jedoch in der Praxis als schwierig erweisen, diese Stufen genau voneinander abzugrenzen. Dennoch ist der Hinweis Sutors wichtig, dass politische Bildung im Sprechen über Politik einen Kompetenzzuwachs anstrebt.

anderen Wissen vorzustellen und anzubieten. Zumeist wird dies im Sinne einer arbeitsteiligen Lernstruktur innerhalb einer größeren Lerngruppe geschehen, denkbar ist aber auch, dass eine Lerngruppe als Ganzes Dritten etwas darstellen möchte, z.B. als fachspezifischen Beitrag zu einem fächerübergreifenden Lernvorhaben in der Schule oder als Form der Veröffentlichung von Arbeitsergebnissen in einer breiteren Öffentlichkeit. Die Darstellung kann in sehr verschiedenen Formen geschehen, vom kurzen Gruppenbericht oder einem Referat über „kleinere" ästhetische Präsentationsformen wie ein Standbild bis zu Sketchen und Theaterprojekten. Lernsituationen sind solche Darstellungsformen in zweierlei Hinsicht: Zum einen leisten auch sie einen Beitrag zum Trainieren des öffentlichen Auftretens, zum anderen aber – und hier liegt die Besonderheit dieser Lernsituation – zwingt die Notwendigkeit, anderen Menschen in einer ihnen zugänglichen Form etwas über Politik mitteilen zu müssen, zu einer besonders intensiven Auseinandersetzung mit den Inhalten, um die es dabei geht – was nur halb verstanden wurde, kann nicht überzeugend präsentiert werden. Allerdings wird dieser Lerneffekt nur dann in vollem Umfang zu erwarten sein, wenn die Situation der Präsentation tatsächlich eine *Ernstsituation* ist, wenn es also für andere – z.B. für den weiteren Arbeitsprozess der Lerngruppe – von Bedeutung ist, dass die Präsentation gelingt, mit anderen Worten: wenn mit der Aufgabe der Darstellung eines politischen Gegenstands *Verantwortung* verbunden ist. Der Lernerfolg hängt also ganz wesentlich davon ab, dass es nicht (oder jedenfalls nicht dominant) zu Verschiebungen in der Sinnzuweisung für eine Präsentation kommt: Wenn Präsentationen lediglich eine routinemäßige Pflichtübung sind, wenn sie für die Note durchgeführt werden oder weil der Lehrer es eben verlangt (der im Übrigen im Hintergrund bereit steht, um alles das wieder gerade zu rücken, was in der Präsentation schief dargestellt wird) oder weil – dies ist die leider noch immer häufig anzutreffende Karikatur der Lernsituation Präsentation – im Universitätsseminar eben alle Teilnehmenden ein Referat halten müssen, um einen „Schein" zu bekommen (und auch nur deshalb am Seminar teilnehmen), dann wird sich der Lerneffekt meist in sehr engen Grenzen halten.

4. *Aktives Zuhören: Man kann etwas über Politik lernen, indem man sich mit dem, was andere über Politik präsentieren (referieren, erzählen), gedanklich auseinandersetzt und dem Vorgetragenen Informationen entnimmt, die in das eigene Wissensnetz integriert werden können.* Dies ist gewissermaßen die Kehrseite der Situation „etwas darstellen" – so wie die Präsentation für die Vortragenden eine Ernstsituation sein muss, muss sie von den Zuhörenden als Lernsituation angenommen werden. Dies geschieht nicht von selbst, es hängt auch nicht alleine von der inhaltlichen

und didaktischen Qualität der Präsentation ab, ob sie für die Zuhörenden zur Lernsituation werden kann. Bildlich gesprochen wird eine vorgetragene Information nicht dadurch zu neuem Wissen bei den Zuhörenden, dass sie in das Ohr dringt, sondern dadurch, dass sie vom Gehirn aktiv wahr- und aufgenommen wird, also in eine Beziehung zum vorhandenen Wissensnetz gebracht wird. Aktives Zuhören ist etwas durchaus anderes als „sich berieseln zu lassen". Aktives Zuhören *kann* äußerst anregend sein, wenn man der Sache, um die es geht, oder der Person, der man zuhört, mit großem Interesse begegnet; unter Umständen können Situationen aktiven Zuhörens als besonders authentische Lernsituationen empfunden werden, die nachhaltige Eindrücke hinterlassen, etwa im Kontakt mit Zeitzeugen. Voraussetzung dafür ist, dass der Stellenwert der Präsentation im Rahmen des Lernvorhabens klar und von den Lernenden akzeptiert ist, dass also die Zuhörenden mit Erwartungen und inneren Fragen an die Präsentation herangehen. Ferner ist es für Lernerfolge in dieser Lernsituation notwendig, dass die Zuhörenden über Arbeitstechniken verfügen, die es ihnen erst ermöglichen, in eine weiterführende (innere oder auch offene) Auseinandersetzung mit dem Gegenstand der Präsentation treten zu können, wie z.B. sich Notizen zu machen, treffende Fragen und ggf. Gegenargumente für ein anschließendes Gespräch zu formulieren, etwas gezielt nachzulesen. In jedem Fall ist aktives Zuhören eine anstrengende Lernsituation, die ein hohes Maß an Konzentration erfordert – Lernangebote, die von der Struktur des Vortragens und Zuhörens dominant und dauerhaft geprägt sind, ermöglichen schon deshalb nur relativ geringe Lerneffekte. Keineswegs stellen sie, wie im Sinne eines „Lehr-Lern-Kurzschlusses" noch immer nicht selten erwartet wird, eine gleiche Kenntnisbasis der Zuhörenden sicher. Auch in dieser Lernsituation bleibt Lernen eine aktive Leistung des Subjekts, was sich unter anderem in höchst unterschiedlichen Wahrnehmungen der gleichen Situation durch die Zuhörer etwa eines Vortrages ausdrückt: „Wie gut auch immer seine (des Vortragenden, W.S.) Schilderung, wir können nie erwarten, daß sich der Zuhörer die genau gleiche Vorstellung vom dargestellten Gegenstand macht. ... Dies ist leicht zu belegen, indem man eine Klasse auffordert, einen geschilderten Gegenstand oder eine Szene aus der Vorstellung zu zeichnen. Es treten dabei immer große und gänzlich unerwartete Verschiedenheiten der Auffassung zutage."[89]

5. *Etwas herstellen: Man kann etwas über Politik lernen, indem man ein Produkt herstellt, in dem sich die Resultate des Lernens dokumentieren.* Diese Lernsituation ist insofern mit der Situation des Präsentierens verwandt, als es in beiden Fällen

---

89 Aebli, Zwölf Grundformen des Lehrens, a.a.O., S. 46

um die Veröffentlichung von Arbeitsergebnissen geht und häufig – wie etwa bei vielen visualisierten Präsentationen – das eine mit dem anderen verbunden sein kann. Auch die Lerneffekte resultieren aus der vergleichbaren Ausgangslage, dass es einer besonders gründlichen Vertrautheit mit dem Gegenstand bedarf, wenn das Produkt, in dem sich Arbeitsergebnisse dokumentieren, gelingen soll. Anders als in der Situation „etwas darstellen" geht es hier aber nicht in erster Linie um das persönliche Auftreten vor anderen Menschen, sondern um das Herstellen eines Produkts, das auch für sich sprechen kann, das ggf. weitergegeben und unabhängig von der personalen Repräsentanz der Hersteller verständlich und für Dritte sinnvoll nutzbar ist. Auch hier gibt es eine große Bandbreite möglicher Lernergebnisse im Sinne von herstellbaren Produkten: von der Ausstellung über die in Absprache mit einer (lokalen oder überregionalen) Zeitung gestalteten Zeitungsseite, ein Video (vielleicht kann es im offenen TV-Kanal gesendet werden?), einer Fotodokumentation, einem Buch, bis zur Multimediapräsentation und zur Internet-Publikation.

6. *Veranschaulichen: Man kann etwas über Politik lernen, indem man abstrakte Zusammenhänge anschaulich macht.* In der Regel ist Politik nicht unmittelbar sinnlich erfahrbar, jedenfalls nicht an institutionalisierten Lernorten. Auch wenn die Folgen einer politischen Entscheidung in der alltäglichen Lebenswelt zu spüren sind (was nicht immer sofort der Fall ist), sind der Prozess, der zu dieser Entscheidung geführt hat, die Bedingungen, unter denen er stand und die möglichen Nebenfolgen nicht direkt beobachtbar. Es gehört zu den strukturellen Schwierigkeiten politischer Bildung, dass ihr Gegenstand abstrakt und unanschaulich ist; Dinge oder Zusammenhänge, die zunächst außerhalb des Wahrnehmungsspektrums unserer Sinnesorgane liegen, die nicht *anschaulich* sind, sind jedoch schwer zu lernen.[90] Situationen zu schaffen, in denen Abstraktes anschaulich wird – etwa durch die Präsentation von Beispielen – gehört denn häufig schon intuitiv zum Verhaltensrepertoire von Menschen, die anderen etwas erklären wollen. Veranschaulichen in der politischen Bildung kann auf verschiedenen Ebenen geschehen: im Angebot oder im gemeinsamen Erstellen von Arbeitsmaterial, das durch die Verwendung einer Bildsprache anschaulich wirkt[91] (z.B. durch Grafiken, Mind-Maps, Fotos, Gemälde, Karikaturen, Animationen); durch das Aufsuchen von Lernorten, an denen bestimmte Zusammenhänge in ihren Abläufen oder Folgen „mit eigenen Augen" beo-

---

90 Vgl. auch Scheunpflug, Lernen: Mit der Steinzeitausstattung in das Cyberspace, a.a.O.
91 Vgl. z.B. Jochen Franck/Joachim Stary: Gekonnt visualisieren. Medien wirksam einsetzen. Paderborn 2006

bachtet werden können (z.B. Erkundungen in der Stadt oder im regionalen Umfeld, Parlamente, Gerichte, Betriebe); in einer didaktischen Struktur eines Lernvorhabens, bei der im Sinne exemplarischen Lernens (➤ Abschnitt 4.1) abstrakte Zusammenhänge durchgängig anhand eines konkreten und typischen Einzelbeispiels analysiert werden. Veranschaulichen ist nicht ohne Risiko. In gewisser Weise gleicht es der Tätigkeit des Übersetzens, und hier wie da kann es zu „Übersetzungsfehlern" kommen, beim Veranschaulichen insbesondere durch falsche Analogiebildungen – durch die Wahl von atypischen oder tendenziösen Beispielen etwa oder durch eine unangemessene Übertragung von Interpretationsmustern aus der Alltagswelt auf abstrakte Systeme. Häufig wird deshalb gerade dann, wenn es „konkret werden" soll, die fachliche Abstraktionsfähigkeit kompetenter Lernbegleiter besonders gefordert sein (➤ Abschnitt 2). Andererseits können Bilder als visuelle Lernmedien eine besonders anschauliche Form der „Verdichtung" einer politischen Konstellation darstellen, ja sogar als „politische Ikonen" zentrale Elemente der politischen Kommunikation und des kulturellen Gedächtnisses einer Gesellschaft darstellen und auf diese Weise einen sinnlichen Zugang zu komplexen politischen Problemen eröffnen.[92]

7. *Erforschen: Man kann etwas über Politik lernen, indem man politisch bedeutsame Situationen selbst erforscht.* In den meisten Fällen wird in diesem Sinne forschendes Lernen in der politischen Bildung nicht in allen Punkten den Standards wissenschaftlicher Forschungsprojekte entsprechen können; die Vorkenntnisse der Teilnehmenden und die zeitlichen und materiellen Möglichkeiten werden dies in der Regel nicht zulassen und die Lerninteressen der Beteiligten werden es zumeist auch nicht erfordern. Zunächst heißt „erforschen" nicht mehr (aber auch nicht weniger) als zu einer begrenzten Fragestellung in einer methodisch reflektierten Form neues Wissen über einen Ausschnitt der sozialen Realität zu erarbeiten. Die Methoden, mit denen dies geschehen kann, sind den Sozialwissenschaften entlehnt, werden aber häufig in einer eher weniger komplexen Form in der politischen Bildung Anwendung finden. Dennoch kommt in Situationen forschenden Lernens am deutlichsten das didaktische Prinzip der

---

92 Anja Besand führt dies in ihrem Aufsatz „Visuelle Spurensuche – Zu den Wirkungen von Bildern in Politik und politischer Bildung" auf sehr gelungene Weise vor. Der Aufsatz trägt den weiteren Untertitel „Ein Diavortrag ohne Bilder" und ruft durch kurze Beschreibungen bei den Lesern politische Bilder aus dem Gedächtnis hervor, die dann in ihrer Relevanz für die Rekonstruktion politischer Ereignisse und Debatten analysiert werden (in: kursiv – Journal für politische Bildung 2/2006; vgl. hierzu auch die weiteren Beiträge im Themenschwerpunkt dieses Heftes „Bildung und Bildung – Visuelle Politik in der politischen Bildung").

Wissenschaftsorientierung (-➤ Abschnitt 4.1) zur Geltung. So wird sich gewiss in Lernsituationen politischer Bildung keine komplexe Studie zur Situation der Jugend realisieren lassen, die dem Niveau etwa der Shell-Studien entspricht, aber eine begrenzte Untersuchung zur Freizeitsituation von Jugendlichen in der eigenen Stadt, die auf einem methodisch reflektiert konzipierten Fragebogen basiert, ist durchaus möglich.[93] Auch andere Methoden der Sozialwissenschaften wie Interviews oder (teilnehmende) Beobachtung können in forschungsorientierten Lernvorhaben angewandt werden. Gegenstand forschenden Lernens kann auch die „Oberfläche" von Politik, ihre Repräsentanz in den Medien, sein; Analysen von Medienöffentlichkeiten in Zeitungen und Fernsehen unter bestimmten Fragestellungen können ergiebige Lernvorhaben sein. Forschendes Lernen erlaubt einen aktiven und zugleich hoch reflexiven Zugang zu Politik und es eröffnet den Lernenden die Möglichkeiten einer erfahrungsbasierten Urteilsbildung über Möglichkeiten und Grenzen wissenschaftlicher Aufklärung über Politik.

8. *Probehandeln: Man kann etwas über Politik lernen, indem man politisch bedeutsame Situationen simuliert.* Im Regelfall ist die institutionalisierte politische Bildung in Bildungseinrichtungen kein Ort, an dem Menschen mit gemeinsamen Handlungserfahrungen in der praktischen Politik oder anderen politisch bedeutsamen sozialen Situationen diese Erfahrungen lernend reflektieren (obwohl politische Bildung auch hierfür Angebote unterbreiten kann). Zum einen werden die biografischen Erfahrungen, aktuellen Lebenssituationen und divergierende politische Einstellungen gemeinsames politisches Handeln als Erfahrungsbasis für gemeinsame politische Bildung im Regelfall nicht zulassen. Zum anderen ist die soziale Situation „politische Bildung" in Bildungseinrichtungen institutionell von Orten politischen Handelns und Entscheiden mehr oder weniger strikt getrennt. Insbesondere die „Innenansichten" von politischen Institutionen sind für die politische Bildung bestenfalls auf indirektem Wege zugänglich, etwa über Materialrecherchen und Befragungen von Akteuren. Politische Situationen und Abläufe in Institutionen lassen sich aber, wenn auch selbstverständlich in gewissen Grenzen, über ihre Simulation in spielerischen Situationen der subjektiven Erfahrung zugänglich machen. Rollen- und Planspiele können, sofern sie fachlich qualifiziert ausgearbeitet werden, in ganz erheblichem Maße die Logiken von politischen Entscheidungssituationen und -abläufen

---

93 Vgl. die Beispielprojekte auf der von Wolfgang Sander (Münster) und der Bundeszentrale für politische Bildung hrsg. CD-ROM „Forschen mit GrafStat", erweit. Neuausgabe Bonn 2004. Die CD stellt Werkzeuge für kleinere empirische Forschungsprojekte im Rahmen politischer Bildung zur Verfügung.

transparent machen.[94] Noch ganz am Anfang befindet sich die Erschließung
der Lernpotenziale interaktiver Multimedia-Simulationen für den Bereich der
politischen Bildung. Gelungene Beispiele gibt es bereits für das historische
Lernen.[95] Selbstverständlich muss bei simulativem Probehandeln in der politischen Bildung immer im Blick behalten werden, dass die in einer solchen
Spielsituation gemeinsam konstruierte Wirklichkeit zwar wichtige Merkmale
des Handelns der entsprechenden Institutionen oder anderer Situationen in
der politischen Praxis besser verstehen helfen kann, dass sie aber mit diesen
nicht identisch ist.

9. *Üben und Wiederholen: Man kann in der politischen Bildung erworbene Kompetenzen und neu erlerntes Wissen besser behalten und für sich nutzen, wenn man
übt und wiederholt.* Üben und Wiederholen gelten als wenig vergnügliche Lernsituationen, und die Art und Weise, wie diese Lernsituationen im schulischen
Alltag oft inszeniert werden, ist nicht selten ein beredtes Beispiel dafür, wie ein
Lernen, das an die Wissensnetze der Lernenden nicht ausreichend anschlussfähig ist, misslingt. Dennoch führt kein Weg daran vorbei, dass – wie schon
die Alltagserfahrung jedes Erwachsenen zeigt – einmal erworbene Fähigkeiten
leicht verloren gehen oder sich zumindest erheblich abschwächen können,
wenn sie nicht immer wieder auch genutzt werden, und dass neues Wissen in
vielen Fällen besser in das kognitive Netzwerk integriert werden kann, wenn es
gelegentlich „wieder – aus dem Gedächtnis – geholt" werden muss.[96] Bewusst
wurde auch deshalb oben (➤ Kapitel II.3) davon gesprochen, dass politische
Bildung Fähigkeiten *trainiert.* Nicht zu Unrecht sagt ein Sprichwort, dass
Übung den Meister macht, wobei allerdings hinzuzufügen wäre, dass Übung
alleine keinen Meister macht. Wissen, das nicht anschlussfähig ist, kann durch
Üben und Wiederholen nicht anschlussfähig gemacht werden – oder nur durch
unerwünschte Verschiebungen, indem es an andere Schemata und Scripts

---

94 Vgl. u.a. Peter Massing: Planspiele und Entscheidungsspiele. In: Siegfried Frech/Hans-Werner
   Kuhn/Peter Massing (Hrsg.): Methodentraining für den Politikunterricht. Schwalbach/Ts.
   2004; Lothar Scholz: Spielerisch Politik lernen. Methoden des Kompetenzerwerbs im
   Politik- und Sozialkundeunterricht. Schwalbach/Ts. 2003
95 Als ein Beispiel sei auf die CD-ROM „Das Geheimnis der Burg" (Mannheim 1997) hin-
   gewiesen, die Kindern ab etwa 8 Jahren eine interaktive Erkundung einer mittelalterlichen
   Burg in der Rolle eines Spions ermöglicht und solide historische Information auf gelungene
   Weise mit einer Spielsituation verbindet.
96 Vgl. allgemein zur Bedeutung von Üben und Wiederholen Richard Meier u.a. (Hrsg.):
   Üben und Wiederholen. Sinn schaffen – Können entwickeln. Friedrich Jahresheft XVIII,
   Seelze 2000; vgl. Aebli, Zwölf Grundformen des Lehrens, a.a.O., S. 326 ff.

(wie die für das erfolgreiche Überstehen schulischer Leistungskontrollen) angeschlossen wird. Erfolgreiches Üben und Wiederholen in der politischen Bildung muss in die Sinnkontexte des Lernens eingebunden bleiben und sollte so inszeniert werden, dass die Lernenden dabei die Erfahrung der Verbesserung ihrer Fähigkeiten und ihres Wissens machen. Üben sollte *Erfolgserlebnisse* vermitteln, und Lernende sollten für ein von ihnen akzeptiertes Ziel üben. Zu einem ganz erheblichen Umfang kann Üben und Wiederholen zwanglos mit anderen Lernsituationen verknüpft werden: In wechselnden Situationen des Gesprächs wird das politische Argumentieren und das Auftreten vor anderen geübt, im Recherchieren oder Präsentieren zu einem neuen Thema wird früher erworbenes Wissen wiederholt, das zum Verstehen des Zusammenhangs der neuen Aufgabe notwendig ist, in einem neuen Lernvorhaben forschenden Lernens werden früher erworbene methodische Fähigkeiten weiter geübt, usw. Allerdings gibt es auch Situationen, in denen – unter der Voraussetzung, dass die Lernenden deren Sinn und Notwendigkeit einsehen können – Üben und Wiederholen für begrenzte Zeit ganz im Mittelpunkt stehen: Man z.B. durchaus das Auftreten als Interviewer zunächst einmal mehrfach üben, bevor reale Interviews geführt werden, man kann vor einer wichtigen Recherche im Internet die sinnvolle Nutzung von Suchmaschinen üben oder wiederholen, man kann sich häufig benötigtes Wissen zwischenzeitlich (beispielsweise vor einem neuen Lernvorhaben, bei dem es benötigt wird) vergegenwärtigen und dies durchaus auch in spielerischen Formen wie Rätsel, Puzzles oder Quiz.[97]

10. *Anwenden: Man kann in der politischen Bildung erworbene Kompetenzen und erlerntes Wissen besser für sich nutzen und weiter verbessern, wenn man Erlerntes in neuen Situationen anwendet.* Häufig gehen Üben, Wiederholen und Anwenden ineinander über, kann man am besten dadurch üben, dass man etwas in einer neuen Situation anwendet. Aber Anwenden geht andererseits über Üben und Wiederholen auch hinaus. In der Anwendung erfolgt ein Transfer von Gelerntem in neue Kontexte, und in diesem Transfer liegt am Ende ein wesentliches Ziel von Lernangeboten in Bildungseinrichtungen, denn diese Lernangebote sollen Menschen Kompetenzen vermitteln, die sie in Lebenssituationen benötigen, von denen das Bildungssystem ja gerade institutionell getrennt ist. In einem sehr weiten Sinn dient auch das, was in der politischen Bildung gelernt werden kann, dazu, von Menschen in anderen Situationen, in die sie in ihren Rollen als Bürgerinnen und Bürger kommen, angewendet zu werden; was man in der politischen Bildung lernen kann, muss transferfähig

---

97 Vgl. Scholz, Spielerisch Politik lernen, a.a.O., S. 137 ff.

sein. In der Schule liegen meist lange Zeiträume zwischen den Lernsituationen und *dieser Art* von Anwendungssituationen, in der außerschulischen Bildung ist diese zeitliche Distanz zwar nicht unbedingt gegeben, wohl aber die der sozialen Situation. Auch diese Anwendungssituationen, die in der souveränen Verfügung von Bürgerinnen und Bürgern liegen, sind vermutlich häufig Situationen, in denen die agierenden Menschen etwas lernen. Dieses Lernen ist dann aber nicht institutionalisiert und der politischen Bildung zunächst nicht zugänglich. Transfersituationen gibt es aber auch bereits innerhalb der politischen Bildung. Dies ergibt sich schon aus dem prozessualen Charakter der politischen Urteilsfähigkeit (➤ Kapitel II.3), denn die Teilnehmenden an Lernsituationen der politischen Bildung urteilen nicht erst nach dieser Teilnahme politisch, sondern auch schon vorher und während der Auseinandersetzung mit den Themen politischer Bildung. Die Anwendung z.B. von neuem Wissen zur Verbesserung der politischen Urteilsfähigkeit geschieht also bereits innerhalb der politischen Bildung, so wie auch Handlungskompetenzen und methodische Fähigkeiten, die in einem bestimmten Lernvorhaben erworben wurden, möglicherweise beim nächsten Lernvorhaben bereits angewendet (und damit auch geübt) werden können. Politische Bildung muss daher ständig vielfältige Gelegenheiten zur Anwendung von Gelerntem in immer neuen Lernsituationen bieten. Transferfähigkeit von Lernen erfordert ferner ein bestimmtes Verhältnis von Konkretion und Abstraktion: Lerngegenstände in der politischen Bildung werden in der Regel konkrete, anschauliche Ausschnitte aus der politischen Realität sein; an ihnen sollen aber transferfähige Kompetenzen und transferfähiges Wissen erworben werden. Lernen, das sich zunächst auf Gegenstände in konkreten Kontexten bezieht (z.B. die Parteispendenaffäre der CDU 1999/2000) muss also dekontextualisiert werden[98] (z.B. Rolle der Parteien in der repräsentativen Demokratie und Probleme der Parteienfinanzierung in der Bundesrepublik), damit das Gelernte auf andere Kontexte übertragen werden kann (z.B. Analyse eines Wahlkampfs zur Bundestagswahl): „Man lernt, wenn aus einem Besonderen, in dem sich ein Allgemeines abbildet, jenes Allgemeine so deutlich gemacht wird, daß es – als Schlüsselbegriff, als Regel, als Problem – an einem neuen Besonderen wieder erkannt werden kann."[99] Dies ist auch ein Kerngedanke exemplarischen Lernens (➤ Abschnitt 4.1).

11. *Feedback und Evaluation: Man kann besser lernen, wenn man qualifizierte Rück-*

---

98 Vgl. auch Mietzel, Pädagogische Psychologie des Lernens und Lehrens, a.a.O., S. 318 f.
99 Hilligen, Zur Didaktik des politischen Unterrichts, a.a.O., S. 38

meldungen über das eigene Lernen erhält. „Rückmeldung" meint hier zunächst nicht Leistungsbewertung (➤ Kapitel V.3), sondern die Konfrontation von Lernenden mit einer anderen Wahrnehmung ihres Lernens: mit der von anderen Gruppenmitgliedern, von Lehrenden, von der ganzen Gruppe zu ihrem gemeinsamen Arbeitsprozess oder von Dritten, die den Lernprozess beobachten und/oder auswerten. In Feedback- und Evaluationssituationen überprüfen Lernende (selbst-)kritisch ihr Lernen im Spiegel von Fremdwahrnehmungen, denen sie Hinweise zur Verbesserung ihres Lernprozesses entnehmen können. Anderen ein Feedback geben zu können, das ihnen weiterhilft, und selbst bereit sein, Feedback anzunehmen, muss seinerseits gelernt und geübt werden. Beispielsweise gilt es, persönliche Angriffe zu vermeiden (und nicht jede Kritik als persönlichen Angriff zu interpretieren), sensibel Lernsituationen beobachten und störende Faktoren genau benennen zu können, Kritik sachlich vorzutragen und an konstruktiven Lösungen mitzuwirken, neben notwendiger Kritik auch positive Rückmeldungen nicht zu vergessen. Feedback muss für die, die etwas aus einer Rückmeldung lernen sollen, informativ sein und ihr Wissen über sich selbst und ihr Lernen erweitern können. Informatives und konstruktives Feedback als Aufgabe von Lehrenden kann eine wichtige Form der Lernbegleitung sein (➤ Abschnitt 2). Auch für Evaluationsprozesse gilt, dass sie kompetent erfolgen müssen, wenn sie eine positive Wirkung für weiteres Lernen entfalten sollten, dass also beispielsweise die Instrumente der Evaluation sorgfältig auf die Ziele des Lernen abgestimmt und Aufwand und Ertrag in einem angemessenen Verhältnis zueinander stehen. So wird die Evaluation eines offen ausgeschriebenen Wochenendseminars in der Erwachsenenbildung auf der Grundlage eines 30seitigen Fragebogens, dessen Ergebnisse die Teilnehmer nach drei Monaten erhalten, in der Regel nicht die angemessene Form darstellen. Für beide Formen von Rückmeldungen ist es wichtig, dass die Lernenden die Maßstäbe kennen und akzeptieren, an denen sich Rückmeldungen orientieren. Feedback und Evaluation lassen sich am ehesten durch den Grad an Systematisierung unterscheiden: Feedback-Situationen können informell sein (z.B. spontane Reaktionen auf ein Referat) oder in einfachen Formen organisiert werden (z.B. eine Kurzabfrage von Eindrücken von einem Referat mit Klebepunkten entlang eines vorgegebenen Kriterienrasters), während Evaluation eher auf systematischere Auswertung und Beurteilung einer Arbeitsphase oder eines ganzen Lernvorhabens zielt (z.B. durch – mehr oder weniger ausführliche – Fragebögen oder Auswertung von Videoaufzeichnungen).

12. *Selbstreflexion: Man kann besser lernen, wenn man Wissen über sein eigenes Wissen*

und Lernen gewinnt und sein Lernen bewusst steuern kann. Diese *Metakognitionen* eröffnen Menschen – in gewissen Grenzen – die Möglichkeit, „Kontrolle über die eigenen kognitiven Prozesse ausüben zu können."[100] Sie sind unerlässlich für die bewusste Organisation des eigenen Lernens und damit für Erfolge selbstständigen Lernens und für die Unabhängigkeit von äußerer Anleitung. Metakognitionen können in Lernsituationen dadurch gefördert werden, dass immer wieder auch Zeit und Gelegenheit gegeben wird, über Strategien des Lernens zu sprechen, unterschiedliche Arbeitstechniken zu erproben (beispielsweise zur Erschließung eines Textes), verschiedene Lernerfahrungen auszutauschen, unterschiedlichste Lernmethoden nicht nur zu praktizieren, sondern auch gemeinsam zu reflektieren und Lernvorhaben gemeinsam mit den Lernenden zu planen. So ist am Beginn von neuen Lernvorhaben in der Schule oder von Veranstaltungen in der außerschulischen Bildung nicht nur für die Lehrenden (im Sinne einer Bestandsaufnahme der Lernausgangssituation) wichtig, die Voreinstellungen und Erwartungen zum Thema kennen zu lernen, es ist auch für die Lernenden selbst von Bedeutung, sich bewusst zu machen, was sie von einem Arbeitsvorhaben erwarten (können), was zu tun ist, damit die Erwartungen erfüllt werden können und woran am Ende für sie der Erfolg der gemeinsamen Arbeit zu messen sein wird. Reflexivität sollte sich daher in der politischen Bildung nicht nur auf inhaltliche Fragen, sondern auch auf den Umgang mit dem gemeinsamen Lernen beziehen.

4.3 Tools III: Methoden

Methoden in Lernsituationen sind Wege des Lernens; die griechische Wurzel des Wortes (methodos = der Weg) trifft auch heute noch den Kern der Sache. Methoden definieren Schritte, zeitliche Abläufe und Regeln für eine Begegnung mit dem jeweiligen Gegenstand, die Lernen ermöglichen sollen. Methoden sind daher unverzichtbare Tools für die Gestaltung von Lernsituationen.

In der Anwendung von Methoden werden zugleich methodische Kompetenzen trainiert (➤ Kapitel II.3.5). Letztlich sollen die Lernenden in der politischen Bildung auch die Fähigkeit erwerben, ihr eigenes politisches Lernen auf eine reflektierte Weise selbst zu organisieren, sich also auch in methodischer Hinsicht kompetent mit Politik auseinandersetzen zu können. Methoden sind daher nicht nur Instrumente für die Planungstätigkeit von Lehrenden. Sie sind auch Gegenstand des Lernens in der politischen Bildung selbst, wobei das Spektrum dessen, was Teilnehmende

---

100 Mietzel, Pädagogische Psychologie des Lernens und Lehrens, a.a.O., S. 233

im selbstständigen Umgang mit Methoden lernen können, außerordentlich breit ist: Es reicht von einfachen Arbeitstechniken über komplexe soziale Verhaltens-repertoires in Lernsituationen (z.B. das Beherrschen von Gruppenarbeit oder Rollenspielen) und in der politischen Öffentlichkeit (z.B. öffentliches Reden oder Publizieren mit digitalen Medien) bis zur kritischen Beurteilung und Anwendung (sozial-)wissenschaftlicher Methoden (z.B. bei Umfragen).

Die Diskussion über Methoden und die Versuche, Methoden zu systematisieren und ihre möglichen Leistungen und Grenzen theoretisch zu klären, sind so alt wie das systematische Nachdenken über Lernen überhaupt. Es würde den Rahmen dieses Buches sprengen, diese Diskussion hier nachzeichnen oder auch nur die wesentlichen Probleme und Kontroversen in dieser Debatte erörtern zu wollen.[101] Für die didaktische Diskussion zu Methoden konstatiert Mickel: „Es ist bisher nicht gelungen, ein stringentes Begriffssystem zu entwickeln"[102] – zu unterschiedlich sind die Verwendungsmöglichkeiten von Methoden in unterschiedlichen Lernzusam-menhängen, zu eng sind sie auch mit Zielen und Inhalten des Lernens verknüpft, zu verschieden kann also das sein, was eine bestimmte Methode in einer konkreten Situation leisten kann. Systematische empirische Forschung zu Chancen, Grenzen und Wirkungen verschiedener methodischer Settings in der politischen Bildung gibt es bisher nur in ersten Ansätzen.[103] Auch gibt es keine Methoden, die von

---

101 Grundlegend zur pädagogischen Diskussion über Lernmethoden ist Hilbert Meyer: UnterrichtsMethoden. Frankfurt/M., Bd. 1: Theorieband, 6. Aufl. 1994, Bd. 2: Praxis-band, 8. Aufl. 1997. Für die Politikdidaktik findet sich die gründlichste Aufarbeitung der komplexen wissenschaftlichen Fragen, die mit dem Methodenproblem verbunden sind, bei Wolfgang W. Mickel: Praxis und Methode. Einführung in die Methodenlehre der Politischen Bildung. Berlin 2003

102 Wolfgang W. Mickel: MethodenLeitfaden durch die politische Bildung. Eine strukturierte Einführung. Schwalbach/Ts. 1996

103 Vgl. insbesondere eine Studie aus Sachsen-Anhalt, die deutlich positivere Effekte eines „modernen", (methodisch vielfältigen und schüleraktiven) Sozialkundeunterrichts im Vergleich zu einem „traditionellen" (dominant darbietenden und lehrerzentrierten) Unterricht auf politisches Interesse, politisches Wissen und Zufriedenheit mit dem Fach nachgewiesen hat (Catrin Kötters-König: Handlungsorientierung und Kontroversität. Wege zur Wirksamkeit der politischen Bildung im Sozialkundeunterricht. In: Aus Politik und Zeitgeschichte, B 50/2001). Für den Sachunterricht in der Grundschule konnte in einer Studie zur Arbeit mit digitalen Medien im Unterricht gezeigt werden, dass auch hier ein hoher Anteil an Eigentätigkeit von Schülern in Partner- und Gruppenarbeit sowie grundschultypische Methoden wie Tagesplan-, Wochenplan- und Werkstattarbeit besonders geeignet sind, Lernchancen zu eröffnen (vgl. Sander (Hrsg.), Digitale Medien in der Grundschule, a.a.O.).

vorneherein und unter allen Umständen besser für die politische Bildung geeignet sind als alle anderen. Letztlich kann immer erst im Zusammenhang mit anderen Faktoren der jeweiligen Lernumgebung wie dem zu bearbeitenden Thema, den Lernvoraussetzungen der Adressaten, den institutionellen Bedingungen wie Zeit- und Raumstrukturen entschieden werden, welche Methoden für ein konkretes Lernvorhaben gewählt werden sollen (→ Kapitel V): Es liegt auf der Hand, dass sich jeweils andere methodische Optionen ergeben, wenn für das gleiche Thema eine Abendveranstaltung an einer Volkshochschule, fünf Doppelstunden Fachunterricht oder eine Projektwoche zur Verfügung stehen.

Es kann aber zugleich davon ausgegangen werden, dass für die politische Bildung schon deshalb, weil politische Handlungsfähigkeit und methodische Fähigkeiten zu dem im Fachgebiet zu erwerbenden Kompetenzen gehören (→ Kapitel II.3), eine ausgeprägte Methodenvielfalt mit einem starken Gewicht auf solchen Methoden, die die Selbsttätigkeit der Lernenden in der Auseinandersetzung mit dem Gegenstand ermöglichen und fördern, erforderlich ist und ein Qualitätsmerkmal für Lernangebote darstellt. Dass es heute für eine solche methodische Vielfalt nicht an Tools mangelt, ist ganz wesentlich der außerschulischen Bildung zu verdanken, die in den letzten Jahrzehnten – motiviert durch den zunehmenden Zwang, ihre Adressaten auf der Grundlage der Freiwilligkeit der Teilnahme und im Wettbewerb mit unzähligen anderen Angeboten zur Weiterbildung und zur Freizeitgestaltung zu gewinnen – eine hohes Maß an Innovationsfähigkeit bei der Entwicklung von Lernmethoden entfaltet hat.

Im Folgenden soll lediglich ein grober Überblick über Lernmethoden mit dem Ziel gegeben werden, die notwendige methodische Vielfalt des Lernens in der politischen Bildung und das breite Repertoire an Methoden, das die Politikdidaktik für die Praxis politischer Bildung heute anbieten kann, zu illustrieren. Hierfür werden im Wesentlichen Lernmethoden den zwölf Grundsituationen des Lernens (→ Abschnitt 4.2) zugeordnet; damit sollen zugleich ein noch etwas genaueres Bild dieser Lernsituationen ermöglicht und Anregungen zu ihrer Planung gegeben werden. Dies geschieht ohne Anspruch auf Vollständigkeit und Exklusivität der Zuordnung – zu den meisten Lernsituationen sind noch weitere Methoden möglich, und manche Methoden eignen sich für verschiedene Lernsituationen. Die Übersicht umfasst Methoden von sehr unterschiedlicher Komplexität, die von eher einfachen Arbeitstechniken bis zu wissenschaftlichen Methoden reichen. Da in der Literatur sehr brauchbare und leicht zugängliche Analysen und Beschreibungen der konkreten Strukturen, Abläufe und Probleme in der Arbeit mit den genannten Methoden vorliegen, wird hier – von wenigen Ausnahmen bei weniger bekannten Methoden abgesehen – auf genauere

Erläuterungen der Methoden verzichtet.[104] Vorab wird auf einige komplexe Methoden hingewiesen, die in ihrer Reichweite diese Grundsituationen des Lernens überschreiten und ganze Lernvorhaben oder mindestens größere Teile von Lernvorhaben strukturieren, die jeweils mehrere Grundsituationen des Lernens mit verschiedenen Teilmethoden umfassen. Auf methodische Fragen der Diagnostik von Vorkonzepten der Adressaten sowie der Leistungsbewertung im schulischen Unterricht wird in Kapitel V eingegangen.

Komplexe Methoden für die Strukturierung von Lernvorhaben oder größerer Abschnitte von Lernvorhaben
- Projekt[105]
- Sozialstudie
- Fallstudie
- Produktlinienanalyse[106]
- Zukunftswerkstatt
- Schülerfirma[107]

---

104 Vgl. insbesondere Sander (Hrsg.), Handbuch politische Bildung, a.a.O., S. 487-631; Frech Kuhn/Massing (Hrsg.), Methodentraining für den Politikunterricht, a.a.O.; Gotthard Breit/Siegfried Frech/Detlef Eichner/Kurt Lach/Peter Massing (Hrsg.): Methodentraining für den Politikunterricht II. Schwalbach/Ts. 2006; Thomas Retzmann (Hrsg.): Methodentraining für den Ökonomieunterricht. Schwalbach/Ts. 2007; Hans-Werner Kuhn/Peter Massing (Hrsg.): Lexikon der politischen Bildung. Bd. 3: Methoden und Arbeitstechniken, Schwalbach/Ts. 2000; kursiv – Journal für politische Bildung 2/2000: Basismethoden politischer Bildung: Beginnen – Lesen – Reden – Spielen; Klaus-Peter Hufer (Hrsg.): Politische Bildung in Bewegung. Neue Lernformen in der politischen Erwachsenenbildung. Schwalbach/Ts. 1995; Meyer, UnterrichtsMethoden, Bd. 2, a.a.O.; ders. u.a. (Hrsg.): Lernmethoden – Lehrmethoden. Wege zur Selbständigkeit. Seelze 1997; Günther Gugel: Methodenmanual „Neues Lernen". Tausend Praxisvorschläge für Schule und Lehrerbildung. Weinheim und Basel 2006; Heinz Klippert: Methoden-Training. Übungsbausteine für den Unterricht. 16. Aufl., Weinheim und Basel 2005; Jörg Knoll: Kurs- und Seminarmethoden. Ein Trainingsbuch zur Gestaltung von Kursen und Seminaren, Arbeits- und Gesprächskreisen. Weinheim und Basel 2004
105 Vgl. zum Stand der Diskussion über Projektunterricht in der politischen Bildung Volker Reinhardt (Hrsg.): Projekte machen Schule. Projektunterricht in der politischen Bildung. Schwalbach/Ts. 2006
106 Vgl. Thomas Retzmann: Die Produktlinienanalyse. In: ders. (Hrsg.), Methodentraining für den Ökonomieunterricht, a.a.O.
107 Vgl. Birgit Weber: Schülerfirmen als Methode und Gegenstand ökonomischer Bildung. In: Retzmann (Hrsg.), a.a.O.

- Studienfahrt[108]
- Tagung/Kongress[109]

Methoden zu den Grundsituationen des Lernens in der politischen Bildung
(➤ Abschnitt 4.2)

Recherchieren
- Lesetechniken als basale Arbeitstechniken[110]
- Auswertung von Printmedien: Zeitungen, Zeitschriften, Fachbücher; Nutzung von Bibliotheken und Archiven
- Auswertung von elektronischen Datenbanken
- Auswertung von Rundfunk- und Fernsehsendungen
- Informationssuche im Internet
- Informationssuche in Museen
- Befragungen von Experten, Akteuren, Zeugen (persönlich, per Telefon, Brief, E-Mail)

Miteinander sprechen
- Moderationsmethode
- Aquarium/Fish-bowl
- Freie Diskussion und strukturierte Debatte
- Pro- und Contra-Diskussion
- Sokratisches Gespräch
- Podiumsdiskussion, ggf. mit externen Experten
- Kleingruppenarbeit[111]

Etwas darstellen
- Referate
- Präsentation von (Gruppen-)Arbeitsergebnissen, möglichst in Verbindung mit Visualisierungen (s.u. „Veranschaulichen")
- Standbild
- Szenische Präsentationen: Sketch, Pantomime, Theater, Kabarett

---

108 Vgl. Paul Ciupke: Reisend lernen: Studienreise und Exkursion. In: Sander (Hrsg.), Handbuch politische Bildung, a.a.O.

109 Vgl. zur methodischen Gestaltung solcher Großveranstaltungen, die in erster Linie für die außerschulische politische Bildung von Bedeutung sind, Bundeszentrale für politische Bildung (Hrsg.): Großgruppenveranstaltungen in der politischen Bildung. Bonn 2006

110 Vgl. Lutz von Werder/Brigitte Schulte: Lesen – Arbeit mit Texten. In: kursiv – Journal für politische Bildung 2/1999

111 Kleingruppenarbeit wird wegen der in der Regel gesprächsbetonten Arbeitsweise hier

Aktives Zuhören
- Sich Notizen machen als basale Arbeitstechnik
- Protokoll
- Schriftlicher oder mündlicher Bericht über das Gehörte
- Fragen an Referenten formulieren
- Vorgetragene Positionen vergleichen, ggf. Gegenposition erarbeiten

Etwas herstellen
- Ausstellung gestalten
- Multimedia-Präsentation erarbeiten
- Internet-Publikation realisieren
- Video drehen
- Hörstück aufnehmen
- Schriftliche Dokumentation erstellen und ggf. veröffentlichen
- (Schüler-)Zeitung publizieren
- Beiträge in örtlichen Zeitungen, u.U. Gestaltung einer Zeitungsseite
- Lernergebnisse in Lern- und Arbeitsmaterial für andere umsetzen (z.B. Lexikon, kommentierte Linklisten)

Veranschaulichen
- Referate und andere mündliche Beiträge visualisieren (Tafel, Wandzeitung, OHP-Folien, Computerpräsentation u.a.m.)
- Komplexe Zusammenhänge und Strukturen visualisieren (z.B. Mind-Mapping, Textgrafiken, Diagramme, Tabellen)
- Abstrakte Zusammenhänge an konkreten Beispielen erarbeiten (Situationen, Vorfälle, Biografien)

Erforschen
- Systematisches Beobachten
- Umfragen (Interviews oder mit standardisiertem Fragebogen)
- Erkundungen
- Praktika

Probehandeln
- Rollenspiele
- Talkshows

---

genannt, ist aber auch eine mögliche Form für andere Lernsituationen. Zudem gibt es für die innere Struktur von Kleingruppenarbeit wiederum eine Vielzahl methodischer Differenzierungen (vgl. Jörg Knoll: Kleingruppenmethoden. Effektive Gruppenarbeit in Kursen, Seminaren, Trainings und Tagungen. Weinheim und Basel, 3. Aufl. 1999).

- Planspiele
- Computersimulationen (Modellrechnungen, interaktive Multimedia-Simulationsspiele, Simulationen im Internet)

Üben und Wiederholen
- Spielerisches Üben: Rätsel, Puzzle, Quiz, Memory
- Lückentexte
- Wortkarteien mit Fachbegriffen
- Computergestütztes Üben[112]
- Training des öffentlichen Auftretens (Rhetorik, Präsentation)

Anwenden
Die bisher genannten Methoden. Für diese Lernsituation gibt es keine charakteristischen eigenen Methoden, denn sie wird nicht durch spezifische Methoden konstruiert, sondern durch die Auseinandersetzung mit *neuen Lerngegenständen*, in der Gelerntes unter Nutzung bekannter Methoden angewendet, erprobt und verbessert wird.

Feedback und Evaluation
- Blitzlicht
- Ein-Punkt-Abfragen aus der Moderationsmethode[113]
- Einfache und komplexe Fragebögen[114]
- Videoaufzeichnungen von Lernsituationen
- Mündliche oder schriftliche Rückmeldungen von Lehrenden an Lernenden zu deren Arbeitsergebnissen, die konkrete Hinweise auf Stärken, Schwächen und Verbesserungsmöglichkeiten enthalten

---

112 Für die politische Bildung fehlt es bisher, im Unterschiede zu anderen Fachgebieten wie etwa den Fremdsprachen, an Lernsoftware, die gezielt Übungselemente integriert.

113 Hierfür gibt es verschiedene Rastermodelle, mit deren Hilfe die Teilnehmenden eines Lernvorhabens durch das Kleben eines Punkts ihren Eindruck wiedergeben können, z.B. von -- bis ++ oder ein Koordinatensystem mit „Inhalt" auf einer Achse und „Klima" auf der anderen und einer Punkteskala von 0 bis +5. Ein-Punkt-Abfragen geben eine sehr schnelle, aber wenig differenzierte Rückmeldung an die Lehrenden und die an die ganze Gruppe; in der Regel sollte sich ein Auswertungsgespräch anschließen.

114 Häufig sind schon in zwei Felder (z.B. „Was hat Ihnen gut gefallen? Was hat Ihnen weniger gut gefallen, was sollte geändert werden? Bitte möglichst konkret!") unterteilte A 4-Blätter für eine einfache schriftliche Auswertung eines Lernangebotes hilfreich und ausreichend. Von hier aus gibt es viele Zwischenlösungen bis zu komplexen, mehrseitigen, nach den Standards empirischer Forschung konstruierten Fragebögen. Hier sollte von Fall zu Fall das optimale Verhältnis von Aufwand und erwartbarem Ertrag geprüft werden.

Selbstreflexion
- Brief an sich selbst[115]
- Lerntagebuch[116]
- Techniken der Arbeits- und Zeitplanung und des Selbstmanagements

4.4 Tools IV: Medien

Politik begegnet den meisten Menschen in allererster Linie über ihre Darstellung in Medien, und Medien sind ein immer wichtiger werdendes Feld der politischen Auseinandersetzung: Ohne Präsenz in den Medien – vor allem den Zeitungen, mehr noch dem Fernsehen und zunehmend auch dem Internet – lässt sich in modernen Demokratien die öffentliche Meinung kaum beeinflussen, und noch weniger lassen sich Mehrheiten und Wahlen gewinnen. Die Repräsentanz des Politischen in Medien und die Rückwirkung medialer Präsentation auf die Politik selbst sind deshalb wesentliche Aspekte des *Gegenstandsfelds* der politischen Bildung, und die Vermittlung von politischer Medienkompetenz gehört zu den *Kompetenzen*, die man in der politischen Bildung erwerben kann (➤ Kapitel II.3). Als *Tools für die Gestaltung von Lernumgebungen* haben Medien zunächst eine andere Bedeutung: Medien sind hier technische Arbeitsmittel und Informationsträger,[117] die nach

---

115 Lernende erhalten am Ende eines Lernvorhabens Gelegenheit, einen Brief an sich selbst zu schreiben, in dem sie für sich (niemand sonst darf diesen Brief lesen) formulieren, was sie aus diesem Lernvorhaben mitnehmen und welche Konsequenzen sie möglicherweise für sich ziehen wollen (z.B. in einem politischen Kontext, privat, beruflich). Der Brief wird verschlossen, adressiert und von den Lehrenden nach einem vereinbarten Zeitpunkt (z.B. nach sechs Wochen) abgeschickt.

116 Lerntagebücher sind Instrumente der Selbstbeobachtung und der Selbsteinschätzung von Lernerfolgen über einen längeren Zeitraum. Beispielsweise können Schüler am Ende jedes Abschnitts eines Lernvorhabens in ihr Lerntagebuch notieren, was sie dazugelernt haben, aber auch, was weniger gelungen war und was er/sie sich neu vornimmt und an eigenen Zielen verfolgen möchte (vgl. zu dieser Methode am Beispiel des Physikunterrichts Thomas Stern: Was hältst Du davon? Selbsteinschätzung von Lernerfolgen. In: Gerold Becker u.a. (Hrsg.): Qualität entwickeln: evaluieren. Friedrich Jahresheft 2001, Seelze)

117 Der Begriff der „Medien" wird hier in einem engeren, gegenständlichen Sinn verstanden, um ihn sinnvoll von anderen Aspekten von Lernumgebungen abgrenzen zu können. In einem weiteren Sinn ließen sich schon Sprache und Schrift, aber auch anderen kulturelle Ausdrucksformen wie Kleidung und Architektur, ja selbst die Gestaltung eines Unterrichtsraums oder die mit einer Lernmethode verbundene Sitzordnung als „Medien" verstehen, wenn und insoweit sie der Übermittlung von Informationen und Botschaften (auch solchen politischer Art) dienen, was sie vielfach tun. Für die politische Bildung sind

didaktischen und methodischen Überlegungen ausgewählt, gestaltet und verwendet werden, um Hilfen zum Lernen zu bieten. Allerdings ist diese Unterscheidung bis zu einem gewissen Grad nur eine analytische Trennung, da in der politischen Bildung beide Aspekte des Medienbegriffs ineinander übergehen. So wird in vielen Fällen eine mediale Repräsentanz von Politik in einer Lernsituation als Quelle (z.B. Zeitungsbericht, Fernsehsendung) zugleich zum Lernmedium werden. Auch wird die politische Bildung Medienkompetenz nicht vermitteln und fördern können, wenn sie nicht den aktiven Umgang mit verschiedenen Medien und die Gestaltung von Medienprodukten selbst trainiert.

Die Arbeit mit Medien in Lernsituationen muss in einem engen Zusammenhang mit den jeweiligen didaktischen und methodischen Entscheidungen gesehen werden. Medien können Lernprozesse weitreichend beeinflussen. Beispielsweise kann eine unangemessene Auswahl von Texten, die politische Positionen in einer Kontroverse repräsentieren, äußerst negative Auswirkungen haben, die von einer bloßen Verdoppelung von Vorwissen und Voreinstellungen, die keinen Lernzuwachs ermöglicht, bis zu subtilen Formen der Überwältigung durch einseitige oder gar bewusst manipulative Zusammenstellungen reichen. Auch können medienbezogene Entscheidungen die Arbeit in Lernsituationen in erheblichem Maße vorstrukturieren – wer sich beispielsweise mit einer Lerngruppe zur Produktion eines Videofilms entschließt, trifft damit zugleich Strukturentscheidungen für die gemeinsame Arbeit über einen längeren Zeitraum. Es gehört zur Planungskompetenz von Lehrenden, solche Wirkungen so weit wie möglich zu antizipieren und Entscheidungen bei der Medienwahl so zu treffen – oder in gemeinsamen Planungen die Lernenden auf diese Zusammenhänge aufmerksam zu machen –, dass sie dem Gegenstand des Lernens angemessen sind, Kompetenzen der Lernenden fördern können, didaktischen Prinzipien entsprechen und in den vorgesehenen Lernsituationen zur Wahl der Methoden passen. Als eine sehr allgemeine Orientierungsrichtlinie in der Arbeit mit Medien kann gelten, dass in der politischen Bildung der Breite des Gegenstandsfelds sowie der Vielfalt von möglichen Lernsituationen und Methoden auch eine Vielfalt der Medien korrespondieren muss, mit denen in Lernumgebungen gearbeitet wird.

Darüber hinaus ist für die Wahl und Gestaltung von Medien von Bedeutung, dass die Art und Weise der ästhetischen Repräsentation der jeweiligen Inhalte selbst schon ein Teil der Information ist, die ein Medium den Adressaten vermittelt. Ferner

---

solche politischen Aspekte allgemeiner kultureller Praxis interessante Gegenstände des Lernens; unter dem Aspekt der Planung von Lernangeboten dürfte sich aber ein engerer Medienbegriff als brauchbarer erweisen.

prägen die Medien, mit denen gearbeitet wird, auch das Image eines Faches bei den Lernenden mit. Anja Besand hat in einer kritischen Analyse von Lernmedien politischer Bildung gezeigt, dass solche Zusammenhänge in der Fachkultur der politischen Bildung nicht nur vielfach unterschätzt werden, sondern auch für die Intentionen des Faches kontraproduktive Wirkungen entfalten können. Am Beispiel der Gestaltung der von der Bundeszentrale für politische Bildung herausgegebenen und im Fach weit verbreiteten „Informationen zur politischen Bildung" zeigt Besand (bezogen auf deren Gestaltung bis Anfang des Jahrhunderts, inzwischen wurde eine Revision des Designs vorgenommen), wie Schrift- und Papierwahl, Textanordnung sowie Grafiken und Bilder den Eindruck von Nüchternheit, Strenge und eines Habitus nahe legen, der modernen Kommunikationsformen distanziert gegenübersteht: „Die Botschaft, die hier insgesamt vermittelt wird, lautet: Politische Bildung ist eine ernsthaft und komplizierte Sache, der man nur in umfangreichen, komplexen Texten und statistischen Werten gerecht werden kann. Politik, oder besser, Verständigung über Politik gibt es nicht nebenbei, man muss sich auf die einlassen, wenn man etwas verstehen will. Damit beteiligt sich die politische Bildung an der Konstruktion eines Mythos, der betont, Politik sei eine Sache von Experten und nicht eine Sache, an der sich jeder und jede täglich auch lustvoll beteiligen kann. ... Obwohl sich also politische Bildung ihrem Auftrag entsprechend einerseits um die Vermittlung ihres Gegenstandsbereichs bemüht, perpetuiert sie auf der anderen Seite seine Undurchsichtigkeit."[118] Die Konsequenz aus dieser Kritik ist für Besand nicht einfach ein Plädoyer für ein modernes und bunteres Design von Lernmaterial, sondern für eine solche Gestaltung, die der Sache und den Zielen des Faches angemessen ist. Hierzu gehören unter dem Aspekt der Anschlussfähigkeit die Beachtung von Medienrezeptionsgewohnheiten der Adressaten und unter inhaltlichen Aspekten ästhetische Repräsentationen von Politik, die auf deren Mehrdeutigkeit, Kontroversität und Ergebnisoffenheit abheben. Für die Auswahl von Bildern bedeutet dies beispielsweise, dass diese nicht der Illustration und „Auflockerung" von Textseiten dienen, sondern als mehrdeutige, auch kontrovers interpretierbare Medien einen eigenen Zugang zu Politik eröffnen sollten. In einem reflektierten Umgang mit Bildern – mit Fotos wie mit bewegten Bildern – gehört es dann zu den Aufgaben politischer Bildung, Lernende zu befähigen, nicht nur die transportierten Sachinformationen, sondern auch die ästhetisch vermittelten Botschaften decodieren zu können.

---

118 Vgl. Besand, Angst vor der Oberfläche, a.a.O., S. 195

Traditionelle Medien

Seit langem steht der politischen Bildung ein breites Repertoire an Lernmedien zur Verfügung.[119] Allem voran gehören hierzu gedruckte, didaktisch vorstrukturierte Arbeitsmittel, die seit den 1970er-Jahren meist die Form einer – mehr oder weniger kommentierten und durch Autorentexte und Arbeitsaufgaben ergänzten – Quellensammlung haben. Für die Schule sind dies vorrangig Schulbücher, für die außerschulische Bildung themenbezogene, oft von Trägerorganisationen herausgegebene Textsammlungen, ferner für alle Praxisfelder Zeitschriften wie die Wochenschau (Wochenschau-Verlag) oder die bereits erwähnten, inzwischen grundlegend überarbeiteten Informationen zur politischen Bildung (Bundeszentrale für politische Bildung). Neben Texten unterschiedlicher Art (Zeitungstexte, programmatische Dokumente, Biografien, literarische Texte, Sachtexte, wissenschaftliche Texte, Archivalien u.a.m.)[120] sind als gedruckte Quellen unter anderem grafische Darstellungen, Karikaturen, Comics, Fotos, Plakate und Karten bedeutsam. Als Medium zur Visualisierung ist traditionell die Wandtafel dominierend,[121] ergänzt durch Overheadprojektor und -folien, Diaprojektor, Wandzeitung, Flipchart und Pinnwand. Audiovisuelle Medien sind als traditionelle Medien in der politischen Bildung in Form von Fernsehsendungen unterschiedlicher Art (meist in Gestalt von Videomitschnitten), historischen Filmdokumenten, Kinofilmen und Hörstücken (Hörspiele, Features, Reportagen, historische Tondokumente) präsent. Quantitativ dürften in der Praxis der politischen Bildung nach allen Beobachtungen bisher Printmedien und hier vor allem Texte dominieren, was dem Fach den Ruf einer ausgesprochen textlastigen Veranstaltung eingetragen hat.[122]

Digitale Medien

Viele dieser traditionellen Medien waren einmal „neue Medien", besonders während des 20. Jahrhunderts, in dessen Verlauf Kino, Radio und Fernsehen zu Massenmedien

---

119 Eine wegen der gegenständlichen und methodischen Verwandtschaft des Gegenstands auch für die politische Bildung sehr anregende, ausgezeichnete Übersicht bietet Hans-Jürgen Pandel/Gerhard Schneider (Hrsg.): Handbuch Medien im Geschichtsunterricht. Schwalbach/Ts. 1999

120 Vgl. hierzu Georg Weißeno: Über den Umgang mit Texten im Politikunterricht. Didaktisch-methodische Grundlegung. Schwalbach/Ts. 1993; Hans-Werner Kuhn: Mit Texten lernen: Textquellen und Textanalyse. In: Sander (Hrsg.), Handbuch politische Bildung, a.a.O.

121 Vgl. hierzu Georg Weißeno: Das Tafelbild im Politikunterricht. Schwalbach/Ts. 1992

122 Vgl. zur Kritik Besand, Angst vor der Oberfläche, a.a.O.

wurden. Die besondere Bedeutung heutiger „neuer Medien" erwächst denn auch weniger aus ihrem Neuigkeitswert als solchem. Neue Medien sind heute digitale Medien – und die Digitalisierung der durch Medien übermittelten Information beschränkt sich nicht auf eine Ergänzung der traditionellen Medienlandschaft durch spezifische „neue Medien" wie Lernsoftware und Internet, sondern formt auch die bisherigen Medien um: Bücher und Zeitschriften, Radio und Telefon, Fernsehen und Kino, Video und Fotografie sind schon oder werden in naher Zukunft auf digitale Informationsverarbeitung umgestellt, sie entstehen an Computern oder werden jedenfalls an Computern bearbeitet. Die digitale Codierung von Information ist daher weit mehr als eine bloß technologische Innovation mit gewissen Rationalisierungseffekten. Sie leitet weit reichende Veränderungen in der öffentlichen Kommunikation ein, deren Auswirkungen im Einzelnen überhaupt noch nicht zu übersehen sind, von denen aber vermutet werden kann, dass ihre Reichweite mit den kulturellen Wirkungen der Erfindung des Buchdrucks mit beweglichen Lettern vergleichbar sein wird.[123]

Es sind vor allem zwei Merkmale dieser „digitalen Revolution" in der Medienlandschaft, von denen dieses kulturelle Veränderungspotenzial ausgeht. Zum einen führt eine Tendenz zur *Medienintegration* zur Verwischung der Grenzen zwischen verschiedenen Medien und zu einer Vernetzung der Medienumwelt des Menschen: Zeitungen publizieren auch im Internet und/oder verweisen auf weiterführende Links im Internet, Bücher werden über das Internet vertrieben, Buchtexte auf CD-ROM angeboten; mit dem Telefon können Texte und Bilder verschickt und empfangen werden; der Videoclip wird mit der digitalen Kamera gedreht, am Computer bearbeitet, am Fernseher gezeigt, per E-Mail verschickt, auf der Website publiziert usw. Zum anderen ermöglichen digitale Medien *Interaktivität*, also verschiedene Formen aktiver Auswahl-, Rückmelde- und Handlungsmöglichkeiten innerhalb einer von Computern generierten Umgebung, die das klassische Bild der Medienkommunikation als One-Way-Kommunikation als obsolet erscheinen lassen oder mindestens stark relativieren.

In Lernumgebungen für politische Bildung eröffnen digitale Medien vor allem unter drei Aspekten neue Lernmöglichkeiten:

• Digitale Medien sind wichtige *Instrumente zur politischen Information und Kom-*

---

123 Vgl. auch Wolfgang Sander: Neue Medien in der politischen Bildung – Herausforderungen für Schule und Lehrerbildung. In: Georg Weißeno (Hrsg.): Politikunterricht im Informationszeitalter – Medien und neue Lernumgebungen. Schwalbach/Ts. 2001. Die kulturellen Auswirkungen der Erfindung des Buchdrucks werden sehr genau nachgezeichnet bei Michael Giesecke: Der Buchdruck in der frühen Neuzeit. Frankfurt/M. 1998

munikation; der Umgang mit ihnen in Lernsituationen ist daher auch bedeutsam für die Befähigung zur Teilnahme an der politischen Öffentlichkeit. Besonders das Internet als Medium für Recherche, Kommunikation und Kooperation erweitert das Spektrum an Informationsmöglichkeiten in Lernsituationen quantitativ und qualitativ erheblich.[124] Aber auch eher traditionelle mediale Artikulationsformen – z.B. Ausstellungen, Flugblätter, Broschüren, Plakate – lassen sich mit Computern sehr viel leichter und kostengünstiger herstellen als vorher. Hinzu kommen neue Kommunikationsformen wie E-Mail, Websites, Internet-Foren oder digitale Bild- und Videoproduktionen.

- Damit ist zugleich die erhebliche Erweiterung des Spektrums von möglichen *Lernprodukten* angesprochen, die mit Hilfe von Computern als digitale Medienprodukte in Lernsituationen und als Ergebnis von Lernprozessen hergestellt werden können. Die Arbeit mit digitalen Medien stärkt den Handlungsbezug in der politischen Bildung, da Lernergebnisse auf sehr vielfältige Art leichter dokumentiert und veröffentlicht werden können: von der Ausstellung über selbst produzierte Bücher, Videos, Multimediapräsentationen und Websites. Selbst einfache Texte können in digitaler Form sehr viel leichter hergestellt und verbreitet werden.

- Schließlich können digitale Medien originäre interaktive *Lernumgebungen* bereitstellen, anders als traditionelle Medien, die lediglich *in* Lernumgebungen als Material verwendet werden können. Zu solchen neuen Formen von Lernumgebungen, in denen Lernende sich selbstständig, aber auch in Kooperation mit anderen bewegen können, gehören interaktive Lernsoftware auf CD-ROM oder DVD, Online-Konferenzen und Online-Seminare sowie WebQuests im Internet. Solche Lernumgebungen können strikt sachlich strukturiert sein, aber auch spielerische Elemente wie Rollenspiele und komplexe Simulationen enthalten.

Computer sind für die politische Bildung in erster Linie als universelle Werkzeuge für Kommunikation und Kreativität interessant, als solche können sie in Lernsituationen vielfältige Informations-, Kommunikations- und Handlungsräume eröffnen. Allerdings entziehen sich digitale Medien, wenn ihre Lernpotenziale genutzt werden sollen, weitgehend der Situation des „Einsetzens" durch Lehrende im leiterzentrierten Frontalunterricht, sondern fordern eine Lernkultur der begleiteten

---

124 Vgl. Thilo Harth: Das Internet als Herausforderung politischer Bildung. Schwalbach/Ts. 2000; Gisela Ruprecht: Politische Bildung im Internet. Schwalbach/Ts. 2000; Siegfried Frech: Das Internet – Recherchieren und Informieren. In: Frech/Kuhn/Massing (Hrsg.), Methodentraining für den Politikunterricht, a.a.O.

Selbsttätigkeit, in der an komplexen Aufgaben und Produkten gearbeitet wird.[125] Insbesondere passt eine sinnvolle Nutzung digitaler Medien nicht zu den Zwängen der schulischen Lernorganisation: das Drehen und Schneiden eines digitalen Videos, das Gestalten einer Website, eine komplexere Internetnutzung als das Aufrufen einer vorgegeben Adresse – dies sind Beispiele für Nutzungsmöglichkeiten, die kein technologisches Expertenwissen mehr erfordern, die sich aber auch nicht in einen 45-Minuten-Rhythmus pressen lassen und die in der Regel nicht von 25 Schülerinnen und Schülern gleichschritttig realisiert werden können. Ferner machen digitale Medien, insbesondere das Internet und Lernmaterialen auf CD-ROM und DVD, in Lernsituationen Informationsquantitäten verfügbar, die auch das Vorwissen der Lehrenden in jedem Moment übersteigen und ein Berufsverständnis von Lehrenden als Wissensvermittler äußerst problematisch erscheinen lassen. So unterstreichen digitale Medien jedenfalls dann, wenn ihre Lernpotenziale optimal genutzt werden sollen, die Notwendigkeit einer Neukonzeption der Berufsrolle von Lehrenden in der politischen Bildung (➤ Abschnitt 2).

---

125 Vgl. dazu auch die Ergebnisse eines Forschungsprojekts zum Sachunterricht bei Sander (Hrsg.), Digitale Medien in der Grundschule, a.a.O.

V. Zusammenfassung: die Planung von Lernangeboten in der politischen Bildung

Je planmäßiger die Menschen vorgehen,
desto wirksamer trifft sie der Zufall.
Friedrich Dürrenmatt

1. Was geplant werden kann – und was nicht

Lehren soll bei den Adressaten zu Lernprozessen führen. Wenn aber Lernen nur von diesen Adressaten selbst vorgenommen werden kann, wenn die Didaktik heute vom Bild eines aktiven Lerners ausgehen muss, der immer selbst entscheidet – ob bewusst oder unbewusst –, was er aus dem macht, was Schule oder außerschulische Bildung ihm anbieten (➤ Kapitel IV.1), welchen Sinn und welche Funktion hat dann das Planungshandeln von Lehrenden?

Gewiss bleibt es richtig, dass die sorgfältige, in fachwissenschaftlicher, didaktischer und lernmethodischer Hinsicht wohl überlegte Vorbereitung der eigenen Lehrtägigkeit ein Kernbereich der Professionalität von Lehrenden ist. Aber der notwendige Abschied von der Illusion der *Steuerbarkeit* des Lernens verändert den Blick auf diese Vorbereitungstätigkeit.

Lehren sollte verstanden werden „als geplante Anregung eines nicht erwartbaren Vorgangs".[1] Lehren ist eine *intervenierende* Tätigkeit. Sie setzt Impulse und Anreize, über deren Verarbeitung durch die Lernenden die Lehrenden aber letztlich nicht verfügen können: „Unterricht offeriert Lern*angebote*; über das Lehren ist kein direkter Zu- und Durchgriff auf Lernen möglich."[2] Gleichwohl können diese Lernangebote unterschiedlich gut vorbereitet und unterschiedlich erfolgreich sein. Aber die Praxis des Lehrens ist keine einfache „Umsetzung" der vorgängigen Planungsüberlegungen. Unterrichtsplanung ist als „kognitiver Probedurchlauf durch Unterricht" zu verstehen. „Sie beschreibt die Anfangssituationen für einen real

---

1 Scheunpflug, Biologische Grundlagen des Lernens, a.a.O., S. 174
2 Ebd., S. 174

(im Wechselspiel zwischen Planung und Zufall) ablaufenden Unterrichtsprozess. ... Damit kann es auch nicht mehr darum gehen, eine Unterrichtsplanung im Unterricht zu *verwirklichen.* Vielmehr ist eine Unterrichtsplanung unter dieser Perspektive eine geistige Übung, die das Risiko für den realen Unterricht dämpft, da sie kognitive Möglichkeiten – und damit verschiedene Handlungsmöglichkeiten – erschlossen hat und es der Lehrkraft erlaubt, sich auf die Unterrichtssituation einzustellen."[3] Sich diese Möglichkeiten flexibel und situationsangemessen erschließen zu können, ist eine professionelle Leistung von erfolgreichen Lehrenden. Aber: „Eine solche Planung sagt nichts über den tatsächlichen Unterrichtsverlauf aus",[4] dieser kann immer (und wird in der allermeisten Fällen) mehr oder weniger vom dem abweichen, was der oder die Planende vorweg antizipiert hat. Es ist daher zunächst noch kein Zeichen mangelnder Kompetenz von Lehrenden, wenn eine Unterrichtsplanung in dem Sinn misslingt, dass der Unterricht anders verläuft als geplant. Problematisch ist aber, wenn Lehrende sich nicht flexibel darauf einstellen und auf das Misslingen einer Planungsidee nicht mit einem neuen, alternativen Versuch der Intervention reagieren können. Umgekehrt kann es auch ein Zeichen mangelnder Professionalität sein, wenn der Unterricht äußerlich genau so abläuft wie geplant, bei den Adressaten aber nicht die gewünschten Lerneffekte, sondern nur an die Lehrererwartung angepasstes Verhalten auslöst.

Am genauesten lässt sich der *Beginn* eines neuen Lernvorhabens planen. Hierauf muss in der Tat große Sorgfalt verwendet werden, weil in dieser Anfangssituation die Regeln definiert werden, nach denen in der Folgezeit gearbeitet wird: das Thema, die Aufgaben für jeden einzelnen, das methodische Vorgehen, die Ziele des Vorhabens. Hierüber für alle Beteiligte Klarheit herzustellen, muss das wesentliche Ziel der Anfangssituation sein. Leider ist dies in der Praxis der Schule nicht immer selbstverständlich; allzu oft kommt es vor, dass Schüler auf die Frage, welches Thema sie gerade im Unterricht bearbeiten, keine klare Antwort geben können. Auch sollte es selbstverständlich sein, dass beim Beginn des Fachunterrichts in der politischen Bildung in der Sekundarstufe I die erste Arbeitsphase dafür verwendet wird, zunächst einmal eine klare Vorstellung davon zu vermitteln, worum es in diesem Fach überhaupt geht.

Zielklarheit und Transparenz in der Planung von Lernvorhaben bedeuten nicht zwingend, dass Lehrende *ihre* Ziele durchsetzen müssen; es ist auch möglich, dass in der Anfangssituation eines Lernvorhabens das Thema überhaupt erst mit den Adressaten entwickelt bzw. präzisiert wird sowie die Ziele und Vorgehensweisen

---

3 Ebd., S. 175
4 Ebd., S. 175

gemeinsam abgestimmt werden. Aber gerade eine solche kooperative Planungsphase zu Beginn eines neuen Lernvorhabens bedarf einer besonders genauen Vorbereitung. Hierfür ein Beispiel:[5] In einem Oberstufenkurs eines Gymnasiums sollte ein Lernvorhaben zum Themenfeld „DDR" durchgeführt werden. Hierfür standen etwa acht Doppelstunden zur Verfügung, weitere Vorgaben wurden nicht gemacht. Die erste Doppelstunde diente der gemeinsamen Planung und lief in folgenden Schritten ab:

1. Brainstorming (schriftlich, in Einzelarbeit) zum Stichwort „DDR"
2. Kleingruppenarbeit: gegenseitige Vorstellung der notierten Stichworte, Einigung auf bis zu 10, die nach Ansicht der jeweiligen Gruppe für die Bearbeitung im Unterricht als interessant und wichtig erschienen, Übertragung dieser ausgewählten Stichworte auf Moderationskarten und Befestigung an der Tafel
3. Klassenplenum: Wo nötig, kurze Erläuterung der Stichworte und argumentativer, mehrstufiger Entscheidungsprozess: Ordnung nach zusammengehörigen thematischen Blöcken, Gewichtung mit Klebepunkten, Formulierung von Überschriften zu diesen Blöcken. Auf diese Weise wurden vier Themenbereiche definiert, die in diesem Lernvorhaben bearbeitet werden sollten: Jugend in der DDR, Politik in der DDR, Wirtschaft in der DDR, die Wende und das Ende der DDR.
4. Einteilung des Kurses in vier Gruppen und Zuordnung zu den vier Themenbereichen
5. Absprachen über das weitere Vorgehen und die Zeiteinteilung.

---

5 Das Beispiel wurde vom Verfasser 1996 an einer Schule in Jena durchgeführt. Ein besonderer Adressatenbezug bestand bei diesem Thema insofern, als die Schülerinnen und Schüler noch eigene Erinnerungen an die DDR hatten. Ein möglicher Einwand gegen die hier kurz referierte Vorgehensweise könnte sein, dass wichtige Sachaspekte – sei es aus Lehrplanvorgaben, sei es aus der fachlichen Sicht der Lehrenden – unter Umständen nicht oder nicht ausreichend zur Geltung gebracht werden. Hierzu ist zum einen zu sagen, dass mehrfache Erfahrungen mit vergleichbaren Planungen – teilweise auch mit Varianten wie Collagen statt Brainstormings als Beginn – immer wieder gezeigt haben, dass Schülerinnen und Schüler zumindest ab dem Ende der Sekundarstufe I auf der Basis ihres Vorwissen in der Regel von sich aus nahezu alle relevanten Stichworte nennen können, die auch Lehrplanautoren eingefallen sind (selbstverständlich im Sinne eines Fragehorizonts und ohne dass sie sie deshalb auch schon sachgerecht erläutern könnten). Zum anderen lassen solche offenen Planungsverfahren jederzeit auch Lehrenden die Möglichkeiten, von ihnen zusätzlich für wichtig gehaltene Aspekte ebenfalls einzubringen, im hier geschilderten Fall also auf weiteren Moderationskarten (was jedoch nicht erforderlich war). Im Übrigen ist das hier geschilderte Beispiel selbstverständlich nicht als Passepartout für die Planung aller Lernvorhaben in der politischen Bildung zu verstehen.

Im weiteren Verlauf dieses Lernvorhabens standen zunächst drei Doppelstunden für die Gruppen zur Erarbeitung ihres Themenbereichs zur Verfügung, wobei die Aufgaben des Lehrers sich auf Bereitstellung von Basismaterial und Anregungen für weitere Recherchen konzentrierten. Sodann stand jeder Gruppe eine Doppelstunde für die Präsentation ihrer Ergebnisse zur Verfügung, die vom Lehrer als Experten ggf. zu ergänzen oder auch in Teilen zu korrigieren waren. In diesem konkreten Fall entstand aus der Arbeit in den Gruppen heraus zusätzlich der Wunsch nach einer Exkursion zu einer ehemaligen Bezirkszentrale des Ministeriums für Staatssicherheit, die auch realisiert wurde. An das Lernvorhaben schloss sich eine Klausur als Leistungsüberprüfung an, in deren Aufgaben die vier Themenbereiche repräsentiert waren.

Die Planungsüberlegungen von Lehrenden sollten sich generell in erster Linie auf die Planung ganzer Lernvorhaben beziehen (in traditioneller Sprache: Unterrichtseinheiten, Unterrichtsreihen). Über die Vorplanung der Anfangsphase eines neuen Lernvorhabens hinaus ist dabei eine gewisse „Unschärfe", die Raum für flexibles Reagieren lässt und mögliche Alternativen mit bedenkt, durchaus produktiv. Keinesfalls muss auch, wie es in der Ausbildung von Lehramtsreferendaren lange erwartet wurde, „am Ende jeder Stunde ein Ergebnis stehen"; es kann durchaus sinnvoll sein, beispielsweise über eine ganze Stunde oder auch länger Schülerinnen und Schüler selbstständig in Kleingruppen arbeiten zu lassen, äußerlich also scheinbar „ereignislose" Unterrichtsstunden zu produzieren. Die tradierte Vorstellung von der einzelnen Unterrichtsstunde als einer Art von didaktischem Gesamtkunstwerk im Miniformat, in dem sich mehrere Arbeitsphasen, gestufte Lernfortschritte und Ergebnissicherungen nachweisen lassen, ist Produkt einer überkommenen schulischen Lernorganisation, die freilich Generationen von Lehramtsreferendaren und Lehrern bei Unterrichtsbesuchen zur Produktion von virtuellen Realitäten veranlasst hat.

Bisher wurde „Planung" im Wesentlichen mit „Unterrichtsplanung" gleichgesetzt. Hierin liegt aber eine ebenso verbreitete wie problematische Verkürzung der Aufgaben von Lehrenden und pädagogischen Institutionen. „Unterricht" ist eine spezifische Interaktionssituation zwischen denen, die unterrichten, und denen, die unterrichtet werden – insbesondere zwischen Lehrern und Schülern, denn wohl nicht zufällig ist der Begriff des Unterrichts in der außerschulischen Bildung weniger verbreitet. Mit dem Begriff des Unterrichts verbindet sich ein kulturelles Script, das bis auf Comenius zurückgeht und das letztlich auf dem Konzept basiert, dass Lernen in der Schule am besten Schritt für Schritt unter direkter Anleitung eines Lehrers geschieht.[6] Dahinter stand die Vorstellung, das Kinder und Jugendliche sich von Natur aus im Prinzip gleichförmig entwickeln und dass der Lehrer in der

Anordnung von Zeit, Stoff und Methode nur dieser Entwicklung folgen müssen, um „eine beliebig große Schülerzahl alles zu lehren".[7] Diese Vorstellung von der Homogenität der Schüler hat sich jedoch längst als illusorisch erwiesen. Aber nach wie vor steht sie hinter dem kulturell in Deutschland tief verankerten Script von Unterricht – „Unterricht" ist im Kern immer „Frontalunterricht".

Dagegen sind die Anforderungen, die in didaktischer Hinsicht an Lernvorhaben zu stellen sind, in vielen Fällen sehr viel breiter. Längere Phasen der Eigen- und Kleingruppenarbeit – auch außerhalb des Klassenraum, z.B. in der Schulbibliothek oder in anderen Arbeitsräumen –, ein Straßeninterview, die eigenständige Erkundung in einem Museum entlang vorgegebener Aufgaben, das wechselseitige Helfen von Schülern beim Lösen von Aufgaben, die Bearbeitung eines WebQuests – diese und viele andere Formen einer modernen Lernorganisation gehen über den Begriff des „Unterrichts" hinaus.[8] Lernvorhaben benötigen ein professionell geplantes und vorbereitetes *didaktisches Setting*, mit dem die Lernaufgaben sowie die Ziele, Mittel und Wege zu ihrer Bearbeitung so definiert sind, dass diese Aufgaben von den Adressaten erfolgreich bewältigt werden können (➤ Abschnitt 2). Zu diesem Setting werden gewiss in der Schule vielfach auch Phasen des Unterrichtens gehören, aber eben nicht nur. „Kerngeschäft" einer modernen Schule ist durchaus nicht der Unterricht, wie in fataler Verkürzung in Deutschland oft zu hören ist, sondern die absichtsvolle, kontinuierliche und mittel- bis längerfristig angelegte Förderung des Lernens in professionell geplanten didaktischen Settings.

Didaktische Settings sind wiederum in Kontexte eingebunden, die Rahmenbedingungen für die Planung eines konkreten Lernvorhabens setzen und für das Lernen fördernd oder hemmend wirken können. Lindemann nennt als solche Bedingungen persönliche Faktoren (des Lehrenden wie der Adressaten) sowie

---

6 Vgl. Sander, Vom „Unterricht" zur „Lernumgebung", a.a.O., S. 24 ff.

7 Johann Amos Comenius: Didactica Magna. Hier zit. nach Hans Scheuerl (Hrsg.): Lust an der Erkenntnis: Die Pädagogik der Moderne. Von Comenius und Rousseau bis in die Gegenwart. München 1992, S. 27

8 Reinhard Kahl illustriert dies in einem Bericht über einen Besuch deutscher Bildungsexperten in einer schwedischen Futurum-Schule: „Schon die Architektur erinnert nicht mehr an Schule. Die Besucher haben den Eindruck einer Führung durch Ateliers und Labors. Sie sehen Räume, in denen Schüler gemeinsam in Arbeitsgruppen oder still für sich lernen. ... Nach zwei Stunden fragt einer der Bildungstouristen den Lehrer, der uns führt: ‚Können wir denn auch mal Unterricht sehen?' Das Echo kommt prompt: ‚Das hier ist unser Unterricht'." (Reinhard Kahl: Lustvolles Lernen im „Futurum". In: DIE ZEIT vom 7.2.2002, S. 27)

inhaltliche, räumliche, materielle, zeitliche und soziale Faktoren und symbolisiert mögliche Zusammenhänge beispielhaft in einer Grafik:[9]

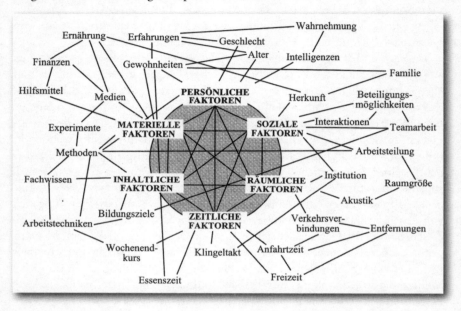

In einer hierarchischen Ordnung von Rahmenbedingungen ist die Planung von didaktischen Settings (bezogen auf schulisches Lernen) nicht nur von den eigenen persönlichen Faktoren der Lehrerin oder des Lehrers und denen ihrer Schüler sowie den räumlichen und materiellen Bedingungen ihrer Schule beeinflusst, sondern muss auch vor dem Hintergrund der Arbeitsweise anderer Kolleginnen und Kollegen, einem möglichen schulinternen Curriculum für das Fach, der institutionellen Kultur der jeweiligen Schule mit ihren offenen und unausgesprochenen Regeln und Gewohnheiten, den Einflüssen von Eltern, Schulleitung und Schulaufsicht, politischen Rahmensetzungen wie Stundenkontingente, Bildungsstandards und Lehrplänen und den allgemeinen gesetzlichen Rahmenbedingungen gesehen werden.

Bei weitem nicht alle diese Rahmenbedingungen sind durch konkretes Planungshandeln beeinflussbar. Gleichwohl gehört die Prüfung, Einbeziehung und soweit möglich Gestaltung solcher Rahmenbedingungen zur Planung von didaktischen Settings. Hierbei stellen sich Fragen wie zum Beispiel:

- Bietet sich bei dem vorgesehen Lernvorhaben eine Kooperation mit Lehrern anderer Fächer an?

- Welche zeitliche Strukturierung ist sinnvoll, welche Flexibilisierung ist ggf. möglich (z.b. durch Jahresstundenkontingente, die derzeit in einigen Bundesländern eingeführt werden)?
- Sind andere Lernorte als der Klassenraum für das Lernvorhaben sinnvoll oder sogar notwendig (von der Bibliothek bis zum Museum, von einer virtuellen Umgebung bis zur Exkursion)? Welche kommunikativen Botschaften strahlt die Sitzordnung im Klassenraum aus, muss sie für bestimmte Arbeitsphasen (z.b. Pro- und Contra-Diskussion) umgestaltet werden? Gibt es Möglichkeiten für Kleingruppenphasen in anderen Räumen?
- Können und sollen außerschulische Kooperationspartner einbezogen werden?

Didaktische Settings sind somit immer Teil einer *Lernumgebung*, die als Ganzes die Bedingungen für die Möglichkeiten des Lernens setzt. Die Aufgabe der Lehrenden besteht dann, um synonyme Begriffe zu zitieren, in der „Konstruktion von Lernumwelten" (Hage)[10] oder der „Modellierung von Lernwelten" (Kösel)[11]. Selbstverständlich gehört zu der Lernumgebung, die pädagogische Institutionen ihren Adressaten anbieten, auch die Person und das Handeln der Lehrenden selbst (➤ Kapitel IV.2).

2. Kompetenzorientierte Planung von Lernangeboten

2.1 Ziele und Aufgaben: zwei grundlegende Aspekte kompetenzorientierter Planung

Das Planungshandeln von Lehrenden zielt letztlich auf die Konstruktion von Lernangeboten in Lernumgebungen, die den Adressaten Lernzuwächse ermöglichen sollen. Diese Lernzuwächse werden in diesem Buch als Verbesserung und Erwerb von Kompetenzen beschrieben (➤ Kapitel II.3). Diese Orientierung an Kompetenzen verändert die Perspektive im Planungshandeln von Lehrenden. Wenn das wichtigste Kriterium für den Erfolg von Lernangeboten die Entwicklung von Kompetenzen bei den Lernenden ist, unter Einschluss von Wissen, dann ist die zentrale Frage für die Konzeption von Lernangeboten: *Was sollen die Adressaten nach Abschluss dieses Lernvorhabens besser können als vorher und welches Wissen*

---

9 Lindemann, Konstruktivismus und Pädagogik, a.a.O., S. 180
10 Hage, Lehren als Konstruktion von Lernumwelten, a.a.O.
11 Kösel, Die Modellierung von Lernwelten, a.a.O.

benötigen sie dafür? Diese Frage sollte unter Bezug auf die Kompetenzbereiche politischer Bildung – politische Urteilsfähigkeit, politische Handlungsfähigkeit und methodische Fähigkeiten – möglichst konkret beantwortet werden. Damit ist selbstverständlich nicht ausgeschlossen, dass im Sinne der oben (➤ Abschnitt 1) geforderten Flexibilität im Verlauf eines Lernvorhabens sich auch diese Festlegungen verändern können, beispielsweise weil die Adressaten eigene Intentionen zur Geltung bringen oder weil sich neue, unerwartete Lernchancen im Verlauf der gemeinsamen Arbeit ergeben. Dennoch ist schon die notwendige Transparenz gegenüber den Lernenden über den Sinn und Zweck eines Lernangebotes nicht möglich, wenn die Planungsverantwortlichen sich nicht vor Beginn über genau diese Frage Rechenschaft abgelegt haben.

Selbstverständlich ersetzt diese Zielklärung nicht die anderen didaktischen Entscheidungen, die bei jeder Planung von Lernangeboten zu treffen sind:

• die Konstruktion eines Themas – mit Hilfe von didaktischen Prinzipien (➤ Kapitel IV.4.1) und unter Beachtung von Tiefenschichten des Politischen (➤ Kapitel III) – sowie die gedankliche Vorweganalyse seiner sachlich-inhaltlichen Aspekte („Sachanalyse"),

• die Entwicklung einer schlüssigen Folge von Arbeitsschritten (➤ Abschnitt 2.4),

• die Wahl von Methoden, Medien und Lernorten,

• die Konzeption von ggf. erforderlichen Leistungsbewertungen (➤ Abschnitt 3).

Aber Kompetenzorientierung impliziert eine spezifische Perspektive auf alle Planungsentscheidungen, weil sie Kriterien für deren Qualität bereitstellt: Am Ende müssen Medien, Methoden, Lernorte usw. geeignet sein, den konkreten Adressaten Kompetenzzuwächse zu ermöglichen.

Weiterhin erfordert Kompetenzorientierung eine Planung von Lernangeboten unter dem Aspekt, mit welchen *Aufgaben* Lernende konfrontiert werden sollen, damit Erwerb und Verbesserung von Kompetenzen möglich werden. Dass man „mit seinen Aufgaben wächst", ist eine pädagogisch und didaktisch durchaus anregende Alltagsweisheit. Aufgaben können sehr unterschiedlicher Art und Komplexität sein[12] – von der Aufgabe, im Internet eine bestimmte Information zu recherchieren und anderen mitzuteilen bis zur gemeinsamen Aufgabe für eine Lerngruppe, eine öffentliche Ausstellung zu einem bestimmten Thema zu realisieren. Kompetenzorientierte Lernangebote müssen aufgabenhaltige Situationen schaffen, an deren Bewältigung Lernende ihre Kompetenzen entwickeln und – im übertragenen Sinne – wachsen können.

---

12 Vgl. auch Girmes, (Sich) Aufgaben stellen, a.a.O.

2.2 Die Bedeutung von Diagnostik für das Planungshandeln

Wenn Lernangebote neues Lernen fördern sollen, müssen sie an die Ausgangslage der Adressaten anschlussfähig sein – an deren Vorkonzepte, Interessen und
Ziele, Kompetenzentwicklung und Leistungsstand. Startpunkt für die Planung
von Lernangeboten muss daher die Diagnose dieser Ausgangslage sein. Dies ist
zunächst in einem systematischen, nicht unbedingt in einem zeitlichen Sinn gemeint. Diagnostizieren ist eine die Tätigkeit von Lehrenden ständig begleitende
Aufgabe. In der alltäglichen pädagogischen Arbeit ist *Beobachten* ihr wichtigstes
Instrument: Nur wer Lernsituationen und die Entwicklung von Teilnehmerinnen und Teilnehmern sorgfältig zu beobachten und zu analysieren versteht, wer
nicht nur offen formulierte Fragen und Anregungen aufgreifen kann, sondern
auch Blockierungen wahrnehmen kann und aufmerksam ist für den versteckten,
am Rande hingeworfenen, vielleicht nur in einem Pausengespräch zu anderen
Teilnehmern geäußerten Hinweis von Lernenden auf das eigene politische Denken und Wissen, auf Erwartungen und Befürchtungen oder auf ihre politischen
Einstellungen, wird lernfördernde, anschlussfähige Anregungen geben können.
Besonders für Lehrende, die über einen längeren Zeitraum mit ihren Adressaten
zusammenarbeiten – so vor allem in der Schule – ist es sinnvoll, ein *diagnostisches
Tagebuch* zu führen, in dem solche Beobachtungen notiert werden, um ggf. auch
zu einem späteren Zeitpunkt auf sie zurückkommen zu können, denn nicht immer
ist es möglich und sinnvoll, eine Schüleräußerung, die am Rande oder außerhalb
des gerade bearbeiteten Themas liegt, aber aufschlussreich für dessen oder deren
konzeptuelles Denken ist, sofort aufzugreifen. Weiterhin sollten in der Schule
die Analyse und Beurteilung von Schülerarbeiten während oder am Ende eines
Lernvorhabens nicht nur unter bewertenden, sondern auch mit Blick auf neue
Lernangebote unter diagnostischen Gesichtspunkten analysiert werden.

Neben einer solchen, die alltägliche Lehrtätigkeit begleitenden diagnostischen
Haltung ist Diagnostik auch als besondere Phase in der Arbeit mit Adressaten
sinnvoll und notwendig. Diese wird in der Regel am Beginn eines neuen Lernvorhabens liegen; unter Umständen kann dann Diagnostik auch mit gemeinsamer
Planung des weiteren Vorgehens verbunden werden. Es wäre zwar prinzipiell
sinnvoll, wenn solche Lernstandsdiagnosen mit wissenschaftlich abgesicherten
Instrumentarien wie beispielsweise Tests oder qualitativen Analysen von Schü-
leräußerungen vorgenommen werden könnten. Aber nicht nur liegen solche
Instrumente für den Bereich der politischen Bildung wie auch für die meisten
anderen Fachgebiete überhaupt nicht vor; es wäre auch wegen des damit verbundenen Aufwands völlig unrealistisch, sie in der alltäglichen pädagogischen Arbeit

regelmäßig für die Planung von Lernangeboten nutzen zu wollen. Diagnostisch ausgerichtete Arbeitsphasen müssen zwar ergiebig, aber auch einfach, d.h. mit vertretbarem Zeit- und Organisationsaufwand zu handhaben sein, wenn sie Teil der alltäglichen Arbeit von Lehrenden werden sollen.

Geeignete methodische Instrumentarien liegen durchaus vor. Hierzu gehören beispielsweise:

- *Brainstorming und freie Assoziation:* Die Lernenden werden aufgefordert, zu einem bestimmten Stichwort schriftlich mit einer begrenzten Zeitvorgabe alles zu notieren, was ihnen einfällt. Alternativ können auch Assoziationsreize für spontane (unkommentierte) mündliche Äußerungen gesetzt werden. Ein Beispiel: In einer kleinen Videodokumentation des Demokratiezentrums Wien (Idee und Konzeption von Gertraud Diendorfer), die für eine Fachtagung im Jahr 2005 gedreht wurde, werden Schülerreaktionen auf den Impuls „Demokratie ist …" gezeigt. Unter anderem sagten Schülerinnen und Schüler folgendes: „Demokratie ist Konfliktlösung"; „Demokratie ist, dass man mit 18 wählen darf"; „Für mich ist Demokratie Freiheit"; „Mit Demokratie assoziiere ich Mitbestimmung in all meinen Lebensbereichen, auf allen Ebenen und auf diverse Arten und Weise"; „Demokratie ist für mich Gleichberechtigung, vollzogen durch die Repräsentanten des Volkes"; „Demokratie ist für mich ein System, welches den Menschen, der Bevölkerung eines Landes, weismacht, dass sie Macht besitzen. Dass das Volk einen gewissen Einfluss auf die Politik hat"; „Demokratie ist anstrengend". Es ist sofort erkennbar, dass hinter solche Äußerungen unterschiedliche Konzepte von Demokratie stehen, die sich im Übrigen auch zu einem großen Teil in der Geschichte der Demokratietheorie wiederfinden. Ein Lernvorhaben in der gymnasialen Oberstufe könnte beispielsweise darauf abzielen, diese Demokratietheorien zu rekonstruieren, die darin implizierten unterschiedlichen Vorstellungen zu Basiskonzepten – etwa zu „Macht" und „Gemeinwohl" – herauszuarbeiten und zu verdeutlichen, auf welchen dieser konzeptuellen Vorstellungen moderne Verfassungsstaaten beruhen.

- *Vier-Ecken-Spiel:* Zu Beginn der Arbeit an einem neuen Thema werden vier kontroverse Thesen auf Plakaten in die vier Ecken des Raumes gehängt und die Teilnehmer gebeten, sich in die Ecke zu begeben, deren These sie am ehesten zustimmen. Die Methode ist besonders geeignet, Voreinstellungen in einer Lerngruppe zu kontroversen Themen zu eruieren. Eine Variante der Methode ist es, nur zwei gegensätzliche Thesen in gegenüberliegenden Seiten des Raumes zu präsentieren. Die Teilnehmer stellen sich an der Stelle auf einer gedachten Linie zwischen den beiden Polen auf, die ihrer Sichtweise am besten entspricht.

- *Ampelspiel:* Die Teilnehmer erhalten je eine runde Karte in den Farben rot, gelb und grün. Zum Thema des geplanten Lernvorhabens werden eine Reihe von pointiert formulierten Thesen oder Statements vorgelesen; die Teilnehmer signalisieren durch Hochheben der entsprechenden Karte Zustimmung (grün), Ablehnung (rot) oder Enthaltung bzw. Unentschiedenheit (gelb).
- *Hypothesen bilden:* Zu einem als Thema vorgesehenen Problem (Beispiel: Wie kommt es zu Arbeitslosigkeit in unserer Gesellschaft?) werden von den Adressaten auf der Basis ihres Vorwissens Hypothesen formuliert, die dann im Lauf des Lernvorhabens überprüft werden.
- *Collagen herstellen:* In Kleingruppen werden mit Hilfe einer größeren Zahl mitgebrachter Zeitschriften auf Plakaten Collagen angefertigt – zu einem bestimmten Themenstichwort (Beispiel: „Europa"), aber ohne weitere inhaltliche Vorgaben. Erfahrungsgemäß zeigen sich in den Produkten sehr deutlich die inhaltlichen Vorstellungen, die sich in der Lerngruppe mit dem jeweiligen Stichwort verbinden. Oftmals lassen sich aus solchen Collagen auch Fragen und Aufgaben für die weitere Arbeit entwickeln.
- *Concept-Mapping (Begriffslandkarten):* Adressaten werden gebeten, eine Reihe von vorgegebenen Begriffen zum vorgesehenen Thema auf Moderationskarten zu übertragen und sie in einer Weise zu ordnen, die ihnen als sinnvoll erscheint. Verbindungen zwischen den Begriffen sollten eingezeichnet und benannt werden, es kann auch die Möglichkeit vorgesehen werden, Begriffe zu ergänzen. Concept-Maps geben recht genaue Auskünfte über konzeptuelles Wissen der jeweiligen Adressaten.

2.3 Differenzieren: produktiver Umhang mit Heterogenität

Diagnostik führt auch zu einer verstärkten Wahrnehmung der Heterogenität von Lerngruppen. Dies ist in erster Linie für die Schule ein Problem, weil hier unter den Bedingungen der Schulpflicht und den üblicherweise geringen Wahlmöglichkeiten, was die Zusammensetzung von Lerngruppen und die inhaltlichen Schwerpunkte des Lernens anbelangt, konkrete Klassen sowohl in sozio-kultureller Hinsicht als auch in Hinsicht auf Leistungsstand, Interessen und Ziele stark heterogen sind. In der Alltagskultur deutscher Schule ist das bis zur Post-PISA-Diskussion relativ wenig als Problem wahrgenommen worden, zumal die Mehrgliedrigkeit des deutschen Schulsystems die Illusion von der Homogenität von Schulklassen noch befördert hat. In der außerschulischen Bildung stellt sich dieses Problem insofern als weniger gravierend dar, als das Prinzip der Freiwilligkeit der Teilnahme und die Möglichkeit der Ausrichtung von Lernangeboten an differenten Zielgruppen bereits ein heterogenes, plurales Angebot mit sich bringt. Zwar kann auch hier die Zusammensetzung einer Teilnehmergruppe, zum Beispiel mit Blick auf Alter, Teilnahmemotive und Vorkonzepte – am Ende sehr heterogen sein. Dennoch ist mit der Anmeldung zu einer Veranstaltung zunächst einmal die Vorentscheidung einer Person getroffen, sich auf das annoncierte Angebot einlassen zu wollen. In der Schule kann von einer solchen Ausgangserwartung an alle Schülerinnen und Schüler beim Beginn eines neuen Lernvorhabens durchaus nicht selbstverständlich ausgegangen werden.

Wenn Lernen am Ende ein individueller Prozess ist, dann muss die faktische Heterogenität von Schülergruppen zu einer Differenzierung der Lernangebote führen. Eine stärkere Individualisierung des Lernens ist auch in der Schule eine zwingende Konsequenz aus den Erkenntnissen der neueren Lernforschung (→ Kapitel IV.1). Solange die Schule wie bisher sehr wenig Raum für eine auch in organisatorischer Hinsicht stärker individualisierte Lernkultur bietet, wird sich das Problem der Individualisierung nur auf dem Wege der so genannten „inneren Differenzierung" innerhalb fester Lerngruppen lösen lassen. Hierfür bestehen zwar ernst zu nehmende Hindernisse, wie z.B. große Klassen in zu kleinen Räumen oder eine für den einzelnen Lehrer in Folge des zersplitterten Fachunterrichts in vielen Klassen zu hohe Gesamtzahl von Schülern. Gleichwohl gibt es bewährte Konzepte für differenzierende didaktische Settings, die sich auch für die politische Bildung sehr gut eignen.

Aus der Grundschuldidaktik sind in diesem Zusammenhang in erster Linie der Wochenplanunterricht, Stationenlernen und Werkstattarbeit zu nennen. Wochenplan besagt, dass zu Beginn einer Woche die Lehrerin jedem einzelnen Schüler und jeder Schülerin auf ihren Lernstand abgestimmte Aufgaben gibt, die sie innerhalb eines täglichen Zeitfensters selbstständig bearbeiten, aber innerhalb einer Woche abgeschlossen haben müssen (dies wäre natürlich auch für längere Zeiträume möglich). Stationenarbeit und Werkstattunterricht zeichnen sich dadurch aus, dass differente Arbeitsschwerpunkte zu einem Thema angeboten werden, wobei teilweise die Reihenfolge der eigenständigen Bearbeitung, manchmal auch die Wahl einer bestimmten Zahl von Aufgaben aus einem größeren Spektrum freigestellt bleiben. Diese Methoden sind freilich relativ komplex und sprengen schnell die zeitlichen Grenzen der 45-Minuten-Stunde. Jedoch lässt sich auch in weniger komplexen methodischen Settings innere Differenzierung realisieren. Wolfgang Mattes hat in einer anregenden Übersicht und an einer Reihe von Beispielen aus verschiedenen Fächern „kleinere" methodischen Möglichkeiten für differenzierenden Unterricht zusammengestellt.[13] Hierzu gehören verschiedene Varianten von Helfersystemen, in denen leistungsstarke Schüler schwächere unterstützen (und dabei selbst viel lernen, weil es eine fordernde Aufgabe sein kann, anderen etwas verständlich zu machen), differenzierende Hausaufgaben durch Wahlaufgaben, das Angebot alternativer Präsentation von Arbeitsergebnissen (z.B. schriftlich, mündlich, zeichnerisch) sowie Schaffung von Wahl- und Entscheidungsmöglichkeiten bei der thematischen Strukturierung von Lernangeboten.

2.4 Zur Sequenzierung von Lernvorhaben

Lernvorhaben brauchen eine Strukturierung in der Zeit, und komplexe Aufgaben benötigen eine sinnvolle Gliederung in Arbeitsschritte. Dennoch wird hier auf die diversen Stufen- und Phasenschemata für Unterricht, die in der Methodik-Diskussion entwickelt wurden[14], nicht näher eingegangen. Dies geschieht aus einer prinzipiellen Skepsis gegenüber solchen Versuchen, allgemeingültige Schrittfolgen des Lernens zu beschreiben – sehr viel plausibler erscheint die Annahme, dass es immer, bei jeder Sache, unterschiedliche Schrittfolgen geben kann, mit denen Menschen sich diesen Gegenstand lernend erschließen können. Allzu oft sind es denn auch bei näherem Hinsehen weniger lerntheoretische und didaktische Gründe als vielmehr die institutionellen Zwänge von Bildungseinrichtungen, etwa der 45-Minuten-Rhythmus der Schulstunde, die die Frage nach solchen Schrittfolgen motivieren. Die Didaktik kommt dann in die ebenso missliche wie am Ende ausweglose Lage, diejenigen Probleme des Lernens konzeptionell lösen zu sollen, die das Bildungssystem selbst erzeugt.

Im Grunde gibt es nur drei „Phasen", die in jedem organisierten Lernangebot auftauchen:

---

13 Vgl. Wolfgang Mattes: Routiniert planen – effizient unterrichten. Paderborn 2006, S. 38-49

14 Vgl. Meyer, UnterrichtsMethoden, a.a.O., Bd. 1, S. 155 ff. Für die politische Bildung hat Bernd Janssen in zahlreichen Publikationen den Versuch unternommen, für unterschiedliche Thementypen (z.B. Konflikte, Probleme, Institutionen) jeweils charakteristische Schrittfolgen der Erarbeitung („Lernwege") auszuarbeiten (vgl. zuletzt Bernd Janssen: Konzepte zur Sachanalyse und Unterrichtsplanung. Schwalbach/Ts. 1997). Janssen betont, dass alle geschilderten Phasenfolgen auf Erprobungen im Unterricht beruhen, und in der Tat erscheinen sie unter den gegebenen Umständen schulischen Unterrichts als durchaus plausible, gangbare Wege. Die konzeptionelle Problematik dieses Ansatzes besteht jedoch darin, dass mit gleicher Plausibilität jeweils auch ganz andere Schrittfolgen denkbar sind, dass also der schlüssige Nachweis eines aus sachlichen oder didaktischen Gründen zwingenden Zusammenhangs zwischen Thementyp und Lernweg nicht gelingt und, so meine These, auch nicht gelingen kann.

- Ein Lernvorhaben fängt irgendwann an. Die Phase des *Beginnens* (oder traditionell gesprochen: der „Einstieg") ist nicht nur diejenige, die am besten vorweg geplant werden kann, sie ist auch für den Erfolg eines Lernvorhabens von größter Bedeutung, denn hier wird faktisch immer definiert, worum es gehen und wie gearbeitet werden soll. Das gilt auch für den negativen Fall, dass ein Lehrer darüber gerade nicht spricht, sondern einfach „anfängt"; in diesem Fall lautet die Botschaft eben, dass es nicht wichtig ist, dass die Schüler beteiligt werden, und dass das, was passieren soll, von Stunde zu Stunde vom Lehrer entschieden werden wird. Anfangssituationen sollen das Thema klären und in seiner Bedeutung für die Adressaten und deren Lernprozess erschließen; in Anfangssituationen sollte deshalb auch Klarheit darüber hergestellt werden, worauf am Ende dieses Lernvorhaben hinauslaufen soll. Für die methodische Strukturierung von Anfangssituationen gibt es kein Universalrezept, sie hängt von Ziel und Inhalt, den Möglichkeiten und Bedingungen zur Gestaltung der Lernumgebung und von den Lernvoraussetzungen der Adressaten ab. Hierfür liegen in der didaktischen Literatur eine Fülle von methodischen Ansätzen und Reflexionen vor, auf die an dieser Stelle nur hingewiesen werden kann.[15]
- Nach dem Beginn wird das jeweilige Thema erarbeitet. Diese Hauptphase der *Erarbeitung* wird sich wiederum im mehrere Arbeitsphasen untergliedern, für die es jedoch wie erwähnt keine einheitliche Systematik und keine zwingende Reihenfolge gibt. Entscheidend für die Strukturierung sind zunächst einmal Schlüssigkeit und Transparenz: Die Gliederung des Vorhabens muss von den Zielen des Lernvorhabens und den sachlichen Erfordernissen des Themas her begründbar und für die Adressaten auch nachvollziehbar sein, damit in jeder Phase klar ist, welchen Sinn und Zweck der jeweilige Arbeitsschritt haben soll. Die Erarbeitung erfolgt aber nicht nur entlang einer inhaltlichen Gliederung, sondern immer auch als Folge von Variationen des gesamten didaktischen Settings, in denen die jeweiligen Lernaufgaben oder Teilaufgaben mit unterschiedlichen Methoden und Medien bearbeitet werden. Die Leitfrage für die Konstruktion solcher Variationen sollte sein: In welche Situationen können und sollen die Adressaten versetzt werden, um bestimmte Aufgaben Erfolg versprechend bearbeiten zu können? Daher empfiehlt sich eine Strukturierung

---

15 Vgl. insbesondere Johannes Greving/Liane Paradies: Methoden des Beginnes: Unterrichtseinstiege und Anfangssituationen. In: Sander (Hrsg.), Handbuch politische Bildung, a.a.O.; dies.: Unterrichts-Einstiege. Ein Studien- und Praxisbuch. Berlin 1996; Gerhard Schneider: Gelungene Einstiege. Voraussetzungen für erfolgreiche Geschichtsstunden. 4. Aufl., Schwalbach/Ts. 2004; Karlheinz A. Geißler: Anfangssituationen. Was man tun und besser lassen sollte. 10. Aufl., Weinheim und Basel 2004

der Erarbeitung entlang von Grundsituationen des Lernens, denen jeweils geeignete Methoden zugeordnet werden (➤ Kapitel IV.4.2).

- Ein Lernvorhaben wird abgeschlossen. Diese *Schlussphase*[16] beinhaltet verschiedene Aspekte und kann je nach Lernvorhaben recht unterschiedliche Formen annehmen. Zu diesen Aspekten gehören die Zusammenfassung oder Rekapitulation, ggf. auch die Präsentation und/oder die Veröffentlichung der inhaltlichen Arbeitsergebnisse. Dies kann je nach Thema auch in Form einer kontroversen Abschlussdiskussion geschehen. Weiterhin gehören zur Schlussphase die Lernsituationen Feedback, Evaluation und Selbstreflexion, die in pädagogischen Alltagssituationen ähnlich wie im Bereich der Diagnostik in der Regel nicht als wissenschaftlich abgesicherte Evaluation, sondern in einfacheren, leicht zu handhabenden und wenig zeitaufwendigen Formen realisiert werden müssen (vgl. die in Kapitel IV.4.2 genannten Methodenbeispiele). Diese sollten immer auch eine Form der gemeinsamen Reflexion des Lernvorhabens mit den Adressaten einschließen. Schließlich kann im schulischen Unterricht die Leistungsbewertung zum Abschluss eines Lernvorhabens gehören (➤ Abschnitt 3).

2.5 Die alltägliche Vorbereitung schulischer Lernangebote: ein Planungsschema

Routinierte Lehrerinnen und Lehrer werden in aller Regel ihren alltäglichen Unterricht nicht schriftlich vorbereiten; die schriftliche Vorbereitung, zumal die ausführlich begründete, hat ihren traditionellen Ort in der Zweiten Phase der Lehrerausbildung. Gleichwohl ist es aus mehreren Gründen sinnvoll, auch für den alltäglichen Unterricht eine einfache Form der schriftlichen Vorbereitung zu praktizieren: weil das schriftliche Notieren der wesentlichen Planungsaspekte deren gedankliche Klärung unterstützt, weil schriftliche Aufzeichnungen die spätere Wiederholung von Themen mit neuen Lerngruppen erleichtern und nicht zuletzt, weil eine schriftliche Dokumentation von Planungsüberlegungen auch Kolleginnen und Kollegen zur Verfügung gestellt werden kann und damit die fachliche Kommunikation und Kooperation im Kollegium erleichtert.

Das nachfolgende Planungsschema orientiert sich an den zentralen Aspekten des didaktischen Ansatzes in diesem Buch und „übersetzt" sie in Planungsfragen.

---

16 Erstaunlicherweise finden sich zu dieser Phase – anders als zu Anfangssituationen – in der didaktischen Literatur kaum zusammenfassende Arbeiten; vgl. aber mit Blick auf die außerschulische Bildung Karlheinz A. Geißler: Schlußsituationen. Die Suche nach dem guten Ende. 4. Aufl., Weinheim und Basel 2004

Planungsformular für Lernvorhaben in der schulischen politischen Bildung

Thema des Lernvorhabens
Wie lautet das genaue Thema?
Welche Tiefenschichten des Politischen werden mit diesem Thema angesprochen?
• Oberfläche
• Mittel- und längerfristige Probleme
• Kernbereich / Basiskonzepte
Ziele: Welche Kompetenzen sollen die Schülerinnen und Schüler in diesem Lernvorhaben verbessern oder neu erwerben?
• Im Bereich der politischen Urteilsfähigkeit
• Im Bereich der politischen Handlungsfähigkeit
• Im Bereich der methodischen Fähigkeiten

In welchen Schritten gehe ich vor?

Thematische Schwerpunkte und Lernaufgaben	Grundsituationen des Lernens	Ggf. Lernorte außerhalb des Klassenraums	Methoden	Medien	Möglichkeiten der Differenzierung	Geschätzter Zeitbedarf

Formen der Evaluation

Welche Formen der Auswertung des Lernvorhabens mit den Schülerinnen und Schülern sehe ich vor?	
Welche Formen der Leistungsbewertung sehe ich vor?	

Nachträgliche Reflexion (nach Abschluss des Lernvorhabens auszufüllen)

Was ist gut, was weniger gut gelungen?	
Was würde ich bei einer Wiederholung dieses Lernvorhabens anders machen?	

Vorausgesetzt wird, dass im Vorfeld die für diese konkrete Planung erforderlichen diagnostischen Maßnahmen durchgeführt wurden (➤ Abschnitt 2.2). Das Planungsschema bezieht sich auf ganze Lernvorhaben, nicht auf einzelne Stunden; die schriftliche Planung einzelner Stunden, zumal nach einem einheitlichen Schema, ist im alltäglichen Unterricht im Regelfall überflüssig.

3. Probleme der Leistungsbewertung im schulischen Fachunterricht

Im Gesamtzusammenhang der politischen Bildung stellt sich Leistungsüberprüfung im Sinne einer qualifizierenden Beurteilung von Lernergebnissen im Wesentlichen nur im schulischen Unterricht als eine Aufgabe, aber hier zugleich auch als ein schwerwiegendes Problem dar. In der Politikdidaktik gibt es seit langem eine verbreitete und berechtigte Skepsis gegenüber der üblichen Praxis schulischer Leistungsbewertung und Benotung. Kurt Gerhard Fischer sprach gewiss nicht nur für sich, wenn er schon 1973 „Zeugnisnoten ... für den Bereich der Politischen Bildung also ipso facto anachronistisch" bezeichnete und hinzufügte: „es sollte ein Repertoire von Gesichtspunkten der Selbsterfahrung und -einschätzung durch die Schüler entwickelt werden."[17] „Anachronistisch" konnte Fischer die Praxis der schulischen Notengebung nennen, weil die Gründe, die gegen sie sprechen, schon damals lange bekannt waren. Die Problematik des in der überkommenen schulischen Alltagskultur tradierten Verständnisses von Leistung und Leistungsbewertung wird recht treffend von einem Schüler auf den Punkt gebracht:

„Viele Schüler lernen oder beteiligen sich am Unterricht nur, um sich auf die allernächste schulische Hürde vorzubereiten, etwa auf eine Klassenarbeit. Ein tieferes Verständnis der Unterrichtsthemen zu erlangen und das Wissen auch als Grundlage für die Zukunft zu behalten, ist dabei nicht vorrangiges Ziel. Die allgemeine Vorgehensweise dabei ist – jeder erinnere sich an seine eigene Schulzeit – ein intensives Lernen auf diese eine Prüfung hin, wobei das Gelernte nur im Kurzzeitgedächtnis gespeichert wird. Sobald diese Prüfung aber vorbei ist, werden sämtliche Informationen und Einsichten, die man über dieses Thema erlangt hat, ‚zum Vergessen freigeschaltet' und die Vorbereitung auf die nächste Klassenarbeit beginnt – ebenso konzentriert wie engstirnig. ...

Da in den allermeisten Fällen nur die Noten für die nachfolgende Ausbildung

---

17 Fischer, Einführung in die Politische Bildung, a.a.O., S. 116

oder den Beruf ausschlaggebend sind, also der offizielle Nachweis über Leistungsfähigkeit der Person, nicht aber das tatsächliche ‚Wissen', ist es sehr verlockend und auch nahe liegend, nur auf die Prüfungen hin zu lernen, die die Noten bestimmen. So ist, wenn neuer Stoff behandelt wird, die typische Frage: ‚Ist das wichtig für die Arbeit'?

Man jagt also den Zertifikaten nach, aber man hat, wenn man diese Zertifikate besitzt, nicht unbedingt das Wissen, das sie einem bescheinigen."[18]

Nun kann die politische Bildung diese Probleme nicht lösen, indem sie einseitig auf Leistungsbewertung verzichtet – und sei es nur in der Form der stillschweigenden Übereinkunft, dass im Politikunterricht die Notenskala nicht ausgeschöpft wird, dass also nur „gute Noten" vergeben werden. Dies wäre nicht nur aus rechtlichen Gründen problematisch, es würde auch falsche Botschaften signalisieren: dass das Fach seine Lernangebote weniger ernst nimmt als andere Fächer oder dass es in diesem Fach nicht um Leistungen, sondern nur um Meinungen geht, die nicht bewertet werden können.

Auf der anderen Seite muss auch und gerade die politische Bildung in starkem Maße an einer grundlegenden Veränderung der Praxis schulischer Leistungsbewertung interessiert sein. Was nur für Noten gelernt wird, wird in der Regel die Ebene der individuellen Konstruktion eines politischen Weltbildes kaum erreichen; die Lerngegenstände verändern mit ihrer Verwandlung in prüfbaren „Stoff" ihre Bedeutung, sie gewinnen ihren Sinn dann schnell nur noch aus der Leistungsbewertung. Fatal ist dabei auch, dass die Homogenisierung, die das schulische Ideal der Vergleichbarkeit in der Leistungsbewertung mit sich bringt, die Trivialisierung des Lernens fördert, denn Leistungen von Schülerinnen und Schülern sind umso leichter nach einem einheitlichen Muster bewertbar, je weniger individuell und je weniger komplex sie sind: Die richtige Wiedergabe der Zahl der Bundestagsabgeordneten, des formellen Wahlverfahrens und der Ergebnisse von Bundestagswahlen sind nun einmal leichter in standardisierter Form zu bewerten als die Urteilsbildung zu der Frage, ob es einer Ergänzung der repräsentativen Demokratie des Grundgesetzes durch Volksabstimmungen bedarf, aber eine solche Urteilsbildung ist für die politische Bildung weitaus wichtiger als lexikalisches Wissen.[19]

---

18 Jonas Fölling: Mit Scheuklappen zum Abitur. In: Imbke Behnken u.a. (Hrsg.): Leistung. Thema von Schüler 1999. Seelze, S. 98

19 Vgl. zu diesem Abschnitt auch Carl Deichmann: Politische Bildung bewerten: Methoden der Evaluation und Leistungsbewertung. In: Sander (Hrsg.), Handbuch politische Bildung, a.a.O.

Der Politikunterricht muss daher an der Entwicklung einer neuen Kultur der Leistungsbewertung in der Schule mitwirken. Die Entwicklungslinien, die zu einer solchen neuen Kultur führen können, lassen sich einer idealtypischen Kontrastierung zur noch immer weit verbreiteten Praxis schulischer Notengebung beschreiben:

- *Von reproduktiven Leistungen zur selbstständigen Urteilsbildung:* Die „Einheitlichen Prüfungsanforderungen in der Abiturpüfung" (EPA) für Sozialkunde/Politik der Kultusministerkonferenz[20] beschreiben ebenso wie der Entwurf der GPJE für nationale Bildungsstandards in der politischen Bildung[21] durchaus treffend drei Anforderungsbereiche für Leistungen im Politikunterricht, die sich – verkürzt formuliert – als Wiedergeben, Anwenden und selbstständiges Beurteilen komplexer Gegebenheiten bezeichnen lassen. Hierbei ist allerdings zu beachten, dass dies nicht zwingend einer zeitlichen Struktur eines Lernprozesses entspricht, denn „Beurteilen" von Politik findet immer schon und nicht erst am Ende eines bestimmten Lernvorhabens statt.

- *Von der Stoffabfrage zur Kompetenzorientierung:* Fachliches Wissen ist im Politikunterricht keineswegs irrelevant, aber es gewinnt seinen Sinn erst im Zusammenhang der Förderung von politischer Urteils- und Handlungsfähigkeit (→ Kapitel II.3). Reine „Wissenstests" im Sinne eines „Abfragens" isolierter Wissensbestände sind als Verfahren und Kriterium für Leistungsbewertung für die politische Bildung nicht zu vertreten.

- *Von vorgegebenen Lösungen zu methodischem Handeln:* Wichtiger als Reproduktion von bereits bekannten Lösungen für Aufgaben und Probleme ist die Konfrontation mit ergebnisoffenen Frage- und Problemstellungen, an denen sich die Fähigkeit zeigen kann, sich ihnen mit methodischer Kompetenz zu nähern. Ein Beispiel: Wichtiger als die Wiedergabe von Umfrageergebnissen ist die Frage, wie sie zustande kommen.

- *Von der Ergebnisorientierung zur Prozessorientierung:* Der Prozess des Lernens und der Entscheidungsfindung muss für die Leistungsbewertung gegenüber den Ergebnissen erheblich an Gewicht gewinnen. Warum soll es nicht eine „sehr gute" Leistung sein, wenn ein Schüler eine ambitionierte, ungewöhnliche Lösung für eine Aufgabe oder ein Problem riskiert, daran scheitert und dieses Scheitern reflektiert erklären kann? Die Schulen brauchen eine neue Kultur des Umgangs mit Fehlern, die Fehler als Lernchancen versteht.

---

20 Vgl. Einheitliche Prüfungsanforderungen in der Abiturprüfung Sozialkunde/Politik, Beschluss der KMK vom 1.12.1989 i.d.F. vom 17.11.2005, S. 14 ff.

21 Vgl. GPJE, Nationale Bildungsstandards..., a.a.O., S. 30

- *Von der Homogenisierung zur Differenzierung:* Das Ideal der Vergleichbarkeit führt in der Schule schnell zu einem rasenmäherhaften Umgang mit der Welt: Was nicht in die Norm passt, wird gekappt. Dabei könnte in vielen Fällen die beste Lösung für eine Aufgabe eine sein, auf die der Lehrer oder die Lehrerin nicht gekommen wäre. Aber auch schon wegen des Überwältigungsverbots muss es für die politische Bildung selbstverständlich sein, dass im inhaltlichen Ergebnis sehr unterschiedliche, auch gegensätzliche Schülerarbeiten die gleiche Bewertung erfahren können. Die Leistungsbewertung muss in Rechnung stellen, ja fördern, dass Schülerinnen und Schüler in der Beurteilung von Politik individuelle Wege gehen. Aber nicht immer muss „Differenzierung" gleichbedeutend sein mit Individualisierung im Sinne von Einzelarbeit. Da Gruppenarbeit im Kern einer Vielzahl von Lernmethoden steht, die auf Selbsttätigkeit zielen, muss sie im methodischen Design des Politikunterrichts eine zentrale Rolle spielen; das kann sie aber nur, wenn Gruppenleistungen auch in die Leistungsbewertung einfließen.
- *Vom reinen Fachbezug zur fächerübergreifenden Vernetzung:* Wenn politische Bildung nicht nur Aufgabe eines Faches ist und fächerübergreifende Kooperation für die politische Bildung in der Schule einen hohen Stellenwert bekommen muss (➤ Kapitel III.2), dann muss sich dies auch in der Leistungsbewertung niederschlagen, indem zumindest von Fall zu Fall Leistungen, die sich nicht mehr eindeutig nur dem fachlichen Zusammenhang des Politikunterrichts zugeordnet werden können, gemeinsam mit Lehrenden aus anderen Fächern bewertet werden.[22]

Es dürfte deutlich sein, dass vor diesem Hintergrund die schriftliche Klassenarbeit in standardisierter Form mit gleichen Aufgaben für alle Schüler und vor allem mit der Erwartung gleicher, als „richtig" geltender Antworten eine denkbar wenig geeignete Form der Leistungsüberprüfung und -bewertung in der politischen Bildung ist, die allenfalls in gut begründeten Ausnahmesituationen eine Rolle spielen kann. Wenn sich die *Klausur* als methodische Formen der Leistungskontrolle nicht gänzlich vermeiden lässt, so ist sie doch nur vertretbar, wenn sie Aufgabenstellungen enthält, die den Schülerinnen und Schülern erhebliche Spiel- und Gestaltungsräume lassen, sei es im inhaltlichen Ergebnis, sei es im methodischen Vorgehen.

Eine gute Alternative zu traditionellen Formen schriftlicher Leistungskontrollen

---

22 Vgl. Karl Heinz Oehler und Jupp van Rennings im Gespräch mit Cornelia von Ilsemann: Im Lehrerteam bewerten. Eine Konsequenz des fächerübergreifenden Unterrichts. In: Heide Bambach u.a. (Hrsg.): Prüfen und Beurteilen. Zwischen Fördern und Zensieren. Seelze 1996

ist die Anlage von *Portfolios* durch die Schülerinnen und Schülern.[23] Portfolios sind von den Schülern selbst angelegte Dokumentationen ihres Lernprozesses über einen längeren Zeitraum. Sie dokumentieren damit Leistungen und Leistungsfortschritte, sind aber sehr eng mit dem Arbeits- und Lernprozess verknüpft, in dessen Zusammenhang sie nach und nach entstehen. Portfolios für die politische Bildung können Dokumente der unterschiedlichsten Art enthalten (wobei es sinnvoll ist, dass zu Beginn eine Verständigung zwischen Lehrern und Schüler über mögliche Inhalte der Portfolios erfolgt), so z.B. schriftliche Beiträge zur gemeinsamen Arbeit (Protokolle, Thesenpapiere, Berichte), Referatmanuskripte, Fotos zu erstellten Produkten, Produkte in digitaler Form, ggf. Erläuterungen zu eigenen Beiträgen und Wahrnehmungen zu einer Gruppenarbeit, Kommentare zu gelesener Lektüre, Kommentare zum Unterricht. Portfolios fördern die Selbstevaluation der Lernenden und können zugleich Grundlage für eine individualisierte Leistungsbewertung durch Lehrende sein, die aber gleichwohl immer auf den gemeinsamen Arbeitsprozess der Lerngruppe bezogen ist.

Für *Leistungen in Gesprächen*, die angesichts der Bedeutung mündlicher Kommunikation in der politischen Bildung aus der Leistungsbewertung kaum ausgeklammert werden können, ist die Transparenz der Bewertungkriterien besonders wichtig. Leistungen können sowohl mit Blick auf Ausmaß und Qualität der Beteiligung an Lernvorhaben über längere Zeiträume erfolgen als auch bezogen auf bestimmte Situationen, etwa auf das Auftreten in einer Pro- und Contra-Diskussion, einer Talkshow oder für ein Referat. Auch können Prüfungsgespräche (Kolloquien), sofern sie nicht übermäßig ritualisiert und aus dem gemeinsamen Arbeitsprozess herausgelöst sind, durchaus sinnvoll sein, beispielsweise in Form der Verteidigung eines Arbeitsergebnisses – auch einer Gruppenarbeit durch die Gruppe – gegen kritische Nachfragen.

Schließlich sind *Handlungsprodukte*, die als Ergebnis eines Arbeitsabschnitts erstellt werden, eine wichtige Grundlage für die Leistungsbewertung. Hierzu können beispielsweise Ausstellungen, schriftliche Dokumentationen, Videos, szenische Spiele, Collagen, Standbilder und vieles mehr gehören. Je nach Art des Handlungsergebnisses kann eine Beurteilung unmittelbar auf der Basis des Produktes selbst erfolgen, in vielen Fällen, besonders bei ästhetisch akzentuierten

---

23 Vgl. Johanna Schwarz: Die eigenen Stärken veröffentlichen. Portfolios als Lernstrategie und alternative Leistungsbeurteilung. In: Gerolf Becker u.a. (Hrsg.): Qualität entwickeln: evaluieren. Seelze 2001 (mit weiterführenden Literaturhinweisen insbesondere zur amerikanischen Diskussion, in der das Portfolio-Konzept entwickelt wurde); Mietzel, Pädagogische Psychologie des Lernens und Lehrens, a.a.O., S. 430 ff.

Produkten, wird es aber sinnvoll und notwendig sein, für eine Leistungsbewertung zusätzlich eine schriftliche Erläuterung bzw. ein Konzeptpapier zu verlangen.

4. Besonderheiten der Planung in der außerschulischen Bildung

In der außerschulischen Bildung unterscheiden sich zwar nicht die Dimensionen der Planung von Lernangeboten und die Fragen, die dabei von den Planenden beantwortet werden müssen, von der Schule, wohl aber wichtige Randbedingungen. In erster Linie sind es die Freiwilligkeit der Teilnahme und die Notwendigkeit für die Anbieter, konkrete Lernangebote im Kontext eines Bildungsmarkts zu positionieren, die die Bedingungen für das Planungshandeln der Pädagoginnen prägen.

Diese Situation bringt für die Planung besondere Probleme, aber auch Chancen mit sich. Zu den Problemen gehört, dass in den meisten Fällen die Pädagoginnen und Pädagogen die Teilnehmenden an der jeweiligen Veranstaltung nicht vorher kennen (und diese sich untereinander auch nicht), so dass in der Planung sehr verschiedene Eventualitäten antizipiert werden müssen. In diesem Sinn gilt für die außerschulische Bildung weit mehr als für die schulische: „Der Beginn ist immer vor dem Beginn."[24] Zur Planung der Anfangssituation gehört daher auch in aller Regel, dass methodische Designs vorgesehen werden müssen, die das Kennenlernen und die Kommunikation der Teilnehmer untereinander fördern. Oft ergibt sich auch hier erst die Möglichkeit für einen diagnostischen Blick auf die konkreten Teilnehmer; bei Kurzzeitveranstaltungen ist es dann aber oft zu spät, um noch grundlegende Revisionen des Veranstaltungskonzepts vornehmen zu können.

Auf der anderen Seite kann die außerschulische Bildung durch die Art und Weise ihrer Angebotskonzeption von vornherein bestimmte Adressatengruppen ansprechen und sich auf deren antizipierte Erwartungen einstellen. Anders als in der Schule ist es z.B. an einer Volkshochschule auch möglich, den ersten Kursabend als kostenfreien „Schnupperabend" zu gestalten und potenziell Interessierten die Möglichkeit zur Prüfung zu geben, ob dieses Angebot zu ihren Wünschen und Vorstellungen passt. Zwar muss in fachlicher wie politischer Hinsicht erwartet werden, dass der Beutelsbacher Konsens auch in der außerschulischen Bildung

---

24 Klaus-Peter Hufer: Beginnen – die Anfangssituation in der politischen Erwachsenenbildung. In: kursiv – Journal für politische Bildung 2/1999, S. 14

respektiert wird und dass Lernangebote prinzipiell für alle Interessierten offen sind. Dem steht aber nicht entgegen, dass Anbieter außerschulischer politischer Bildung sich auf bestimmte Zielgruppen und deren Lerninteressen spezialisieren und entsprechend thematisch und methodisch zugeschnittene Lernangebote machen. Dies führt in der Praxis zu einer sehr großen Vielfalt von didaktischen Settings in der außerschulischen politischen Bildung, die, um einige wenige Beispiele zu nennen, vom offenen Gesprächskreis über einen Medienworkshop, eine Studienreise, ein Training zum Umgang mit interkulturellen Konflikten bis zur kirchlichen Akademietagung reichen können.

Diagnostik ist daher in der außerschulischen Bildung mit einer Analyse der Bedürfnisse und Nutzenerwartungen der Adressatengruppen verbunden, die der jeweilige Anbieter ansprechen möchte. Soweit sie der Konzeption von Angeboten vorausgeht, ist sie unter den Bedingungen des Bildungsmarkts im Grunde eine Form der Marktforschung, auch wenn diese bisher in der Praxis in vielen Fällen noch recht unprofessionell betrieben wird. Bei nicht wenigen Trägern befindet sich die außerschulische politische Bildung in dieser Hinsicht noch in einem Prozess der Umorientierung von einer traditionell am politischen Selbstverständnis des Trägers ausgerichteten Angebotspolitik zu einer kundenorientierten Planung, die von den Nutzenerwartungen potenzieller Teilnehmer ausgeht. Letztlich ist diese Umorientierung unvermeidlich, weil stabile und weitgehend homogene politisch-kulturelle Milieus als Basis für die verlässliche Gewinnung von Teilnehmern ebenso wie staatlich garantierte Basisfinanzierungen immer mehr an Bedeutung verlieren. In die Planung von Angeboten außerschulischer politischer Bildung werden daher in zunehmendem Maße Gesichtspunkte eines professionellen Marketings einfließen müssen, wobei Marketing keineswegs nur die Werbung für ein Angebot meint, sondern mit der Konzeption des Angebots von den Interessen potenzieller Abnehmer beginnt und den gesamten Planungs- und Realisierungsprozess von Angeboten betrifft.[25] Neben den Risiken, die diese Entwicklung zweifellos für die politische Bildung mit sich bringt, eröffnet sie doch auch neue Chancen für die Angebotsplanung – anders als die Pflichtschule ist die außerschulische Bildung prinzipiell frei zu entscheiden, wen sie mit ihren Angeboten ansprechen, welche Lernbedürfnisse sie befriedigen will und welche nicht.

---

25 Vgl. Wolfgang Beer: Politische Bildung kommunizieren: Marketing für außerschulische Bildung. In: Sander (Hrsg.), Handbuch politische Bildung, a.a.O.; Helle Becker: Marketing für die politische Bildung. Schwalbach/Ts. 2000

Literatur

Ackermann, Paul: Bürgerhandbuch. Basisinformation und 66 Tipps zum Tun. 2. Aufl., Schwalbach/Ts. 2004

Adorno, Theodor W.: Erziehung zur Mündigkeit. 20. Aufl., Frankfurt/M. 2006

Aebli, Hans, Zwölf Grundformen des Lehrens. 13. Aufl., Stuttgart 2006

Ahlheim, Klaus/ Heger, Bardo: Der unbequeme Fremde. Fremdenfeindlichkeit in Deutschland – empirische Befunde. 2. Aufl., Schwalbach/Ts. 2000

Altrichter, Herbert/Schley, Wilfried/Schratz, Michael (Hrsg.): Handbuch zur Schulentwicklung. Innsbruck 1998

Ansprenger, Franz: Wie unsere Zukunft entstand. Ein kritischer Leitfaden zur internationalen Politik. 3., vollständig überarb. und erg. Aufl., Schwalbach/Ts. 2005

Arendt, Hannah: Was ist Politik? München und Zürich 1994

Arendt, Hannah: Freiheit und Politik. In: dies.: Zwischen Vergangenheit und Zukunft. Übungen im politischen Denken I, 2., durchgesehene Aufl. Zürich 2000

Arendt, Hannah: Denken ohne Geländer. Texte und Briefe. Lizenzausgabe, Bonn 2006

Arnold, Rolf: Lebendiges Lernen – Auf dem Weg zu einer neuen Lernkultur. In: Michèle Neuland (Hrsg.): Schüler wollen lernen. Lebendiges Lernen mit der Neuland-Moderation. Eichenzell 1995

Arnold, Rolf: Politische Bildung durch Schlüsselqualifizierung. In: kursiv – Journal für politische Bildung 2/1998

Arnold, Rolf/Siebert, Horst: Konstruktivistische Erwachsenenbildung. Von der Deutung zur Konstruktion von Wirklichkeit. 5. Aufl., Baltmannsweiler 2006

Aufenanger, Stefan (Hrsg.): Neue Medien – neue Pädagogik? Eine Lese- und Arbeitsbuch zur Medienerziehung in Kindergarten und Grundschule. Bonn 1991

Bambach, Heide u.a. (Hrsg.): Prüfen und Beurteilen. Zwischen Fördern und Zensieren. Seelze 1996

Beck, Ulrich: Risikogesellschaft. Auf dem Weg in eine andere Moderne. Frankfurt/M. 1986

Beck, Ulrich: Die Erfindung des Politischen. Zu einer Theorie reflexiver Modernisierung. Frankfurt/M. 1993

Beck, Ulrich (Hrsg.): Kinder der Freiheit. Frankfurt/M. 1997

Becker, Gerolf u.a. (Hrsg.): Qualität entwickeln: evaluieren. Seelze 2001

Becker, Helle: Marketing für politische Bildung. Schwalbach/Ts. 2000

Beer, Wolfgang/Cremer, Will/ Massing, Peter (Hrsg.): Handbuch politische Erwachsenenbildung. Schwalbach/Ts. 1999

Behnken, Imbke u.a. (Hrsg.): Schüler 1999. Seelze 1999

Behr-Heintze, Andrea/Lipski, Jens: Schulkooperationen. Stand und Perspektiven der Zusammenarbeit zwischen Schulen und ihren Partnern. Ein Forschungsbericht des DJI. Schwalbach/Ts. 2005

Behrmann Günter C./Grammes Tilman/Reinhardt Sibylle: Kerncurriculum Sozialwissenschaften in der gymnasialen Oberstufe. In: Heinz Elmar Tenorth (Hrsg., im Auftrag der Ständigen Konferenz der Kultusminister): Kerncurriculum Oberstufe – Biologie, Chemie, Physik, Geschichte, Politik. Weinheim und Basel 2004

Berger, Peter L./Luckmann, Thomas: Die gesellschaftliche Konstruktion der Wirklichkeit. 20. Aufl., Frankfurt/M. 2004

Besand, Anja: Angst vor der Oberfläche. Zum Verhältnis ästhetischen und politischen Lernens im Zeitalter Neuer Medien. Schwalbach/Ts. 2004

Besand, Anja: Visuelle Spurensuche – Zu den Wirkungen von Bildern in Politik und politischer Bildung. Ein Diavortrag ohne Bilder. In: kursiv – Journal für politische Bildung 2/2006

Bildungskommission NRW: Zukunft der Bildung – Schule der Zukunft. Neuwied et al. 1995

Biskupek, Sigrid: Transformationsprozesse in der politischen Bildung. Von der Staatsbürgerkunde in der DDR zum Politikunterricht in den neuen Ländern. Schwalbach/Ts. 2002

Blankertz, Herwig: Theorien und Modelle der Didaktik. 14. Aufl., München 2000

Block, Rainer/Klemm, Klaus: Lohnt sich Schule? Aufwand und Nutzen: eine Bilanz. Reinbek 1997

Blum, Andreas: Handbuch Zusammenarbeit macht Schule. Kooperation von Jugendarbeit und Ganztagsschule. Schwalbach/Ts. 2006

Bos, Wilfried, et al.: Erste Ergebnisse aus IGLU. Schülerleistungen am Ende der vierten Jahrgangsstufe im internationalen Vergleich. Münster 2003

Bransford, John/Brown, Ann L./Cocking, Rodney R. (Hrsg.): How People Learn. Brain, Mind, Experience and Schoool. Expanded Edition, Washington, D.C. 2000

Breier, Karl-Heinz: Leitbilder der Freiheit. Politische Bildung als Bürgerbildung. Schwalbach/Ts. 2003

Breit, Gotthard/Frech, Siegfried/Eichner, Detlef/Lach, Kurt/Massing, Peter (Hrsg.): Methodentraining für den Politikunterricht II. Schwalbach/Ts. 2006

Breit, Gotthard/Massing, Peter (Hrsg.): Grundfragen und Praxisprobleme der politischen Bildung. Bonn 1992

Breit, Gotthard/Schiele, Siegfried (Hrsg.): Handlungsorientierung im Politikunterricht. Schwalbach/Ts. 1998

Breit, Gotthard/Schiele, Siegfried (Hrsg.): Werte in der politischen Bildung. Schwalbach/Ts. 2000

Breit, Gotthard/Schiele, Siegfried (Hrsg.): Demokratie-Lernen als Aufgabe politischer Bildung. Schwalbach/Ts. 2002

Bueb, Bernhard: Lob der Disziplin. Eine Streitschrift. Berlin 2006

Bundesministerium für Bildung und Forschung (Hrsg.): Zur Entwicklung nationaler Bildungsstandards. Eine Expertise. Bonn 2003

Bundeszentrale für politische Bildung (Hrsg.): Methoden der politischen Bildung – Handlungsorientierung. Bonn 1991

Bundeszentrale für politische Bildung (Hrsg.): Politische Urteilsbildung. Aufgabe und Weg für den Politikunterricht. Bonn 1997

Bundeszentrale für politische Bildung (Hrsg.): Großgruppenveranstaltungen in der politischen Bildung. Bonn 2006

Burkard, Christoph/Eikenbusch, Gerhard/Ekholm, Mats: Starke Schüler – gute Schulen. Wege zu einer neuen Arbeitskultur im Unterricht. Berlin 2003

Büttner, Christian/Meyer, Bernhard (Hrsg.): Lernprogramm Demokratie. Möglichkeiten und Grenzen politischer Erziehung von Kindern und Jugendlichen. Weinheim und München 2000

Claußen, Bernhard: Elternbildung als Aufgabe politischer Bildung. Bonn 1979

Claußen, Bernhard: Didaktik und Sozialwissenschaften. Beiträge zur politischen Bildung. Aachen 1987

Claußen, Bernhard/Geißler, Rainer (Hrsg.): Die Politisierung des Menschen. Instanzen der politischen Sozialisation. Opladen 1996

Claussen, Claus: Unterrichten mit Wochenplänen – Kinder zur Selbständigkeit begleiten. Weinheim und Basel 1997

Combe, Arno/Helsper, Werner (Hrsg.): Pädagogische Professionalität. Untersuchungen zum Typus pädagogischen Handelns. Frankfurt/M. 1996

Damasio, Antonio R.: Ich fühle, also bin ich. Die Entschlüsselung des Bewusstseins. Berlin 2004

Dettmer, Jörg-Michael: Das Klassenzimmer in der Wohnküche. In: Frankfurter Rundschau vom 26.8.1996

Deutsche Gesellschaft für ökonomische Bildung: Kompetenzen der ökonomischen Bildung für allgemein bildende Schulen und Bildungsstandards für den mittleren Bildungsabschluss. o.O. 2004

Deutsches PISA-Konsortium (Hrsg.): PISA 2000. Basiskompetenzen von Schülerinnen und Schülern im internationalen Vergleich. Opladen 2001

Dewey, John: Democracy and Education. New York 1916

Diederich, Jürgen/Tenorth, Heinz-Elmar: Theorie der Schule. Ein Studienbuch zu Geschichte, Funktionen und Gestaltung. Berlin 1997

Dörner, Andreas: Politainment. Politik in der medialen Erlebnisgesellschaft. Frankfurt/M. 2001

Dräger, Horst: Volksbildung in Deutschland im 19. Jahrhundert. 2 Bde., Bd. 1 Braunschweig 1979, Bd. 2 Bad Heilbrunn 1984

Duncker, Ludwig: Ästhetische Alphabetisierung als Bildungsaufgabe. In: kursiv – Journal für politische Bildung 2/2006

Duncker, Ludwig/Nießeler, Andreas (Hrsg.): Philosophieren im Sachunterricht. Imagination und Denken im Grundschulalter. Münster 2005

Duncker, Ludwig/Popp, Walter (Hrsg.): Kind und Sache. Zur pädagogischen Grundlegung des Sachunterrichts. 4. Aufl., Weinheim und München 2004

Duncker, Ludwig/Sander, Wolfgang/Surkamp, Carola (Hrsg.): Perspektivenvielfalt im Unterricht. Stuttgart 2005

Edelstein, Wolfgang/Fauser, Peter: Demokratie lernen und leben. Gutachten zum BLK-Programm. Bonn 2001

Einstein, Albert/Infeld, Leopold: Die Evolution der Physik. 20. Aufl., Reinbek 1995

Fabio, Udo di: Die Kultur der Freiheit. München 2005

Fauser, Peter: Demokratie lernen und Schulentwicklung. In: POLIS 3/2003

Fauser, Peter: Demokratiepädagogik oder politische Bildung? In: kursiv – Journal für politische Bildung 1/2004

Fiedler, Pia: So machen wir's. Kinderparlament im Kindergarten. In: Kindergarten heute 1/1998

Fischer, Kurt Gerhard: Einführung in die Politische Bildung. Ein Studienbuch über den Diskussions- und Problemstand der Politischen Bildung in der Gegenwart. 3., durchgesehene Aufl., Stuttgart 1973

Fischer, Kurt Gerhard (Hrsg.): Zum aktuellen Stand der Theorie und Didaktik der Politischen Bildung. 5. Aufl., Stuttgart 1986

Fischer, Kurt Gerhard: Das Exemplarische im Politikunterricht. Beiträge zu einer Theorie politischer Bildung. Schwalbach/Ts. 1993

Flaig, Berthold Bodo/Meyer, Thomas/Ueltzhöffer, Jörg: Alltagsästhetik und politische Kultur. Zur ästhetischen Dimension politischer Bildung und politischer Kommunikation. 2. Aufl., Bonn 1994

Flitner, Andreas: Die politische Erziehung in Deutschland. Geschichte und Probleme 1750-1880. Tübingen 1957

Fortmüller, Richard: Lernpsychologie. Grundkonzeptionen – Theorien – Forschungsergebnisse. Wien 1991, S. 152

Franck, Jochen/Stary, Joachim: Gekonnt visualisieren. Medien wirksam einsetzen. Paderborn 2006

Frech, Siegfried/Kuhn, Hans-Werner/Massing, Peter (Hrsg.): Methodentraining für den Politikunterricht. Schwalbach/Ts. 2004

Fried, Lilian/Büttner, Gerhard (Hrsg.): Weltwissen von Kindern. Zum Forschungsstand über die Aneignung sozialen Wissens bei Krippen- und Kindergartenkindern. Weinheim und München 2004

Fritz, Karsten/Maier, Katharina/Böhnisch, Lothar: Politische Erwachsenenbildung. Trendbericht zur empirischen Wirklichkeit der politischen Bildungsarbeit in Deutschland. Weinheim und München 2006

Fromm, Erich: Die Furcht vor der Freiheit. Frankfurt/M. 1966

Gagel, Walter: Politische Didaktik: Selbstaufgabe oder Neubesinnung? In: Gegenwartskunde 3/1986

Gagel, Walter: Untiefen der Katastrophendidaktik. Von der Ambivalenz des Begriffs „Schlüsselprobleme". In: Politische Bildung 2/1994

Gagel, Walter: Einführung in die Didaktik des politischen Unterrichts. 2. Aufl., Opladen 2000

Gagel, Walter: Geschichte der politischen Bildung in der Bundesrepublik Deutschland 1945-1989/90. 3., überarb. und erweit. Aufl., Wiesbaden 2005

Geißler, Karlheinz A.: Anfangssituationen. Was man tun und besser lassen sollte. 10. Aufl., Weinheim und Basel 2004

Geißler, Karlheinz A.: Schlußsituationen. Die Suche nach dem guten Ende. 4. Aufl., Weinheim und Basel 2004

George, Siegfried: Erschließendes Denken. Selbstreflexion, Meditation, Intuition, Kreativität als Methoden des politischen Unterrichts. Schwalbach/Ts. 1993

George, Siegfried/Prote, Ingrid (Hrsg.): Handbuch zur politischen Bildung in der Grundschule. Schwalbach/Ts. 1996

Gesellschaft für die Didaktik des Sachunterrichts (GDSU): Perspektivrahmen Sachunterricht. o.O. 2002

Giesecke, Hermann: Didaktik der politischen Bildung. München 1965 (12. , zwischenzeitlich mehrfach überarb. Aufl. 1982)

Giesecke, Hermann: „Erziehung gegen den Kapitalismus" – Neomarxistische Pädagogik in der Bundesrepublik Deutschland. In: Neue Sammlung 1973, S. 42 ff.

Giesecke, Hermann: Wozu noch „Politische Bildung"? Anmerkungen zu einer nach wie vor umstrittenen Bildungsaufgabe. In: Neue Sammlung 1985

Giesecke, Hermann: Politische Bildung. Didaktik und Methodik für Schule und Jugendarbeit. 2. Aufl., Weinheim und München 2000

Giesecke, Michael: Der Buchdruck in der frühen Neuzeit. Frankfurt/M. 1998

Girmes, Renate: (Sich) Aufgaben stellen. Seelze 2004

Girmes, Renate: Lehrprofessionalität in einer demokratischen Gesellschaft. In: Zeitschrift für Pädagogik, Beiheft 51, Weinheim und Basel 2006, S. 27

Gölitzer, Susanne: Überlegungen einer „30jährigen". Beitrag zu einer Online-Forumsdiskussion im Rahmen einer Internet-Konferenz des DGB-Bildungswerks und anderer Träger, www.edupolis.de/intern/forum1/diskussion/messages/3.html, 7.3.2000

GPJE: Nationale Bildungsstandards für den Fachunterricht in der Politischen Bildung an Schulen. Ein Entwurf. Schwalbach/Ts. 2004

Grammes, Tilman: Handlungsorientierung im Politikunterricht. Hannover 1995

Grammes, Tilman: Kommunikative Fachdidaktik. Politik – Geschichte – Recht – Wirtschaft. Opladen 1998

Grammes, Tilman: Kommunikative Fachdidaktik. In: kursiv – Journal für politische Bildung 2/2000

Greving, Johannes/Paradies, Liane: Unterrichts-Einstiege. Ein Studien- und Praxisbuch. Berlin 1996

Grunenberg, Antonia: Der Schlaf der Freiheit. Politik und Gemeinsinn im 21. Jahrhundert. Reinbek 1997

Gugel, Günther: Methodenmanual „Neues Lernen". Tausend Praxisvorschläge für Schule und Lehrerbildung. Weinheim und Basel 2006

Haarmann, Dieter (Hrsg.): Wörterbuch Neue Schule. Die wichtigsten Begriffe zur Reformdiskussion. Weinheim und Basel 1998

Habermas, Jürgen/Derrida, Jacques: Unsere Erneuerung. Nach dem Krieg: Die Wiedergeburt Europas. In: Frankfurter Allgemeine Zeitung vom 31.5.2003

Hafeneger, Benno (Hrsg.): Handbuch politische Jugendbildung. Schwalbach/Ts. 1997

Hafeneger, Benno (Hrsg.): Subjektdiagnosen. Subjekt, Modernisierung und Bildung. Schwalbach/Ts. 2005

Hafeneger, Benno: Trendbericht: außerschulische politische Jugendbildung. In: kursiv – Journal für politische Bildung 2/2007

Hafeneger, Benno/Henkenborg, Peter/Scherr Albert (Hrsg.): Pädagogik der Anerkennung, Grundlagen, Konzepte, Praxisfelder. Schwalbach/Ts. 2002

Hage, Klaus: Lehren als Konstruktion von Lernumwelten. Entwicklungslogische Aspekte einer Theorie des Lehrens und Lernens. In: Bildung und Erziehung 6/1977

Hans-Böckler-Stiftung (Hrsg.): Für ein verändertes System der Bildungsfinanzierung. Düsseldorf 1998

Harth, Thilo: Das Internet als Herausforderung politischer Bildung. Schwalbach/Ts. 2000

Hättich, Manfred: Kann Verfassungspatriotismus Gemeinschaft stiften? In: Günter C. Behrmann/Siegfried Schiele (Hrsg.): Verfassungspatriotismus als Ziel politischer Bildung? Schwalbach/Ts. 1993

Henkenborg, Peter: Die Unvermeidlichkeit der Moral. Ethische Herausforderungen für die politische Bildung in der Risikogesellschaft. Schwalbach/Ts. 1992

Henkenborg, Peter: Gesellschaftstheorien und Kategorien der Politikdidaktik. Zu den Grundlagen einer fachspezifischen Kommunikation in der politischen Bildung. In: Politische Bildung 2/1997

Henkenborg, Peter: Alltägliche Philosophien der politischen Bildung. Ergebnisse einer empirischen Untersuchung. In: kursiv – Journal für politische Bildung 2/2006

Henkenborg, Peter: Demokratie lernen und leben durch kognitive Anerkennung. Eine empirische Untersuchung zur Lehrerprofessionalität im Politikunterricht in Ostdeutschland. In: kursiv – Journal für politische Bildung 2/2007

Henkenborg, Peter/Kuhn, Hans-Werner (Hrsg.): Der alltägliche Politikunterricht. Beispiele qualitativer Unterrichtsforschung zur politischen Bildung. Opladen 1998

Henkenborg, Peter/Sander, Wolfgang (Hrsg.): Wider die Langeweile. Neue Lernformen im Politikunterricht. Schwalbach/Ts. 1993

Hepp, Gerd/Schneider, Herbert (Hrsg.): Schule in der Bürgergesellschaft. Demokratisches Lernen im Lebens- und Erfahrungsraum der Schule. Schwalbach/Ts. 1999

Herdegen, Peter: Soziales und politisches Lernen in der Grundschule. Donauwörth 1999

Heymann, Hans Werner: Allgemeinbildung und Mathematik. Weinheim 1996

Hilligen, Wolfgang: Zur Didaktik des politischen Unterrichts. 4. Aufl., Bonn 1985

Hilligen, Wolfgang: Didaktische Zugänge in der politischen Bildung. Schwalbach/Ts. 1991

Himmelmann, Gerhard: Demokratie Lernen als Lebens-, Gesellschafts- und Herrschaftsform. 2. Aufl., Schwalbach/Ts. 2005

Hoffmann, Dietrich: Politische Bildung 1890-1933. Ein Beitrag zur Geschichte der pädagogischen Theorie. Hannover 1970

Holzkamp, Klaus: Lernen. Subjektwissenschaftliche Grundlegung. Frankfurt/M. 1993

Horgan, John: An den Grenzen des Wissens. Siegeszug und Dilemma der Naturwissenschaften. München 1997

Hradil, Stefan: Eine Gesellschaft der Egoisten? Gesellschaftliche Zukunftsprobleme, moderne Lebensweisen und soziales Mitwirken. In: Gegenwartskunde 2/1996

Hufer, Klaus-Peter (Hrsg.): Politische Bildung in Bewegung. Neue Lernformen in der politischen Erwachsenenbildung. Schwalbach/Ts. 1995

Hufer, Klaus-Peter: Beginnen – die Anfangssituation in der politischen Erwachsenenbildung. In: kursiv – Journal für politische Bildung 2/1999

Hufer, Klaus-Peter: Argumentationstraining gegen Stammtischparolen. Materialien und Anleitungen für Bildungsarbeit und Selbststudium. Schwalbach/Ts. 2000

Hufer, Klaus-Peter/Pohl, Kerstin/Scheurich, Imke (Hrsg.): Positionen der politischen Bildung 2. Ein Interviewbuch zur außerschulischen Jugend- und Erwachsenenbildung. Schwalbach/Ts. 2004

Hurrelmann, Klaus: Einführung in die Sozialisationstheorie. 9. Aufl., Weinheim/Basel 2006

Janssen, Bernd: Konzepte zur Sachanalyse und Unterrichtsplanung. Schwalbach/Ts. 1997

Juchler, Ingo: Demokratie und politische Urteilskraft. Überlegungen zu einer normativen Grundlegung der Politikdidaktik. Schwalbach/Ts. 2005

Jürgens, Eiko: Die „neue" Reformpädagogik und die Bewegung Offener Unterricht. Theorie, Praxis und Forschungslage. Augustin 1996

Kahl, Reinhard: Lustvolles Lernen im „Futurum". In: DIE ZEIT vom 7.2.2002

Kahl, Reinhard: Treibhäuser der Zukunft. Wie in Deutschland Schulen gelingen. o.O. 2004 (DVD)

Kaiser, Astrid: Neue Einführung in die Didaktik des Sachunterrichts. 10. Aufl., Baltmannsweiler 2006

Kant, Immanuel: Beantwortung der Frage: Was ist Aufklärung? In: ders.: Schriften zur Anthropologie, Geschichtsphilosophie, Politik und Pädagogik. Werke Bd. VI, Frankfurt/M. 1964

Kant, Immanuel: Vorrede zur Kritik der reinen Vernunft. 2. Aufl., Königsberg 1787 (Online-Ausgabe bei Projekt Gutenberg: http://gutenberg.spiegel.de/kant/krvb/krvb001.htm)

Kant, Immanuel: Zum ewigen Frieden. Ein philosophischer Entwurf. Mit Texten zur Rezeption 1796-1800. Leipzig 1984

Keupp, Heiner: Zerstört Individualisierung die Solidarität? Für eine kommunitäre Individualität. In: ders. (Hrsg.): Der Mensch als soziales Wesen. Sozialpsychologisches Denken im 20. Jahrhundert. München 1995

Kielmansegg, Peter Graf: Das Experiment der Freiheit. Zur gegenwärtigen Lage des demokratischen Verfassungsstaats. Stuttgart 1988

Klafki, Wolfgang: Kategoriale Bildung. In: Zeitschrift für Pädagogik 4/1959

Klafki, Wolfgang: Das pädagogische Problem des Elementaren und die Theorie der kategorialen Bildung. 2. erweit. Aufl., Weinheim 1963

Klafki, Wolfgang: Neue Studien zur Bildungstheorie und Didaktik. Zeitgemäße Allgemeinbildung und kritisch-konstruktive Didaktik. 2. Aufl., Weinheim und Basel 1991

Klafki, Wolfgang: Politische Bildung: Allgemeinbildung und Auseinandersetzung mit „Schlüsselproblemen". In: kursiv – Journal für politische Bildung 4/1997

Klippert, Heinz: Methoden-Training. Übungsbausteine für den Unterricht. 16. Aufl., Weinheim und Basel 2005

Knoll, Jörg: Kleingruppenmethoden. Effektive Gruppenarbeit in Kursen, Seminaren, Trainings und Tagungen. 3. Aufl., Weinheim und Basel 1999

Knoll, Jörg: Kurs- und Seminarmethoden. Ein Trainingsbuch zur Gestaltung von Kursen und Seminaren, Arbeits- und Gesprächskreisen. Weinheim und Basel 2004

Korte, Hermann/Schäfers, Bernhard (Hrsg.): Einführung in Hauptbegriffe der Soziologie. 6., erweit. und akt. Aufl., Opladen 2002

Kösel, Edmund, Die Modellierung von Lernwelten. 3. Aufl., Elztal-Dallau 1997

Kötters-König, Catrin: Handlungsorientierung und Kontroversität. Wege zur Wirksamkeit der politischen Bildung im Sozialkundeunterricht. In: Aus Politik und Zeitgeschichte, B 50/2001

Krapp, Andreas/Weidenmann, Bernd u.a. (Hrsg.): Pädagogische Psychologie. Ein Lehrbuch, 5., vollständig überarb. Aufl., Weinheim 2006

Kremp, Werner: Die Republik der Erwachsenen oder Wege in die Höhle. Ein Versuch zur politischen Bildung. Göttingen 1985

Krenz, Armin: Der „Situationsorientierte Ansatz" im Kindergarten. Freiburg 1991

Kuhn, Hans-Werner (Hrsg.): Sozialwissenschaftlicher Sachunterricht – Konzepte, Forschungsfelder, Methoden. Herbolzheim 2003

Kuhn, Hans-Werner/Massing, Peter/Skuhr, Werner (Hrsg.): Politische Bildung in Deutschland. Entwicklung – Stand – Perspektiven. 2. Aufl., Opladen 1993

Kuhn, Thomas S.: Die Struktur wissenschaftlicher Revolutionen. Frankfurt/M. 1967

Lakoff, George/Johnson, Mark: Leben in Metaphern. Konstruktion und Gebrauch von Sprach-
    bildern. 5. Aufl., Heidelberg 2007

Lee, W.O./Grossman, David L./Kennedy, Kerry J./Fairbrother, Gregory O. (ed.): Citizenship
    Education in Asia and the Pacific. Concepts and Issues. Hongkong 2004

Leggewie, Claus (Hrsg.): Wozu Politikwissenschaft? Über das Neue in der Politik. Darmstadt
    1994

Lenzen, Dieter: Orientierung Erziehungswissenschaft. Was sie kann, was sie will. Reinbek 1999

Leschinsky, Achim/Roeder, Peter Martin: Schule im historischen Prozess. Zum Wechselverhältnis
    von institutioneller Erziehung und gesellschaftlicher Entwicklung. Stuttgart 1976

Lind, Georg/Raschert, Jürgen (Hrsg.): Moralische Urteilsfähigkeit. Eine Auseinandersetzung
    mit Lawrence Kohlberg. Weinheim 1987

Lindemann, Holger: Konstruktivismus und Pädagogik. Grundlagen, Modelle, Wege zur Praxis.
    München 2006

Litt, Theodor: Führen oder Wachsenlassen. Eine Erörterung des pädagogischen Grundproblems.
    13. Aufl., Reprint, Stuttgart 1972

Maier, Gerhart: Was ist Politik? Thema im Unterricht, Arbeitsheft 13, Bonn 1998

Maier, Rebecca/Mikat, Claudia/Zeitter, Ernst: Medienerziehung in Kindergarten und Grund-
    schule. 490 Anregungen für die praktische Arbeit. Eine Dokumentation. München 1997

Mannheim-Runkel, Monika: Subjekt sein in Beruf und Politik. Ein Beispiel zum berufsbezogenen
    Lernen in der politischen Bildung. In: kursiv – Journal für politische Bildung 2/1997

Massing, Peter: Handlungsorientierter Politikunterricht. Ausgewählte Methoden. Schwal-
    bach/Ts. 1998

Massing, Peter: Kategoriale Bildung und Handlungsorientierung im Politikunterricht. In: kursiv
    – Journal für politische Bildung 2/2000

Massing, Peter/Weißeno, Georg (Hrsg.): Politik als Kern der politischen Bildung. Wege zur
    Überwindung unpolitischen Politikunterrichts. Opladen 1995

Mattes, Wolfgang: Routiniert planen – effizient unterrichten. Paderborn 2006

Maturana, Humberto/Varela, Francisco J.: Der Baum der Erkenntnis. Die biologischen Grund-
    lagen menschlichen Erkennens. Bern und München 1987

May, Michael: Zielbegriff Freiheit. Negative, positive und deliberative Freiheit. Schwalbach/Ts.
    2005

Meier, Richard u.a. (Hrsg.): Üben und Wiederholen. Sinn schaffen – Können entwickeln.
    Friedrich Jahresheft XVIII, Seelze 2000

Messer, August: Das Problem der staatsbürgerlichen Erziehung – historisch und systematisch
    behandelt. Leipzig 1912

Meyer, Hilbert: UnterrichtsMethoden. Frankfurt/M., Bd. 1: Theorieband, 6. Aufl. 1994, Bd.
    2: Praxisband, 8. Aufl. 1997

Meyer, Hilbert u.a. (Hrsg.): Lernmethoden – Lehrmethoden. Wege zur Selbständigkeit. Seelze
    1997

Meyer, Thomas: Mediokratie. Die Kolonisierung der Politik durch die Medien. Frankfurt/M.
    2001

Mickel, Wolfgang W.: MethodenLeitfaden durch die politische Bildung. Eine strukturierte
    Einführung. Schwalbach/Ts. 1996

Mickel, Wolfgang W. (Hrsg.): Handbuch zur politischen Bildung. Schwalbach/Ts. 1999

Mickel, Wolfgang W.: Praxis und Methode. Einführung in die Methodenlehre der Politischen Bildung. Berlin 2003

Mietzel, Gerd: Pädagogische Psychologie des Lernens und Lehrens. 7., korr. Aufl., Göttingen 2003

Miller, Reinhold: Schulinterne Lehrerfortbildung. Der SCHILF-Wegweiser. Weinheim und Basel 1995

Morin, Edgar: Europa denken. Frankfurt/M./New York 1988

Negt, Oskar/Kluge, Alexander: Maßverhältnisse des Politischen. 15 Vorschläge zum Unterscheidungsvermögen. Frankfurt/M. 1992

Neumann, Franz: Freiheit. Baden-Baden 1978

Nonnenmacher, Frank (Hrsg.): Das Ganze sehen. Schule als Ort politischen und sozialen Lernens. Schwalbach/Ts. 1996

North, Douglass C.: „Laissez-faire funktioniert nicht!", Interview in Cicero 10/2006

Oelkers, Jürgen: Erziehen und Unterrichten. Grundbegriffe der Pädagogik in analytischer Sicht. Darmstadt 1985

Oerter, Rolf/Montada, Leo (Hrsg.): Entwicklungspsychologie. 5., vollständig überarb. Aufl., Weinheim 2002

Pandel, Hans-Jürgen: Fachübergreifendes Lernen – Artefakt oder Notwendigkeit? In: sowionlinejournal 1/2001 (www.sowi-onlinejournal.de)

Pandel, Hans-Jürgen/Schneider, Gerhard (Hrsg.): Handbuch Medien im Geschichtsunterricht. Schwalbach/Ts. 1999

Patzelt, Werner J.: Demokratieerziehung oder politische Bildung? Eine Auseinandersetzung mit Peter Fauser. In: kursiv – Journal für politische Bildung 4/2004

Pauli, Bettina: Kooperation von Jugendarbeit und Schule: Chancen und Risiken. Schwalbach/Ts. 2006

Pohl, Kerstin (Hrsg.): Positionen der politischen Bildung 1. Ein Interviewbuch zur Politikdidaktik. Schwalbach/Ts. 2004

Politische Bildung in den 90er Jahren – Sündenbock oder Feuerwehr? Materialien aus dem Hessischen Jugendring, Wiesbaden 1993

Pongs, Armin: In welcher Gesellschaft leben wir eigentlich? Gesellschaftskonzepte im Vergleich. 2 Bde., München 1999/2000

Pousset, Raimund: Schafft die Schulpflicht ab! Warum unser Schulsystem Bildung verhindert. Frankfurt/M. 2000

Prote, Ingrid: Für eine veränderte Grundschule. Identitätsförderung – soziales Lernen – politisches Lernen. Schwalbach/Ts. 2000

Purdy, Jedediah: Jeder ein König. In: DIE ZEIT vom 21.10.2004

Redaktionen Politische Bildung & kursiv – Journal für politische Bildung (Hrsg.): Bildungsstandards. Evaluation in der politischen Bildung. Schwalbach/Ts. 2005

Reeken, Dietmar von: Politisches Lernen im Sachunterricht. Didaktische Grundlegungen und unterrichtspraktische Hinweise. Baltmannsweiler 2001

Reinhardt, Sibylle: Werte-Bildung und politische Urteilsbildung. Zur Reflexivität von Lernprozessen. Opladen 1999

Reinhardt, Sibylle: Politikdidaktik. Praxishandbuch für die Sekundarstufe I und II. Berlin 2005

Reinhardt, Volker (Hrsg.): Projekte machen Schule. Projektunterricht in der politischen Bildung. Schwalbach/Ts. 2006

Retzmann, Thomas (Hrsg.): Methodentraining für den Ökonomieunterricht. Schwalbach/Ts. 2007

Richter, Dagmar: Sachunterricht – Ziele und Inhalte. Baltmannsweiler 2002

Richter, Dagmar (Hrsg.): Politische Bildung von Anfang an. Demokratie-Lernen in der Grundschule. Schwalbach/Ts. 2007

Rittle-Johnson, Bethany/Wagner Alibali, Martha: Conceptual and procedural knowledge of mathematics: Does one lead to the other? In: Journal of Educational Psychology 1/1999

Rohe, Karl: Politik. Begriffe und Wirklichkeiten. Eine Einführung in das politische Denken, 2., völlig überarb. und erweit. Aufl., Stuttgart 1994

Roick, Michael: Marketing in der politischen Bildung. Ein Streiflicht zu Kontroversen und Konzepten. In: Praxis Politische Bildung 4/1998

Rolff, Hans-Günter: Studien zu einer Theorie der Schulentwicklung. Weinheim und Basel 2007

Roth, Gerhard: Aus Sicht des Gehirns. Frankfurt/M. 2003

Rudolf, Karsten: Bericht politische Bildung 2002. Was wollen die Bürger? Eine Marktanalyse zur außerschulischen politischen Bildung in Deutschland. Büdingen 2002

Rudolf, Karsten/Zeller-Rudolf, Melanie: Politische Bildung – gefragte Dienstleisterin für Bürger und Unternehmen. Bielefeld 2004

Rühlmann, Paul: Politische Bildung. Ihr Wesen und ihre Bedeutung – eine Grundfrage unseres öffentlichen Lebens. Leipzig 1908

Ruprecht, Gisela: Politische Bildung im Internet. Schwalbach/Ts. 2000

Sander, Wolfgang (Hrsg.): Politische Bildung in den Fächern der Schule. Beiträge zur politischen Bildung als Unterrichtsprinzip. Stuttgart 1985

Sander, Wolfgang: Die Einheit der politischen Bildung. Zusammenhang und Unterscheidung von Politischer Bildung in Schule und Erwachsenenbildung. In: Siegfried George/Wolfgang Sander (Hrsg.): Demokratie-Lernen als politische und pädagogische Aufgabe. Für Kurt Gerhard Fischer zum 60. Geburtstag. Stuttgart 1988

Sander, Wolfgang (Hrsg.): Konzepte der Politikdidaktik. Aktueller Stand, neue Ansätze und Perspektiven. Stuttgart 1993

Sander, Wolfgang: Rechtsextremismus als pädagogische Herausforderung für Schule und politische Bildung. In: Bundeszentrale für politische Bildung (Hrsg.): Verantwortung in einer unübersichtlichen Welt. Aufgaben wertorientierte politischer Bildung. Bonn 1995

Sander, Wolfgang: Beruf und Politik. Von der Nützlichkeit politischer Bildung. Schwalbach/Ts. 1996

Sander, Wolfgang: Offener Unterricht und die Perspektiven der politischen Bildung in der Schule. In: Politische Bildung 3/1997

Sander, Wolfgang: Von der Teilnehmer- zur Kundenorientierung? In: kursiv – Journal für politische Bildung 1/1998

Sander, Wolfgang: Politische Bildung als „Demokratie-Lernen"? In: POLIS 2/2003

Sander, Wolfgang: Vom „Unterricht" zur „Lernumgebung". Politikdidaktische und schulpädagogische Überlegungen zur politischen Bildung nach der Belehrungskultur. In: GPJE (Hrsg.): Lehren und Lernen in der politischen Bildung. Schwalbach/Ts. 2003

Sander, Wolfgang: Politik in der Schule. Kleine Geschichte der politischen Bildung in Deutschland. Marburg 2004

Sander, Wolfgang: Die Politisierung des Berufs – neue Kooperationsfelder zwischen Unternehmen und politischer Bildung? In: kursiv – Journal für politische Bildung 3/2004

Sander, Wolfgang: Europa denken lernen. Die „neue Renaissance" und die Aufgaben der politischen Bildung. In: Georg Weißeno (Hrsg.): Europa verstehen lernen. Eine Aufgabe des Politikunterrichts. Schwalbach/Ts. 2004

Sander, Wolfgang: Die Welt im Kopf. Konstruktivistische Perspektiven zur Theorie des Lernens. In: kursiv – Journal für politische Bildung 1/2005

Sander, Wolfgang (Hrsg.): Handbuch politische Bildung. 3., völlig überarb. Aufl., Schwalbach/Ts. 2005

Sander, Wolfgang (Hrsg.): Digitale Medien in der Grundschule. Ein Forschungsprojekt zum Sachunterricht. Schwalbach/Ts. 2007

Sander, Wolfgang (Münster) und Bundeszentrale für politische Bildung (Hrsg.): „Forschen mit GrafStat", CD-ROM, erweit. Neuausgabe, Bonn 2004

Sarcinelli, Ulrich (Hrsg.): Politikvermittlung und Demokratie in der Mediengesellschaft. Bonn 1998

Sarcinelli, Ulrich: Medienkompetenz in der politischen Bildung. Pädagogische Allerweltsformel oder politische Kategorie? In: Aus Politik und Zeitgeschichte, B 25/2000

Scheich, Henning: Was möchte das Gehirn lernen? Biologische Randbedingungen der Langzeitgedächtnisbildung. In: Stefan Appel et al.: Jahrbuch Ganztagsschule 2004. Schwalbach/Ts. 2003

Scheuerl, Hans (Hrsg.): Lust an der Erkenntnis: Die Pädagogik der Moderne. Von Comenius und Rousseau bis in die Gegenwart. München 1992

Scheunpflug, Annette: Lernen: Mit der Steinzeitausstattung in das Cyberspace? In: Pädagogik 3/2000

Scheunpflug, Annette: Biologische Grundlagen des Lernens. Berlin 2001

Scheunpflug, Annette: Evolutionäre Didaktik – Didaktische Perspektiven aus biowissenschaftlicher Sicht. In: kursiv – Journal für politische Bildung 1/2001

Schiele, Siegfried/Schneider, Herbert (Hrsg.): Das Konsensproblem in der politischen Bildung. Stuttgart 1977

Schiele, Siegfried/Schneider, Herbert (Hrsg.): Rationalität und Emotionalität in der politischen Bildung. Stuttgart 1991

Schiele, Siegfried/Schneider, Herbert (Hrsg.): Reicht der Beutelsbacher Konsens? Schwalbach/Ts. 1996

Schiffler, Horst/Winkeler, Rolf: Tausend Jahre Schule. Eine Kulturgeschichte des Lernens in Bildern. 5. Aufl., Stuttgart und Zürich 1998

Schmiederer, Rolf: Politische Bildung im Interesse der Schüler. Frankfurt/M. 1977

Schneider, Gerhard: Gelungene Einstiege. Voraussetzungen für erfolgreiche Geschichtsstunden. 4. Aufl., Schwalbach/Ts. 2004

Schneider, Ilona Katharina: Politische Bildung in der Grundschule. Sachinformationen, didaktische und methodische Überlegungen, Unterrichtsideen und Arbeitsmaterialien für die 1. bis 4. Klasse. Baltmannsweiler 2007

Scholz, Lothar: Spielerisch Politik lernen. Methoden des Kompetenzerwerbs im Politik- und Sozialkundeunterricht. Schwalbach/Ts. 2003

Schönefeld, Rolf: Die wachsende Führungskraft der SED bei der weiteren Gestaltung der entwickelten sozialistischen Gesellschaft in der DDR. DLZ-Konsultation 38/89

Schulz, Winfried: Politische Kommunikation. Theoretische Ansätze und Ergebnisse empirischer Forschung zur Rolle der Massenmedien in der Politik. Opladen 1997

Schulze, Hagen: Staat und Nation in der europäischen Geschichte. München 1994

Siebert, Horst: Pädagogischer Konstruktivismus. Lernzentrierte Pädagogik in Schule und Erwachsenenbildung. 3., überarb. u. erweit. Aufl., Weinheim und Basel 2005

Stern, Thomas: Was hältst Du davon? Selbsteinschätzung von Lernerfolgen. In: Gerold Becker u.a. (Hrsg.): Qualität entwickeln: evaluieren. Friedrich Jahresheft 2001, Seelze

Strecker, Bernd/Wenz, Werner: Umwelterziehung im Kindergarten. 3. Aufl., Fellbach 1991

Sutor, Bernhard: Fachdidaktische Theorie und Unterrichtspraxis. In: Bundeszentrale für politische Bildung (Hrsg.): Zur Theorie und Praxis der politischen Bildung. Bonn 1990

Sutor, Bernhard: Politische Bildung als Praxis. Grundzüge eines didaktischen Konzepts. Schwalbach/Ts. 1992

Tietgens, Hans: Teilnehmerorientierung in Vergangenheit und Gegenwart. Frankfurt/M. 1983

Vorholt, Udo: Institutionen politischer Bildung in Deutschland. Eine systematisierende Übersicht. Frankfurt/M. 2003

Wallrabenstein, Wulf: Offene Schule – offener Unterricht. Ratgeber für Eltern und Lehrer. Reinbek 1997

Watzlawick, Paul: Wie wirklich ist die Wirklichkeit? Wahn – Täuschung – Verstehen. München 1976

Watzlawick, Paul (Hrsg.): Die erfundene Wirklichkeit. 18. Aufl., München 2002

Weinbrenner, Peter: Politische Urteilsbildung als Ziel und Inhalt des Politikunterrichts. In: Bundeszentrale für politische Bildung (Hrsg.): Politische Urteilsbildung. Aufgabe und Weg für den Politikunterricht. Bonn 1997

Weißeno, Georg: Das Tafelbild im Politikunterricht. Schwalbach/Ts. 1992

Weißeno, Georg: Über den Umgang mit Texten im Politikunterricht. Didaktisch-methodische Grundlegung. Schwalbach/Ts. 1993

Weißeno, Georg (Hrsg.): Lexikon der politischen Bildung. 3 Bde., Schwalbach/Ts. 1999/2000

Weißeno, Georg (Hrsg.): Politikunterricht im Informationszeitalter – Medien und neue Lernumgebungen. Schwalbach/Ts. 2001

Weißeno, Georg (Hrsg.): Politik und Wirtschaft unterrichten. Bonn 2006

Werder, Lutz von/Schulte, Brigitte: Lesen – Arbeit mit Texten. In: kursiv – Journal für politische Bildung 2/1999

Zeilinger, Anton: Einsteins Schleier. Die neue Welt der Quantenphysik. 8. Aufl., München 2005

Ziehe, Thomas: Öffnung der Eigenwelten. Bildungsangebote und veränderte Jugendmentalitäten. In: kursiv – Journal für politische Bildung 1/2002

Zimbardo, Philipp G./Gerrig Richard J.: Psychologie. 16., akt. Aufl., München 2004

Personenregister

Sachregister